T0270941

السهـل
في شرح القانون المدني

الجزء الأول
المدخل لدراسة علم القانون

الأستاذ الدكتور
صاحب عبيد الفتلاوي
أستاذ القانون المدني المساعد – جامعة بغداد سابقاً
أستاذ القانون المدني – جامعة عمـان الأهلية حالياً

دار وائل للنشر
الطبعة الأولى
2010

رقم الايداع لدى دائرة المكتبة الوطنية : (2010/6/2128)
الفتلاوي ، صاحب عبيد
السهل في شرح القانون المدني / صاحب عبيد الفتلاوي.
- عمان: دار وائل للنشر والتوزيع ، 2010 .
(417) ص
ر.إ. : (2010/6/2128)
الواصفات: القانون المدني / الأردن
* تم إعداد بيانات الفهرسة والتصنيف الأولية من قبل دائرة المكتبة الوطنية

****

رقم التصنيف العشري / ديوي : 347
ISBN 978-9957-11-905-8 (ردمك)

* السهل في شرح القانون المدني
* الأستاذ الدكتور صاحب الفتلاوي
* الطبعـة الأولى 2010
* جميع الحقوق محفوظة للناشر

دار وائـل للنشر والتوزيع
* الأردن - عمان - شارع الجمعية العلمية الملكية - مبنى الجامعة الاردنية الاستثماري رقم (2) الطابق الثاني
هـاتف : 00962-6-5338410 - فاكس : 00962-6-5331661 - ص. ب (1615 - الجبيهة)
* الأردن - عمـان - وسـط البـلد - مجمـع الفحيص التجـاري- هـاتف: 00962-6-4627627
www.darwael.com
E-Mail: Wael@Darwael.Com

بسم الله الرحمن الرحيم

(وليعلم الذين أوتوا العلم انه الحق من ربك) (سورة الحج/ آية 54)

(علم الإنسان ما لم يعلم) (سورة العلق/ آية5)

(قل هل يستوي الذين يعلمون والذين لا يعلمون) (سورة الزمر/ آية9)

(الرحمن * علم القرآن * خلق الإنسان * علمه البيان) (سورة الرحمن/ آية2)

(قالوا سبحانك لا علم لنا إلا ما علمتنا) (سورة البقرة/ آية 32)

الفهرس

تقديم الطبعة الأولى

منذ فترة طويلة وأنا أفكر بوضع مؤلف متسلسل ومبسط لشرح القانون المدني- دراسة مقارنة - بعدة أجـزاء ليكـون عونـاً للطالب في كليات الحقوق ومرجعاً للمتخصصين في ميدان القانون من قضاة ومحامين وغيرهم. وكلـما عقـدت العـزم عـلى اكـمال هـذه المهمة، ساورني الشك والتردد بضرورة تأخيرها لأنني أشعر بأن الوقت لا زال مبكراً على انجاز هذا المشروع الكبير، وأن عقليـة الإنسـان القانونية يجب أن تكون على قدر كبير من النضج والوعي لكي يبدأ هذا المشوار المضني، وعوضاً عن ذلك اتجهت إلى البحوث القانونيـة، وإلى تأليف بعض الكتب القانونية التي لم تروِ ضماً الباحث وطموحاته بأي حال.

وبعد حصولي على رتبة الأستاذية في القانون المدني، أخذت هذه القضية تحاصرني وتلاحقني، وتلح عليّ بأن الوقت قد حـان لبدء الخطوة الأولى في رحلة الألف ميل كما يقول المثل الصيني.

عند ذلك بدأت أدرس خطة العمل التي سأنتهجها، هي هل خطة الاسهاب والـدخول في أدق التفاصـيل والشـعب، أم هـي خطة الايجاز اختصاراً على القارئ وتوفيراً للوقت واسقاطاً للفرض الذي بات يؤرقني ويلازمني باستمرار.

وحينما أدركت الحكمة التي تقول "خير الأمور اوسطها" وجدت الحل الذي يعتمد القاعدة الفقهية التـي تقـول "لا افـراط ولا تفريط"، واعددت العدة للسير في جادة تبتغي ايصال المعلومة القانونية، السهلة الى القارئ، بدافع توضيحها وتبصيره بمعناها، وليس بدافع تعقيدها ونفوره منها، وخصوصاً في موضوع القانون المدني الذي يشكل الأصل في شجرة القانون، ويتصف بالسعة وكثرة التفاصـيل وعقدة المصطلحات، ولذلك ظل يشكل هاجساً قد يكون محبطاً احياناً لطالب الحقوق، بسبب الوضع النفسي لهذا الطالب الـذي اشـبع خوفاً من هذا الفرع للقانون حتى قبل الصعود إلى أول السلم فيه، بل انعكس ذلك حتى على استاذ مادة القانون المدني الذي استشـعر احياناً صعوبة القانون المدني وتشابك

مفرداته، فأصبح هو الآخر يشكل عنصراً مخيفاً للطالب مهما كانت الوسائل التي يتبعها في ايصاله للمعلومة القانونية.

ان كل ما تقدم جعلني أفكر بأن أعمل شيئاً، ليس من باب الابتكار والريادة، فقد سبقنا إلى ذلك الاعلام من أساتذة القانون المدني الذين غرسوا لنا الأشجار الباسقة التي تجود علينا بكرمها كل يوم، جزاهم الله عنا خير الجزاء وأدخلهم فسيح جناته، وانما من باب المحاولة والتجربة التي يمكن أن تسجل في ميزان اعمالنا، كما سجلت في ميزان اعمال الرواد من اساتذة وجهابذة القانون، وحسبنا أن نبذل الجهد لارضاء الله سبحانه وارضاء ضمائرنا، ونترك الأمر بعد ذلك لتقدير القارئ الكريم، فأن أصبنا فلنا أجران وان اخطأنا فلنا أجر واحد و الله المستعان.

من هنا قررت تسمية هذا الجهد المتواضع بـ "**السهل في شرح القانون المدني**" وخططت لوضعه في خمسة أجزاء كما يلي:

الجزء الأول: المدخل لدراسة علم القانون.

الجزء الثاني: مصادر الالتزام

الجزء الثالث: أحكام الالتزام

الجزء الرابع: العقود المسماة (البيع والايجار)

الجزء الخامس: الحقوق العينية، الأصلية، والتبعية.

ان سبب اختياري لهذا التقسيم هو اعتماده من قبل غالبية كليات الحقوق في العالم عامة وفي الوطن العربي خاصة، لذلك أردت أن لا ادخل في خطة عمل غريبة أو بعيدة عن التقسيمات المعتادة لدينا، وهو ما ينسجم مع غاية هذا الانتاج الذهني وهو التسهيل على القارئ وليس العكس.

اسأل الباري عز وجل أن يوفقنا لما فيه مرضاته فهو مولانا نعم المولى ونعم النصير.

المقدمـــة

علم القانون كأي علم آخر واسع المدى كثير المصطلحات، لا يستطيع الدارس دخوله مرة واحدة من أوسع أبوابه، ولابد لـه من دراسة تمهيدية توطئ له هذا العلم وتبصره بمبادئه العلمية وأسسه العامة، لـكي يـدخل تـدريجيا في دراسـة تفصـيلية للموضـوعات القانونية المختلفة.

والمدخل إلى دراسة علم القانون موجود في كليات الحقوق كافة، وهو أمـر عرفتـه الشرـائع القديمـة أيضـاً كـما هـو الحـال بالنسبة للرومان الذين اهتموا بدراسة المدخل للقانون، حيـث اشـتهر فقهـاؤهم بدقـة المصـطلحات القانونيـة المسـتخدمة. كـما أهـتم الفقهاء المسلمون بهذا الأمر ووضعوا علماً قريباً لعلم أصول القانون اطلقوا عليه تسمية "علم أصول الفقه"، بحثوا فيه مصادر الشرـيعة الإسلامية الغراء، وكيفية استنباط الأحكام التفصيلية من هذه المصادر.

والمدخل إلى علم القانون لا يرتبط بفرع معين من فروع القانون العام أو الخاص، وانمـا يتصـل بهـا جميعـاً ويمهـد لدراسـة تفصيلاتها وعلاقتها بالعلوم الاجتماعية الأخرى كالدين والاخلاق. ولكن العادة جـرت عـلى ادراج هـذا المسـاق ضـمن مسـاقات القـانون المدني، ويتولى اساتذة القانون الأغلب الأعم تأليف كتب المدخل لدراسة علم القانون مع القيام بتدريسها كحلقة أولى من مواد القـانون المدني. ونعتقد بأن مرد ذلك هو أهمية القانون المدني وعلاقته اكثر من غيره بتفاصيل تنظيم حياة الناس ومعاملاتهم.

ان الإنسان كائن اجتماعي بطبعه ولا يمكن أن يعيش بمفرده، وتنشأ عن حياته مع الجماعة العديد مـن العلاقـات الأسريـة والمالية والسياسية. وينجم عن هذه العلاقات الكثير من المنازعات وصراع المصالح حيث يدعى الكل بأنه صاحب حق في مواجهـة غـيره والعكس صحيحاً. ومثل هذا التناقض في المصالح يحتاج إلى منهج منظم للفصل بين الحق والباطل واعطاء كـل ذي حـق حقـه. ويتمثـل هذا بضرورة وجود قواعد يحترمها الجميع لتنظيم العلاقات بين الناس والاستجابة من خلال هذه القواعد لدعاوى الظلم التي

يعاني منها هذا الشخص أو ذاك على أساس العدالة والانصاف. وهذه القواعد التي تنظم أنماط السلوك الإنساني قد تجد مصدرها في العرف أو العادات السائدة ومبادئ الاخلاق أو الدين بأوامره أو نواهيه أو بالقواعد القانونية التي تتميز عن القواعد الأخرى المنظمة للسلوك بسهولة الرجوع اليها وبأنها عامة ومجردة وتقترن بجزاء يوقع على من يثبت مخالفته لها.

أن مهمة القواعد القانونية لا يقتصر على حل المنازعات بين الناس كفيصل محايد يعتمد المعايير الموضوعية لاخذ حق الضعيف وكبح جماح القوي، وانما تُعنى هذه القواعد ببيان حقوق وواجبات الأفراد، ومحاولة خلق التوازن بين الأثنين واعطاء الحق لمن سلب حقه المطالبة به ومحاسبة من قصر في أداء واجباته على تقصيره. كذلك فان وظيفة هذه القواعد لا تنحصر في تجسيد ومعالجة ما هو كائن فقط، انما تطوير الواقع ومعالجة سلبياته واختناقاته وايجاد حلول للمشاكل والاهتمام بتطوير كل جوانب الحياة بخطوط متوازية ومدروسة. لذلك نرى بان نشاط المشرع يجب أن يكون موازياً لسرعة دوران عجلة الاقتصاد والصناعة والتكنولوجيا وحركة الانسان الدائبة وسرعة اتصالاته وتنقله من بلد إلى آخر بشكل ملفت لتطور وسائط النقل وسرعتها واستمرار احتكاكه باجناس الأرض المختلفة بعد ان كان محدود الحركة والعلاقات، ولا يعرف سوى مساحة معينة تمثل افقه الضيق وحاجاته ومشاكله الشخصية.

ولم تعد مهمة المشرع اليوم محصورة في وضع القواعد العامة التنظيمية، وتهيئة المؤسسات القضائية الكافية والمتخصصة لتنفيذ أوامر المشرع ونواهيه وتطبيق القواعد القانونية بكل حياد ونزاهة، بل يتعدى ذلك إلى مهمة توعية الناس بأهمية الاحترام بهذه القواعد وعدم الخروج عليها، وربط ذلك بالتقدم الحضاري ومستوى الرقي الذي تتنافس الدول لبلوغ أعلى درجاته، فليس المهم تطبيق القاعدة القانونية ومواجهة الناس بالجزاء المترتب عليها، بل الأهم من ذلك اعتبار هذه القاعدة وسيلة تربوية مرتبطة بثقافة المجتمع وموقعه بين شعوب العالم الأخرى، فحزام الأمان عند ركوب المركبات يعد واجباً قانونياً في كل البلدان، ولكن مفهومه الحضاري يختلف من بلد إلى آخر، بل ربما يعتبره البعض

ممن يعيش في الدول النامية ظلماً وجوراً لا داعي له، مما يقتضي جعل النصوص الخاصة به في خانة تعسف المشرع مع المواطن، ويتحين الكثير من الناس لدينا فرصة التخلص من هذه الواجبات وغيرها لعدم قناعته من الناحية التربوية بجدواها حسب اعتقاده.

واذا كان الحق وتقرير وجوده وآلية حمايته منوط بالقانون السائد الذي تختلف نظرته إلى الحقوق من بلد إلى آخر، اذ ان ما يعتبر حقاً في هذا البلد، قد لا يعتبر كذلك في بلد آخر، فان هذا المنطق يوجب علينا أن نعرف معنى القانون والجذور التأريخية لظهور فكرة القانون أصلاً، ثم نميز بين القواعد القانونية والقواعد الاجتماعية الأخرى التي تشارك القانون مهمته في تنظيم أنماط السلوك البشري.

وفي هذا المقام نحاول تقسيم القواعد القانونية، وبيان طبيعتها وأهدافها، وسنعرج أيضاً على دراسة مذاهب القانون المختلفة، وكيفية صياغة القاعدة القانونية وأنواعها وطرقها. ولابد لنا في هذه المناسبة من بيان مصادر القاعدة القانونية ثم تطبيق القانون وتفسيره والغائه. كل ذلك سيمثله القسم الأول من هذه الدراسة، لينصرف القسم الثاني منها لبحث النظرية العامة للحق بدءاً بتعريف الحق وكيفية ظهور فكرته وبيان طبيعته والاتجاهات التي قيلت في ذلك، ثم بيان أنواع الحقوق من شخصية واقتصادية وسياسية وذهنية، بعدها يتم التطرق إلى أركان الحق من حيث أشخاص الطبيعية والمعنوية، ومحله الذي يتجلى في الأشياء على مختلف أنواعها بالإضافة إلى الأعمال. ويتضمن هذا القسم نشوء الحق واستعماله وانقضاءه من خلال بيان مصادره وطرق اتباعه ومباشرته وحمايته وانتهائه سواء أكان الحق شخصياً أم عينياً.

القسم الأول
نظرية القانون

تتضمن دراسة هذا القسم أربعة أبواب، وذلك على الشكل التالي:

الباب الأول: التعريف بالقانون وبيان جذوره التأريخية وتمييزه عن غيره.

الباب الثاني: تقسيم القانون وأنواع القواعد القانونية من حيث قوتها.

الباب الثالث: مذاهب القانون وصياغة القاعدة القانونية.

الباب الرابع: مصادر القاعدة القانونية.

الباب الأول
التعريف بالقانون وبيان جذوره التأريخية
وتمييزه عن غيره

يتضمن هذا الباب فصلين، يتناول الأول منهما التعريف بالقانون وبيان جذوره التأريخيـة، بيـنما يـذهب الفصـل الثـاني إلى بحث التمييز بين القواعد القانونية والقواعد الاجتماعية الأخرى وكما يلي:-

الفصل الأول
التعريف بالقانون وبيان جذوره التأريخية

سنقسم هذا الفصل إلى ثلاثة مباحث، يتناول الأول منها تعريف القارئ بمصطلح القانون ومعناه والآراء التي قيلت فيه، ويكرس الثاني لإيضاح خصائص القاعدة القانونية، وينتهي المبحث الثالث ببيان الأصول التأريخية لظهور فكرة القانون وما أصابها من تطور عبر التأريخ.

المبحث الأول
التعريف بالقانون

لفظ القانون يطلق لغة على كل قاعدة مطردة تسير على وتيرة واحدة وتتوجه إلى الكافة أو إلى طائفة معينة من المجتمع دون تمييز. وهو يعني الخضوع لنظام ثابت يراد منه تحقيق نمط معين من السلوك الاجتماعي وعدم الخروج عليه، ومن يخرج عليه سيتحمل مسؤولية ذلك، وتقدر القاعدة القانونية حجم هذه المخالفة والجزاء اللازم عليها[1].

أن كلمة قانون توحي بأكثر من معنى، وتعطي أكثر من مدلول، فقد يقصد بها الإشارة إلى القواعد التي تحكم بعض الظواهر الطبيعية كالقوانين الفيزيائية، ومن ذلك قواعد الجاذبية الأرضية، والقوانين التي تحكم تحول المواد من حالة إلى حالة أخرى. ففي هذه الحالة تعتبر القاعدة القانونية قاعدة وصفية أو تقريرية، لأنها تكون مقررة لواقع يتحقق كلما تحققت أسبابه دون استثناء. وقد يقصد بكلمة قانون مجموعة قواعد السلوك التي يتعين على الأفراد احترامها لضمان الأمن والنظام في المجتمع، والقاعدة التي يتضمنها القانون هنا تعتبر قاعدة تنظمية أو تقويمية للسلوك، لأنها تخاطب الأفراد وتطالبهم باتباع سلوك معين تحت طائلة المساءلة لمن يخالف أحكامها. ولذلك تختلف

(1) سمير كامل، المدخل للعلوم القانونية، الكتاب الأول، نظرية القانون، ط1، القاهرة (1985- 1986)، ص 10.

القواعد القانونية عن الأخلاق التي قد تقوم في بعض الأحوال ببيان بعض ما تراه واجباً من سلوك، ولكن على سبيل الندب والترغيب للوصول إلى سمو نفسي أكمل. [1]

ولكلمة القانون معانٍ أخرى إذ قد يقصد به القواعد التي تضعها السلطة التشريعية في الدولة لتنظيم ميدان أو نشاط معين كقانون التجارة أو قانون الشركات أو قانون العمل وغيرها. والقانون بمعناه العام هو القواعد العامة المجردة والمنظمة للسلوك في بلد معين وفي زمن معين، ويطلق عليه أحياناً القانون الوضعي كأن يقال القانون الوضعي الأردني أو العراقي للدلالة على القانون المطبق في أي دولة من هذه الدول [2]. وقد يستعمل لفظ القانون في معنى أضيق من ذلك، كأن يقال قانون السلطة القضائية أو قانون الجامعات أو قانون الإصلاح الزراعي على سبيل المثال [3].

وهناك من يذهب عند تعريفه للقانون إلى أنه مصطلح يستعمل بالمعنى العام للدلالة على مفاهيم متعددة، فقد يقصد به النظريات والقواعد الكلية والتشريعات المقننة دون التقيد بالزمان والمكان، ويراد به عندئذ علم القانون، وقد يستعمل للدلالة على مجموعة القواعد الملزمة والمنظمة للعلاقات الاجتماعية في دولة ما، وهو عندئذ يرادف مصطلح الشريعة في المعنى، كأن يقال القانون الفرنسي أو الألماني، كما قد يقصد به مجموعة القواعد القانونية التي ينظمها فرع من فروع القانون في دولة ما، فيقال القانون المدني الأردني أو القانون التجاري الفرنسي أو القانون الجنائي الإيطالي [4].

(1) حسن كيره، المدخل إلى القانون، ط5، منشأة المعارف بالاسكندرية، 1974، ص 20.
(2) عباس الصراف، جورج حزبون، المدخل إلى علم القانون، ط4، دار الثقافة للنشر والتوزيع، عمان، 1997، ص 9.
(3) مصطفى محمد الجمال، عبد الحميد محمد الجمال، النظرية العامة للقانون، الدار الجامعية، بيروت 1987، ص 9.
(4) عبد الباقي البكري، علي بدير، زهير البشير، المدخل لدراسة القانون، العراق 1982، ص 17.

أما بالنسبة لتعريف مصطلح (القانون)، فيقصد به على رأى البعض[1]: "مجموعـة القواعـد التـي تطبـق عـلى الأشـخاص في علاقاتهم الاجتماعية ويفرض عليهم احترامها ومراعاتها في سلوكهم بغيـة تحقيـق النظـام في المجتمـع". فالقـانون يعـبر بـه حسـب هـذا التعريف، عن مجموعة القواعد القانونية التي تنظم حياة المجتمع وسلوك الأشخاص فيه، أياً كان مصدر هذه القواعد أو الموضوع الذي تنظمه. إذ قد قد يكون مصدر هذه القواعد التشريع أو غيره من المصادر الأخرى، وقد تنظم هذه القواعـد أمـوراً مدنيـة أو تجاريـة أو جزائية أو ذهنية أو غير ذلك. ومع هذا فإنها جميعاً وبصرف النظر عن مصدرها او موضوعها، هـي التـي يتكـون منهـا القـانون بمعنـاه العام. ولكلمة القانون معنى آخر خاصاً شائع الاستعمال، ويقصد به القواعد الصادرة عن السلطة التشريعية المختصة، وهذا النـوع مـن القواعد وإن كان يمثل في عصرنا الجزء الأكبر من القواعد القانونية، بشكل عام غـير أنـه لا يشـملها جميعـاً. وبالتـالي فـإن القـانون بهـذا المعنى الخاص ليس إلا مصدراً من مصادر القانون بمعناه العام، وهو من أهم المصادر في الوقت الحاضر ولكنه ليس المصدر الوحيد بكل تأكيد.

ومصطلح "القانون" يختلف عن مصطلح "الحق"، فالحق يقصد به السـلطة أو الإمكانيـة أو الامتيـاز التـي يمنحهـا القـانون للشخص تمكينا له من تحقيق مصلحة مشروعة يعترف له بها ويحميها. والحق أو الحقوق بهذا المعنى لا تتمثل إذن بالقواعـد القانونيـة نفسها، وإنما بما تقره هذه القواعد للأشخاص وما تمنحهم إياه من سلطات وميزات. فالقواعد القانونية التي تمنح الحـق للمسـتأجر مـثلاً في سكن العقار المأجور، وللبائع في استيفاء ثمن المبيع من المشتري، وللعامل في الحصول على تعويض تسرـيح مـن رب العمـل، ولـلأب في تربية أولاده، تدخل كلها في نطاق القانون. أما ما ينشأ عن هذه القواعد من سلطات وميزات يتمتع بها المستأجر أو البائع أو العامل أو الأب، فإنما تعتبر حقوقاً يعترف بها القانون لهؤلاء الأشخاص ويمنحهم إياها. ولذلك حينما يتحدث المستأجر عن

(1) لاحظ هشام القاسم، المدخل إلى علم القانون، المطبعة الجديدة، دمشق (1975 – 1976)، ص 6-7.

حقه في سكن العقار، والبائع عن حقه في استيفاء ثمن المبيع، والعامل عن حقه في تعويض التسريح، والأب عن حقه في تربية أبنائه، فإنهم لا يرمون من وراء ذلك التحدث عن قواعد قانونية معينة، بل عن السلطات والإمكانيات والميزات التي يتمتعون بها بمقتضى هذه القواعد، أو بمعنى آخر عن حقوقهم التي يمنحهم إياها القانون.

ومما تقدم يتبين لنا وجود ترابط تام بين القانون والحق، فلا ينشأ الحق إلا إذا أقرته واعترفت به قاعدة من قواعد القانون، كما أن القانون يهدف بصورة أساسية إلى تحديد الحقوق وبيان مداها وكيفية اكتسابها وانقضائها. وبعبارة أخرى يمكن القول أن الحق هو ثمرة القانون ونتيجته، كما أن القانون يتمثل عملياً حين تطبيقه بما ينجم عنه من حقوق [1]. وهناك من يعرف مصطلح "القانون" بأنه "كل قاعدة مطردة مستقرة يفهم منها نتائج معينة"، أو أنه "مجموعة القواعد القانونية المرعية في مجتمع ما والمنظمة للعلاقات الاجتماعية فيه والتي يلتزم الأشخاص باتباعها وإلا تعرضوا للجزاء المادي الذي تفرضه السلطة العامة" [2]. ويذهب آخرون في تعريفهم للقانون بأن الجزاء المخالف للقاعدة القانونية عند عدم الالتزام بها أو احترامها قد يكون استعمال القوة عند الضرورة [3].

ومن الفقهاء من نظر إلى القانون عند تعريفه له باعتبار دوره في تحقيق الخير العام والحرية الفردية فذكر أن "القانون بوجه عام هو مجموعة القواعد الملزمة التي تنظم علاقات الأشخاص في المجتمع تنظيماً عادلاً يكفل الحريات للأفراد وتحقيق الخير العام"، ومنهم من أضاف في تعريفه للقانون إلى عنصر الهدف والغاية عنصر الجزاء، فعرف القانون بأنه "مجموعة القواعد التي تنظم نشاط الأفراد في المجتمع تنظيماً يحقق الخير

---

(1) المصدر السابق، ص 7 – 8.
(2) توفيق حسن فرج، المدخل للعلوم القانونية، القسم الأول، النظرية العامة للقانون، الـدار الجامعيـة، بـيروت 1993، ص 15، عبـد الباقي البكري، المصدر السابق ص 17.
(3) د. عباس الصراف، د. جورج حزبون، المصدر السابق، ص 8.

للفرد ويكفل التقدم للجماعة والتي تتولى تنفيذها قسراً على الأفراد سلطة عليا في تلك الجماعة"(1).

وإذا كان المقصود من التعريف إعطاء صورة مصغرة وكافية للشيء المعرف وبيان خصائصه ومميزاته، فإن وجود تعريف جامع مانع لمصطلح القانون قد يكون متعذراً، إلا أن جميع التعاريف المتقدمة تسهل مهمة القارئ، وتجعله يـدور فعـلاً في فلـك هـذا المصطلح أو على الأقل قريباً منه، ولذلك يتحاشى الكثير من الشراح الخوض في التعاريف خوفاً من هذه النتيجة المؤكدة وهو مـا نؤيـده بهذه المناسبة.

المبحث الثاني

خصائص القاعدة القانونية

القانون كما رأينا يعني مجموعة القواعد التي تنظم سلوك الأشـخاص ونشـاطهم في المجتمع، ويجـد الجميـع عـلى احـترام الأحكام الواردة في هذه القواعد، عن طريق إيقاع أنواع من الجزاء على من يخالفها.

والأصل في هذه القواعد أن تتجه إلى مخاطبة الناس كافة، بحيث تكون قواعد عامة، وليست مخصصة لفئة معينة مـن الناس، إلا في الحالات التي يراها القانون. ومن أجل أن يؤدي القانون وظائفه وأهدافه في تحقيق الرفاه للناس وحمايـة حقـوقهم، لا بـد أن يتمكن من توجيه سلوكهم صوب ما ينظم أمورهم ويزيل الفوضى في تصرفاتهم، ولا يستطيع المشرع تحقيق ذلك بالرجاء أو التمنـي، بل لا بد من وسيلة لإجبار المخاطبين بضرورة الالتزام بأحكام القانون وعدم الخروج عليها، وهو ما يمثل الجزاء المقترن عادة بالقاعـدة القانونية.

---

(1) علي حسين نجيده، المدخل لدراسة القانون، دار الفكر العربي، مطبعة جامعة القاهرة، 1985، ص 8 - 9.

إن الإلمام بخصائص القاعدة القانونية سيمكن القارئ والمتخصص من معرفة طبيعة القاعدة القانونية وكيفية تمييزها عن غيرها.

كذلك فإن هذه الخصائص كانت ولا زالت محطة للاختلاف بين فقهاء وشراح القانون الذين لم يتفقوا عليها أو على بعضها، وخصوصاً بالنسبة للجزاء الذي اعتبره البعض مميزاً مهماً للقاعدة القانونية، بينما لم يرَ آخرون ذلك.

وفي كل الأحوال نستطيع أن نجمل هذه الخصائص بما يلي:-

أولاً: القاعدة القانونية قاعدة عامة ومجردة:-

وتعني عمومية القاعدة أنها لا تخص شخصاً معيناً ولا واقعة محددة، بل تنطبق إذا توافرت في الشخص أو في الواقعة صفات وشروط معينة، فكل شخص اجتمعت فيه أوصاف معينة، وكل واقعة توافرت فيها شروط معينة، تنطبق بشأنه أو بشأنها القاعدة القانونية.

أما التجريد في القاعدة القانونية فيقتضي أن تصدر في صيغ مجردة لا تتعلق بشخص معين أو واقعة معينة.

ويتضح من هذا أن صفة العمومية وصفة التجريد متلازمتان في القاعدة القانونية، حيث تترتب كل منهما على الأخرى، فتعتبر قاعدة عامة مجردة تلك القاعدة التي تقضي بأن (1- كل شخص يبلغ سن الرشد متمتعاً بقواه العقلية ولم يحجر عليه يكون كامل الأهلية لمباشرة حقوقه المدنية، 2- وسن الرشد هي ثماني عشرة سنة شمسية كاملة)[1].

ونفس الشيء يقال بالنسبة للوقائع، فالقاعدة القانونية، لا تنصرف إلى واقعة بذاتها، ولكنها تنطبق إذا توافرت في الواقعة شروط معنية، مثال ذلك واقعة تمام ولادة الإنسان حياً وبدء شخصيته القانونية، فإذا توافر شرط الولادة التامة وخرج المولود حياً بدأت عندئذ شخصيته، وهذا الحكم لا يقف عند إنسان معين وإنما ينصرف إلى عدد غير

(1) المادة (43) مدني أردني.

محدود من الأشخاص، فكل من يولد حياً تبدأ شخصيته القانونية، سواء تم ذلك الآن أم في المستقبل، طالما بقيت القاعدة القانونية قائمة ومعمولاً بها[1].

وبناء على ذلك لا تعتبر قاعدة قانونية القرارات الإدارية والأحكام القضائية والأوامر الرئاسية، لأنها تعني أشخاصاً معينين بذواتهم كالقرار الصادر بتعيين موظف او الحكم الصادر بالتعويض في حادثة معينة أو العمل التشريعي الصادر بمنح الجنسية لشخص معين. فهذه القرارات والأحكام ينتهي مفعولها بتمام المقصود منها، أما القاعدة القانونية فتبقى بعد تطبيقها على بعض الأشخاص والوقائع لكي تطبق على أشخاص آخرين ووقائع أخرى لا يمكن أن تخضع للحصر[2].

ولا يعني عموم القاعدة القانونية العموم المطلق، فقد تكون صفة العموم نسبية من حيث الأشخاص عندما تتوجه القاعدة إلى فئة معينة دون أخرى. ومع ذلك تبقى صفة العموم قائمة. فقد يقتصر القانون على تحديد شروط القبول في الجامعة، ومع ذلك فإنها تتصف بالعموم، أو تتوجه إلى شخص واحد كتحديد اختصاصات رئيس الدولة أو رئيس الوزراء أو المحافظ، فالعموم يبقى قائماً ما دامت القاعدة القانونية تتناول المنصب بصفة عامة، ولم تتناول اسم صاحب المنصب، فكل من يتولى هذا المنصب يتمتع بالصلاحيات التي حددها القانون، ومن يأتي بعده تنطبق عليه ذات الأحكام[3].

وتتجلى فائدة العمومية والتجريد في القاعدة القانونية، في تحقيق النظام في المجتمع وإبعاد القوانين عن الصفة الشخصية، وضمان الحقوق والحريات ضد التعسف والاستبداد، لأن إخضاع كل الأشخاص والوقائع لقواعد قانونية واحدة بغض النظر عن ذواتهم، يضمن للقاعدة القانونية الاستمرار في التطبيق والقبول والاستحسان من الأشخاص، ويؤدي إلى وجود نظام واحد مستقر ومضطرد في العلاقات، وحينئذ لا تأتي

(1) المادة (30) مدني أردني، راجع توفيق حسن فرج، المصدر السابق، ص 19.

(2) علي حسين نجيدة، المصدر السابق، ص 20.

(3) سهيل حسين الفتلاوي، المدخل لدراسة علم القانون، ط2 مكتبة الذاكرة، بغداد 2009، ص 112.

القاعدة العامة لمصلحة أو ضد مصلحة شخص معين بالذات، وإنما تستهدف المصلحة العامة دائماً من خلال تحقيق مصلحة الجماعة[1].

ثانياً: القواعد القانونية قواعد اجتماعية

لا تعنى القواعد القانونية بالإنسان المنعزل، وإنما تعنى بالمجتمع المنظم الذي توجد فيه سلطة يكون لها السيادة على أفراده وإجبارهم على طاعة وتنفيذ القواعد القانونية التي وضعت أصلاً لتنظيم حياتهم وسلوكهم بما يضمن تحقيق الاستقرار والطمأنينة للجميع. وبهذا يمكن القول أن القانون سابق في وجوده على وجود الدولة، على الرغم من ظهوره ابتداء على شكل أعراف أو تقاليد دينية، إذ أن الفكرة القانونية ظهرت بمجرد وجود الجماعات الأسرية ثم القبائلية فالإقطاعية التي سبقت وجود الدولة[2].

أما بالنسبة لطبيعة القاعدة القانونية أو الخطاب الموجه إلى الأشخاص فهو لا يخرج عن أحد احتمالات ثلاثة، فإما أن يتضمن أمراً لهم بالقيام بعمل معين، أو نهياً لهم عن القيام به، أو مجرد إباحة هذا الفعل دون أمر به أو نهي عنه[3].

ويلاحظ أن الأمر أو النهي أو الإباحة قد يرد بشكل صريح في القاعدة القانونية، وقد لا يكون صريحاً ولكنه يفهم من العبارات الواردة في القاعدة، مثال ذلك أن تقرر القاعدة عقوبة أو إلزاماً بالتعويض إذا وقع من الشخص فعل معين حتى يفهم من ذلك أن هذا الفعل منهي عنه.

---

(1) لاحظ: غالب علي الداودي، المدخل إلى علم القانون، ط4، الروزنا للطباعة، عمان، 1996، ص 19.

(2) راجع: عباس الصراف، حزبون، المصدر السابق، ص 13.

(3) ومن قبيل الخطاب الأول ما ورد في المادة 671 مدني أردني: "يجب أن تكون مدة الإجارة معلومة ولا يجوز ان تتجاوز ثلاثين عاماً، فإذا عقدت لمدة أطول ردت إلى ثلاثين عاماً"، ومن أمثلة الخطاب الناهي ما ورد في المادة 2/42 مدني أردني "لا يجوز إثبات وجود الموطن المختار إلا بالكتابة"، ومن صور الخطاب الثالث ما ورد في المادة 2/1018 مدني أردني "لمالك الشيء وحده ان ينتفع بالعين المملوكة وبقلتها وثمارها ونتاجها ويتصرف في عينها بجميع التصرفات الجائزة شرعاً".

كما أن بعض القواعد الأخرى تنظم سلوك الأفراد بطريق غير مباشر، بحيث قد يبدو بانها ليست قواعد سلوك إذ لا تأمر بالقيام بعمل أو الامتناع عن عمل أو إباحة مسلك معين، بل تكتفي بتقرير أوضاع أو مراكز قانونية معينة، ومن ذلك القاعدة التي تقرر أن محكمة معينة هي المختصة بنظر نوع من المنازعات، يتضمن أمراً إلى ذوي الشأن في مثل هذه المنازعات بالالتجاء إلى هذه المحكمة في خصوماتهم وأمراً إلى القاضي بأن ينظر في هذه المنازعات دون غيرها[1].

ويترتب على كون القاعدة القانونية قاعدة اجتماعية أن يتخصص القانون في المكان والزمان على حد سواء، فالقانون مرآة للبيئة التي ينطبق فيها، حيث يستجيب لظروفها وحاجاتها، وكل بيئة تختلف عن غيرها من البيئات الأخرى، كما أن لكل عصر أفكاره ومبادئه ومقتضياته. ولذلك فإن من المحتم اختلاف القانون من دولة إلى أخرى، حتى بين الدول القريبة من بعضها في النظم الاجتماعية والاقتصادية والسياسية والعادات والتقاليد، ومثال ذلك الدول العربية التي لا تتطابق قوانينها تماماً في كل شيء.

وعلى هذا فالقانون الذي يصلح للبيئة الانجليزية أو الأمريكية يختلف عن القانون الذي يصلح للبيئة الفرنسية أو الإيطالية أو المصرية أو اللبنانية، ومن المحتم أيضاً اختلاف القانون في البيئة الواحدة من عصر إلى عصر فهو يتطور بتطور المجتمع حتى يستجيب لحاجاته الجديدة ويساير اتجاهاته المستحدثة. لذلك نرى بأن المشرع يتدخل من وقت إلى آخر فيعدل القانون القائم أو يغير فيه كي يتلاءم مع الظروف الجديدة في المجتمع[2].

(1) للمزيد من الأمثلة راجع:- منصور منصور، دروس في المدخل لدراسة العلوم القانونية (مبادئ القانون)، دار النهضة العربية، القاهرة، 1972، ص 28 ، 29.

(2) جاء في المادة (39) من مجلة الأحكام العدلية "لا ينكر تغير الأحكام بتغير الأزمان" كما جاء في المادة العاشرة من المجلة: "ما يثبت بزمان يحكم ببقائه ما لم يوجد المزيل". راجع كذلك:- عبد المنعم فرج الصده، أصول القانون، منشأة المعارف بالاسكندرية 1994، ص 15.

ثالثاً: القاعدة القانونية تنظم سلوك الأفراد في المجتمع:-

إن قواعد القانون هي في حقيقتها قواعد سلوك اجتماعي، والظاهرة التي تحكمها هذه القواعد هي إرادة الإنسان، فالقاعدة القانونية تصدر أمراً إلى هذه الإرادة بحيث يتعين على الإرادة المخاطبة بحكم القانون مطابقة سلوكها على مقتضى ـ الأمر الصادر إليها. ولذلك قيل بأن قواعد القانون هي قواعد تقويمية، لأنها لا تكتفي بتقرير ما هو كائن بل تهدف إلى تحديد ما ينبغي أن يكون. ولكن نظراً لأن إرادة الإنسان التي تحكمها قواعد القانون ليست جامدة وإنما هي إرادة حرة، فإنه من المتصور أن تخالف هذه الإرادة الأمر أو الأوامر الصادرة إليها من المشرع، ولولا تصور واحتمال وقوع مثل هذه المخالفة لما كانت هناك حاجة إلى اقتران القاعدة القانونية بجزاء يوقع على الفرد عند مخالفتها[1].

والقانون في تنظيمه للسلوك البشري يهتم بالسلوك الخارجي للفرد دون الالتفات إلى كوامن النفس البشرية وما يدور في ذهن الإنسان من نوايا ومشاعر قد تكون طيبة وقد لا تكون كذلك. فالنية أمر بين الإنسان والخالق الذي يعرف ما تكنه الصدور. وكثيراً ما تتجه النية صوب الشر وإلحاق الأذى بالآخرين ولكن صحوة الضمير وما يمتلكه الإنسان من قيم أخلاقية وإنسانية يثنيه ويكبح جماح الشر لديه، وينتهي الأمر في قرارة نفسه دون أن يعرف بذلك أقرب الناس إليه[2].

ولكن هذا لا يعني إهمال النية وعدم الأخذ بها حينما يقوم الفرد بالسلوك الخارجي فعلاً، إذ يبدأ القاضي هنا بالبحث عن النوايا وراء التصرف، التي قد يؤدي التحقق منها إلى التخفيف أو التشديد في الحكم القضائي.

---

(1) سمير عبد السيد تناغو، النظرية العامة للقانون، منشأة المعارف بالاسكندرية، 1986، ص 32.
(2) جاء في محكم الكتاب العزيز: "قل إن تخفوا ما في صدوركم وتبدوه يعلمه **الله** " - سورة آل عمران / آية 29. وجاء في قوله تعالى: "**وليبتلي الله** ما في صدوركم وليمحص ما في قلوبكم" - سورة آل عمران/ آية 154. وجاء في قوله عز وجل: "قد بدت البغضاء من أفواههم وما تخفي صدورهم أكبر" آل عمران/ آية 118".

وقد أخذ التشريعات بالنية في قوانينها المدينة والجنائية، حيث جاء في المادة (202) مدني أردني: "يجب تنفيذ العقـد طبقـاً لما اشتمل عليه وبطريقة تتفق مع ما يوجبه حسن النية". كما قللت المادة 1182 مدني أردني مدة التقـادم المكسـب مـن خمسـة عشرـ عاماً إلى سبع سنوات عندما يتوافر في الحائز حسن النية بقولها: "إذا وقعت الحيازة على عقار أو حق عيني عقاري وكان غير مسـجل في دائرة التسجيل واقترنت الحيازة بحسن النية واستندت في الوقت ذاته إلى سبب صحيح فإن المدة التي تمنـع مـن سـماع الـدعوى تكـون سبع سنوات". ونفس الشيء يلاحظ في القوانين الجنائية، حيث أخذ المشرع الأردني بالنيـة في جـرائم القتـل فعاقـب بـالحبس مـدة سـتة أشهر إلى ثلاث سنوات في حالة القتل الخطأ، وعاقب على ذات الجريمة بالأشغال الشاقة لمدة خمس عشرة سنة في حالـة القتـل المقصـود البسيط، في حين عاقب عليها بالإعدام في حالة القتل العمد "القتل مع سبق الإصرار"[1].

رابعاً: القاعدة القانونية تقترن بجزاء عند مخالفتها

تعني فكرة الجزاء إمكان حمل الأفراد جبراً على طاعة القواعد القانونية إن لم يطيعوها اختياراً، وهو ما يعطي للجزاء صفة رادعة تؤكد سلطان القانون. ولذلك يحسن التعبير عن الجزاء القانوني باصطلاح "الإجبار"، الذي يفصح عن صفته الحالة المادية المنظمـة التي تثبت له نتيجة قيام سلطة عامة في الجماعة بقهر الإرادات المستعصية على تطبيق القانون عن طريـق القـوة الماديـة، ويتـيح هـذا النوع من الجزاء فصله وتمييزه عن الجزاء الديني الذي توقعه القدرة الإلهية في الدنيا وفي الآخرة، وعن الجزاء الأخلاقـي الـذي يـتجلى في تأنيب الضمير والاستنكار وعدم الرضا[2].

فالغرض من الجزاء إذن هو الضغط على إرادة الأفراد حتى يمتثلوا لأوامر المشرع ونواهيه، كـما يـؤدي الجـزاء عنـد وقـوع السلوك أو التصرف المخالف للقانون، إلى

---

(1) لاحظ المواد 326، 328، 343 من قانون العقوبات الأردني رقم 16 لسنة 1960 المعدل. راجع أيضـاً:- خالـد رشـيد القيـام، مقدمـة في الأصول العامة لعلم القانون، ط1، جامعة مؤتة 1999، ص 25، 26.

(2) حسن كيره، المصدر السابق، ص 37.

إزالة الآثار المترتبة على هذا السلوك أو التقليل منها قدر المستطاع. كما أن الجزاء بكل أنواعه لازم لإقرار النظام في المجتمع، ولا يمكـن تحقيق هذا الغرض الذي وجدت القاعدة القانونية اصلاً من أجل تحقيقه، إذا ما ترك لكل فرد الحرية في الخضوع لقواعد القـانون أو عدم الخضوع لها.

ويتميز الجزاء المقترن بالقاعدة القانونية بأنه جزاء حال (غير مؤجل)، ويطبق بمجرد وقوع المخالفة، وبأنه مادي محسوس، توقعه السلطة العامة[1].

والجزاء أو القهر كما يسميه البعض تباشره الدولة بما تحوزه من وسائل القوة، وعن طريق من يتبعها مـن أفراد مـزودين بهذه الوسائل كرجال الشرطة والمحضرين وغيرهم. وتظهر آثار استخدام وسائل القهر على الشخص الذي خالف أحكام القـانون مباشرة في أمواله أو حجز حريته أو توجيه الجزاء الإداري له. ومن هذا القبيل القبض على هذا الشخص أو الحجز على أمواله وبيعها في المـزاد العلني ودفع ديونه من ثمنها، أو إغلاق المكان الذي يباشر فيه النشاط المخالف للقانون، أو إخراجه من المكان الذي يشغله بغيـر حـق، وغير ذلك من أنواع الجزاء القاسية التي تصل إلى السجن المؤبد أو حتى الإعدام[2].

ولا يؤيد البعض طبع القاعدة القانونية بصفة الإجبار والقهر ودفع الناس إلى احترامها من باب الخوف مـن الجـزاء، وبـدل ذلك يميلون إلى ضرورة إيمان الناس بالقانون وواجب احترامه باعتباره صادراً عـن سـلطة تمثل إرادتهم (السـلطة التشـريعية) ومحققاً لمصالحهم في إقامة العدل والمساواة وتنظيم العلاقات بين الناس. وعكس ذلك أي إذا استمد القانون هيبته واحترامـه مـن خـلال خـوف المخاطبين به فهو فاشل ولن يؤد الأغراض المتوخاة منه.

---

(1) السيد محمد السيد عمران، نبيل إبراهيم سعد، محمد يحيى مطر، الأصول العامة للقانون، الدار الجامعية 1991، ص 21.
(2) سمير عبد السيد تناغو، المصدر السابق، ص 61.

وذهب البعض إلى أبعد من ذلك فلم يعتبروا الجزاء عنصراً من عناصر القاعدة القانونية، ولا شرطاً لازماً لوجودها، من أجل عدم ربط القانون بالسلطة العامة التي قد تستبد وتتعسف في ترتيب الجزاء على من يخالفها.

واستند أصحاب هذا الرأي أيضاً إلى قواعد القانون الدولي والقانون الدستوري التي لا ينكر أي أحد عنها صفة القواعد القانونية على الرغم من خلوها من جزاء يترتب على مخالفتها.

غير أن الرأي الراجح لدى الفقهاء بأن الجزاء يبقى عنصراً جوهرياً في القاعدة القانونية، ويعد من أهم خصائصها، ولا تكتسب هذه القاعدة فاعليتها إلا بوجود هذا الجزاء. أما الاستناد إلى القانون الدولي العام والقانون الدستوري، فلا يعد مقنعاً، لأن هذين الفرعين من فروع القانون يتسمان بجزاء من طبيعة خاصة، فقواعد القانون الدستوري يتمثل الجزاء فيها بالتوازن القائم بين السلطات المختلفة، حيث تستطيع كل سلطة أن توقف السلطة الأخرى، وهو ما يظهر في قدرة الحكومة على حل المجلس التشريعي، أو قدرة هذا المجلس على سحب الثقة من الحكومة، أو قدرة القضاء على مراقبة دستورية القوانين وهكذا. كذلك توجد في الكثير من دول العالم قوانين تنظم كيفية محاكمة رئيس الدولة والوزراء وكبار الموظفين. يضاف إلى هذا كله الرأي العام الذي يراقب سلطات الدولة، ويستطيع إعادة اختيار من يريد عن طريق الانتخابات أو رفض من يريد عن طريق التمرد والعصيان.

أما بالنسبة لقواعد القانون الدولي فإن الجزاء فيها موجود أيضاً ويتمثل في استنكار الرأي العام العالمي، أو المعاملة بالمثل، أو العقوبات الاقتصادية، أو الحصار الشامل كما حصل بالنسبة للعراق عام 1991، أو الحرب عند اللزوم كما حصل فعلاً في الحرب التي شنت على العراق في آذار 2003 بغض النظر عن الملاحظات والانتقادات الكثيرة التي حصلت بالنسبة لهذه الحرب باعتبارها حرب غير مبررة[1].

(1) للمزيد راجع:- علي حسين نجيدة، المصدر السابق، ص 25 - 27، تناغو، المصدر السابق، ص 81، 82، سهيل حسين الفتلاوي، المصدر السابق، ص 137.

ومع ضرورة اقتران القاعدة القانونية بالجزاء اللازم لاحترامها، فإن هناك الكثير من أفراد المجتمع ممن يحرص على احترام القاعدة القانونية، وتطبيقها كما يجب دون التفكير بالجزاء الذي يترتب على مخالفتها، وخصوصاً بالنسبة للطبقات الواعية، التي تدرك بأن نتيجة عدم احترام ما يصدره المشرع من أوامر ونواهٍ سينتهي بالمجتمع إلى المزيد من الفوضى والتمرد، وهو ما سينعكس سلباً على مجمل تطوره وإزدهاره الحضاري والإنساني.

ويختلف الجزاء باختلاف طبيعة المخالفة، ويمكن أن يتخذ أحد الصور التالية:-

1- الجزاء الجنائي:-

وهو الجزاء الذي توقعه السلطات العامة على كل مخالف لنص قانوني وارد في قانون العقوبات، إذ لا يقضى بأي عقوبة لم ينص قانون العقوبات عليها حين اقتراف الجريمة[(1)]. وتتدرج العقوبات التي تنسجم عادة مع حجم المخالفة القانونية من الاعدام إلى الأشغال الشاقة المؤبدة إلى الاعتقال المؤبد والأشغال الشاقة المؤقتة ثم الاعتقال المؤقت. وهناك العقوبات الجنحية التي تتدرج أيضاً من الحبس إلى الغرامة ثم الربط بكفالة. وأخيراً تأتي العقوبات التكديرية التي تتراوح بين الحبس التكديري والغرامة[(2)].

والعقوبة الجنائية لا تقاس بمقدار الحق المعتدى عليه وقيمته، بل تقاس بقدر ما تنطوي عليه المخالفة من إخلال بنظام المجتمع، لأن الجزاء الجنائي حق للمجتمع، وتقوم السلطة العامة بانزاله بكل من يخالف قوانينها العقابية التي يراد منها أصلاً حماية الحق العام من الأفعال غير المشروعة التي تخل بنظام الجماعة. فالحق في العقوبة ليس للمجني عليه فقط، حتى ولو كان الاعتداء على جسده أو ماله، وإنما هو للمجتمع وتمارسه الدولة نيابة عنه دفاعاً عن كيان الجماعة وتأميناً للثقة والاستقرار والطمأنينة في المجتمع[(3)].

(1) المادة الثالثة من قانون العقوبات الأردني رقم (16) لسنة 1960 المعدل.
(2) للمزيد من المعلومات راجع المواد 14 – 27 من قانون العقوبات الأردني.
(3) غالب الداودي، المصدر السابق، ص 24.

2- الجزاء المدني:-

وهو الجزاء الذي يضعه المشرع في المعاملات المالية أو الدعاوى الحقوقية بشكل عام وخصوصاً في العقود بمختلف أنواعها ومنها البيع والإيجار والمقاولة والتأمين والوديعة والرهن وغيرها. ويتمثل هذا الجزاء بإجبار المدين على تنفيذ عين ما اتفق عليه إذا كان هذا التنفيذ ممكناً، وهو ما يسمى بالتنفيذ العيني الجبري للالتزام. وحينما يكون هذا التنفيذ مستحيلاً وخصوصاً في حالات وجود القوة القاهرة والسبب الأجنبي يصار إلى التعويض أو ما يسمى بالتنفيذ بمقابل.

وقد يتخذ الجزاء المدني صورة البطلان بالنسبة للتصرفات التي تفقد ركناً من أركان انعقادها وهي الرضا والمحل والسبب والشكل بالنسبة للعقود الشكلية، أي العقود التي يجب أن تستوفي الشكل المقرر قانوناً وإلا تعد باطلة كالبيوع التي تقع على العقارات خارج الدوائر الرسمية المختصة.

ويستطيع الدائن في العقود الملزمة للجانبين الدفع بعدم التنفيذ عند عدم قيام المتعاقد الآخر بتنفيذ ما عليه من التزامات، كما يستطيع الفسخ والمطالبة بالتعويض عند إخلال المدين بتنفيذ التزامه إن كان لهذا التعويض مقتضى. وعلى هذا يستطيع المؤجر فسخ عقد الإيجار أو مطالبة المستأجر بتخلية المأجور عند تخلف المستأجر وعن دفع الأجرة المستحقة.

هذا وقد يجتمع الجزاء الجنائي مع الجزاء المدني بالنسبة لذات المخالفة، فمن ارتكب جريمة تؤدي إلى الإضرار بالغير توقع عليه العقوبة الجنائية، ويلتزم في الوقت ذاته بأن يدفع إلى المجني عليه تعويضاً مالياً عما أصابه من ضرر بسبب الجريمة[1].

3- الجزاء الإداري:-

بعد أن يعين الموظف بدرجة وظيفية محددة، فإنه يتولى الاختصاصات المعينة لهذه الوظيفية ويباشر مهامها ويتحمل مسؤوليتها. ويتمتع الموظف بناء على ذلك بجملة

(1) عبد المنعم فرج الصدة، المصدر السابق، ص 22، علي حسين نجيده، ص 33 - 37، خالد رشيد القيام، المصدر السابق، ص 31.

من الحقوق ويتحمل في ذات الوقت بجملة من الالتزامات والواجبات الوظيفية التي يجب عليه احترامها وعدم الخروج عليها.

ومن الجزاءات الإدارية التي قد يتعرض إليها الموظف الوقف عن العمل، وهو إجراء احتياطي يتم بموجبه منع الموظف من ممارسة أعمال وظيفته جبراً عنه بصفة مؤقتة، مع احتفاظه بصلته الوظيفية، حيث لا يباشر الموظف في فترة وقفه عن العمل أي عمل وظيفي. ويهدف هذا الوقف إبعاد الموظف المتهم بارتكاب مخالفة عن وظيفته بصورة مؤقتة خشية أن يؤثر وجوده فيها على سير التحقيق أو المحاكمة.

إن من أهم واجبات الموظف التي يتحتم عليه القيام بها وإلا عرض من نفسه لمختلف الجزاءات الإدارية، هي واجب أداء عمله الوظيفي بدقة وأمانة وإخلاص، والتقيد بأوقات الدوام الرسمي وعدم التغيب إلا بإذن رسمي. ومن واجباته أيضاً إطاعة واحترام رؤسائه في حدود مشروعية العمل الإداري وإلا اعتبر مرتكباً لمخالفة إدارية يعاقب عليها. ويتحتم على الموظف كذلك احترام مبدأ المشروعية في العمل الإداري، وإن جزاء عدم التزام الموظف بهذا المبدأ هو مسؤوليته عن أعماله غير القانونية أو غير المشروعة. وعليه واجب المحافظة على الأموال العامة وصيانتها، وواجب المحافظة على كرامة الوظيفة العامة، واحترام المواطنين وتسهيل إنجاز أعمالهم وتقديم الخدمات لهم دون تمييز، واحترام المعلومات التي بحوزته، وعدم افشائها، وعدم التعسف في استعمال الوظيفة العامة بما يؤدي إلى الإضرار بالآخرين.

أما العقوبات التأديبية التي توقع على الموظف بسبب ارتكابه لأي مخالفة أو إخلال بواجباته الوظيفية فهي تتدرج من التنبيه إلى الإنذار إلى قطع او حسم الراتب إلى تخفيض العلاوات كلياً أو جزئياً إلى تنزيل أو إنقاص الراتب أو تنزيل الدرجة ثم التوبيخ والاستغناء عن الخدمة أو الفصل وأخيراً العزل من الوظيفة[1].

---

(1) للمزيد من التفاصيل راجع: خالد خليل الظاهر، القانون الإداري، دراسة مقارنة، ط1، دار المسيرة للنشر والتوزيع والطباعة 1998، ص 217 - 250.

المبحث الثالث
الجذور التأريخية لفكرة القانون

يذهب ابن خلدون في مقدمته إلى "أن الاجتماع الإنساني ضروري ويعبر الحكماء عن هذا بقولهم، الإنسان مدني بالطبع أي:- لا بد له من الاجتماع الذي هو المدنية في اصطلاحهم وهو معنى العمران وبيانه:- أن الله سبحانه خلق الإنسان وركبه على صورة لا يصح حياتها وبقاؤها إلا بالغذاء وهداه إلى التماسة بفطرته وبما ركب فيه من القدرة على تحصيله إلا إن قدرة الواحد من البشر قاصرة عن تحصيل حاجته، من ذلك الغذاء غير موفية له بمادة حياته منه، ولا بد من اجتماع القدر الكثير من ابناء جنسه ليحصل القوت له ولهم فيحصل بالتعاون قدر الكفاية من الحاجة لأكثر منهم بأضعاف، كذلك يحتاج كل واحد منهم في الدفاع عن نفسه إلى الاستعانة بابناء جنسه"[1].

وعلى هذا فإن الإنسان يعجز عن العيش بمفرده وتلبية حاجاته الأساسية، ولذلك لا بد له من العيش في جماعة من أجل الحصول على غاياته المختلفة، ودفع الأخطار عنه سواء كانت أخطاراً طبيعية كالحر والبرد والمرض أو الأخطار التي يتعرض لها من الكائنات الأذى التي تفوقه قوة. لذلك لا بد له من الاستعانة بغيره، وهذا ما أدى إلى ظهور الوظائف التي يختص كل فرد بها في الجماعة ببعضها من زراعة وصناعة وغيرها، فتبادل الناس فيما بينهم الخدمات فيفيد الفرد من مجهود غيره ويقدم هو لغيره ما زاد عن حاجته من ثمرة ومجهود[2]. وبهذا المعنى، يذهب أرسطو إلى القول بأن "الفرد الذي لا يستطيع العيش في جماعة، أو ليست له حاجات اجتماعية لأنه يكفي نفسه بنفسه، إما أن يكون وحشاً أو إلهاً، أي أما أن يكون دون الإنسانية أو فوقها، فيكون وحشاً لأنه ليس في

(1) عبد الرحمن بن محمد بن خلدون، مقدمة ابن خلدون، المكتبة التوفيقية، القاهرة، بلا سنة نشر، ص 44.

(2) د. عبد المنعم فرج الصدة، أصول القانون، دار النهضة العربية، بيروت، بلا سنة نشر، ص 5، خالد رشيد القيام، مقدمة في الأصول العامة لعلم القانون، ص 5.

حاجة لأن يعيش في مجتمع بشري، أو يكون إلهاً لأنه بلغ جميع كمالاته وليس في حاجة إلى من يكمله".

ولكن المشهد لا ينتهي بوجود هذا الوجه الإيجابي إن صحت التسمية، فهذا الاجتماع البشري يحتاج إلى ملاحظة آثاره، ومنها أن النفس البشرية تميل أحياناً إلى الظلم والعدوان مصداقاً لقوله تعالى: "**وما أبرئ نفسي إن النفس لأمارة بالسوء**"[1].

وقد يكون السبب في هذا الظلم والعدوان، عدم معرفة النفس حق المعرفة، وعدم تقديرها حق قدرها. والإنسان لا يرضى ولا يعترف بعجز أو قصور، ولا يصبر ليعرف نفسه حق المعرفة، وإنما يعيش دائماً في صراع مع الآخرين، صراع يبرره بالكفاح من أجل إشباع شهواته التي يميل إليها بغريزته تارة وبتطبعه تارة أخرى. ويزداد نطاق الشهوات التي يجري الإنسان وراء إشباعها بزيادة تعقد المجتمع وتمدن حضارته وهو ما جسدته الآية الكريمة: "**زين للناس حب الشهوات من النساء والبنين والقناطير المقنطرة من الذهب والفضة والخيل المسومة والأنعام والحرث، ذلك متاع الحياة الدنيا**"[2]. فالتطاحن بين الأفراد وتنافسهم يعد أساساً للكفاح الاجتماعي. ويرجع السبب في ذلك إلى عدم كفاية الموارد التي يبتغيها الإنسان، أي عدم وجودها بالقدر المشبع لكل من يشتهيها، ولما كان الاشتهاء لا يقف عند كفاية أو نهاية، ولما كانت الموارد ذاتها محدودة في كل زمان ومكان، كان لا بد من الصراع والمنافسة كحقيقتين بارزتين في الحياة الاجتماعية. ويتفق علماء الاجتماع على أن القانون يعد من أهم وسائل الضبط الاجتماعي، إذ لا يكفي الرأي العام والتربية والعرف والتقاليد فقط حفظ النظام العام. وفي هذه الحالة يتحتم وجود نوع من التنظيم على شكل قواعد قانونية ملزمة تضعها الدولة كسلطة قوية ليسير وفقها

(1) سورة يوسف، آية 53.

(2) سورة آل عمران، آية 14.

الأفراد على قدم المساواة. وتمتاز هذه القواعد القانونية إلى حد كبير بوضوح ودقة التحديد، لأنها معدة من قبل ذوي الخبرة بأمور المجتمع وحاجاته[1].

ويعتقد أصحاب نظرية الأسرة كأرجح نظرية قيلت في نظريات تكوين المجتمع البشري[2]، بأن الأسرة المكونة من الأب والأم والأولاد تعد أول خلية اجتماعية في تطور البشرية، وأن أولى القواعد التي تناولت التنظيم الاجتماعي في هذه الخلية إلى جانب القواعد الخاصة بالسلوك الفردي، هي القواعد التي تحكم الزواج. وترتب على ذلك تحديد المحرمات من النساء، بعدما تكاثرت الأسرة الأولى وأصبح هناك رجالاً ونساءً، لمنع اختلاط نسب الأطفال، كذلك فإن الأب في هذه الخلية هو صاحب الأمر فيهم والمتصرف في شؤونهم. وقد اتسعت الأسرة فتفرع عنها أسر عديدة، ومن تعدد هذه الأسر نشأت العشيرة، ومن تعدد العشائر نشأت القبيلة. وبعد حياة طويلة من الرحيل والتنقل استقرت القبائل فوق أرض معينة وتميزت بخصائص محددة، ثم أخذت بالنمو والتكاثر والتنظيم فنشأت منها المدينة التي تحولت فيما بعد عند ظهور عدة مدن إلى دولة. وعلى هذا فإن أساس الدولة، حسب هذه النظرية هي الأسرة.

إن هذا الرأي يتفق مع ما ذهب إليه أرسطو، من أن الأسرة كانت مصدر الدولة والأساس الأول في تكوينها. وبني هذا الرأي على أن الإنسان لا يستطيع أن يعيش بمفرده، وإن اتحاد الجنسين ضروري لاستمرار البشرية، وإن هذا الاتحاد يتطلب نظاماً تقوم عليه علاقة الزوج بزوجته والأب بأولاده والسيد بأتباعه ورفاقه.

---

(1) رمضان أبو السعود، المدخل إلى القانون وبخاصة المصري واللبناني، الدار الجامعية، بيروت 1986، ص 11 ، 15.

(2) من أجل التعرف على كيفية نشوء أول البوادر القانونية التي يمكن تسميتها بالمظاهر القانونية أو التنظيمية الأولى لدى الإنسان، استعرض الفقه المعني بدراسة تأريخ نشوء الفكرة القانونية، النظريات التي قيلت في تكوين المجتمع البشري، وهي ثلاث نظريات:- نظرية القبيلة، نظرية العشيرة الطوطمية، نظرية الأسرة.

وقد أيدنا هذه النظرية في كتابنا تأريخ القانون[1]، نظراً لاتفاقها مع ما جاء في الشريعة الإسلامية التي بينت لنـا بوضـوح أصل الخليقة ونشوئها، والنظم القانونية السائدة فيها التي تتولى رسم العلاقة بين أفرادها في مجال الأحوال الشخصية والمعاملات على حد سواء، وقد بين لنا الله سبحانه وتعالى ذلك في محكم كتابه العزيز **"يا أيها الناس إنا خلقناكم من ذكر وأنثى وجعلنـاكم شعوباً وقبائل لتعارفوا إن أكرمكم عند الله أتقاكم إن الله عليم خبير"**[2].

وقوله تعالى: **"وأنه خلق الزوجين الذكر والأنثى"**[3]. وقوله عز مـن قائـل: **"ووصينا الإنسان بوالديه إحسانـاً"**[4]، وقولـه تعـالى **"ووصينا الإنسان بوالديه حملته أمه وهناً على وهن"**[5].

هذا وقد اختلف الكتاب في تحديد أصل هذا اللفظ (القانون)، فذهب رأي إلى القول بأنه ليس عربي الأصل وهو دخيـل على لغتنا. وذهب البعض إلى القول بأنه عربي الأصل مادة وشكلاً، بدليل عدم إدراج هـذا المصـطلح فيمـا وضـعه الكتـاب العـرب مـن مجموعات للألفاظ المستعربة رغم شيوع استعماله وقتئذ. أما من حيث مادته فاصله لفظ (قن) ويعني تتبع أخبار الشيء للإمعان في معرفته، وأما من حيث شكله فهو من صيغة (فاعول) العربية التي تدل على الكمال وبذل الجهد.

ومن نسبه إلى أصل أجنبي اختلف مع غيره في تحديد أصله، فذهب أكثر الكتاب إلى القول بأنه مستقى مـن كلمـة لاتينيـة اقتبس منها الفرنسيون كلمة (Canon) قاصدين بها قرارات المجامع الكنسية، إلا أن الفقه الغربي لم يستعملها، واستعمل كلمة أخرى هي (Droit) للدلالة على القاعدة العامة بينما استعمل العرب وخاصة الفلاسفة المسلمون كلمة

---

(1) ط1 أصدرته دار الثقافة للنشر والتوزيع، عمان 1998، ص 23.
(2) سورة الحجرات، آية رقم 13.
(3) سورة النجم، آية رقم 45.
(4) سورة العنكبوت آية رقم 8.
(5) سورة لقمان، آية رقم 14.

القانون للدلالة على القاعدة. وحدد آخرون أصلاً آخر لهذه الكلمة، فقيل إن أصلها رومـي وقيـل أنـه فـارسي الأصـل، ونسبه فريق إلى اللغة السريانية، كما نسبه فريق آخر إلى اللغة العبرية. ولكل فريق حججه في دعـم وجهة نظره.

وسواء كان لفظ القانون عربياً في أصله أم أجنبياً إلا أن استعماله ظل بعيداً عن حقل الروابط القانونية حتى عهـد قريـب، فقد كان لفظ الشريعة وهو المصطلح الذي يطلق على مجموعة القواعد التي تحكم الحيـاة القانونيـة في مختلـف حقولهـا، أما لفظ القانون فقد قصد به فلاسفة المسلمين وعلماؤهم القاعدة المطردة سواء قامت في حقل العلوم الطبيعية أو في مجال العلوم الاجتماعية. فعرفه اللغويون في قواميسهم بأنه (مقياس كل شيء)، واستعمل للإشارة إلى النظام الذي تسير عليه أمور الكون بصورة مطردة بحيث يحتم ترتب نتائج معينة عند توافر شروط خاصة. وشاع استعماله بهذا المعنى اللغوي، فقيل قانون تـوالي الليـل والنهـار، وقانون البقـاء للأصلح، وقيل أن لكل شيء قانونه الذي يحكمه، فقانون الطبيعة هو القوة، وقانون الأخلاق هو الخير، وقانون المنطق هو الحق.

وعلى العموم فإن القانون وفقاً لوجهة نظر اللغويين يعني "مجموعة الشرائع والنظم التي تـنظم علاقـات المجتمـع سـواء كان من جهة الأشخاص أو من جهة الأموال"[1].

إن الوسائل التي يمكن الاعتماد عليها للتحري عن أصل نشوء فكرة القانون وتطوره، هي وسائل تأريخية، تقوم على دراسـة الوثائق التأريخية، وكذلك وسائل مقارنة، تستند إلى ملاحظة الشعوب التي لا تزال بدائية أو همجية وتعيش أزمنتنا الحديثة ومن هذه الجماعات بعض القبائل الزنجية في أواسط أفريقيا، فقد ثبت لدى العلماء أن حالـة الجماعـات البدائيـة المعاصـرة، تكـاد تشـبه حالـة المجتمعات البشرية في عصور ما قبل التأريخ[2]. وإذا كانت العصور التأريخية تعكس لنا حالة قانونية متقدمة بعض الشيء، كما

---

(1) عبد الباقي البكري، المصدر السابق، ص 15 ، 16، د. سمير كامل، المصدر السـابق، ص 10، لـويس معلـوف، المنجـد في اللغـة، ط18، المطبعة الكاثوليكية، بيروت 1965 – ص 656.

(2) جرى العلماء على تقسيم تأريخ البشرية إلى مرحلتين: العصور التأريخية، وتبدأ باستعمال الكتابة لدى شعوب الشرق في بـلاد وادي الرافدين ومصر، ويرجع ذلك إلى الألف الرابع أو الخامس قبل الميلاد

تشير إلى ذلك الوثائق التأريخية المكتوبة، فإن هذه الحالة لم تكن نقطة البداية في التأريخ القانوني للجماعات البشرية، وإنما مرت بمراحل طويلة من التطور، أي أن هذه الحالة المتقدمة لم تنشأ من فراغ وإنما عدت امتداداً لحالة قانونية سابقة.

وإلى الألف الأول والثاني قبل الميلاد لدى شعوب الغرب (الإغريق والرومان)، ويطلق على هذه الفترة الزمنية التأريخ المسطور، أما المرحلة الثانية فهي عصور ما قبل التأريخ، وهي العصور التي سبقت نشوء الكتابة، عباس العبودي، تأريخ القانون، ط1، دار الثقافة، للنشر والتوزيع، عمان، 1998، ص 16 – 17.

الفصل الثاني
التمييز بين القواعد القانونية والعلوم والقواعد الاجتماعية الأخرى

علمنا بأن هدف القانون الرئيس هو تنظيم علاقات الأفراد في المجتمع، وهو علم من العلوم الاجتماعية التي تؤثر وتتأثر بالعلوم الاجتماعية الأخرى، بل إن له بالغ الأثر حتى بالنسبة للعلوم الطبيعية، لأن التقدم العلمي والتقني يحتاج إلى تنظيم قانوني، وأن دور المشرع كبير في متابعة التطورات العلمية والفنية وما ينجم عنها من علاقات ومشاكل ومصالح بإصدار التشريعات التي تتناول الجانب القانوني لهذه التطورات.

من هنا نجد أن الصلة بين هذا العلم وغيره غير مقطوعة ومن ذلك صلته بالتأريخ والفلسفة والاجتماع والسياسة والاقتصاد وعلم النفس وغير ذلك من العلوم.

ويرتبط القانون أيضاً بقواعد اجتماعية أخرى تعنى بتحقيق النظام والضبط الاجتماعي وتقف جنباً إلى جنب مع القاعدة القانونية لتحقيق هذا الهدف على الرغم من وجود فروقات معروفة بينهما. ومن ذلك قواعد الدين والأخلاق والآداب العامة والمجاملات والعادات والتقاليد ومبادئ العدالة.

وعلى هذا الأساس سنقسم هذا الفصل إلى مبحثين نتناول في الأول منهما التمييز بين علم القانون والعلوم الاجتماعية الأخرى، ثم نتطرق في المبحث الثاني إلى التمييز بين علم القانون والقواعد الاجتماعية الأخرى.

المبحث الأول
التمييز بين القانون والعلوم الاجتماعية الأخرى

أول العلوم وثيقة الصلة بالقانون التأريخ، فدراسة تأريخ القانون لا يراد منها إثبات تطور القانون والنظم القانونية، فهذا أمر مشهود لا يحتاج إلى إثبات، إنما الغرض من ذلك معرفة الأسباب والظروف والعوامل المختلفة، التي دفعت إلى تطورها وانتشارها واختلاف هذا التطور من مجتمع إلى آخر ومن أمة إلى أخرى، وملاحظة وتتبع الصلات

التي تربط الظواهر القانونية في عصورها الأولى بما يقابلها أو يشابهها أو يناقضها في حياتنا المعاصرة، لكي يستطيع المتخصص عقد المقارنة العلمية بين الأمسن واليوم، لا من أجل معرفة الماضي فقط، بل من أجل الاستفادة منه لخدمة الحاضر ورسم صورة المستقبل، في حياة تزداد تعقيداً يوماً بعد يوم وتحتاج منا التحضير للغد وحساب مداخلاته ومعضلاته[1].

وتبدو أهمية دراسة تاريخ القانون أيضاً بالنسبة للمشرع حيث تكفل له هذه الدراسة بيان المسلك الواجب الإتباع حيال ما يريد إدخاله من تعديلات على التشريعات القائمة، وما يريد وضعه من تشريعات جديدة، فمن خلال هذه الدراسة يستطيع المشرع استبعاد ما أثبتت التجارب السابقة أنه معيب أو غير محقق للغاية منه[2]. بل أن القاضي في تطبيقه لنصوص القانون الوضعي يجب عليه تفهم تأريخ تلك النصوص حتى يمكنه معرفة روح النصوص التي يطبقها، بل وقد يمكنه ذلك تفسير ما غمض منها. ولذلك نجد أن المصادر التأريخية للنص من الوسائل المهمة لتفسير النص الغامض أو المعيب. كما أن القاضي مطالب في حالة عدم وضوح النص باللجوء إلى علة التشريع كمرشد له في التفسير[3].

وإذا كان للفلسفة تأثيرها البالغ على غيرها من العلوم الإنسانية، فلا شك في أهميتها بالنسبة للقانون وتأثيرها عليه، والفلسفة كما هو معروف علم ما وراء الطبيعة وما وراء الماديات، فهي تقوم على التفكير والتأمل المجرد الذي يتجاوز التفاصيل ليتناول المشاكل بطريقة شاملة، ومتكاملة، وإذا كان لكل علم فلسفته، فللقانون أيضاً الفلسفة الخاصة به، فلسفة القانون التي يكون القانون بصفة عامة مجردة موضوعها، فهي تبحث

(1) صاحب عبيد الفتلاوي، تأريخ القانون، ط1، دار الثقافة للنشر والتوزيع، عمان 1998، ص 6، عبد السلام الترمانيني، الوسيط في في تأريخ القانون والنظم القانونية،، جامعة حلب، 1990، ص 8 ، 10.

(2) شمس الدين الوكيل، الموجز في المدخل لدراسة القانون، منشأة المعارف، 1967، ص 35.

(3) طه عوض غازي، فلسفة وتأريخ النظم القانونية الاجتماعية، دار النهضة العربية، 2001، ص 8.

في أساس القانون وأهدافه والمبادئ والأفكار والموجهات التي تسيطر عليه، وهي في ذلك تنشد ما يجب أن يكون في القانون وتقابله بما هو كائن، فهي بهذا تضع حقيقة مثالية في مواجهة حقيقة قائمة. وتبدو أهمية فلسفة القانون كذلك من ناحية إنارة الطريق للباحثين في القانون عبر نظراتها الشاملة على القانون وتقديمه ككيان شامل مكتمل، وهذا من شأنه توضيح ما غمض عند الخوض في دراسة فرع من فروع القانون[1].

وتبدو العلاقة أيضاً واضحة وكبيرة بين علم القانون وعلم السياسة حتى إنك تجد في الكثير من الأحيان اجتماع قسم القانون وقسم السياسة في كلية واحدة في بعض البلدان وهو ما كان الحال عليه في العراق الذي كانت توجد فيه كلية باسم كلية القانون والسياسة. وتبدو هذه الصلة من ناحية تنظيم القانون لعلاقات السلطات العامة في الدولة وبيان النظام السياسي فيها ومؤسساتها الدستورية وأسسها الاقتصادية والسياسية والاجتماعية والثقافية مع الإشارة إلى حقوق وواجبات الأفراد. وتتأثر القوانين التي تصدر في البلد عادة بنظامه السياسي السائد، وكثيراً ما تطبع التوجهات السياسية للنظام السياسي القائم القوانين والأنظمة الصادرة في الدولة بتوجيهاته وتسخر القوانين لكفالة تحقيق أهدافه[2].

ولا تقل الصلة أهمية بين القانون وعلم الاجتماع، فعلم الاجتماع يقوم على دراسة الظواهر الاجتماعية من حيث أسبابها ونتائجها، ويستعين المشرع ببحوث علماء الاجتماع للإحاطة بالظواهر الاجتماعية حتى يتسنى له وضع القواعد القانونية المناسبة لمواجهتها. فبحوث علم الاجتماع تساعد في توجيه السياسة التشريعية، فهي تبحث مثلاً ظاهرة تزايد السكان ووسائل معالجتها من الناحية القانونية، كما تلاحق المظاهر الاجتماعية الأخرى

(1) د. محمد حسن قاسم، المدخل إلى القانون، الدار الجامعية للطباعة والنشر، بيروت، 1998، ص 4، نعمان جمعة، دروس في المدخل للعلوم القانونية، دار النهضة العربية 1979، ص 22 ، 23.

(2) همام محمد محمود، رمضان أبو السعود، المدخل إلى القانون، النظرية العامة للقاعدة القانونية، دار المطبوعات الجامعية 1997، ص 54.

السلبية منها والإيجابية، وتحتاج إلى تدخل المشرع طبعاً لوضع الحلول القانونية الناجمة لها[1].

ويرتبط علم القانون بالاقتصاد الذي يتضمن مجموعة النظم التي تحكم النواحي المخالفـة للنشـاط الاقتصـادي مـن إنتـاج وتوزيع واستهلاك، ولا بد أن يقترن ذلك بوضع القواعد القانونية اللازمة لذلك. وتظهـر هـذه الأهميـة بصـفة خاصـة في مجـال القواعـد القانونية المنظمة لإبرام العقود المختلفة باعتبارها أحد مصادر الالتزام المهمة والأداة القانونية اليومية لتداول الأموال، وكذلك ما يتعلـق بحق الملكية وأسباب اكتساب هذا الحق. ويتأثر القانون حتماً بالمذهب الاقتصادي السائد في الدولة، فالقواعد القانونيـة التي تسـود في دولة تأخذ بالاقتصاد الحر أو ما يسمى بالاقتصاد الفردي أو الرأسمالي هي غير القواعد القانونية المطبقة في الدول التي تعتنـق مـذهب الاقتصاد الموجه أو ما يسمى بالاقتصاد المدار[2].

والصلة بين القانون وغيره من العلوم لا يقتصر على العلوم الاجتماعية، وإنما تمتد هـذه الصـلة أيضـاً إلى العلـوم الطبيعيـة، فالتقدم العلمي ينعكس دائماً على القواعد القانونية التي يجب أن تواجه أي تطور علمي. فالتوصل إلى اختـراع الآلـة البخاريـة أثـر مـن الناحية الاجتماعية، في التحول إلى المجتمع الصناعي، وكان له أثره من الناحية القانونية في ظهور التشـريعات الخاصـة بإصـابات العمـل بقصد توفير الحماية للعمال في مواجهة الأضرار التي تحدثها هذه الآلات. كما أدى اكتشاف الآلات الميكانيكية كالسيارات والمصـاعد إلى آثار قانونية مهمة تتمثل في تحديد مسؤولية حارس هذه الأشياء عن الأضرار التي تسببها، وفرض نظام التأمين الإجبـاري ضـد المسـؤولية عن الأضرار التي تسببها وفرض نظام التأمين الاجباري ضد المسؤولية التي تسببها هذه الآلات. والتوصل

---

(1) لاحظ: سليمان مرقص، الوافي في شرح القانون المدني، المدخل لدراسة العلوم القانونية، ط6، 1987، ص 55 ، 56.

(2) راجع: د. حسن كيره، المصدر السابق، ص 27، د. محمد حسن قاسم، المصدر السابق،   ص 16 ، 17.

إلى اختراع الطائرة أدى إلى ظهور قانون يحكم نشاط الملاحة الجوية (القـانون الجـوي). كمـا أن اكتشـاف أجهـزة الكمبيـوتر والهواتـف الخلوية وظهور القنوات الفضائية أدى إلى ظهور آثار قانونية مهمة بالنسبة إلى التعامل مع هذه الأجهزة والمسؤولية المدنيـة والجزائيـة والإدارية الناجمة عن استعمالها[1].

المبحث الثاني
التمييز بين القانون والقواعد الاجتماعية الأخرى

لاحظنا بأن القواعد القانونية تهدف إلى تنظيم سلوك الأفراد في المجتمع إلا أنها ليست الوحيدة في هذا الميـدان، بـل توجـد إلى جانبها قواعد أخرى تشترك معها في تحقيق هذا الهدف، وقسم من هذه القواعـد هـو أقـدم مـن القواعـد القانونيـة التـي يصـدرها المشرع عادة. وهذه القواعد الاجتماعية تتجلى في قواعد المجاملات والعادات الاجتماعية وقواعد الأخلاق وأوامر الـدين ونواهيه. ومع أن هذه القواعد تشترك مع القواعد القانونية في أنها قواعد اجتماعية تحكم سلوك الأفراد وأنها قواعد عامة إلا أنها تختلف عن القواعد القانونية في مصدرها وإلزاميتها. فالقاعدة القانونية تقترن بجزاء مادي دنيوي حال يتناسب من حيث الشدة مع حجم المخالفة لأنمـاط السلوك التي رسمها المشرع، وأن هذا الجزاء توقعه سلطات الدولة المختصة، بينما يتمثل الجزاء في القواعد الاجتماعيـة الأخـرى بعـدم الرضا أو الاستنكار الاجتماعي كما هو الحال بالنسبة للأخلاق والعادات والتقاليد الاجتماعية أو الخوف مـن الجـزاء الأخـروي كـما هـو الحال بالنسبة لأوامر الدين ونواهيه.

ولهذا سنميز بين القاعدة القانونيـة مـن جهـة وقواعـد المجـاملات والعـادات الاجتماعيـة وقواعـد الأخـلاق وأوامـر الـدين ونواهيه من جهة أخرى في ثلاثة مطالب وعلى الوجه التالي:-

---

[1] د. محمد حسن قاسم، المصدر السابق، ص 17 – 18.

المطلب الأول
التمييز بين القانون وقواعد المجاملات والعادات الاجتماعية

يقصد بقواعد المجاملات مجموع ما تعارف الناس على إتباعه في المناسبات الاجتماعية المختلفة، فهي إذن قواعد ترسم السلوك الواجب على الناس إتباعه في علاقاتهم. وكثيراً ما تختلف هذه القواعد من مجتمع إلى آخر، بل ربما تختلف داخل المجتمع الواحد ذاته حينما يتألف من طوائف وأديان وأعراق مختلفة. ومن هذه القواعد ما تواضع الناس على إتباعه فيما بينهم كالسلام والتحية عند اللقاء على اختلاف في الصياغة والحركات والإشارات المتبعة، والعزاء بعبارات يحكمها السلوك المتعارف عليه في المصائب والكوارث والملمات ومجالس العزاء، والتهاني في المناسبات المفرحة كالزواج أو الولادة أو الأعياد وتقديم الهدايا الملائمة لكل مناسبة. ومن العادات والتقاليد ما تعارف الناس عليه من زي معين كملبس لهم، حتى انك تستطيع تمييز طوائف المجتمع المختلفة من طراز ملابسهم وألوانها التي تحكمها أيضاً المناسبات التي يحتفلون بها أو يقومون بإحيائها.

وتختلف هذه القواعد عن القواعد القانونية من حيث الجزاء، فجزاء هذه القواعد جزاء معنوي أو أدبي يتمثل في استنكار الناس لسلوك من يخالف عاداتهم وتقاليدهم وإزدرائهم له، وقد يصل هذا الجزاء إلى حد تجميد العلاقة الاجتماعية أو فتورها على الأقل[1].

وهناك من يضع معياراً آخر للتمييز بين القواعد القانونية وقواعد المجاملات والتقاليد، وهو تفاوت المصالح التي تريد هذه القواعد تحقيقها باتجاه أمن واستقرار المجتمع. فالقيم التي تعمل قواعد العادات والتقاليد والمجاملات على إقرارها أضعف أثراً

---

(1) د. محمد حسن قاسم، المصدر السابق، ص 52.

في إقامة التضامن الاجتماعي من تلك التي يعمل القانون على إقرارها، ولذلك لا تحتاج كفالتها إلى إجبار مادي جماعي بـل يكفـي في شأنها مجرد الاستنكار العام [1].

ومع ذلك فإن هذه القواعد قد ترتقي إلى مصاف القواعد القانونية، متى وجدت الجماعة نفسها بحاجة إليها. ومـن ذلك مثلاً ما تنص عليه قوانين بعض الدول من ضرورة تخلي الشباب عن أماكنهم في وسائل المواصلات العامة للشيوخ والعجائز، أو كما حصل في بعض البلدان العربية كالأردن الذي غلظ قانون الصحة العامة فيه رقم (46) لسنة 2008 العقوبات على من يخالف أحكام القانون من المدخنين غير الملتزمين. ووفقاً لهذا القانون يعاقب بالحبس مدة لا تقل عن أسبوع ولا تزيد على شهر أو بغرامة لا تقل عـن خمسـة عشر ديناراً (حوالي 21 دولاراً) ولا تزيد على خمسة وعشرين ديناراً (35 دولاراً) كل من قام بتدخين أي مـن منتجات التبـغ في الأماكن العامة المحظور التدخين فيها، وهي حسب القانون (المستشفيات، المراكز الصحية، المـدارس، دور السـينما، المسارح، المكتبـات العامـة، المتاحف، المباني الحكومية وغير الحكومية العامة، وسائط نقل الركاب، صالات القادمين والمغادرين في المطارات، الملاعب المغلقة، قاعات المحاضرات، دور الحضانة، رياض الأطفال في القطاعين العام والخاص وأي مكان يقرر وزير الصحة اعتباره مكاناً عاماً). ويطلب القانون من المسؤولين عن الأماكن العامة عدم السماح بالتدخين في هذه الأماكن تحت طائلة المسؤولية، ويحملهم المسؤولية عند عـدم الإعـلان عن منع التدخين في المكان العام. وذهب المشرع الأردني في قلبه لهذه العادة السيئة إلى قاعدة قانونية إلى أبعد من ذلك، حيـث وصـل إلى حد إعطاء الحق للمحكمة حجز وسائط نقل الركاب التي تتكرر فيها مخالفات التدخين أكثر من مرة، بالإضافة إلى تغليظ العقوبـة بالنسبة للمدخن في دور الحضانة ورياض الأطفال أو نشر أي إعلان لأغراض الدعاية لأي من منتجات التبغ أو توزيع أي نشرة أو أدوات أو مواد للتعريف به أو أنه معروض للبيع.

---

(1) د. حسن كيرة، المدخل إلى القانون، منشأة المعارف بالاسكندرية، بلا سنة نشر، ص 29.

المطلب الثاني
التمييز بين القانون وقواعد الأخلاق

قواعد الأخلاق هي مجموعة المبادئ التي تحدد ما هو خير وما هو شر والتي تعتبرها غالبية الناس قواعد سلوك ملزمة أما بصورة عامة أو بالنسبة لمجتمع معين وفي وقت معين. ويجب على كل شخص احترام هذه القواعد والعمل على تطبيقها وإلا تعرض لانتقاد المجتمع وازدرائه، لأنها تعد بمثابة المثل العليا للخلق القويم والضمير الحي، وما ينبغي أن يكون الإنسان عليه من الصفات الحميدة لتحقيق الفضيلة والابتعاد عن الرذيلة في إقامة الروابط الاجتماعية[1].

إنها القواعد التي تحكم أفكار الإنسان وبنائه وسلوكه الخارجي، فالأخلاق تنزع بالفرد نحو الكمال وتطلب منه أن يكون شهماً شجاعاً صادقاً مترفعاً عن النفاق والكذب، يهب لإغاثة الملهوف وتقديم المساعدة للآخرين كمساعدة الضعفاء والإحسان إلى الفقراء والوفاء بالوعد والامتناع عن الاعتداء على نفس الغير أو ما له أو عرضه أياً كانت صورة الاعتداء[2].

وتتفق قواعد الأخلاق مع القواعد القانونية من حيث أنها قواعد عامة تتوجه إلى كل أفراد المجتمع في عصر من العصور. كما تتفق معها في إن كلا النوعين من القواعد يهدف إلى تنظيم العيش في الجماعة. كما أن هذه القواعد تتفق أخيراً من حيث أنها ملزمة، إذ أن كلا منها يقترن بجزاء يحيق بمن يخالفها أو يحيد عنها.

---

(1) د. غالب الداودي، المصدر السابق، ص 26، د. شمس الدين الوكيل، مبادئ القانون، ط1، القاهرة، 1968، ص 34.

(2) محمود نعمان، موجز المدخل للقانون، دار النهضة العربية، بيروت، 1975، ص 29، منصور منصور، دروس في المدخل لدراسة العلوم القانونية، دار النهضة العربية، القاهرة، 1972، ص 36.

ولكن أوجه الشبه هذه لا تمنع من وجود الفوارق الواضحة للتمييز بينهما، وهو ما كان محلاً لاختلاف الفلاسفة والفقهاء حول معايير هذا الاختلاف. فبعض الفقهاء يرى أن هذا المعيار يتجلى في اقتصار الأخلاق على حكم الحياة الباطنة في الضمير التي ما زالت مجرد نوايا ومقاصد في النفس، ولم تخرج إلى الوجود في صورة أفعال محسوسة، واقتصار القانون على المحسوس من الأفعال دون الوقوف عندما يستتر وراءها في الضمير من دوافع خفية[1].

ويرى آخرون بأن أهم ما يميز القواعد القانونية عن غيرها من قواعد السلوك الأخرى هو الجزاء. فالجزاء في القاعدة القانونية إنما هو جزاء مادي كالحبس والغرامة والحجز على أموال المدين. وتتولى السلطة العامة توقيعه على من يخالف القاعدة القانونية. أما الجزاء بالنسبة للقاعدة الخلقية فهو جزاء معنوي يتمثل في تأنيب ضمير المخالف واستنكار المجتمع لفعله، فلا توجد سلطة عليا ترغم الأفراد وتجبرهم على احترام القاعدة الخلقية[2].

ومن الفوارق الأخرى بين قواعد الأخلاق والقواعد القانونية، أن قواعد الأخلاق تتميز بغموضها وتشتتها، فهي غير واضحة المعالم، وغير مستقرة لعدم وجود موطن يجمع قواعدها لأنها تكمن في الضمائر. أما قواعد القانون فهي قواعد واضحة ومستقرة، ومقررة في صيغ محددة، يسهل الرجوع إليها للتعرف على أحكامها كالتقنينات والتشريعات[3].

كذلك فإن القانون يتضمن طائفة من القواعد البعيدة عن ميدان الأخلاق، مثال ذلك ما تقضي به الأخلاق من ضرورة أن يفي المدين بدينه مهما طالت المدة، ولكن القانون يبيح للمدين أن يمتنع عن الوفاء بالدين إذا تقادم هذا الدين، دون أن يطالب به الدائن خلال مدة معينة، لأن استقرار النظام في المجتمع يستلزم ذلك. وقد يعتبر منافياً للأخلاق أن

---

(1) د. حسن كيرة، المصدر السابق، ص 30.
(2) د. توفيق حسن فرج، المصدر السابق، ص 31.
(3) عبد الباقي البكري، المصدر السابق، ص 76.

يغبن البائع المشتري غبناً فاحشاً في ثمن ما يشتريه منه، ولكن القانون لا يمنع هذا الغبن إلا في ظروف خاصة وتوافر شروط معينة، حرصاً على المصلحة التي تقضي استقرار المعاملات وعدم إفساح المجال لإبطال العقود بصورة واسعة [1].

إن التفريق بين القواعد القانونية والأخلاقية لم يحدد بصورة علمية واضحة إلا في العصور الحديثة وبصورة خاصة في القرن الثامن عشر. أما في العصور السابقة فقد كان التداخل بين هذه القواعد كبيراً إلى حد يصعب معه التفريق بينهما، علـى الـرغم مـن أن الرومان قد عرفوا نوعاً من هذا التفريق على يد أشهر فقهائهم الذين ذهبوا إلى أن ما يسمح به القانون لا يكون دوماً موافقاً للأخـلاق، وهم يعنون بذلك أن هناك فارقاً بين القانون والأخلاق [2].

هذا وتتسع المنطقة المشتركة بين القانون والأخلاق كلما تقدم المجتمع، إذ يتدخل القانون فيدخل في نطاقه بعض الواجبات الخلقية، مثال ذلك القاعدة التي تمنع صاحب الحق من التعسف في استعمال حقه، فقد أقر القانون هذه القاعدة وهي قاعدة خلقية. فالقانون تدخل ورفعها من مرتبة القاعدة الخلقية إلى مرتبة القانون الوضعي، عن طريق فرض جزاء يكفل احترامها. ومساعدة المرضى والعجزة والشيوخ ورعاية رب العمل لعماله اجتماعياً وصحياً وتعويضهم عما يلحقهم من إصابات بسبب العمل، أضحى في كثير من الدول المعاصرة على شكل قواعد قانونية، وهي قواعد خلقية في أصلها [3].

ويمكن القول أن دائرة الأخلاق تستغرق دائرة القانون، بحيث تعتبر كل قاعدة قانونية قاعـدة خلقيـة، ولكـن ليسـت كـل قاعدة خلقية قاعدة قانونية. إلا أن القانون قد يتضمن قدراً من القواعد التي تبدو في الظاهر على الأقل بعيدة عن مجال الأخلاق، مثـل القاعدة التي تأمر قائد السيارة بالسير على اليمين، والقاعدة التي تتطلب تحرير عقد معين في

---

(1) محمود نعمان، المصدر السابق، ص 29.

(2) د. هشام القاسم، المصدر السابق، ص 36.

(3) د. توفيق حسن فرج، المصدر السابق، ص 33، عبد الباقي البكري، المصدر السابق، ص 79.

ورقة مكتوبة أو تسجيله لدى الدوائر المختصة كشرط لانعقاد العقد أو إثباته، والقواعد التي تنظم إجراءات التقاضي. فالأخلاق لا تعنى بكل ذلك، ولكن إذا كان مضمون الحكم المقرر في مثل هذه القواعد لا يعني الأخلاق، إلا أنها ليست منقطعة الصلة بالأخلاق، فالعمل وفقاً للتنظيم الذي ترتضيه الجماعة يعتبر واجباً خلقياً[1].

المطلب الثالث

التمييز بين القانون وأوامر الدين ونواهيه

يعرف الدين بأنه مجموعة العقائد والأحكام المستمدة من وحي قوة سامية غير منظورة الرامية إلى خير الإنسان في حياة الدنيا والآخرة وإسعاد المجتمع. إلا أن الأديان لا تبدو جميعاً من طبيعة واحدة، وإنما تتأثر طبيعتها بمصدرها وغرضها المباشر الذي يحدد نطاقها. وهي من حيث مصدرها تقسم إلى فئتين، الأديان السماوية والأديان غير السماوية، وهو تقسيم يؤكد عليه المسلمون. والدين السماوي هو مجموعة العقائد والأحكام المنزلة من الله سبحانه وتعالى عن طريق رسالة كالدين الإسلامي والمسيحي واليهودي. أما الدين غير السماوي فهو ما استمدت عقائده وأحكامه من قوة عليا غير منظورة ليست هي الذات الإلهية كالدين البوذي والمجوسي والأديان الوثنية، ويعرف الدين غير السماوي عند المسلمين باسم الدين غير الإلهي أو غير المنزل[2].

وتتناول القواعد الدينية بالتنظيم ثلاثة أمور أولها تنظيم صلة المرء بربه وتسمى هذه القواعد بأحكام العبادات وثانيهما تختص بتنظيم علاقة الفرد بنفسه، وتسمى بقواعد الأخلاق الشخصية وثالثها ينصرف لتنظيم علاقة الفرد بغيره كعلاقات البيع والإيجار والاقتراض وغيرها، وتسمى هذه القواعد بقواعد المعاملات. وفي هذا المجال تتقارب

---

(1) د. منصور منصور، المصدر السابق، ص 38.

(2) عبد الباقي البكري، د. محمد بدير، المصدر السابق، ص 64.

القواعد القانونية مع القواعد الدينية، فالدين يحرم القتل والسرقة وإيذاء الغير وهي أفعال تحرمها قواعد القانون أيضاً[1].

وعلى الرغم من وجود أوجه الشبه بين أوامر الدين وقواعد القانون كصفة العمومية والتجريد والإلزام، إلا أن ثمة اختلافات أكيدة توجد بينهما، فقواعد الدين منزلة من عند العلي القدير، بينما القواعد القانونية توضع من قبل الإنسان ممثلاً بما يسمى الآن بالسلطة التشريعية، كما إن نطاق الدين أوسع من نطاق القانون، إذ ينظم الدين سلوك الإنسان تجاه خالقه وتجاه نفسه وغيره من الناس، بينما تعنى القواعد القانونية بتنظيم سلوك الفرد تجاه غيره من الأفراد فقط. وهناك اختلاف آخر بين الاثنين من ناحية الغاية لكل منهما، فغاية القواعد الدينية هي الخير والنظام والسمو بالسلوك نحو الكمال، أما قواعد القانون فهي تسعى إلى الأمن والاستقرار في المجتمع. وأهم ما يفرق بين قواعد القانون وقواعد الدين هو الجزاء، فجزاء القواعد القانونية جزاء مادي وحال توقعه السلطة المختصة في الدولة، أما الجزاء الديني فهو في الأساس جزاء مؤجل أي جزاء أخوي، إلى جانب ما قد يوجد من جزاءات دنيوية، يوقعها ولي الأمر على المخالف في الدنيا كما يحصل في بعض الدول الإسلامية التي تطبق أحكام الشريعة الإسلامية الغراء على الجرائم والمخالفات المرتكبة من قبل الناس فيها. يضاف إلى ذلك اعتبار الدين مصدراً للقواعد القانونية في مسائل الأحوال الشخصية بما فيها من زواج وطلاق وإرث ووصية ونسب وغير ذلك. كما تعتبر الكثير من البلدان العربية أحكام الفقه الإسلامي والشريعة الإسلامية مصدراً من مصادر قوانينها الوضعية[2].

---

(1) عبد الكاظم فارس المالكي، جبار صابر طه، المدخل لدراسة القانون، وزارة التعليم العالي، العراق، بلا سنة نشر، ص 83.

(2) لاحظ على سبيل المثال:- م 2/2 مدني أردني، م 2/1 مدني كويتي، م 2/1 مدني مصري، م1 / 2 مدني عراقي، وانظر كذلك: د. محمد حسن قاسم، المصدر السابق، ص 50، د. غالب الداودي، المصدر السابق، ص 29، 30.

ومن الجدير بالذكر هنا أن الشريعة الإسلامية كانت تحكم المعاملات في العديد من البلـدان العربيـة إلى أن قامـت الدولـة العثمانية بإصدار مجلة الأحكام العدلية، التي استمدت قواعدها مـن أحكـام الشريعة الإسلامية والفقـه الإسلامي، وبـالأخص الفقـه الحنفي. وقد ظلت أحكام المجلة سارية على المعاملات المدنية حتى صدور القوانين المدنية، علماً بأن نصوص المجلة لا زالـت ساريـة إلى يومنا هذا في كل ما لا يتعارض مع نصوص القوانين المدنية.

الباب الثاني
تقسيم القانون وأنواع القواعد القانونية
من حيث قوتها

هناك الكثير من التقسيمات للقواعد القانونية، فهي تقسم إلى قواعد مكتوبة وأخرى غير مكتوبة. وتكون القاعدة مكتوبة كما هو الحال بالنسبة لقواعد التشريع التي تضعها السلطة المختصة بسن القوانين. وخير مثل للقواعد القانونية غير المكتوبة القواعد القانونية التي تجد مصدرها في العرف أو العادات والتقاليد وكذلك القيم الأخلاقية. وتمتاز القواعد القانونية المكتوبة بأنها واضحة ومحددة، ويمكن مراجعتها بسهولة، كما يجوز تعديلها أو إلغاءها عند الحاجة إلى ذلك، وهو ما لا يتوفر في القواعد القانونية غير المكتوبة، فهي عبارة عن قيم ومثل مستقرة في الأذهان وجرى العمل فيها بين الناس بعد أن استقرت في ضمائرهم إلى حد الاعتقاد بإلزاميتها والاستنكار عند مخالفتها. لذلك تحتاج هذه القواعد عند العودة إليها إلى الضبط والتحديد والتفسير الذي يتولاه القضاء عادة عند الحاجة إلى هذه القواعد مستعيناً بأهل الخبرة للوصول إلى حقيقتها ومضمونها.

ومن ضمن تقسيم القواعد القانونية تقسيمها إلى قواعد موضوعية وأخرى شكلية، وتعنى الأولى بالجانب الموضوعي أي تحديد الحقوق والواجبات في النص القانوني، كما هو الحال في القانون المدني والتجاري. أما القواعد الشكلية فتشتمل على قواعد إجرائية تبين الأوضاع والإجراءات التي تتبع لاقتضاء الحقوق التي يقررها القانون الموضوعي، كقانون أصول المحاكمات المدنية، وقانون أصول المحاكمات الجزائية، وقانون أصول المحاكمات الشرعية. وتبين هذه القوانين الأصول التي يجب أن يتبعها صاحب الحق للحصول على حقه المقرر في القواعد الموضوعية، حيث يتناول المحكمة المختصة بنظر الدعوى وكيفية رفع الدعوى وتقديم اللائحة وشروط هذه اللائحة ومدد الحضور أمام المحكمة ومدد الطعن في الأحكام، وطريقة إقامة الدليل ثم صدور الحكم وكيفية تنفيذه.

ومن التقسيمات المهمة للقانون تقسيمه إلى قانون عام وقانون خاص، وهو تقسيم تقليدي لا يزال مستقراً ومسلماً به في الفقه الحديث حتى من جانب الفقهاء الذين لا يؤمنون به. ويذهب جانب كبير من الفقه إلى تقسيم القانون العام بصورة أخرى ينقسم بموجبها إلى قانون عام خارجي وهو (القانون الدولي العام) الذي ينظم نشاط المجتمع الدولي وقانون عام داخلي ينظم الحياة داخل الدولة ويتعلق بسيادتها وبالنظام العام فيها، ومن فروعه القانون الدستوري والجنائي والإداري والمالي. وهناك من قسم القانون إلى عام وخاص ومختلط، واعتبر بعض فروعه تقف في منطقة وسط بين العام والخاص مما يجعلها من القوانين المختلطة، مثال ذلك القانون الدولي الخاص وقانون أصول المحاكمات المدنية وقانون أصول المحاكمات الجزائية والقانون البحري. كما أن الاختلاف حاصل بالنسبة لقانون العمل الذي يعتبره البعض قانوناً مختلطاً على أساس تضمنه قواعد تنتمي إلى القانون العام، بجانب القواعد التي تنتمي إلى القانون الخاص.

ومن حيث قوة القاعدة القانونية، نجد أنها تنقسم إلى قواعد آمرة وقواعد مفسرة أو مكملة لإرادة المتعاقدين. ويجمع هذه القواعد قاسم مشترك وهو أن جميعها قواعد ملزمة، إلا أنها تتفاوت من حيث مدى ما لارادة الأفراد من سلطات ازاء قوتها الملزمة. فبعضها لا يجوز لهذه الإرادة أن تخالفه، بينما يجوز لها أن تخالف البعض الآخر وتتفق على غير ما ورد فيها، وبعكس ذلك تكون القواعد المفسرة هي الأساس في حل النزاعات بين الأفراد باعتبارها قواعد ملزمة للحكم بمقتضاها.

في ضوء ما تقدم سنقسم هذا الباب إلى فصلين، يتناول الأول منهما تقسيم القانون إلى فروع القانون العام وفروع القانون الخاص، بينما نخصص الفصل الثاني من هذا الباب إلى تقسيم القواعد القانونية إلى قواعد آمرة وأخرى مكملة أو مفسرة لإرادة المتعاقدين.

الفصل الأول

فروع القانون العام وفروع القانون الخاص

سنقسم هذا الفصل إلى ثلاثة مباحث نكرس الأول منها لدراسة المعايير المختلفة التي وضعها الفقه للتمييز بين فروع القانون العام وفروع القانون الخاص، ويتضمن ذلك تناول تأريخ هذا التقسيم وأهميته. أما المبحث الثاني فيخصص لبحث فروع القانون العام مع الإشارة إلى التسميات المختلفة التي وضعها الفقه لبعض هذه الفروع، وينتهي هذا الفصل بمبحث يتناول فروع القانون الخاص، مع الإشارة إلى الحالات التي يعتبر فيها جانب كبير من الفقه بعض فروع القانون متأرجحة بين نطاق القانون العام ونطاق القانون الخاص مما دعاهم إلى وضع ما يسمى بالقوانين المختلطة أي القوانين التي تضم قواعد من القانون العام والقانون الخاص على حد سواء.

المبحث الأول

معايير التمييز بين فروع القانون العام والخاص

إن تقسيم القانون إلى عام وخاص تقسيم قديم يعود إلى عهد القانون الروماني باعتباره آخر حلقة من سلسلة قوانين الأمم القديمة. ولا يزال هذا التقسيم سائداً في أكثر البلدان ومنها البلدان العربية، سواء كان ذلك على صعيد الفقه القانوني وما يكتبه شراح القانون أو كان على الصعيد الأكاديمي، حيث تقسم كليات الحقوق حتى الآن فروع القانون إلى قسمين، أحدهما قسم القانون الخاص ويضم فروع القانون الخاص وثانيهما قسم القانون العام، ويضم فروع القانون العام.

ويقصد بالقانون الخاص مجموعة القواعد القانونية التي تنظم العلاقات الناشئة بين أشخاص لا يتمتع أي طرف منهم بصفة السيادة، سواء كان جميع الأشخاص عاديين لا

يملكون السيادة أو كان بعضهم يملك السيادة ولكنه لا يدخل في العلاقة القانونية بهذه الصفة أي باعتباره صاحب سيادة[1].

أما القانون العام فتنظم قواعده العلاقات التي تكون الدولة بصفتها صاحبة للسيادة والسلطان طرفاً فيها، فهو ينظم كيـان الدولة وأجهزة الحكم فيها وعلاقات هذه الدولة مع غيرها من الدول والأفراد[2].

وقد تعددت المعايير التي اعتمدها الفقه والشراح للتمييز بين القانون العام والقانون الخاص حتى قيل أنها بلغت ما يقرب من (17) معياراً، منها من يرى أن التمييز بين الاثنين يقوم على أساس اختلاف طبيعة القواعد القانونية التي يتضمنها كـل مـنهما وقوة الإلزام فيها، فقواعد القانون العام قواعد آمرة، أما قواعد القانون الخـاص فهـي قواعد مفسرة أو مكملة لإرادة المتعاقدين. ويستعين جانب آخر من الشراح بمعيار المصلحة المراد تحقيقها من القاعدة القانونية، للقول بـأن القانون العام يضم القواعد القانونيـة التي تستهدف تحقيق المصلحة العامة، بينما يتضمن القانون الخاص القواعد التي ترمي إلى تحقيق المصلحة الخاصة. وهنـاك جانـب من الفقه يرى بأن معيار التفرقة بين قواعد القانون العام وقواعد القانون الخاص يكمن في الأشخاص أطراف العلاقة القانونية، بحيـث تعتبر القاعدة من قواعد القانون العام إذا كانت الدولة طرفاً في العلاقة القانونية، أي أن قواعد القانون العام هي التي تـنظم العلاقـات التي تكون الدولة طرفاً فيها، فيما تعتبر القاعدة من قواعد القانون الخاص إذا كان أطراف العلاقة من الأفراد، فقواعد هذا الفرع من القانون تنظم العلاقات التي يكون أطرافها من الأشخاص الطبيعيين أو بعض الأشخاص المعنوية الخاصة. ووفقاً لمعيار آخـر فإن قواعد القانون العام تعني مجموعة القواعد التي تنظم العلاقات التي يكون أحد أطرافها عـلى الأقل شخصاً مـن الأشـخاص الـذين يملكون السـلطة والسيادة، ويعمل بما له من سلطة وسيادة. أما قواعد القانون الخاص فهي مجموعة القواعد التي تنظم العلاقات التي تنشأ بـين أشخاص لا يعمل أي منهم بصفته

---

(1) منصور منصور، المصدر السابق، ص 44.
(2) هشام القاسم، المصدر السابق، ص 78.

صاحب سلطة وسيادة، سواء كان جميع الأشخاص عاديين، لا يملكون السيادة، أو كان بعضهم يملك السيادة، ولكنـه لم يـدخل العلاقة القانونية بهذه الصفة وهذا المعيار هو الذي يعتنقه غالبية الفقهاء[1].

وبناء على هذا المعيار المرجح، فإن كل ما يتعلق بالدولة بصفتها صاحبة السيادة والسلطان أو بصفتها صاحبة السلطة العامة في المجتمع، من قواعد قانونية يعتبر من القانون العام، كالقواعد المتعلقة بتنظيم جهاز الحكم أو جباية الضرائب أو علاقة الدولة بموظفيها أو نحو ذلك. أما ما يتعلق بالأفراد من قواعد قانونية تنظم علاقاتهم فيما بينهم، كقواعد الـزواج والطـلاق والبيـع والإيجـار أو التجارة أو غيرها، فيعتبر من قواعد القانون الخاص[2].

وتظهر أهمية هذا التمييز في نواحٍ عدة منها أن القانون العام يهدف إلى حماية الصالح العام للمجتمع، بينما تتعلق قواعد القانون الخاص بمصالح الأفراد الخاصة، وضماناً لتحقيق الأغراض المقصودة من القـانون العـام يخول هـذا القـانون الهيئـات العامـة في الدولة سلطات لا يخولها القانون الخاص للأفراد، فمثلاً تستطيع السلطات العامة أن تتخذ في سبيل أداء وظيفتها وسائل قهرية لا تجـوز للأفراد، كالتنفيذ بالطريق الإداري دون الالتجاء إلى القضاء، والاستيلاء المؤقت، والاستهلاك أو نزع الملكية للمنفعة العامة. وفيما يتعلـق بالأموال العامة المملوكة للدولة أو الأشخاص الاعتبارية العامة، وهي المخصصة للمنفعـة العامـة، فـإن القـانون العـام يخصـها بأحكـام تختلف عن تلك التي يتضمنها القانون الخاص بالنسبة إلى الأموال المملوكة للأفراد، حيث لا يجـوز التصـرف بالأمـوال العامـة أو الحجـز عليها أو تملكها بالتقادم.

والعلاقات التي تدخل الدولة طرفاً فيها تنظمها قواعد القانون العام، وهي تختلف عن القواعد التي تنظم علاقات القانون الخاص، فعلاقة الدولة بموظفيها تخضع لقواعد

(1) محمد حسن قاسم، المصدر السابق، ص 71 – 77.
(2) هشام القاسم، المصدر السابق، ص 79.

57

القانون العام، وهي تختلف عن القواعد التي تحكم علاقة الأشخاص العاديين بمن يعملون لديهم.

وقد ترتب على اختلاف قواعد القانون العام عن قواعد القانون الخاص إن عمدت الكثير مـن الـدول إلى تخصيص قضاء مستقل لحل المنازعات المتعلقة بمسائل القانون العام، وهو ما يطلق عليه في بعض البلدان بالمحاكم الإدارية كـما هـو الحـال في لبنان ومصر والعراق أو محاكم العدل العليا في بلدان أخرى كما هو الحال بالنسبة للأردن[1].

المبحث الثاني
فروع القانون العام

يجري شراح وفقهاء القانون على تقسيم القانون العام إلى قانون عام خارجي وهو القانون الدولي العام، وقانون عام داخلي يشمل الفروع الأخرى للقانون العام التي تدخل في نطاق القانون الداخلي. ويرى بعض الفقهاء أن الأولى تقسيم القانون تقسيماً أساسياً إلى قانون دولي وقانون داخلي، بحيث يصبح تقسيم القانون إلى عام وخاص تقسيماً ثانوياً في نطاق القانون الـداخلي، إذ أن المجتمـع الذي يتناوله القانون الدولي هو العالم كله، بينما المجتمع الذي ينطبق فيه القانون الداخلي هو الدولة، وفي هذا النطاق الـداخلي يكـون تقسيم القانون إلى عام وخاص[2].

وسنتناول الآن بالتوضيح فروع القانون العام وفقاً لرأي غالبية الفقهاء، وتشمل هذه الفروع:- القانون الدولي العام أو كـما يسميه البعض القانون العام الخارجي، والفروع الأخرى التي يشملها القانون العام الداخلي وهي القـانون الدسـتوري، القانون الإداري، القانون المالي، القانون الجنائي بفرعيه قانون العقوبات وقانون الإجراء الجزائية.

(1) لاحظ عبد المنعم فرج الصدة، المصدر السابق، ص 44 – 46.

(2) منصور منصور، المصدر السابق، ص 47، عبد المنعم فرج الصدة، المصدر السابق، ص 47.

المطلب الأول
القانون الدولي العام (القانون العام الخارجي)

ينقسم العالم الآن إلى دول تتوافر فيها العناصر أو الأركان اللازمة لتكوينها وهي الإقليم والشعب والسلطة الحاكمة. ومن مجموع هذه الدول يتكون ما يسمى اليوم بالمجتمع الدولي. وإذا كانت العلاقات بين الدول تضرب في عمق التأريخ، فإنها ضرورية اليوم أكثر من السابق، حيث لا تستطيع أية دولة مهما بلغت من الرقي والتقدم العيش بمعزل عن الدول الأخرى. ولتعزيز علاقات الدول مع بعضها بشكل منظم ومتقن نشأت المنظمات الدولية والإقليمية والقارية، ولجأت الدول إلى وضع الاتفاقيات الجماعية أو الثنائية أو بين عدة بلدان تربطها مصالح سياسية أو اقتصادية أو جغرافية لتسهيل مبدأ التعاون الدولي[1].

والقانون الدولي العام هو مجموعة القواعد التي تنظم علاقة الدول مع بعضها فتحدد حقوقها وواجباتها في حالة الحرب أو السلم من ناحية، وتنظم علاقات الدول بالمنظمات الدولية من ناحية أخرى. وتتولى هذه القواعد تعيين الدول كأشخاص في المجتمع الدولي، فتبين الشروط اللازم توافرها لقيام الدولة، وتتولى تعيين أنواع الدول، من حيث كونها تامة أو ناقصة السيادة، كما تعنى بتحديد حقوق الدول، وتبين طرق تمثيل الدولة لدى الدول الأخرى تمثيلاً سياسياً وقنصلياً، وأحكام المعاهدات التي تبرم بين الدول، وطرق فض المنازعات بينها بالطرق السلمية كالمفاوضات والتحكيم والقضاء الدولي. وتعنى هذه القواعد بتنظيم علاقات الدول في حالة الحرب، فتبين متى تبدأ الحرب وكيف تنتهي، والأسلحة التي يجوز استخدامها والتي لا يجوز، وتبين كذلك كيفية معاملة الأسرى والجرحى والمعتقلين من المدنيين، كما تبين حقوق وواجبات الدول المحايدة إلى الدول المتحاربة. وتحدد مجموعة أخرى من قواعد القانون الدولي مركز المنظمات الدولية

---

(1) رمضان أبو السعود، المصدر السابق، ص 71.

وعلاقاتها ببعضها وعلاقاتها بالدول الأخرى، سواء كانت هذه المنظمات عالمية كـالأمم المتحـدة أو إقليميـة كجامعة الـدول العربيـة أو قارية كمنظمة الاتحاد الإفريقي [1].

هذا وقد ثار الخلاف حول اعتبار قواعد القانون الدولي العام قانوناً بالمعنى الصحيح، نظراً لعدم وجود هيئـة تعلـو الـدول وتستطيع سن القوانين الملزمة لها وفرض احترام هذه القوانين وإيقاع الجزاء المناسب عند مخالفة هذه القواعد.

ويبدو إن التوجه يميل صوب اعتبار قواعد القانون الدولي العام من قبيل القواعد القانونية بالمعنى الكامل، على اعتبار أن القواعد القانونية لا يلزم صدورها عن سلطة عليا في المجتمع، فالقواعد العرفية، لا تصدر عن سلطة عليا وإنما تنشأ عند اضطراد ممارسة معينة في المجتمع تصل إلى حد الاعتقاد بالزاميتها مما يخلق الركن المعنوي لها وتظهر بالتالي تلقائياً داخل المجتمع. ومثل ذلك ينطبـق على قواعد القانون الدولي العام التي تجد مصدرها في العرف الذي ينشأ تلقائياً في علاقات الدول دون حاجة إلى وجود سلطة عليا تتولى وضعه [2]. كذلك تعتبر المعاهدات مصدراً لقواعد القانون الدولي، إذا أبرمت بين عدد كبير مـن الـدول وكـان الغرض منها وضع قواعـد دولية تتعلق بأمور تهم الدول جميعاً. فمثل هذه المعاهدات يقال لها المعاهدات الشارعة، وهي تختلف عن المعاهدات التي تبـرم بـين عدد محدود من الدول بخصوص أمر يهم الدول المتعاهدة دون غيرها. ومن أمثلتها اتفاقيات لاهاي التي أبرمت في سنة 1899 و 1907، وتضمنت القواعد الخاصة بتسوية المنازعات الدولية تسوية سلمية والقواعد المنظمة للحرب، وكذلك ميثاق الأمم المتحدة الذي أبـرم في سان فرانسيسكو عام 1945.

أما الفقه والقضاء الدوليان يأتيان في المرتبة التالية بعد هذين المصدرين، إذ أن أثرهما محدود في هذا النطاق، وهمـا عـلى كل حال يساهمان في تكوين العرف الدولي إذا استقر على الأخذ بقاعدة معينة [3].

---

(1) مصطفى محمد الجمال، عبد الحميد محمد الجمال، المصدر السابق، ص 81 - 82.

(2) محمد حسن قاسم، المصدر السابق، ص 80.

(3) عبد المنعم فرج الصدة، المصدر السابق، ص 49.

وبالنسبة لعدم وجود سلطة عليا توقع الجزاء عند مخالفة قواعد القانون الـدولي العـام، فقـد رد عليهـا بـأن وجود جـزاء منظم توقعه سلطة مختصة ليس ضرورياً لوجود القاعدة. وحتى لو سلمنا بضرورة وجود الجزاء فلا يلزم إيقاعه بواسطة سلطة مختصة، لأن طريقة توقيع الجزاء مسألة تتعلق بمدى ما بلغه التنظيم القانوني من ضبط وإحكام لا بوجـود القانون ذاتـه. وفي القانون الـدولي العام نجد عدة صور من الجزاء منها توجيه اللوم إلى من خالف القاعدة، ومنها إعلان بطلان المعاهدة أو فسخها، ومنها أعـمال مادية كالمعاملة بالمثل والعقوبات الاقتصادية وإعلان الحرب والتدخل العسكري وفقاً للفصل السابع من ميثاق الأمم المتحدة، وهو ما تم فعلاً عند حصول حرب الخليج الثانية الذي أعقبه إخراج القوات العراقية من الكويت ثم غزو العراق عام 2003 من قبل مـا يسـمى بقـوات التحالف الدولي⁽¹⁾.

هذا وقد جرت بعد الحربين العالميتين الأولى والثانية محاولات لدعم قواعد القانون الـدولي، عـن طريـق إنشـاء مـنظمات دولية للعمل على احترام قواعد القانون الدولي. وهذه المنظمات الدولية هي الجمعية العامة للأمـم المتحدة ومجلس الأمـن والمجلس الاقتصادي والاجتماعي ومجلس الوصاية. وقد نص ميثاق الأمم المتحدة على إنشاء (بوليس) دولي يقوم بالعمل علـى إجبار الـدول علـى احترام قواعد القانون الدولي. وأتيح لهيئة الأمم المتحدة إنشاء أول قوة (بوليسية) دولية في تاريخ المجتمع الـدولي وهـي قـوة طـوارئ تابعة للأمم المتحدة عند حصول العدوان الثلاثي على مصر عام 1956. وقد كانت هذه التجربة خطوة مهمة للتفكير في إنشاء قوة سـلام دولية دائمة، يمكن استخدامها في إجبار الدول على احترام قواعد القانون الدولي، وهو ما حصل فعلاً فيما يسمى بانتشار القوات الدوليـة أو من يطلق عليهم (أصحاب القبعات الزرق) في المناطق الساخنة أو المناطق المتنازع عليها، كما هو الحال بالنسبة للقوات الدولية التي انتشرت في

(1) راجع: منصور منصور، المصدر السابق، ص 50، محمد حسن قاسم، المصدر السابق، ص 81.

كوسوفو أو تلك الموجودة على الخط الفاصل بين الكيان الصهيوني ولبنان، أو القوات الدولية المتواجدة في منطقة دارفور في السودان[1].

المطلب الثاني
فروع القانون العام الداخلي

يضم القانون العام الداخلي عدة فروع تتعلق بكيان الدولة بصفتها صاحبة السيادة والسلطان، وإن القواعد القانونية لهذه الفروع تتعلق عادة بالنظام العام، وهذه الفروع هي:- القانون الدستوري، القانون الإداري، التشريعات المالية والضريبية، أو ما يسميه البعض القانون المالي ثم القانون الجنائي، أو كما يسميه البعض القانون الجزائي، ويلحق به من الجانب الإجرائي قانون أصول المحاكمات الجزائية.

أولاً:- القانون الدستوري

القانون الدستوري أساس كل تنظيم في الدولة، وهو أسمى القوانين فيها، ويطلق عليه أحياناً القانون الأساسي كما حصل بالنسبة للدستور العراقي الصادر عام 1925. ويضع الدستور الأسس العامة للمجتمع من النواحي الاقتصادية والاجتماعية والثقافية والسياسية. وترتيباً على ذلك فإنه لا يجوز إصدار أي قانون عادي بشكل مخالف للدستور، حيث تعتبر كل القوانين الأخرى في الدولة أقل مرتبة منه.

أما عن السلطة المختصة بوضعه، فينبغي أن نفرق بين فرضين، أحدهما حالة وضع دستور كامل للدولة أما ابتداءً أو بدلاً عن دستور قديم وضع في ظل ظروف سياسية، جرى عليها التغير مما اقتضى وضع دستور جديد ينسجم مع المرحلة الجديدة. وقد يصدر الدستور كمنحة ممن يتولى السيادة في الدولة فعلاً، فيعتبر وليد إرادته، وقد يصدر في صورة عقد بين الشعب وبين من يتولى السيادة. وقد تسنه وتضعه جمعية تأسيسية منتخبة من الشعب. وأخيراً قد يوضع عن طريق الشعب نفسه بطريق الاستفتاء،

(1) انظر:- توفيق حسن فرج، المصدر السابق، ص 43 – 44.

وهذه هي أرقى الطرق المعاصرة لوضع الدستور. الفرض الثاني حالة تعديل دستور قائم، ويتم هذا التعديل وفقاً للطريقة التي بينها الدستور نفسه. وباختلاف هذه الطريقة تنقسم الدساتير إلى دساتير مرنة ودساتير جامدة. والدستور المرن هو الذي يكفي لتعديله أن يصدر بالتعديل تشريع عادي بالإجراءات التي تصدر بها التشريعات العادية. أما الدستور الجامد فهو الذي لا يمكن تعديله بهذه الطريقة، بل يجب إتباع إجراءات وشروط خاصة تختلف باختلاف الدساتير[1].

ومن الجدير بالذكر هنا أن بعض نظم الحكم تلجأ إلى ما يسمى بالدساتير المؤقتة لتسير أمور البلاد أثر حصول التغيرات السياسية المفاجئة فيها، وخصوصاً في حالة حدوث الانقلابات العسكرية التي تشهدها بعض دول العالم الثالث، بانتظار إصدار الدساتير الدائمة فيها بعد استقرار الأوضاع السياسية وتشكيل المؤسسات الدستورية، علماً بأن هذه الدساتير المؤقتة قد تبقى لفترة طويلة تحكم الأوضاع السياسية والاقتصادية، بالإضافة إلى بيان نظام الحكم كما حصل بالنسبة للعراق الذي بقي محكوماً بالدساتير المؤقتة لفترة طويلة وصلت إلى قرابة الأربعين عاماً.

ويبين القانون الدستوري شكل الدولة وتوزيع السلطات فيها، والسلطات التي تتكون منها الدول الحديثة اليوم، هي السلطة التشريعية التي تختص بإصدار القوانين والسلطة التنفيذية التي تعنى بتنفيذ القوانين وإدارة المرافق العامة ثم السلطة القضائية التي تتولى الفصل في المنازعات بين الناس وفقاً للقانون.

ويبين هذا القانون العلاقة بين السلطات الثلاث ومدى الرقابة المتبادلة بينها، ووسائل هذه الرقابة كحق السلطة التشريعية في سحب الثقة من الحكومة، وحق السلطة التنفيذية في حل السلطة التشريعية، وحق السلطة القضائية في رقابة دستورية التشريعات التي تصدرها السلطة التشريعية.

---

(1) السيد محمد السيد عمران، المصدر السابق، ص 111 - 112.

ويبين هذا القانون حقوق الأفراد في الحرية والمساواة. والحرية تشمل الحرية الشخصية وحرية التملك والسكن والرأي والدين وحرية العمل والصناعة والتجارة. والمساواة تكون في جميع المزايا التي تتيحها الدولة للأفراد، وفي التكاليف التي تفرض عليهم، كالحق في تولي الوظائف العامة وواجب أداء الخدمة العسكرية والوفاء بضرائب الدولة[1].

وقد ثار حول قواعد القانون الدستوري نفس ما ثار حول قواعد القانون الدولي العام، حيث تساءل البعض عن مدى إمكان اعتبار قواعد هذا القانون قواعد قانونية بالمعنى المتعارف عليه. إن الذي أثار الشك في هذا الموضوع هم أنصار المذهب الشكلي في أساس القانون (هوبز واوستن)، الذي يمثل القانون لديهم مجموعة من الأوامر والنواهي التي تصدر عن الحاكم السياسي، صاحب الأمر والنهي، وتوجه هذه الأوامر والنواهي إلى الرعية الخاضعين لسلطة الحاكم، وينال من يخالفها الجزاء المقرر لكل منها.

لذلك لم يعترف أصحاب هذا الرأي لهذه القواعد بصفة القواعد القانونية، لأنها لم تصدر عن سلطة أعلى من الحاكم، ولا تتضمن جزاء يوقع على الحاكم عند مخالفة قواعد القانون الدستوري، فليس هناك من هو أعلى من الحاكم ليعاقبه، والحاكم بالطبع لا يمكن أن يعاقب نفسه، فتبقى قواعد هذا القانون دون جزاء، مما يجردها من صفة القواعد القانونية، وتصبح مجرد آداب وأخلاق تحميها إجراءات أدبية فقط.

ولا يسلم البعض[2] بهذا الرأي لأن تعريف القانون بأنه عبارة عن أوامر ونواه صادرة عن الحاكم، إن صدق بالنسبة للتشريع في بعض الحالات باعتباره مصدراً من مصادر القانون فهو لا يصدق بالنسبة لمصادر القانون الأخرى ومنها العرف. فالعرف باعتباره مصدراً من مصادر القانون يعد أسبق في وجوده من الحاكم السياسي.

---

(1) مصطفى الجمال، عبد الحميد محمد الجمال، المصدر السابق، ص 86.

(2) علي حسين نجيدة، المصدر السابق، ص 63، عبد المنعم فرج الصدة، المصدر السابق، ص 53.

أما من ناحية انعدام الجزاء بالنسبة لقواعد القانون الدستوري، فإن الجزاء هنا يتجلى في رد الفعل الذي يحصل عند مخالفة هذه القواعد، خصوصاً من الشعب الذي يعتبر مصدر السلطات، ويقف حارساً أميناً على احترام هذه القواعد. فإذا وجد انتهاكاً لأحكام الدستور وإنحرافاً من السلطة العامة عن جادة الصواب، باشر الضغط على السلطة بوسائله السلمية، من خلال التظاهر والنقابات ومؤسسات المجتمع المدني ووسائل الإعلام المختلفة، وحينها لا تفلح هذه الوسائل، فقد يؤدي الأمر إلى ثورة تعيد الأمور إلى نصابها، وتلك أقوى صور الجزاء وأكثرها فاعلية في تحقيق احترام الدستور الذي يعتبر أسمى القوانين في الدولة.

ثانياً:- القانون الإداري

يعرف القانون الإداري بأنه مجموعة القواعد التي تنظم نشاط السلطة التنفيذية في مباشرة نوع من الأعمال التي تدخل في وظيفتها التي يطلق عليها الأعمال الإدارية، حيث يأتي هذا القانون لينظم نشاط السلطة التنفيذية فيما يتعلق بالأعمال المتعلقة بتصريف الشؤون اليومية العادية التي تتميز عن نوع آخر من الأعمال التي تتولاها السلطة التنفيذية أيضاً وتسمى الأعمال الحكومية أو أعمال السيادة كدعوة المجالس التشريعية للانعقاد وحلها وإعلان حالة الحرب. ويدخل تنظيم هذه الأعمال الأخيرة ذات الأهمية والخطر في نطاق القانون الدستوري.

والقانون الإداري إذ ينظم نشاط السلطة التنفيذية باعتبارها سلطة إدارية، يتولى بيان الأشخاص والهيئات التي تتولى مباشرة هذه السلطة كرئيس الدولة والوزراء والمصالح والإدارات المختلفة، ويبين طريقة تكوين الهيئات، ويحدد اختصاص كل سلطة، وينظم العلاقات بين هذه السلطات، والعلاقات بينها وبين الموظفين الذين يباشرون العمل فيها من حيث التعيين والترقية والعزل وغير ذلك، والعلاقات بين السلطات الإدارية والأفراد، وينظم الرقابة القضائية على أعمال السلطة الإدارية[1].

(1) منصور منصور، المصدر السابق، ص 52 - 53.

ويبحث هذا القانون في التنظيمات الإدارية وتقسيماتها وكيفية عملها كتقسيم الدولة إلى أقاليم ومحافظات واقضية ونواحٍ ومناطق أخرى، وتقسيم الإدارات العامة في الدولة إلى مؤسسات أو هيئات تتمتع بشيء من الاستقلال الذاتي كالجامعات مثلاً، وإلى إدارات مرتبطة بالوزارات القائمة وخاضعة لها خضوعاً تاماً، وهو يبحث أيضاً في أملاك الدولة فيبين صفاتها ومميزاتها، ويحدد الوسائل التي تلجأ إليها الدولة لنزع الملكية من أجل المصلحة العامة لقاء تعويض عادل يدفع لأصحابها، كما هو الحال في استملاك الأموال الخاصة عند الحاجة إليها لفتح الطرق أو إقامة الجسور أو المنشآت الحيوية الأخرى[1].

وتوجد طريقتان لتنظيم العلاقة بين الإدارة المركزية والإدارات المحلية الأخرى، فهناك طريقة الإدارة المركزية، التي توجب على الإدارات المحلية في الأقاليم الرجوع في كل شؤونها إلى الإدارات المركزية التابعة لها. فالدولة في ظل هذا النظام تتولى وحدها القيام بالمرافق المختلفة، من تعليم ودفاع وصحة وأمن، وتقوم بالإشراف عليها عن طريق موظفيها في العاصمة، أو الذين قد تبعث بهم الأقاليم. وفي ظل هذا النظام تتركز المرافق كلها بيد الدولة، ولها وحدها حق توجيهها دون أية سلطة أخرى.

وهناك طريقة الإدارة اللامركزية، وبمقتضاها تمنح الإدارات المحلية في الأقاليم سلطة واسعة لتسيير المرافق الخاصة بالأقاليم، ولا ترجع إلى الإدارة المركزية إلا في الشؤون العامة. وتتجه الدول إلى نظام المركزية بالنسبة للمرافق الرئيسية وعلى وجه الخصوص تلك التي تقتضي أهميتها أو طبيعتها الإبقاء على تبعيتها للإدارة المركزية، مثل مرفق الدفاع التي تقوم عليه وزارة الدفاع والذي يتطلب قيادة موحدة مركزية، وكذلك وفق التمثيل الدبلوماسي الذي تقوم عليه وزارة الخارجية. أما المرافق الأخرى التي لا تقتضي أهميتها أو طبيعتها إدارة موحدة فإن الاتجاه بالنسبة لها هو جعل الإدارة فيها لا مركزية كالتعليم والسياحة مثلاً[2].

(1) هشام القاسم، المصدر السابق، ص 86 – 87.

(2) توفيق حسن فرج، المصدر السابق، ص 49 – 50.

وفيما يتعلق بالرقابة القضائية على الأعمال الإدارية، تختلف البلدان في الوسائل التي تتخذها لتحقيق هذه الغاية. فبعضها يجعل هذه الرقابة من اختصاص القضاء العادي، بينما يحرص البعض الآخر على الفصل التام بين السلطتين التنفيذية والقضائية، فيجعل هذه الرقابة من اختصاص قضاء إداري ينشأ لهذا الغرض. ففي لبنان أنشأ المشرع ما يسمى بمجلس الشورى وجعله المحكمة ذات الولاية العامة في المنازعات الإدارية، وأنشأ إلى جواره المحكمة الإدارية الخاصة وأعطاها سلطة الفصل في طائفة معينة من المنازعات الإدارية. وأنشأ المشرع المصري ما يسمى بمجلس الدولة، وهو يتألف من قسمين، هما قسم القضاء الإداري والقسم الاستشاري للفتوى والتشريع.

ويضم القسم الأول المحاكم الإدارية التي أصبحت تختص بجميع المنازعات التي تقوم بين الأفراد وبين السلطات الإدارية المختلفة في شأن الأعمال الإدارية[1].

أما في الأردن فتتولى محكمة العدل العليا مهمة الرقابة القضائية، على الأعمال الإدارية، حيث بينت المادة الثامنة من قانون هذه المحكمة الرقم (12) لسنة 1992 المعدل بالقانون رقم 2 لسنة 2000 اختصاصات هذه المحكمة[2].

أما في العراق فقد جاء في نص المادة (101) من الدستور العراقي الجديد ما يلي:- "يجوز بقانون إنشاء مجلس دولة، يختص بوظائف القضاء الإداري، والإفتاء، والصياغة، وتمثيل الدولة وسائر الهيئات العامة أمام جهات القضاء، إلا ما استثني منها بقانون".

ثالثاً:- التشريع المالي والضريبي

يعني هذا الفرع من فروع القانون العام مجموعة القواعد والقوانين والأحكام المكونة التي تتبعها الدولة في إدارة شؤونها المالية من إنفاق وجباية وموازنة. وتتضمن

---

(1) عبد المنعم فرج الصدة، المصدر السابق، ص 5.
(2) نشر هذين القانونين في الجريدة الرسمية الأردنية، العدد 3813 بتأريخ 1992/3/25، ص 516 والعـدد 4408 بتأريخ 2000/2/1، ص 318 على التوالي.

دساتير الدول عادة الكثير من القواعد المنظمة لشؤون الدولة المالية كالضرائب والقروض والموازنة العامة. وتتصدر تلك القواعد قاعدة معروفة تقول (لا ضريبة إلا بقانون)، أو ما يطلق عليه بمبدأ أو قاعدة قانونية الضريبة التي تنص عليها غالبية الدساتير في العالم. ويقصد بذلك أن فرض الضرائب على الأفراد بأي صورة كانت يعد غير شرعي إذا صدر عن السلطة التنفيذية، لأن مصدر الضريبة هو القانون الصادر عن السلطة التشريعية دون غيرها، وهذا ما نصت عليه فعلاً المادة 111 من الدستور الأردني الصادر عام 1952 بقولها: "لا تفرض ضريبة أو رسم إلا بقانون ولا تدخل في بابهما أنواع الأجور التي تتقاضاها الخزانة المالية مقابل ما تقوم به دوائر الحكومة من الخدمات للأفراد أو مقابل انتفاعهم بأملاك الدولة وعلى الحكومة أن تأخذ في فرض الضرائب بمبدأ التكليف التصاعدي مع تحقيق المساواة والعدالة الاجتماعية وأن لا تتجاوز مقدرة المكلفين على الأداء وحاجة الدولة إلى المال"[1].

وقد نصت على ذلك المادة (28) من الدستور العراقي لعام 2005 بقولها "1- لا تفرض الضرائب والرسوم، ولا تعدل، ولا تجبى، ولا يعفى منها، إلا بقانون. 2- يعفى أصحاب الدخول المنخفضة من الضرائب، بما يكفل عدم المساس بالحد الأدنى اللازم للمعيشة، وينظم ذلك بقانون".

وتطلق الكثير من المؤلفات القانونية اسم القانون المالي على هذا الفرع من فروع القانون. ويقابل هذا القانون علم آخر قائم بذاته هو علم المالية العامة الذي يهتم بدراسة موضوعات النفقات العامة، والإيرادات العامة، والقروض العامة والميزانية[2].

والقانون المالي هو مجموعة القواعد التي تنظم مالية الدولة من حيث إيراداتها ومصروفاتها، حيث تنقسم الميزانية إلى إيرادات ومصروفات. ففيما يتعلق بالإيرادات يحدد هذا القانون مصادرها ويبين طريقة تحصيلها. وهذه المصادر متنوعة، فهي تشمل

---

(1) عادل العلي، المالية والقانون المالي والضريبي، ط1، إثراء للنشر والتوزيع، عمان، 2009، ص 24 – 25.

(2) مصطفى الجمال، عبد الحميد الجمال، المصدر السابق، ص 89.

الضرائب على اختلاف أنواعها، وما تتقاضاه الدولة نظير الخدمات التي تؤديها بواسطة المرافق العامة، وما تحصله مـن غلـة الأمـوال المملوكة لها ملكية خاصة أو من ثمن ما تبيعه منها، والقروض التي تبرمها لسد عجز الميزانية، أو لاستغلال مرفق من المرافق.

وفيما يتعلق بالمصروفات ينظم انفاق الإيرادات على المرافق التي تضطلع بها الدولة، كالـدفاع والأمـن والصحة والقضاء والتعليم والشؤون الاقتصادية، وطريقة إنفاقها والرقابة على هذا الإنفاق.

وقد كان هذا الفرع من فروع القانون العام جزءاً من القانون الإداري، لأنه يتناول في الواقع الناحية المالية لنشاط السـلطة الإدارية، ولكنه استقل عنه وأصبح فرعاً قائماً بذاته بعد أن اتسعت قواعده واكتسبت ذاتية خاصة بها بمرور الزمن[1].

رابعاً: قانون العقوبات وأصول المحاكمات الجزائية

يتضمن قانون العقوبات تحديداً لما يعتبر جريمة وبياناً للعقاب على هـذه الجريمـة. إلا أن إثبـات الجريمـة بحـق الشخص الذي اتهم بها وتوقيع العقوبة عليه، يتطلب أن تكون هناك إجراءات معينة، وهذه الإجراءات يتضـمنها قانون آخـر يطلـق عليـه اسـم قانون أصول المحاكمات الجزائية، وتسمية بعض البلدان بقانون الإجراءات الجنائية[2].

ويوجد أكثر من هدف لقانون العقوبات، وأولى هذه الأهداف حماية المصالح المشتركة المادية منها والمعنوية. وتظهـر حماية المشرع لهذه المصالح من خلال تقرير نصوص تجرم بعض الأفعال وتضع العقوبة اللازمة لها. ومن النصوص الخاصة بالمصالح المادية، النصوص التي تجرم السرقة والاحتيال وخيانة الأمانة والاختلاس وإلحاق الضرر بمال الغير. أما النصوص المتعلقة بالمصالح الأدبيـة فمثالها النصوص الخاصة بجرائم الشتم والتحقير والذم والاغتصاب وهتك العرض والعمل المنافي للحياء والمداعبة المنافية للحياء أيضاً، والهدف الثاني لقانون العقوبات هو توفير الأمن

---

(1) عبد المنعم فرج الصده، المصدر السابق، ص 56 – 57، مصطفى الجمال، عبد الحميد الجمال، المصدر السابق، ص 89.
(2) عبد الرحمن توفيق أحمد، الأحكام العامة لقانون العقوبات، عمان 2000، ص 8.

والاستقرار وبث الطمأنينة في المجتمع. وفي سبيل تحقيق هذا الهدف فإنه لا بـد مـن وضـع النصـوص الكافيـة التي تبين الجرائم والعقوبات، لكي يكون الأفراد على علم بما هو مباح وما هو محظور عليهم. وإنطلاقاً من هذا الهدف جاءت القاعدة الجنائية المعروفة (لا جريمة ولا عقوبة إلا بنص)[1].

ولم يكن للعقوبات الواردة في هذا القانون هدف واحد مستقر في منظور المدارس الفلسفية المختلفة وإنما تعددت أغراضها وتنوعت تبعاً لتباين آراء وأفكار هذه المدارس. فالمدرسة التقليدية القديمة ركزت على غرض الردع العام وحده للعقوبة، في حين أضافت المدرسة التقليدية الجديدة غرض العدالة على جانب الردع العام. أمـا المدرسـة الوضعيـة فإنها أخـذت بالردع الخاص دون سـواه مـن أغراض العقوبة، وأغفلت جانبي العدالة والردع العام. وأخيراً ذهبت حركة الدفاع الاجتماعي الحديث إلى الاعتداد بالردع الخاص وحده دون غيره من أغراض العقوبة. وتعاقبت آراء الفقهاء لتحديد أغراض العقوبة، في مكافحة الظاهرة الإجراميـة والتي لا يمكـن أن يحـدد غرضها بواحد من الأغراض المتقدمة وإنما بإغراضها الثلاثة مجتمعة[2].

ويقسم قانون العقوبات إلى قسمين، أولهما القسم العام ويبحث موضوعات: الجريمة، أقسـام الجرائم وأركـان الجرائم، والقسم الخاص الذي يضم الجرائم الواقعة على أمن الدولة الخـارجي وأمـن الدولـة الـداخلي والجرائم الواقعة علـى السـلامة العامـة والجرائم الواقعة على الإدارة العامة والجرائم المخلة بالثقة العامة والجرائم الماسـة بالـدين والأسرة والجرائم المخلة بـالأخلاق والآداب العامة والجرائم الخاصة بالجنايات والجنح التي تقع على الإنسان وأخيراً الجرائم الواقعة على الأموال[3].

(1) المصدر السابق، ص 6 ، 7.
(2) محمد عبد الله وريكات، أثر الردع الخاص في الوقاية من الجريمة، ط1، دار وائل، عمان 2007، ص 53.
(3) لاحظ المواد 107، 154، 156، 169، 205، 206، 320، (326-367)، (299-458) من قانون العقوبات الأردني.

أما بالنسبة لقانون أصول المحاكمات الجنائية الذي يطلق عليه أحياناً قانون أصول المحاكمات الجزائية الـذي يمثل الوجه الإجرائي لقانون العقوبات، فهو مجموعة القواعد القانونية التي تتضمن إجراءات البحث عن الجرائم وضبطها ووسائل إتباعها وتحديـد السلطات المختصة بملاحقة مرتكبيها ومحاكمتهم. وتبين هذه القواعد إجراءات المحاكمة وتنفيذ الأحكام الجنائية[1]. ويعد هـذا القـانون من أهم القوانين التي تنظم الحرية الشخصية، وهو قانون ذو طابع خاص، فهو يؤكد على حماية المصالح الحقيقية للفرد والجماعـة على حد سواء، وهي مصالح يحميها القانون بطبيعة الحال، إذ تتضمن قواعده مجموعة من الأصول العامة التـي تحكـم تطبيقاتـه العمليـة، بحيث لا يجوز تجاوزها أو مخالفتها سواء من حيث الإجراءات التي ينبغي اتخاذها وفق ما قرره المشرع، أو من حيث السـلطة العامـة التي حددها المشرع وأناط بها اتخاذ هـذه الإجراءات[2]، فللمجتمع الحـق في معاقبـة كـل مجـرم ارتكب جريمـة، وهـذا يتطلـب مـن السلطات العامة والجهات المختصة سرعة البحث والتحري عن المجرم ومعرفة هويته وإلقاء القبض عليه لمحاكمتـه وإدانتـه بالعقوبـة المقررة قانوناً، إذ لا يمكن معاقبة مرتكب الجريمة بطريقة تلقائية، بل يجب أن يمر المتهم بمرحلـة التحقيـق الابتـدائي وإتاحة الفرصة أمامه للدفاع عن نفسه وفقاً للإجراءات القانونية، فالعدالة تقتضي حماية الحرية الشخصية من التعسف والتعدي عليها والاستهانة بهـا، وهذا هو هدف المشرع عندما أصدر التشريع الجزائي[3].

وعلى هذا يرتبط قـانون أصول المحاكمات الجزائيـة كـما تقـدم بقـانون العقوبـات، إذ يحـدد قـانون العقوبـات الجـرائم والعقوبات المناسبة لها؛ بينما يحدد قانون أصول المحاكمات

(1) فوزية عبد الستار، شرح قانون الإجراءات الجنائية، دار النهضة العربية، مصر، القاهرة، 1977، ص 25.
(2) محمد سعيد نمور، أصول الإجراءات الجزائية، ط1، دار الثقافة للنشر والتوزيع، عمان 2005، ص 5.
(3) محمد صبحي نجم، قانون أصول المحاكمات الجزائية، ط1، الإصدار الأول، دار الثقافة للنشر والتوزيع، عمان 2000، ص 3.

الجنائية القواعد الخاصة بالبحث عن الجرائم وإثباتها، وتحديد المحكمة المختصة بنظرها وتنفيذ الحكم بحق من صدرت الأحكام ضدهم.

ويلاحظ البعض أن معظم جرائم قانون العقوبات هي جرائم ضد الحقوق الخاصة للأفراد، وأن العقوبات المقررة لها تهدف بالتالي إلى حماية هذه الحقوق، وأن قانون العقوبات يدخل من هذا الوجه ضمن نطاق القانون الخاص. ويضيف البعض إلى ذلك بأن هذا يقوم على فكرة الدفاع عن المجتمع وأن بعض الجرائم تقع ضد الدولة، وتدخل من هذه الزاوية في نطاق القانون العام، ولذلك فإن من الممكن اعتبار هذا القانون قانوناً مختلطاً.

ويعترض آخرون على هذا التصور باعتبار الجرائم الواقعة على الحقوق الخاصة للأشخاص موجهة ضد المجتمع، نظراً لما تحدثه من إخلال خطير بكيان المجتمع وأمنه. لذلك فإن السلطة العامة هي المختصة أصلاً بإيقاع العقاب على المجرم. وعلى هذا ذهب هذا الاتجاه إلى القول بان قانون العقوبات ينظم علاقة الدولة باعتبارها سلطة عامة بالأشخاص، ومن هنا فهو فرع من فروع القانون العام[1].

المبحث الثالث

فروع القانون الخاص

يعني مصطلح القانون الخاص مجموع القواعد القانونية التي تنظم العلاقات بين الأفراد، سواء أكانت هذه العلاقات قانونية، أو مالية، أو اجتماعية. وتعتبر غالبية القواعد القانونية في هذه الفروع من نوع القواعد المكملة أو المفسرة لإرادة المتعاقدين، مع وجود أخرى آمره فيه لا يمكن لاتفاق على خلالها. ومصطلح القانون الخاص لا يتعلق بقانون

(1) مصطفى الجمال، عبد الحميد الجمال، المصدر السابق، ص 90، رمضان أبو السعود، المصدر السابق، ص 94 - 95، عبد المنعم فرج الصده، المصدر السابق، ص 58.

معين بالاسم، بل يجمع العديد من القوانين التي يطلق عليها اسم القانون الخاص[1]. ويحكم القانون الخاص العلاقات التي لا تتعلق بتنظيم السلطات العامة في الدولة ولا تتصل بحق السيادة فيها. وهذه العلاقات أما أن نقوم بين الدولة باعتبارها شخصاً عادياً واحد أشخاص القانون الخاص أو بين أشخاص القانون الخاص سواء أكانوا أشخاصاً اعتباريين أو أفراداً.

والقانون المدني هو الأصل في القانون الخاص أو كما يقال الأصل في شجرة القانون، ثم استقلت عنه فروع أخرى لتحكم أنواعاً جديدة من العلاقات ظهرت الحاجة إلى وضع قواعد خاصة لها تتضمن المزيد من التفصيلات لكي تستطيع مواجهة متطلبات الحياة وتكفل حل المنازعات المستجدة في هذه الفروع. ومن هذه الفروع القانون التجاري والبحري والجوي وقانون العمل وقوانين الضمان الاجتماعي والتأمينات الصحية. وبالإضافة إلى ذلك ظهرت حزمة كبيرة من القوانين الخاصة التي يمكن وضعها ضمن فروع القانون الخاص، ومنها القوانين الخاصة التي تتعلق بنقل ملكية العقارات والقوانين الخاصة بالإيجار وتلك التي تتعلق بحماية البيئة والقوانين الزراعية وغيرها.

وسنأتي فيما يلي لإلقاء الضوء على أبرز فروع القانون الخاص:-

المطلب الأول
القانون المدني وأصول المحاكمات المدنية

يعرف القانون المدني بأنه مجموعة القواعد التي تنظم العلاقات الخاصة بين الأشخاص في المجتمع بغض النظر عن طوائفهم ومهنهم، وذلك خلافاً للفروع الأخرى التي تعنى بطوائف ومهن معينة أو تتناول أوضاعاً وحالات محددة. وما يميز القانون المدني بأنه المرجع في حل المنازعات التي يسكت عن معالجتها أي فرع آخر من فروع القانون الخاص.

---

(1) عبد المنعم البدراوي، النظرية العامة للقانون والنظرية العامة للحق، المدخل للعلوم القانونية، دار النهضة العربية، بيروت، 1966، ص 87، سهيل حسين الفتلاوي، المصدر السابق، ص 224.

وينظم القانون المدني لدى الغرب طائفتين من العلاقات القانونية: الأولى تشمل علاقة الفرد بأسرته، ويطلق عليها الأحوال الشخصية، والثانية تشمل العلاقات المالية، ويطلق عليها المعاملات أو الأحوال العينية. ويقتصر القانون المدني في البلدان العربية على المعاملات المالية أي الأحوال العينية فقط، لأن مسائل الأحوال الشخصية تركت لحكم الشرائع الدينية، وبعض القواعد المستمدة منها. فالنسبة للمسلمين تنطبق أحكام الشريعة الإسلامية أو قوانين الأحوال الشخصية المستمدة منها، وبالنسبة لغير المسلمين تنطبق الشرائع الخاصة بكل ملة حسب طبيعتها وتعاليمها[1].

وتتناول القوانين المدنية بشكل عام التطبيق الزماني والمكاني للقوانين، والأشخاص الطبيعية والحكمية، والتعريف بالأشياء والأموال وبيان المقصود بالحق ونطاق استعماله وحالات إساءة هذا الاستعمال فيما يسمى التعسف في استعمال الحق. كما يتناول هذا الفرع أقسام الحق ووسائل إثباته. ومن المواضيع المهمة التي تندرج ضمن موضوعات مصادر الحق الشخصي أو ما نطلق عليه مصادر الالتزام كالعقد والتصرف الانفرادي والفعل الضار (المسؤولية التقصيرية) والفعل النافع (الاثراء بلا سبب).

وتنصرف أحكام القانون المدني أيضاً إلى بيان آثار الحق ووسائل تنفيذ الالتزام الاختيارية أو الجبرية والوسائل المشروعة التي يستطيع الدائن اللجوء إليها لحماية حقه. ومن موضوعاته معالجة التصرفات المعلقة على شروط والمضافة على أجل، وحالات تعدد محل الالتزام وتعدد طرفي التصرف فيما يعرف بالالتزامات الموصوفة. ثم يعالج هذا القانون حالات انقضاء الالتزام بالإبراء أو استحالة التنفيذ أو مرور الزمان المانع من سماع الدعوى (التقادم المقسط).

ومن أهم ما يعالجه القانون المدني موضوع العقود بما فيها عقود التمليك كالبيع والهبة والشركة والقرض والصلح وعقود المنفعة كالإجارة والاعارة وعقود العمل كعقد المقاولة والعمل والوكالة والإيداع والحراسة. ولا يغفل هذا القانون تنظيم أحكام عقود

(1) عبد المنعم فرج الصدة، المصدر السابق، ص 59، توفيق حسن فرج، المصدر السابق، ص 57.

الغرر كالرهن والمقامرة والمرتب مدى الحياة وعقد التأمين. ويتعرض كذلك لعقود التوثيقات الشخصية كالكفالة والحوالة. ثم يركز على حق الملكية في ذاته وأسباب كسب الملكية المختلفة بالإضافة إلى الحقوق المتفرعة عن حق الملكية كحق التصرف والانتفاع والوقف والحقوق المجردة. وأخيراً يتناول هذا الفرع من فروع القانون موضوع التأمينات العينية كالرهن التأميني والرهن الحيازي وحقوق الامتياز.

أما بالنسبة لقانون أصول المحاكمات المدنية، فيعرف بأنه مجموعة القواعد القانونية المنظمة للقضاء المدني في سكونه وحركته، مبينة وظيفته وحدود اختصاصه، وتشكيلاته المختلفة، والوسيلة التي يمارس بها دوره القانوني وإجراءات الحصول على حمايته. ويعني بعبارة مختصرة القواعد المتعلقة بتنظيم القضاء في المسائل المدنية والتجارية وغيرها من مسائل القانون الخاص.

وينظم هذا القانون بمفهومه الواسع خمسة مواضيع وهي:- التنظيم القضائي، الاختصاص القضائي، التقاضي، الأحكام وطرق الطعن، التنفيذ القضائي الذي نظمته الكثير من البلدان بقوانين خاصة كما هو الحال بالنسبة للأردن الذي نظمه بموجب قانون التنفيذ رقم 36 لسنة 2002.

أما بالنسبة لتسمية هذا القانون فهي أمر مختلف عليه إذ يطلق عليه في فرنسا وإيطاليا وتونس الإجراءات المدنية والتجارية، ويسمى بقانون المرافعات المدنية والتجارية في كل من مصر والكويت والبحرين، بينما يسمى في العراق بقانون المرافعات المدنية. وفضلت بلدان أخرى تسميته بقانون أصول المحاكمات المدنية، كما هو الحال في سوريا ولبنان والأردن. أما في المغرب فقد أطلق عليه اصطلاح قانون المسطرة المدنية[1].

ويقسم جانب من الفقه هذا القانون إلى أقسام ثلاثة هي: قوانين النظام القضائي، قوانين الاختصاص وقوانين المرافعات بالمعنى الخاص. كما اقترح البعض استبدال قانون

---

(1) عوض أحمد الزعبي، الوجيز في قانون أصول المحاكمات المدنية الأردني، ط1، دار وائل للنشر، عمان، 2007، ص 9 – 11.

المرافعات بعبارة القانون القضائي المدني، وهذه التسمية مستخدمة في السودان فعلاً الذي يسمى هذا القانون بقانون القضاء المدني[1].

ويرى الفقه الحديث بأن هذا الفرع من القانون يتطلب دراسة عناصر ثلاثة هي:- المرافعات، النظام القضائي ويختتم ذلك بدراسة الإجراءات والخصومة وبذلك تكون مادة هذا الفرع مكونة من الدعوى والقضاء والخصومة[2].

وفيما يتعلق بطبيعة هذا القانون فهناك من ذهب إلى اعتباره فرعاً من القانون الخاص على أسـاس أن الغـرض منه هـو حماية حقوق الأفراد، وهناك من يرى بأنه من قبيل القانون العام بسبب ما أعطي من سلطات للقاضي وما تضمنته قواعد هذا القانون من تنظيم لمرفق عام هو مرفق القضاء. ومن ثم تبدو قواعد هذا القانون وكأنها تشغل بين القـانون العام والخاص مركـزاً وسطـاً، مـما يصعب القطع معه بأنه يقع ضمن دائرة القانون العام أو الخاص، وهذا ما دفع البعض مثلاً إلى اعتباره فرعاً قائماً بذاته[3].

المطلب الثاني
القانون التجاري

يعرف القانون التجاري بأنه مجموعة القواعد القانونية التي تخضع لها جميع المعاملات التجارية ويخضع لها التجار حيـث تفرض هذه القواعد عليهم القيام ببعض الالتزامات التي تقتضيها طبيعة المعاملات التجارية كمسك الدفاتر والتسجيل في السجل

(1) أحمد أبو الوفا، المرافعات المدنية والتجارية، ط 14، منشأة المعارف بالإسكندرية، 1986، ص 97.
(2) مفلح القضاة، أصول المحاكمات المدنية والتنظيم القضائي، ط3، دار الثقافة للنشر والتوزيع، عمان 1998، ص 14.
(3) أحمد السيد صاوي، الوسيط في شرح قانون المرافعات المدنية والتجارية، مطبعة عبير، بلا مكان أو سنة طبع ص 11 ، 12.

التجاري. كما ضمن القانون التجاري أحكاماً للأوراق التجارية من كمبيالات وشيكات وسندات، ويهتم هذا القانون بتنظيم قواعد الإفلاس والصلح الواقي.

وتنحصر الطبيعة المميزة للتعامل التجاري عن المعاملات المدنية في عنصرين مهمين أولهما السرعة وثانيهما الائتمان. فالبنسبة للسرعة تختلف المعاملات المدنية عن المعاملات التجارية، إذ تتسم المعاملات المدنية بالبطء وتخضع عادة لإجراءات قد تطول، بينما يتسم التعامل التجاري بالسرعة وبساطة الإجراءات. أما عنصر الائتمان فيفرضه عامل الثقة الذي يشكل ركناً أساسياً في العمليات التجارية. ولهذا نجد أن تاجر الجملة يسلم البضاعة إلى تاجر المفرد ولا يطالبه بتسديد ثمنها فور حصوله عليها بل يمهله لحين بيع البضاعة كلها أو معظمها. وبهذا يساهم الائتمان باستمرار تدفق السلع من حيث إنتاجها وتسويقها[1].

ويعتبر القانون التجاري، في مفهومه التقليدي فرعاً من فروع القانون الخاص، المتميز عن القانون المدني، لانطباقه على فئة معينة من الناس تدعى التجار وعلى طائفة معينة من التصرفات القانونية تدعى الأعمال التجارية. وينتقد البعض تقسيم القانون الخاص إلى فرعين، أحدهما القانون المدني وثانيهما القانون التجاري، لأن هذا التقسيم يفترض وجود تعادل غير حقيقي بين الفرعين، على اعتبار أن القانون المدني هو الشرع العام، بينما لا يحتوي القانون التجاري إلا على القواعد الخاصة بتنظيم التجارة. غير أن هذا الانتقاد وجد من يرده، لأن القول بانقسام القانون الخاص إلى قانون مدني وآخر تجاري، لا يعني بالضرورة وجود تعادل تام بين هذين الفرعين، وعليه فلا ضير من وجود هذا التقسيم، خصوصاً وأن أصحاب الرأي الأول لا ينكرون استقلال القانون التجاري عن القانون المدني[2].

---

(1) فوزي محمد سامي، شرح القانون التجاري، الجزء الأول، ط1، الإصدار التاسع، دار الثقافة للنشر والتوزيع، عمان، 2004، ص 7 ، 8.
(2) أكرم ياملكي، القانون التجاري، ج1، ط1، الإصدار الأول، دار الثقافة للنشر والتوزيع، عمان 1998، ص 8.

إن تحديد نطاق تطبيق القواعد التي يشتمل عليها القانون التجاري ليس بالأمر اليسير، فالحدود بينه وبين القانون المدني ما زالت غير واضحة في الكثير من الأحيان، حيث لا توجد حدود فاصلة ونهائية بينهما، وإنما يؤثر أحدهما في الآخر ويتأثر به، ويتسع ويضيق نطاق تطبيق أحدهما على حساب الآخر بتغير الزمان والمكان، نظراً لتأثر الموضوعات التي تحكمها قواعدهما بالظروف الاقتصادية والاجتماعية داخل كل دولة. فالصلة وثيقة بينهما، إذ يعتبر القانون المدني بوصفه الشريعة العامة، مصدراً مهماً من مصادر القانون التجاري، فهو يتضمن المبادئ الأساسية العامة التي يستمد منها القانون التجاري أصوله العامة ويعتبرها متممة له فيما لم يرد فيه حكم خاص. وقد ترتب على عدم وضوح الحدود الفاصلة بين القانونين المدني والتجاري، تردد بعض أحكام القضاء في اعتبار بعض الأعمال من قبيل الأعمال التجارية أو المدينة.

أما بالنسبة لمصادر هذا القانون التي تعارف عليها الفقهاء فهي التشريع والعرف والعادة وقواعد الدين والقانون الطبيعي أو قواعد العدالة، والفقه والقضاء. ويطلق على المصدرين الأخيرين المصادر التفسيرية، أما المصادر الأخرى فيطلق عليها المصادر الرسمية. والمصادر الرسمية لهذا الفرع من فروع القانون الخاص بشكل عام هي النصوص التشريعية الواردة في التشريع التجاري والقوانين المكملة له، وقواعد العرف التجاري، ونصوص القانون المدني والقانون الطبيعي أو قواعد العدالة عند غياب النص التشريعي والقاعدة العرفية[1].

(1) وقد بينت المواد الثانية والثالثة والرابعة من قانون التجارة الأردني رقم 12 لسنة 1966 مصادر القانون التجاري الأردني، لاحظ: عزيز العكيلي، شرح القانون التجاري، ج1 - ط1، الإصدار الثاني، دار الثقافة للنشر والتوزيع، عمان، 2001، ص 7 ، 46.

المطلب الثالث

القانون البحري والجوي

سنقسم هذا المطلب إلى نقطتين نتناول في الأولى منهما القانون البحري وفي الثانية القانون الجوي:-

أولاً: القانون البحري:-

وضع المتخصصون في القانون البحري أو كما يسمى أحياناً قانون التجارة البحرية عدة تعاريف لهذا الفرع من القانون، تؤكد على توزيع اختصاصات ونشاطات هذا الفرع بين القانون العام والقانون الخاص. ومن هنا عرفه البعض بأنه "مجموعة القواعد التي تنظم العلاقات الناشئة عن الملاحة البحرية، فهو القانون الذي ينطبق في البحر باعتباره المكان الذي تجري فيه هذه الملاحة البحرية التي تنفذ في البحر بواسطة سفينة قابلة للملاحة"، ومن ثم كان القانون البحري محصوراً في نطاق مجتمع السفينة الذي يتخذ منها أرضاً لممارسة الأنشطة المتعلقة بالرحلة البحرية[1].

وهناك من يعرف القانون البحري بمعناه الواسع بأنه "القانون الذي ينظم العلاقات القانونية الناشئة عن استخدام البحر. وهذه العلاقات كالعلاقات الناشئة في ميدان الحياة البرية، تنقسم إلى علاقات عامة تكون الدولة أو السلطة العامة طرفاً فيها، وعلاقات

---

(1) رزق الله أنطاكي، ونهاد السباعي، موسوعة الحقوق التجارية، ج5، الحقوق التجاري البحرية، دمشق 1995، ص 10، عبد القادر العطير، الوسيط في شرح قانون التجارة البحرية – دراسة مقارنة- ط1/ الاصدار الأول، دار الثقافة للنشر- والتوزيع، عمان 1999، ص 3 ، وهناك من عرفه بانه "مجموعة المبادئ والعادات والقواعد المنظمة للعلاقات الناجمة عن الملاحة البحرية في زمن السلم والحرب"، زكي شعراوي، القانون البحري، السفينة، دار النهضة العربية، القاهرة 1989، ص 8، هذا وقد عرفت المادة الثالثة من قانون التجارة البحرية الأردني رقم 12 لسنة 1972، السفينة في عرف هذا القانون بقولها "هي كل مركب صالح للملاحة أياً كان محموله وتسميته؛ سواء أكانت هذه الملاحة تستهدف الربح أم لم تكن. تعتبر جزءاً من السفينة جميع التفرعات الضرورية لاستثمارها. السفن أموال منقولة تخضع للقواعد الحقوقية العامة مع الاحتفاظ بالقواعد الخاصة المنصوص عليها في هذا القانون". نشر هذا القانون في الجريدة الرسمية، العدد 2357 بتأريخ 1972/5/6، ص 698 .

خاصة تقتصر على الأفراد. وهذا التنوع في العلاقات البحرية أدى إلى تنوع القواعد التي تحكمها، ولذلك ينقسم القانون البحري إلى القانون العام البحري. والقانون الخاص البحري[1].

وعلى هذا فإن القانون البحري بمعناه الواسع يشمل القواعد القانونية، التي تنظم العلاقات البحرية بين الدول سواء أكانت وقت السلم أو وقت الحرب. ويطلق على جملة هذه القواعد "القانون الدولي العام البحري". وان أهم المسائل التي يعرض لها هذا القانون حرية الملاحة والبحار، والبحر الإقليمي، والحق البحري، والمهربات البحرية، والغنائم البحرية وحماية البيئة البحرية.

ويتفرع عن القانون البحري أيضاً (القانون الإداري البحري)، وهو يحكم العلاقات بين الأشخاص القائمين بالاستغلال البحري من جانب الدولة وفروعها المختلفة، من جانب آخر، كالقواعد الخاصة بسلامة السفن وصلاحيتها للملاحة وبالإشراف على استخدام الملاحين وبمؤهلات الربابنة وضباط الملاحة والمهندسين البحريين. ويشمل القانون البحري الجرائم المتعلقة بالملاحة البحرية، أو ما يعرف (بالقانون الجنائي البحري). وهذه الفروع الثلاثة من القانون البحري، ينتظمها القانون البحري العام الذي تظهر الدولة في علاقاته بما لها من سيادة وبوصفها ممثلة للسلطة العامة.

كما تجد قواعد القانون الدولي الخاص مجالاً واسعاً في التطبيق أثناء النزاعات التي تنشأ عن النشاط البحري، خصوصاً عندما تتضمن هذه النزاعات عنصراً أجنبياً يتمثل بمالك السفينة أو الربان أو مجهز البضاعة أو مستوردها. وعادة ما يتطلب حل مثل هذه المنازعات ذات العنصر الأجنبي تحديد القانون الواجب التطبيق على النزاع والمحكمة المختصة بالنظر فيه، ويختص بذلك كما هو معروف القانون الدولي الخاص وبالذات قواعد التنازع فيه[2].

(1) علي جمال الدين عوض، القانون البحري، دار النهضة العربية، القاهرة، 1969، ص 7.
(2) عادل علي المقدادي، القانون البحري، الطبعة الأولى، الإصدار الثالث، دار الثقافة للنشر والتوزيع، عمان، 2002، ص 8.

أما القانون البحري الخاص، فهو مجموع القواعد القانونية التي تنظم العلاقات الخاصة الناشئة عن الملاحة البحرية. وهـذا المعنى الخاص هو الذي يقصد عادة بعبارة "القانون البحري" عند إطلاقها[1].

وتعتبر الملاحة البحرية من أهم مظاهر النشاط الإنساني، سواء في وقت الحرب أو السلم، فهي تسهل الاتصال والانتقال بين شتى بقاع العالم باعتبارها أداة لنقل الأشخاص والبضاعة التي قد تعجز عن نقلها أحياناً وسائل النقل الأخرى. ولذلك فـإن مـن الطبيعـي أن تقوم الدول بتنظيم هذا النشاط البشري ببعض القواعد القانونية التي تتفق وأهميته وتأثيره على الاقتصاد الوطني لبعض الدول[2].

ثانياً: القانون الجوي

يعتبر القانون الجوي حديث النشأة بالنسبة لغيره من القوانين، لذلك فإن من الطبيعـي أن يختلـف الفقـه حـول تعريـف محدد أو منضبط لهذا الفرع من فروع القانون. ويبدو أن صعوبة الوصول إلى تعريف مردها أمرين أساسيين:-

أولهما: أن المشاكل التي يثيرها تطبيق القانون الجوي متباينة ومتعددة فمنهـا مـا يتعلـق بالقـانون الـدولي، ومنهـا مـا يتعلـق بالقـانون الداخلي مثل تحديد حقوق وسلطات الدول على الفضاء الجوي، تنظيم المطارات، ومنها ما يتعلق بالقـانون العـام مثـل حـق الدولـة في العقاب على الجرائم التي تقع على متن الطائرة، ومنها ما يتعلق بالقانون الخاص مثل تنظيم المسـائل المرتبطـة بعقـود النقـل والتـأمين،

وثانيهما: إن القانون الجوي قانون ارتبط إلى حد كبير بالتطور التكنولوجي السريع والتقدم الفائق الذي طرأ على وسائل الملاحة الجويـة، ولذا كان من الطبيعي أن يكون القانون الجوي - في سبيل ملاحقته لهذا التطور التكنولوجي – متميزاً بعدم الثبات، وذلـك لأنـه مـرتبط بفن الطيران والتطلع إلى ما سيكون عليه الوضع في المستقبل[3].

---

(1) مصطفى كمال طه، القانون البحري، الدار الجامعية، بيروت 1993، ص 5 ، 6.

(2) فايز نعيم رضوان، القانون البحري، دار الفكر العربي، القاهرة 1986، ص 4 – 5.

(3) جلال وفاء محمدين، دروس في القانون الجوي، الدار الجامعية، بيروت، بلا سنة طبع، ص 8 ، 9.

ومع كل ما تقدم حاول الفقه وضع تعريف لهذا القانون، ومن الفقهاء من أعطى لاصطلاح القانون الجوي مفهوماً واسعاً، فعرفه بأنه مجموعة القواعد القانونية لتي تحكم العلائق القانونية التي تتولد عن استخدام البيئة الجوية. وفي هذا المفهوم لا يقتصر نطاق القانون الجوي ومضمونه على المسائل المتعلقة باستخدام الطائرة، بل يجب أن يتصدى ذلك ليشمل القواعد التي تحكم العلاقات القانونية الناجمة عن الاستخدامات الممكنة والمتصورة للبيئة الجوية، مثل الاتصالات السلكية واللاسلكية، والرادار والإذاعات وأبحاث الفضاء. غير أن البعض الآخر من الفقه أعطى القانون الجوي تعريفاً أقل شمولاً من سابقه، إذ رأى فيه ذلك الفرع من فروع القانون الذي يحدد ويهتم بدراسة القواعد القانونية، المنظمة للملاحة الجوية واستخدام الطائرات، وكذلك العلاقات التي تتولد عن ذلك. ومناط هذا التعريف هو الطائرة. ويؤيد البعض هذا المفهوم الضيق للقانون الجوي بدعوى أن الطائرة هي أداة الملاحة الجوية، وأن هذا التعريف يؤكد بعض النظم والمفاهيم القانونية التي يثيرها استخدام الطائرة، كنظامها القانوني، ملكيتها، رهنها والتأمين الجوي، ولا ينزلق إلى الاهتمام بالفضاء الجوي واستخداماته على حساب الأداة الرئيسية التي يقوم على اكتافها القانون الجوي وهي الطائرة. أما المسائل الأخرى التي تثار في القانون الجوي كاللاسلكي والرادار وما على ذلك فما هي إلا وسائل مساعدة للغرض الأساسي، وهو استغلال الطائرة[1].

وهناك العديد من التعاريف الأخرى التي وضعت لهذا القانون معتمدة المفهوم الضيق لهذا القانون، إذ عرف البعض بأنه "مجموعة القواعد القانونية التي تنظم الملاحة الجوية في غير الأغراض الحربية، وبمعنى آخر، هو القواعد المنظمة للعلاقات الناشئة عن الملاحة الجوية المدنية في جميع مجالاتها وأغراضها. كما عرفه جانب آخر من الفقه بأنه ذلك القانون الذي "يحكم المركبة الهوائية وما ينشأ عن حركتها واستعمالها من وقائع أو علاقات". وعرفه آخرون بأنه "ذلك الفرع الذي ينظم الملاحة الجوية والعلاقات

(1) أبو زيد رضوان، القانون الجوي، قانون الطيران التجاري، دار الفكر العربي، بلا سنة طبع، ص 7 ، 8.

القانونية التي تنشأ بسببها سواء أكانت خاصة بالطائرة أو عناصر الملاحة الجوية وأجهزتها في وقت السلم" أو انه "مجموعـة القواعـد القانونية التي تنظم الملاحة الجوية، وتحكم أغراضها وتبعاتها المتولدة عنها"[1].

ويبدو أن هناك من اعتمد طريقاً وسطاً بين المفهوم الواسع والمفهوم الضيق لهذا القانون، فعرفـه بأنـه "ذلـك الفـرع مـن فروع القانون الذي يضم القواعد المنظمة لحركة الطائرات واستعمالاتها والعلاقات الناشئة عنها". ويعتقـد أصـحاب هـذا التعريـف بـأن هذا القانون يضم القانون الجوي ليس فقط بالنسبة للقواعد الخاصة بالملاحة الجوية، بالمعنى الضيق للكلمة، وإنما يضـم أيضاً القواعـد المنظمة لجميع المسائل ذات العلاقة بهذه الملاحة وباستعمال الطائرات عموماً، بما فيها مسائل الملكية والامتيـازات والضمانات والاتفاقيات الجوية والتأمين الجوي. ويخرج من هـذا التعريـف القواعـد المنظمـة لاستعمال الجـو فيمـا لا علاقـة لـه بالملاحـة الجويـة باستعمال الطائرات بصورة أعم، كتلك الخاصة بالمواصلات اللاسلكية والبث والنقل الإذاعي والتلفزيوني وتلوث الجو، التي تندرج جميعاً تحت عنوان استخدام البيئة الجوية أو الفضاء الجوي[2].

أما بالنسبة لمصادر القانون الجوي، فإن التشريع يحتل المكانة الأساسية كمصدر لهذا القانون، ولا يحتـل العـرف سـوى دور ثانوي كمصدر له. والتشريع كمصدر للقانون الجوي ينقسم إلى نـوعين، تشريـع دولي يتمثـل بالمعاهـدات الدوليـة الثنائيـة والجماعيـة، وتشريع داخلي يتمثل بالقوانين الوطنية التي تسنها الدول من أجل تنظيم حركة الملاحة الجوية. وهناك مصـادر أخـرى للقـانون الجـوي مثل جهود شركات ومؤسسات النقل الجوي

(1) سميحة القليوبي، القانون الجوي، دار النهضة العربية، القاهرة، بلا سنة طبع، ص 5.
(2) أكرم ياملكي، القانون الجوي، دراسة مقارنة، ط2، دار الثقافة للنشر والتوزيع، عمان 1998، ص 5 ، 6.

في الدول المختلفة، وجهود الفقه، وقرارات القضاء ودورها في حل المنازعات التي تنشأ في هذا المجال[1].

المطلب الرابع
قانون العمل

أطلقت على هذا الفرع من فروع القانون عدة تسميات، فقد سماه البعض (تشريع العمل)، وسماه آخرون (التشريع الصناعي)، كما عنونه اتجاه فقهي ثالث بـ (القانون العمالي). ومن التسميات التي اسبغت عليه أيضاً (القانون الاجتماعي). إلا أن التسمية السائدة اليوم لدى جمهور الفقهاء والمشرعين هي (قانون العمل) لكونها أدق في التعبير من التسميات أو المصطلحات السابقة، فهي تستوعب قواعده أياً كان مصدرها، وتبين بشكل محدود مدلوله الحقيقي[2].

ويعرف قانون العمل بأنه "مجموعة القواعد القانونية، التي تحكم علاقات العمل التي تنشأ عن قيام الشخص بتأدية عمل لصالح شخص خاص آخر، وبالتبعية له، وذلك مقابل أجر يتقاضاه الأول من الثاني). وبعبارة أخرى فإن العمل هو ذلك القانون الذي يحكم العمل الخاص التابع المأجور[3].

---

(1) لمزيد من التفاصيل راجع:- جلال وفاء محمدين، المصدر السابق، ص 18 وما بعدها، أبو زيد رضوان، المصدر السابق، ص 13 وما بعدها. سميحة القليوبي، المصدر السابق، ص 3 وما بعدها.

(2) منصور إبراهيم العتوم، شرح قانون العمل الأردني، ط3، مطابع الفنار، عمان، 2008، ص 8 – 9.

(3) تعرف المادة (900) من القانون المدني العراقي عقد العمل بانه "عقد يتعهد به أحد طرفيه بأن يخصص عمله لخدمة الطرف الآخر ويكون في أدائه تحت توجيهه وإدارته مقابل أجر يتعهد به الطرف الآخر ويكون العامل أجيراً خاصاً". كما عرفه القانون المدني الأردني بأنه "عقد يلتزم أحد طرفيه بأن يقوم بعمل لمصلحة الآخر تحت إشرافه أو إدارته لقاء أجر". لاحظ أحمد عبد الكريم أبو شنب، شرح قانون العمل الأردني الجديد، ط1، دار الثقافة للنشر والتوزيع، عمالن 1998، ص7.

وعرفه جانب آخر من الشراح بأنه "مجموعة القواعد القانونية التي تحكم العمل الأجير الخاص". وقانون العمل لا يميز بين من يؤدي عملاً بدنياً أو فكرياً أو إدارياً، ما دام هذا العمل أو النشاط المادي مقترن بالتبعية والأجر ناشئ عن علاقات أشخاص من القانون الخاص فيما بينهم.

وبالنسبة للتبعية فمبعثها أن العمل ينقسم إلى نوعين هما:- عمل مستقل يقوم به الشخص بإرادته ودون إشراف ورقابة وتوجيه من شخص آخر كالطبيب والمحامي والحرفي، وعمل تابع يقوم به الشخص تحت إشراف ورقابة وتوجيه شخص آخر. وهذا العمل الأخير هو الذي ينفرد به العامل.

وللتبعية مفهوم قانوني محدد، إذ يقصد بها التبعية القانونية، أي تبعية تحكمها قواعد قانونية معينة، فهي ليست تبعية مطلقة، هي الحال بالنسبة لأعمال السخرة، كما إنها تختلف عن علاقة القن بصاحب الأرض وعلاقة الرقيق بسيده، حيث يفقد من يؤدي العمل فيها حرية الإرادة. كما أن تبعية العامل ليست تبعية أدبية تخدمها الروابط الأسرية، بل إنها ناشئة عن علاقة تحكمها الإرادة الحرة والقانون [1].

ولهذا القانون أهمية كبيرة لأنه يحكم العلاقات بين العمال وأصحاب العمل وينظمها بهدف تحقيق التوازن والاستقرار. فمن حيث الأهمية الاجتماعية يسري هذا القانون على عدد كبير من أفراد المجتمع وهم العمال التابعون. وهو إذ ينظم العلاقة بين العمال وصاحب العمل، إنما يتدخل في الحياة اليومية للعمال بما ينعكس على حياتهم العائلية، فهو يحدد ساعات العمل والراحة الأسبوعية والإجازات. كما يعنى بالحفاظ على صحة العمال وسلامتهم عن طريق توفير بيئة عمل سليمة تجنبهم الأمراض والإصابات الناتجة عن حوادث العمل. ويحدد شروطاً معينة لعمل الأحداث والنساء. وينظم هذا القانون أيضاً مسألة حيوية بالنسبة للعمال وعائلاتهم وهي الأجر، ولهذا أثره على حياتهم الفردية والعائلية.

---

(1) عبد الواحد كرم، قانون العمل، ط1، مكتبة دار الثقافة للنشر والتوزيع، عمان 1998، ص7 – 9.

أما من الناحية الاقتصادية فلهذا القانون كبير الأثر على الحياة الاقتصادية، لأن التدخل في تحديد أجور العامل يهيئ الفرصة لتغيير ظروف الإنتاج، ويسهم في إعادة توزيع الدخل الوطني. كما أن زيادة أجور العمال يـؤدي إلى زيادة الاستهلاك وبالتالي زيادة الإنتاج.

وهناك ناحية أخرى تبين لنا الأهميـة الاقتصادية لهـذا القانون، تتمثل في اعتباره مـن أهـم الوسائل الفعالـة في توجيه الاقتصاد، من خلال تنظيم وتدريب واستخدام العمال، بحيث يتسنى للدولة تخفيف نسبة البطالة، وتوجيه الأيـدي العاملـة نحو القطاعات الاقتصادية المختلفة بحسب الحاجة[1].

هذا وقد اختلف موقف الفقهاء من تحديد موقع قانون العمل بين فروع القانون، فبعد أن كان عقد العمل ولا زال حتى الآن كعقد من العقود المسماة التي ينظمها القانون المدني في الكثير مـن الـدول[2]، نجـد بـأن المشـرع في مختلف البلـدان ومنع قانونـاً مستقلاً يسمى بقانون العمل، ينظم العمل الخاص التابع المأجور وما ينتج عنه مـن علاقات وآثار وحقـوق والتزامـات بالنسبة لعقـد العمل الفردي وعقد العمل الجماعي على حد سواء. ويتضمن هذا القانون أحكاماً خاصة لبيان إجازات العمال وساعات عملهم وفترات استراحتهم وغير ذلك من الأمور المتعلقة بعقد العمل بين العامل من جهة ورب العمل من جهة أخرى. وهذا ما دفع جانباً مـن الفقه إلى القول بأن هذا القانون يعتبر فرعاً من فروع القانون العام لكثرة تدخل الدولة في وضع أحكامه عن طريق القواعد الآمـرة، وحمايتها للعمال بما يحد من الحرية التعاقدية ومبدأ سلطان الإرادة.

إلا أن هناك من يرى بأن تدخل الدولة لا يعد سبباً لجعل هذا القانون فرعاً من فروع القانون العام، لأن تـدخل الدولـة حصل في الكثير من الميادين الأخرى، ولم تحصل مثل هذه النتيجة، مـن ذلك تدخلـه في تنظيم العلاقات الإيجارية المنظمـة أصلاً في القانون

(1) لاحظ منصور العتوم، المصدر السابق، ص 11 ، 12.
(2) من ذلك على سبيل المثال المواد 900 – 926 من القانون المدني العراقي، والمواد 805 – 832 من القانون المدني الأردني.

المدني وصدور قوانين الإيجار الخاصة التي تتضمن أحكاماً تعتبر في غالبيتها قواعد أخرى، ومع ذلك بقت هـذه القـوانين ضـمن طائفـة القوانين الخاصة ولم تنتقل إلى فئة القوانين العامة.

وهناك رأي يذهب إلى أن قانون العمل هو قانون مختلط، يتضـمن أحكامـاً تنتمـي إلى القـانون العـام وأخرى تنتمـي إلى القانون الخاص، فالقواعد التي تحكم عقـد العمـل الفـردي تنتمـي إلى القـانون الخـاص، أمـا القواعـد التـي تحكـم الوسـاطة في العمـل والتحكيم والجزاءات الواردة فيه وغير ذلك من القواعد المشابهة فهي من قواعد القانون العام.

على أن معظم من تطرق إلى هذا الموضوع يذهب إلى أن قانون العمل هو فروع مـن فروع القـانون الخـاص، لأنـه يـنظم علاقات خاصة بين الأفراد، تسودها الإرادة الحرة، وإن تدخل الدولة في تلك العلاقات لا يتجاوز دورها في العديد مـن القـوانين الخاصـة، وهو ما يفرض التطور السريع للعلاقات الاقتصادية، والإنتاجية لمختلف الدول [1].

المطلب الخامس
القانون الدولي الخاص

من المعلوم أن القانون الدولي العام هو ذلك الفرع من فروع القانون الذي ينظم العلاقات التي تنشأ بين أعضـاء الجماعـة الدولية، أي العلاقات بين الدول، أما العلاقات التي تنشأ بين الأفراد فهي محكومة بالقانون الـداخلي لكـل دولـة بمختلـف فروعـه، فـإذا نشأت علاقة قانونية وكانت وطنية في عناصرها، بمعنى أن محلها وأطرافها ومصدرها وطنياً، فمن السهل القول بـأن القواعـد القانونيـة التي تحكمها هي قواعد القانون الوطني. إلا أن الأمر يختلف بالنسبة للعلاقات القانونية المنطوية علـى عنصرـ أجنبي، بسبب انفتـاح المجتمعات البشرية واتصالها ببعضها، عندما بدأ الأفراد بالتنقل عبر الحدود والدخول في

---

(1) أحمد ابو شنب، المصدر السابق، ص 8 – 9، عبد الواحد كرم، المصدر السابق، ص 19 – 20، شاب تومـا منصور، شرح قانون العمـل، بغداد 1979، ص 29.

معاملات وروابط عائلية ومالية تتجاوز بعناصرها وآثارها حدود المجتمع والدولة الواحدة لتتصل بأكثر من دولة. وشكلت هذه المعاملات والروابط لحمة مجتمع جديد، له خصائص وحاجات ومصالح تختلف عن خصائص المجتمع الوطني وحاجاته ومصالحه من جهة، وعن خصائص مجتمع الدول وحاجاته ومصالحه من جهة أخرى، مما استدعى بالضرورة إيجاد نظام قانوني جديد ينظم هذه العلاقات.

ولم تكن هذه العلاقات موجودة في زمن المجتمعات القديمة، وأن وجدت فإنها كانت بحدود ضيقة جداً، لأن تلك المجتمعات كانت تعيش مغلقة على نفسها لا تتصل فيما بينها إلا عن طريق المنازعات والحروب، ولا تعترف للأجنبي بالشخصية القانونية اللازمة للدخول في علاقات قانونية على قدم المساواة مع أبنائها الوطنيين ولكن الحاجة إلى نظام قانوني يضمن حماية العلاقات القانونية الناجمة عن تعامل الأفراد على الصعيد الدولي، ظهرت عند تطور علاقات الأفراد في الميادين الاقتصادية والاجتماعية والسياسة، وأخذت تزداد هذه العلاقات اتساعاً واهمية بتطور وسائل الاتصالات المختلفة، التي جعلت الإنسان قادراً على التنقل من مكان إلى آخر بسهولة والاتصال مع الآخرين في أي لحظة بأيسر السبل التي لم تكن متوفرة سابقاً[1].

ولم ينشأ القانون الدولي الخاص قانوناً كامل التقنين منضبط الحدود، لأن هذا الفرع من فروع القانون ولد على أيدي رجال الفقه، واقتضى منهم الكثير من الجهد القانوني. فمنذ القرن الثالث عشر، وفي شمال إيطاليا، بدت أمام رجال الفقه مشكلة قانونية من نوع جديد، لا تتمثل وتحديد حكم القانون الوطني في مسألة معينة، وإنما في الإجابة

(1) راجع:- جمال محمود الكردي، القانون الدولي الخاص، الطبعة الأولى، جامعة طنطا 1994- 1995، ص 16، فؤاد ديب، القانون الدولي الخاص، الجزء الأول، الجنسية، المطبعة الجديدة، دمشق 1986 - 1987، ص 1 ، 2.

على سؤال محدد وهو:- ما هو القانون الذي يحكم هذه المسألة من بين قوانين عدة دول تتزاحم في حكمها، وهي المشكلة التي عرفت باسم "تنازع الأحوال" أي تنازع القوانين[1].

ويضم هذا الفرع في الكثير من الجامعات العربية عدة مواضيع كالجنسية والموطن ومركز الأجانب وتنازع القوانين وتنازع الاختصاص القضائي وتنفيذ الأحكام الأجنبية. ويعتبر بعض الأساتذة تنازع القوانين من أهم موضوعات القانون الدولي الخاص. وقد بلغت هذه الأهمية درجة أطلق معها الكتاب على قواعده اسم "قواعد تنازع القوانين". وتزداد هذه الأهمية مع مرور الزمان، فالدول، وهي أعضاء المجتمع الدولي والأسرة الدولية، لا تستطيع العيش منعزلة، فتوصد أبوابها بوجه الأجانب وتمنعهم من المجيء إليها والإقامة أو التوطن فيها، بل على العكس تراها مضطرة بحكم وضعها، أن تحيا بجانب غيرها من الدول ومعها، إذ من الصعب عليها أن لم يكن من المستحيل إشباع حاجاتها كافة بنفسها ومجهودها الخاص دون التعاون والتعامل مع الدول الأخرى[2].

هذا وقد اختلف الشراح في تعريفهم للقانون الدولي الخاص بسبب حداثة نشأة هذا الفرع من القانون وتنوع موضوعاته ومصادره. فبالنسبة للموضوعات التي تتناولها التعاريف وتستند إليها، يقصر بعضها التعريف على موضوع تنازع القوانين فقط (تنازع الاختصاص التشريعي). ويتخذ أنصار هذا الاتجاه من عبارة (تنازع القوانين) عنواناً لمؤلفاتهم بدلاً من عنوان (القانون الدولي الخاص). ويسود هذا الاتجاه في إيطاليا وألمانيا. وفي ضوء هذا التصور يعرف القانون الدولي الخاص بأنه "مجموعة القواعد القانونية التي تعين القانون الواجب التطبيق في علاقة قانونية مشوبة بعنصر أجنبي".

وفي الدول الانجلوسكسونية، لا يقتصر تعريف القانون الدولي الخاص وموضوعاته عكس تنازع القوانين فقط، بل يشمل تنازع الاختصاص القضائي الدولي

---

(1) عز الدين عبد الله، القانون الدولي الخاص، الجزء الأول في الجنسية والموطن وتمتع الأجانب بالحقوق (مركز الأجانب)، الطبعة الرابعة، مطبعة جامعة عين شمس 1964، ص 7.

(2) جابر جاد عبد الرحمن، القانون الدولي الخاص، الجزء الثاني (تنازع القوانين، تنازع الهيئات، تنازع الاختصاص)، الطبعة الأولى، مطبعة الهلال، بغداد 1949، ص 3.

أيضاً لتحديد مدى اختصاص محاكم الدولة في المنازعات المشوبة بعنصر أجنبي. وبـذلك يمكـن تعريـف القـانون الـدولي الخـاص بأنـه:
"مجموعة القواعد القانونية التي تعين الاختصاص التشريعي والاختصاص القضائي الدولي في علاقة قانونية مشوبة بعنصر أجنبي".

وهناك اتجاه ثالث يصور هذا القانون بشكل أوسع بحيث يشـمل إضافة إلى تنـازع القـوانين وتنـازع الاختصـاص القضـائي الدولي، الجنسية والموطن والمركز القانوني للأجانب وتنفيذ الأحكام الأجنبية أيضاً. ويسود هذا الاتجاه في الفقه القانوني اللاتيني المتبع في فرنسا والدول الأخرى التي تحذو حذوها في التشريع مثل العـراق والأردن ومصر- وسـوريا ولبنـان. ووفقـاً لهـذا التصـور يمكـن تعريـف القانون الدولي الخاص بأنه "مجموعة القواعد القانونية التي تعين القانون الواجب التطبيق والمحكمة المختصة في قضية مشوبة بعنصر- أجنبي، وتحدد الموطن والجنسية والمركز القانوني للأجانب وتنفيذ الحكم القضائي الأجنبي" [1].

---

(1) غالب علي الداودي، القانون الدولي الخاص، الكتاب الأول في تنـازع القـوانين وتنـازع الاختصاص القضـائي الـدولي وتنفيـذ الأحكـام الأجنبية، ط3، دار وائل للطباعة والنشر، عمان، 2000، ص 4 ، 5.

الفصل الثاني
انواع القواعد القانونية من حيث قوتها

القاعدة القانونية كقاعدة عامة مجردة يوجهها المشرع إلى المجتمع دون تمييز بين أفراده، من أجل تنظيم سلوكهم الاجتماعي أو قيادته نحو التنظيم لتلافي الوقوع في آتون الفوضى واللامسؤولية، هذه القاعدة ليست من طبيعة واحدة، أو قوة بمستوى واحد، فمن القواعد ما يوجه إلى الناس من أجل التطبيق دون مناقشة ودون أن يسمح لهم بمخالفتها بأي شكل من الأشكال، لأن المشرع عند وضعه مثل هذه القواعد اعتقد بأنها تمثل مصالح الجماعة التي تعتبر شغله الشاغل، ولذلك ألزم المخاطبين بها باعتبارها خطاً أحمراً لا يجوز تجاوزه. لذلك فإن هذا النوع من القواعد يخرج عن نطاق مبدأ سلطان الإرادة، فلا تجد لهذا المبدأ أي حضور في نطاق هذا النوع من القواعد، اعتقاداً من المشرع بأن هذه القواعد تتعلق بأساسيات البناء الاجتماعي والاقتصادي والخلقي، وهي تتعلق بالتالي بنظام المجتمع العام وبآدابه العامة التي لا يجوز الخروج عليها تحت أية ذريعة. أن هذا النوع من القواعد يطلق عليه القواعد الآمرة أو كما سماها البعض القواعد القاطعة التي تتضمن أمر المشرع للناس القيام بعمل دون مجال للاتفاق على خلافه، كما يتضمن هذا النوع من القواعد ما يسمى بالقواعد الناهية أو الصارمة، التي تأمر الناس عدم القيام بعمل دون أي مساحة للاجتهاد في ذلك. وعلى هذا تتضمن القواعد الآمرة نوعين من القواعد أولهما القواعد الآمرة بالمعنى الإيجابي أي القيام بعمل، وثانيهما القواعد الناهية بالمعنى السلبي أي الامتناع عن عمل.

أما النوع الثاني من القواعد من حيث القوة ووجود مبدأ سلطان الإرادة فهو ما يسمى بالقواعد المفسرة أو المكملة لإرادة المتعاقدين، التي تجد فيها إرادة الأطراف المتعاقدة الفسحة الكبيرة للاتفاق على خلافها أو الاعتماد عليها كما هي سواء أكان ذلك عن جهل أو علم.

ويبقى التمييز بين هذين النوعين من القواعد أمراً ليس بالسهل على الرغم من المعايير التي وضعها الفقه للتفرقة بينهما.

ومما تجدر الإشارة إليه هنا هو أن هذا التقسيم ليس تقسيماً تشريعياً، فلا يوجد في القانون تقسيم رسمي للقواعد القانونية من حيث قوتها، إنما هو تقسيم فقهي استمده الشراح من طبيعة القواعد القانونية، وهدف المشرع منها، التسهيل على المتخصص في القانون معرفة دور هذه القاعدة أو تلك من خلال تحديد مدى إمكانية الاتفاق على ما يخالفها أو عدم جواز ذلك، علماً بأن القواعد القانونية بمختلف أنواعها تعد قواعد ملزمة، إلا أن الاختلاف بينها يبرز في بيان تفاصيل دورها وكيفية التعامل معها في الميدان العملي، باعتبارها الأداة الأساسية التي وضعها المشرع لتنظيم حياة الأفراد.

ومن أجل بيان هذا الموضوع سنقسم هذا الفصل إلى المباحث التالية:-

المبحث الأول: القواعد القانونية الآمرة أو الناهية.

المبحث الثاني: القواعد القانونية المفسرة أو المكملة لإرادة الطرفين.

المبحث الثالث: معايير التفرقة بين القواعد الآمرة والقواعد المفسرة أو المكملة لإرادة المتعاقدين.

المبحث الأول

القواعد القانونية الآمرة أو الناهية

يعني هذه النوع من القواعد، القواعد القانونية التي تهدف إلى حماية مصالح المجتمع الأساسية التي لا يجوز للأفراد الاتفاق على خلافها فيما يبرمونه من عقود مختلفة في الحياة العملية أو يجرونه من تصرفات قانونية أو أعمال أو أفعال. ويعد أي اتفاق خلاف هذه القواعد باطلاً ولا يترتب عليه أي أثر قانوني.

ومن أمثلة القواعد الآمرة، القواعد الواردة في القانون المدني التي تتحدث عن أهلية التعاقد، وأن الشخص أهل للتعاقد ما لم يقرر القانون عدم أهليته، وأن الصغير والمجنون والمعتوه محجورون لذاتهم، بينما تحجر المحكمة على السفيه وذي الغفلة ويعلن الحجر بالطرق القانونية المقررة. كما تعتبر تصرفات الصغير غير المميز باطلة وإن أذن

له وليه، بينما يعتبر تصرف الصغير المميز إذا كان في حقه نفعاً محضاً وإن لم يأذن به الولي ولم يجزه، ولا يعتبر تصرفه الـذي يلحـق بـه ضرراً محضاً حتى لو أذن له وليه أو أجازه. أما التصرفات الدائرة بين النفع والضرر فتنعقد موقوفة على إجازة الولي.

ومن القواعد الآمرة المهمة في هذا الميدان تلك التي تحدد سـن التمييـز أو سـن الرشـد كـما هـو الحـال في القانون المـدني العراقي والأردني اللذين حددا سن التمييز بسبع سنوات كاملة وحددا سن الرشد بثماني عشرة سنة كاملة[1].

ومن القواعد الآمرة التي ذكرها القانون المدني المصري على سبيل المثال مـا جاء في الفقرة الثانيـة مـن المـادة (29) التي توجب رفع دعوى الغبن الناتج عن الاستغلال خلال سنة من تأريخ العقد، وإلا كانت غير مقبولة، وما ورد في الفقـرة الثانيـة مـن المـادة 141 مدني مصري من سقوط دعوى البطلان بمضي خمس عشرة سنة من وقت العقد.

ولا يشترط ورود القاعدة الآمرة في القانون المدني فقط، فقد ترد هذه القاعدة في قـوانين أخـرى، كـما هـو الحـال في قـانون أصول المحاكمات المدنية، اذ حددت الكثير من القوانين المدنية العربية سقفاً على الفائـدة القانونيـة كـما هـو الحـال في القـانون المدني المصري الذي حدد أعلى سعر للفائدة بسبعة في المائة في المادة 227 منه، بينما ذهب المشرع الأردني إلى النص على ذلك ليس في القانون المدني الذي جاء خالياً من الإشارة إلى الفوائد كراهة منه للربا، وإنما في قانون أصول المحاكمات المدنيـة في الفقـرة الرابعـة مـن المـادة (167) التي نصت على ما يلي:- "مع مراعاة ما ورد في أي قانون خاص تحسب الفائدة القانونية بنسبة 9% سنوياً ولا يجوز الاتفاق عـلى تجاوز هذه النسبة".

وتأتي القواعد الآمرة في قوانين العقوبات أيضاً ومن ذلك ما نصت عليه المادة (66) من قانون العقوبات العراقـي رقـم 111 لسنة 1969 المعدل "يعتبر حدثاً من كان وقت ارتكاب الجريمة قد أتم السابعة من عمره ولم يتم الثانية عشرة. وإذا لم يكن الحدث

---

[1] لاحظ في ذلك المواد 93 – 111 من القانون المدني العراقي والمواد 116 – 134 من القانون المدني الأردني، علـماً بـأن بعـض القـوانين العربية جعلت سن الرشد (21) عاماً ومن ذلك ما نصت عليه المادة (96) من القانون المدني الكويتي.

وقتئذ قد أتم الخامسة عشرة اعتبر صبياً أما إذا كان قد أتمها ولم يتم الثامنة عشرة اعتبر فتى".

وتجد القواعد الآمرة لها مكاناً واضحاً في قوانين الأحوال الشخصية، ومن ذلك ما ورد في المادة الرابعة من قانون الأحوال الشخصية الأردني التي جاء فيها:- "لكل من الخاطب والمخطوبة العدول عن الخطبة".

وتجد القواعد الآمرة مجالاً بيناً لها في القوانين الخاصة، من ذلك ما أشار إليه قانون الأحوال المدنية الأردني رقم (9) لسنة 2001 المعدل بالقانون رقم 17 لسنة 2002 في المادة (38) من أن "على كل أردني يزيد عمره على ست عشرة سنة أن يحصل من أي مكتب على بطاقة شخصية، ويجوز صرف بطاقة شخصية لمن هم دون السادسة عشرة من العمر بعد موافقة ولي الأمر". هذا بالنسبة للقواعد الآمرة، ولكن ماذا بشأن القواعد الناهية؟

القواعد الناهية هي قواعد آمرة، إلا أنها تأتي في صورة النهي عن القيام بعمل معين، ولا يجوز الاتفاق على خلاف هذا المنع القاطع الذي قرره المشرع لصلته بالصالح العام. فهدف هذين النوعين من القواعد (الآمرة والناهية) واحداً وهو تحقيق سياسة المشرع المدروسة بعناية، ولكن التعبير عن أي منهما قد يختلف من حيث طبيعته للمخاطبين به، فالقواعد الآمرة تأتي بصيغة أمر المخاطب الالتزام بعمل رسمه المشرع، بينما تأتي صيغة القواعد الناهية بشكل نهي للمخاطب ومنع له من تجاوز الحدود التي رسمها له المشرع. من ذلك مثلاً ما ورد في الفقرة الأولى من المادة (103) من قانون العقوبات العراقي رقم 111 سنة 1969 المعدل التي تقول "لا يجوز أن يوقع تدبير من التدابير الاحترازية التي نص عليها القانون في حق شخص دون أن يكون قد ثبت ارتكابه فعلاً يعده القانون جريمة وأن حالته تعتبر خطرة على سلامة المجتمع"، وما نصت عليه المادة (24) من قانون الأحوال الشخصية الأردني من بيان حالات الحرمة على التأبيد بقولها: "يحرم على التأبيد تزوج رجل بامرأة من ذوات رحم محرم منه وهن أربعة:- أمه وجداته، بناته وحفيداته وأن نزل، أخواته وبنات إخوته وبناتهن وإن نزلن، عماته

وخالاته". وعلى نفس الصعيد ينهي المشرع عن القيام بأعمال معينة تمس تراث البلد وآثاره ويعتبر ذلك من المحرمات، مثال ذلك ما نصت عليه المادة (14) من قانون الآثار الأردني رقم (3) لسنة 1988 المعدل بالقانون رقم 23 لسنة 2002 "على الرغم مما ورد في أي قانون آخر يحظر على أي شخص طبيعي أو معنوي القيام بأية حفريات في المواقع الأثرية بحثاً عن الدفائن الذهبية أو أية دفائن أخرى".

وعلى الرغم من أننا استخدمنا عبارة "القواعد الآمرة أو الناهية" من أجل إيضاح المقصود بهما للقارئ، فإننا نميل إلى استخدام مصطلح القواعد الآمرة فقط لأنها تشمل ما يأمر الشخص القيام به أو الانتهاء عنه باعتباره أمراً ممنوعاً بنص القانون. وبهذا ننهي النقاش الفقهي حول شمول أو عدم شمول مصطلح القواعد الآمرة للقواعد الناهية التي لا تختلف مطلقاً عن القواعد الآمرة بالمعنى الذي تقدم، إلا من حيث طريقة مخاطبتها، بينما تتحد القواعد الناهية مع القواعد الآمرة في الغاية التي رسمها المشرع للاثنين معاً والتي تتجلى في الحفاظ على الأساسيات الاجتماعية والاقتصادية والخلقية التي لا يمكن أن تكون ميداناً للاتفاق بين الأفراد بأي حال.

المبحث الثاني
القواعد المفسرة أو المكملة لإرادة المتعاقدين

يضم هذا النوع من القواعد الأحكام القانونية التي يبيح فيها المشرع للأفراد الاتفاق على خلافها إن أرادوا ذلك، لأنها لا تتعلق بكيان المجتمع ومقوماته الأساسية، ولا يمس الاتفاق على خلافها النظام العام أو الآداب أو الصالح العام.

وبتعبير آخر أعطى المشرع لأطراف العلاقة التعاقدية في هذه المناسبة كامل الحرية وفي ممارسة مبدأ سلطان الإرادة في أمور تخص مصالح الناس ومعاملاتهم اليومية التي تحتاج إلى الكثير من المرونة لدعم نشاطهم الاقتصادي، فلا يستطيع المشرع أن يعفي البائع والمشتري من الاتفاق على المبيع والثمن أو على الأقل الاتفاق على الأسس الصالحة لتقدير أي منهما، ولكنه يستطيع أن يترك التفاصيل الأخرى كمكان

وزمان تسليم المبيع ودفع الثمن إلى اتفاق المتعاقدين. وفي حالة عدم وجود مثل هذا الاتفاق فإن العودة تكون إلى النص القانوني كجـزء من مهام المشرع في تنظيم العلاقات القانونية بين الأفراد عند اتفاقهم أو إغفالهم لهذا الأمر أو ذاك. فإذا اتفق أطراف العلاقة التعاقديـة على ما يخالف النص المفسر أو المكمل، فإن ذلك يعني العمل بمقتضى الاتفاق وعـدم إعـمال الـنص لحـل النـزاع الـذي قـد يحصـل بـين المتعاقدين، وإذا لم يتفق المتعاقدان على تنظيم علاقتهما التعاقدية في الأمور التفصيلية، فإن ذلك لا يعيق إبرام العقد من أجـل تسـهيل التبادل التجاري بين الناس، ولكن النزاع إذا حصل بشأن أي أمر تفصيلي فإن الحكم في ذلك لنص القانون.

ويعترض بعض الأساتذة على تعدد التسميات لهذا النوع من القواعد التي تسمى بالقواعد المفسرـة أو المكملـة أو المقـررة. ولا أجد ضيرا من كل هذه التسميات لأنها تسميات فقهية جاد بهـا شراح القـانون عـلى القـارئ مـن أجـل توضـيح فحواهـا. فالمقصـود بالمكملة أنها تكمل إرادة المتعاقدين اللذين لم يتفقا على بعض الأمور التفصيلية، بمعنى أن المتعاقدين اتفقا عـلى كـل النقـاط الأساسـية التي يوجب القانون الاتفاق عليها من أجل انعقاد العقد وأغفلا عن قصد أو غير قصد الاتفاق على أمور أخـرى، لا يعيـق عـدم الاتفـاق عليها انعقاد العقد، فاعتبرت القواعد القانونيـة مكملـة لجهـد واتفـاق المتعاقـدين عـلى المسـائل الأساسـية. أمـا تسـمية هـذه القواعـد بالمفسرة، فيعني بأن القاضي عند النظر في النزاع الحادث بين طرفين لم يتفقا على أمور ثانوية، سيطبق أحكام النصوص القانونيـة مفسراً عدم الاتفاق على ما يخالفها وكأنه رضا بهذه الأحكام، حتى ولو لم يعرف أطراف العلاقـة هـذه الحقيقـة. ونفـس الشيـء يقـال بالنسـبة للتسمية الثالثة "القواعد المقررة" أي القواعد التي تقرر الحكم الواجب تطبيقه في حالة عدم وجـود اتفـاق بـين المتعاقـدين عـلى حكـم المسألة موضوع النزاع[1].

(1) لاحظ في ذلك:- سمير عبد السيد تناغو، النظرية العامة للقانون، منشأة المعارف بالاسكندرية، 1986، ص 85.

أما بالنسبة لإلزامية أو عدم إلزامية هذا النوع من القواعد فلا نريد الخوض فيه، وطرح المزيد من الآراء الفقهية التي قيلت بشأنه. فهذا النوع من القواعد يمثل أحكاماً قانونية ملزمة مثلها مثل القواعد الآمرة، وكل ما في الأمر أن القواعد الآمرة التي وردت في فروع القانون العام وبعض المواضع في القوانين الخاصة، يمنع المشرع على الإطلاق الاتفاق على خلافها لتعلقها بالنظام العام أو الآداب، بينما القواعد غير الآمرة (المكملة أو المفسرة) التي وردت في القوانين الخاصة حصراً، أجاز المشرع للأفراد الاتفاق على خلافها بما يحقق مصالحهم. وإذا سأل سائل عن جدوى هذه القواعد التي ستواجه تعطيلاً عند الاتفاق، فإن الجواب على ذلك يتجلى في أن الكثير من الناس قد لا يتفق على خلاف هذه القواعد عن قصد أو غير قصد، ولا يجوز أن يبقى المشرع مكتوف اليدين أمام النزاعات التعاقدية التي لم تضع حلاً لنفسها، ولو حدث ذلك جدلاً فإن فراغاً تشريعياً سيحصل بالتأكيد يتحمل وزره بالنتيجة القاضي الذي سيحار في اختيار الحل اللازم لآلاف القضايا اليومية.

ويضم القانون المدني الكثير من القواعد القانونية غير الآمرة، من ذلك ما ورد في القانون المدني الأردني في المادة 669 "تبدأ مدة الإيجار من التأريخ المتفق عليه في العقد فإن لم يحدد فمن تأريخ العقد". وما ورد أيضاً في الفقرة الثانية من المادة 682 مدني أردني "إذا كان ما أحدثه المستأجر عائداً لمنفعته الشخصية فليس له حق الرجوع على المؤجر ما لم يتفق على غير ذلك". ومن الأمثلة الواردة في القانون المدني العراقي على هذا النوع من القواعد ما نصت عليه المادة 572 "لا حق للبائع في الفوائد القانونية عن الثمن المستحق الأداء إلا إذا أعذر المشتري أو سلمه الشيء المبيع وكان هذا قابلاً أن ينتج ثمرات أو إيرادات أخرى، وذلك ما لم يوجد اتفاق أو عرف يقضي بغيره". وأمثلة هذه القواعد في القانون المدني المصري ما جاءت به الفقرة الأولى من المادة (222) بنصها "يشمل التعويض الضرر الأدبي أيضاً، ولكن لا يجوز في هذه الحالة أن ينتقل إلى الغير إلا إذا تحدد بمقتضى اتفاق، أو طالب الدائن به أمام القضاء".

وهناك وجود لهذا النوع من القواعد أيضاً في قوانين الأحوال الشخصية، من ذلك ما ورد في المادة (45) من قانون الأحوال الشخصية الأردني رقم 61 لسنة 1976 التي جاء فيها:- "يجوز تعجيل المهر المسمى وتأجيله كله أو بعضه على أن يؤيد ذلك بوثيقة خطية وإذا لم يصرح بالتأجيل يعتبر المهر معجلاً". ونفس الشيء يقال بالنسبة لقانون أصول المحاكمات المدنية الأردني رقم (24) لسنة 1988 المعدل الذي جاء في المادة (40) منه "في المواد التي فيها اتفاق على محل مختار لتنفيذ عقد، يكون الاختصاص للمحكمة التي يقع في دائرتها موطن المدعى عليه أو المحل المختار للتنفيذ".

المبحث الثالث

معايير التفرقة بين القواعد الآمرة والمكملة لإرادة المتعاقدين

خلصنا إلى أن القواعد القانونية الآمرة تتناول أموراً تتصل بكيان المجتمع ومقوماته الأساسية، بحيث يبتغي المشرع من ورائها المحافظة على النظام العام أو الآداب أو المصالح الجوهرية التي لا يمكن أن تكون موضعاً للاتفاق أو التساهل. أما القاعدة المكملة فتعنى بتنظيم مصالح خاصة بالأفراد ولا تعني المجتمع بمجموعه.

ولكن هذا الوصف لا يعني سهولة التمييز بين هذين النوعين من القواعد، إذ قيدت التمييز بينهما في الكثير من الأحوال، مما دفع الفقه إلى وضع معايير معينة تسهل على المتخصص مهمة التمييز بين القاعدة الآمرة والقاعدة المكملة. وفي هذا الشأن يمكن أن نقسم هذه المعايير إلى نوعين وكما يلي:-

أولاً: المعيار الشكلي أو اللفظي

أطلقت على هذا المعيار العديد من التسميات، فسماه البعض دلالة العبارة المستخدمة في القاعدة القانونية التي يتضح منها نوع هذه القاعدة سواء أكان ذلك صراحة أو ضمناً[1]. وهناك من يسمي هذا المعيار بالمعيار الجامد وهو معيار لفظي مستمد من

(1) عبد المنعم فرج الصدة، المصدر السابق، ص 75.

نص القانون ذاته، فالمشرع يستخدم أحياناً في صياغة القواعد ألفاظاً تدل على طبيعتها[1]. ومن الشراح من أطلق على وسيلة التمييز هذه الطريقة اللفظية التي تعتمد على ألفاظ النص للفصل بين القواعد الآمرة والمكملة[2].

وفي كل الأحوال فإن هذا المعيار يعني أن طبيعة القاعدة القانونية وكونها آمرة أو مكملة إنما يستخلصه من صياغة نص هذه القاعدة. وفي الكثير من الأحيان يتسم هذا المعيار بالحسم أو القطع الذي لا مساحة فيه للاجتهاد في تحديد نوع القاعدة. فقد يضع الشرع القاعدة أو يقضي بعبارة أو عبارات معلومة المعنى بعدم جواز الخروج على حكمها، أو يقضي ببطلان أي اتفاق يخالف ما ورد فيها. وقد يحدث العكس، حينما يستخدم المشرع في صياغته للقاعدة ما يشير بوضوح إلى جواز الخروج عليها وجواز الاتفاق على ما يخالفها، وعندئذ تعتبر هذه القاعدة مكملة أو مفسرة لإرادة المتعاقدين.

ومن أبرز الأمثلة على معيار الصياغة للنص القانوني ما ورد في الفقرة الثانية من المادة 129 مدني عراقي التي تقول: "التعامل في تركة إنسان على قيد الحياة باطل". ومن ذلك ما ورد في المادة (48) مدني مصري "ليس لأحد النزول عن أهليته ولا التعديل في أحكامها". وما ميز القانون المدني الأردني في المادة (364) استخدامها لهذا المعيار الواضح بنصها التالي، خلافاً للقوانين العربية الأخرى "يجوز للمحكمة في جميع الأحوال بناء على طلب أحد الطرفين أن تعدل (قيمة الضمان المنصوص عليه في العقد أو في اتفاق لاحق) بما يجعل التقدير مساوياً للضرر، ويقع باطلاً كل اتفاق يخالف ذلك".

أما قانون الموجبات والعقود اللبناني فقد تضمن الكثير من النصوص التي تشير صياغتها بشكل واضح إلى أنها من زمرة القواعد الآمرة، ومن ذلك ما تقضي به المادة 210 التي جاء فيها "باطل كل عقد ينشأ تحت ضغط الخوف الناجم عن عنف جسماني أو عن تهديد موجه على شخص المديون أو على أمواله أو على زوجه أو على أحد أصوله أو فروعه". ومن ذلك أيضاً ما ورد في المادة 814 موجبات وعقود لبناني:- "عندما

(1) سمير عبد السيد تناغو، المصدر السابق، ص 87.
(2) توفيق حسن فرج، المصدر السابق، ص 74.

يوجب القانون صيغة معينة لإنشاء الوكالة يجب استعمال الصيغة نفسها للرجوع عنها". وتزخر قوانين عربية أخرى بنصوص قانونية واضحة في معناها وقاطعة في دلالتها من خلال طبيعة صياغتها وهو ما يشير إليه على سبيل المثال نص المادة (424) من قانون المعاملات المدنية الإماراتي "يبطل التصرف إذا علق وجوده على شرط مستحيل أو أحل حراماً أو حرم حلالاً أو خالف النظام العام أو الآداب".

أما بالنسبة للقواعد القانونية المكملة أو المفسرة لإرادة المتعاقدين فهي الأخرى يستخدم فيها المشرع ألفاظاً وصياغات تدلل على وجهتها، من ذلك ما ورد في القانون المدني العراقي على سبيل المثال في المادة (617) التي نصت "نفقات الهبة على الموهوب له ويدخل في ذلك مصروفات العقد والرسوم وما يصرف في تسليم الموهوب وتسلمه ونقله وذلك ما لم يوجد اتفاق مخالف"، وما ورد في القانون المدني المصري الذي جاء في المادة (462) منه "نفقات عقد البيع ورسوم (الدفعة) والتسجيل وغير ذلك من مصروفات تكون على المشتري ما لم يوجد اتفاق أو عرف يقضي بغير ذلك". وفي نفس السياق تقضي المادة (413) موجبات وعقود لبناني بأن "مصاريف أخذ المبيع واستلامه ومصاريف أداء الثمن والقطع والتسجيل ونفقات الصكوك التي يضعها كاتب العدل والطوابع مما يلزم لصك الشراء، كل ذلك يدفعه المشتري ما لم يكن نص أو عرف مخالف". ويزخر القانون المدني الكويتي بعشرات الأمثلة من هذا القبيل ومنها على سبيل المثال ما ورد في الفقرة (2) من المادة 972 التي تقول "نفقات العقد على الراهن، إلا إذا اتفق على غير ذلك". ومن ذلك أيضاً ما ورد في المادة (446) من قانون المعاملات المدنية الإماراتي التي جاء فيها "إذا اشترى أحد الشركاء بنصيبه في دين مشترك مالاً من المدين فللشركاء أن يضمنوه ما أصاب حصصهم من ثمن ما اشتراه أو أن يرجعوا بحصصهم على المدين ولهم أن يشاركوه ما اشتراه إذا اتفقوا على ذلك".

ثانياً: المعيار المعنوي أو الموضوعي

يسمى بعض الشراح هذا المعيار بالمعيار الموضوعي أو ملاحظة الحكمة من القاعدة القانونية، وهو أساس يبرز حينما لا يكون النص واضحاً أو صريحاً، مما يستلزم

البحث عن غاية وموضوع القاعدة، أي ملاحظة فحوى النص والمسائل التي يتناولها بالتنظيم، ومدى تعلقها ومساسها بالأسس الاجتماعية والاقتصادية والسياسية التي يقوم عليها المجتمع. فإذا كان موضوع القاعدة متعلقاً بمصالح المجتمع الجوهرية والأساسية فهي قاعدة آمرة ولا يجوز الاتفاق على خلافها، أما إذا كانت تتعلق بمصالح الأفراد الخاصة دون أن تتعداها إلى مصالح المجتمع الحيوية فإنها تعد من القواعد المكملة.

ويبدو أن الفقه ربط القواعد القانونية من حيث التمييز بينها بالنظام العام أو الآداب، فما تعلق منها بأي منهما اعتبر من القواعد الآمرة، وما كان بعيداً عن أي منهما اعتبر من القواعد المكملة.

إن فكرة النظام العام كانت ولا زالت من الأفكار النسبية التي تستعصي على التعريف والتحديد سواء أكان ذلك بالنسبة للنظام العام الداخلي أو النظام العام الدولي. ويستخدم الفقه مختلف المصطلحات والتعبيرات لتوضيح فكرة النظام العام، ومن ذلك القول بأن النظام العام يشكل الأساس السياسي والاجتماعي والاقتصادي والخلقي الذي يسود مجتمع من المجتمعات في زمن من الأزمان[1].

ويقصد بالأسس السياسية كل القواعد التي تتعلق بتنظيم الدولة وطريقة مباشرتها لسيادتها عن طريق السلطات المختلفة فيها. كما يقصد بالأسس الاجتماعية مجموعة القواعد التي ترمي إلى كفالة الأمن والنظام في الدولة، وكذلك كل ما يتعلق بتنظيم الأسرة وبمسائل الأحوال الشخصية بوجه عام، وكل ما يتعلق بتحقيق التضامن الاجتماعي بين مختلف طبقات الجماعة، كما هو الحال بالنسبة للقواعد المتصلة بتنظيم العمل. أما الأسس الاقتصادية فيقصد بها كل ما يتعلق بتنظيم الإنتاج القومي وتداول النقد وكفالة مستوى معين للأسعار. ويقصد بالأسس الخلقية تلك القواعد المتصلة بالناموس الأدبي في الجماعة والذي يحرص عليه أبناؤها، وهذا ما يتصل بحسن الآداب[2].

(1) علي حسين نجيده، المصدر السابق، ص 82.
(2) توفيق حسن فرج، المصدر السابق، ص 79.

وفكرة النظام العام تختلف باختلاف المجتمعات واختلاف الزمان والمكان، فما يعتبر من النظام العام في بلـد، قـد لا يعـد كذلك في بلد آخر، مثال ذلك نظام تعدد الزوجات الذي تجيزه الـدول الإسلامية بالاستناد إلى الشـريعة الإسلامية الغراء، بينما تحرمـه الدول الغربية باعتباره يتنافى مع النظام العام لديها. أما بالنسبة للزمان وتأثيره على النظام العام فهو أمـر وارد أيضاً، كـما هو الحـال بالنسبة للتبني الذي كان مباحاً قبل الإسلام وحين جاء الإسلام حرمه بشكل قاطع. ومن ذلك أيضاً التعامل بالعملة الصعبة الـذي كـان محرماً على الأفراد في بعض الدول، حيث لا يجوز التعامل بهذه العملات إلا من قبل الدولة حصراً، ويعد المخالف لـذلك مرتكباً لجريمـة تمس النظام العام الاقتصادي في البلد، وتستوجب فرض العقوبات الشديدة عليه، ولكن تغير النظم السياسية في الكثير من بلدان العالم، غير هذه المعادلة، وأصبحت هذه العملات محلاً للتداول على نطاق واسع.

إن فكرة النظام العام تضيق وتتسع تبعاً للأفكار السائدة في المجتمع، فهي تنحصر ـ في أضيق الحـدود في ظل المـذاهب الفردية التي تسرف في الاعتداد بحرية الفرد أكثر من اهتمامها بالصالح العام للمجموع، بينما تتسع في ظل المبادئ الاشتراكية التي تضع مصلحة المجموع في المقام الأول، وتضحي في سبيلها بالمصلحة الفردية. ولهذا فحيث يسود المذهب الفردي يعظم سلطان إرادة الأفراد، فتكون القواعد الآمرة التي تقيد من هذا السلطان قليلة. أما حيث يسود المذهب الاشتراكي فيضعف سـلطان الإرادة، إذ تكثر القواعد الآمرة التي تحد من هذا السلطان كنتيجة لتدخل الدولة[1].

ومن تطبيقات فكرة النظام العام في فروع القانون العام، اعتبار قواعد القانون الدستوري كافة من النظام العام، وبالتـالي لا يجوز مثلاً لسلطة من سلطات الدولة أن تنزل عن اختصاصها المقرر في الدستور لسلطة أخرى، إلا في الحدود التي رسمها الدستور. كـما تعتبر قواعد القانون الإداري من النظام العام أيضاً باعتبارها تمس مصالح الجماعة الجوهرية، ومن ذلك عدم جواز نـزول الموظـف عـن وظيفته لشخص آخر، مهما كان

---

(1) عبد المنعم فرج الصدة، المصدر السابق، ص 77.

الباعث لذلك. وتعتبر قواعد القانون الجنائي، كذلك من النظام العام فيقع باطلاً اتفـاق شـخص مـع آخـر عـلى قتلـه. كـما تعتـبر قواعـد التشريع المالي والضريبي من النظام العام، فلا يجوز مثلاً الاتفاق على الإعفاء من الضرائب[1].

أما بالنسبة لتطبيقات فكرة النظام العام في فروع القانون الخاص فتتجلى في الكثير من الأمثلة، من ذلك القواعد المتعلقـة بمصادر القانون وترتيبها، وتنازع القوانين من حيث الزمان والمكان والقواعد المتعلقة بالأهلية والحجر والميراث، وتسجيل الأراضي والمبـاني الثابتة، والسفن والطائرات والسيارات في السجلات الرسمية[2]، وكذلك قواعد القانون الخاص التي تنظم الأحوال الشخصية[3].

أما فكرة الآداب فهي تعبر عن الحد الأدنى من الالتزامات الأخلاقية اللازم مراعاتها في المجتمع، والتي يعد الخروج عليها منافياً لما ألفه هذا المجتمع من سلوك، مما يثير استنكار أفراد المجتمع واشـمئزازهم ضـد مـن يجـنح صـوب مخالفـة هـذا الـنمط مـن السلوك[4].

وقد حاول بعض الاساتذة وضع تعريف أو تحديد لمفهوم الآداب، ومن ذلك الاستاذ الدكتور حسن كيره[5] الذي عرفها بأنهـا "مجموع الأسس الأخلاقية الضرورية لكيان المجتمع وبقائه سليماً من الانحلال". كما عـرف الأسـتاذ الـدكتور السـنهوري الآداب بقولـه: "الآداب في أمة معينة وفي جيل معين هي مجموعة من القواعد، وجد الناس أنفسهم ملزمين باتباعها، طبقاً لناموس أدبي يسود علاقاتهم الاجتماعية. وهذا الناموس الأدبي هو

---

(1) محمد حسن قاسم، المصدر السابق، ص 119.

(2) سهيل حسين الفتلاوي، المصدر السابق، ص 59.

(3) سهيل حسين الفتلاوي، المصدر السابق، ص 59، بدير البكري، البشير، المصر السابق، ص 246.

(4) السيد محمد السيد عمران، المصدر السابق، ص 77.

(5) المصدر السابق، ص 51.

وليد المعتقدات الموروثة والعادات المتأصلة وما جرى به العرف وتواضع عليه الناس، وللدين تأثير كبير في تكييفه"[1].

وفكرة الآداب، مثلها مثل النظام العام، فكرة نسبية تختلف من جماعة بشرية إلى أخرى، لأن العبرة في مضمونها هي بما تعتقده كل جماعة في زمان معين من أصول أساسية للأخلاق فيها. وكل ذلك يتأثر طبعاً بما يسود فيها من العادات والتقاليد والدين. وبالتأكيد فأن هذه المجموعة من القيم الأخلاقية تختلف من زمان إلى زمان ومن مكان إلى مكان، ففي بعض الـدول كفرنسـا مـثلاً لم يكن مسـموحاً للولد غير الشرعي رفع دعوى لإثبات نسبة لمخالفة ذلك للآداب، ثم أصبح هـذا الأمـر مباحاً فيمـا بعـد لتطور تصور الجماعة لفكرة الآداب. وفي غالبية الدول ومن ذلك مصر، كان عقد التأمين على الحياة وعقد الوساطة في الزواج باطلين لمخالفتهما للآداب، بينما أصبحا الآن من العقود المشروعة.

ومن الأمثلة الواضحة على مخالفة الآداب، الاتفاقات الخاصة بإدارة أو إيجار أو استغلال البيوت المعـدة للـدعارة أو لعـب القمار، والاتفاقات الخاصة بإنشاء أو استمرار العلاقات الجنسية غير المشروعة، وخاصة تلك التي تكون مقابل مبلغ من المال[2].

هذا وقد نصت الكثير من القوانين على بطلان كل دين خاص بمقامرة أو رهان، واستثنى مـن ذلك الرهان الـذي يعقده المتبارون شخصياً في الألعاب الرياضية، وفي هذه الحالة يكون للقاضي تخفيض قيمة الرهان إذا كان مبالغـاً فيـه، كمـا اسـتثنى أيضـاً مـا رخص به قانوناً من أوراق النصيب[3].

(1) السنهوري، الوسيط في شرح القانون المدني، ج1، طبعة 1954، ص 440.
(2) حسن كيره، المصدر السابق، ص 5.
(3) راجع في ذلك المواد: 975، 976 مدني عراقي، 739 ، 740 مدني مصري، انظر معالجة المشرع الأردني لهذا الموضوع في المـواد (909 - 915) من القانون المدني الأردني وكذلك معالجة قانون الموجبات والعقود اللبناني له في المواد (1025 ، 1027).

الباب الثالث
مذاهب القانون وصياغة القاعدة القانونية

القواعد القانونية الحالية التي تنظم كل مناحي الحياة، باعتبار أن القانون يشكل قاعدة الحياة بل الحياة كلها كما يقول الفقيه الفرنسي (ريبير)، ما هو أساسها والمنبع الذي تستمد منه، والمادة الأولية التي تتكون منها؟ وهل أن القاعدة القانونية وليدة الصدفة، أم أنها وليدة الحاجات الإنسانية التي تقتضي جنوح الإنسان نحو التنظيم باعتباره جزءاً من طبيعته وتكوينه، أم أنها تعبير عن إرادة المشرع الذي أراد تسيير الأمور حسب رغباته فوجد في القاعدة القانونية ضالته، فأخذ يفرضها على الناس كجزء من سلطاته أو باعتباره السلطة الوحيدة حيث لا سلطان عليه؟

يبدو أن هذه الأسئلة كانت محيرة لبعض الفقهاء والفلاسفة عند التفكير في الإجابة عليها، حيث لم يجد أفلاطون مثلاً جواباً لها. ولذلك ركز البعض في دراستهم لهذا الموضوع على الشكل فربط بين القانون وصاحب السلطان في الدولة. في حين رأى آخرون أن مصدر القانون يتركز في قوة سامية عليا هي أقدر عادة من العقل البشري، ومثل هذه القوة تستطيع الوصول إلى تحقيق العدالة المطلقة التي يعجز العقل البشري في الوصول إليها مهما بلغت إمكاناته واستقامته. وهناك من يرى بأن أصل القانون يعود إلى اجتماع مجموعة من العوامل المختلفة.

ونتيجة لذلك ظهرت عدة مذاهب لبيان طبيعة القانون وأصله وأساس تكوين القاعدة القانونية. ويمكن جمع هذه المذاهب أو المدارس في طائفتين، أولهما المذاهب الشكلية في القانون وثانيهما المذاهب الموضوعية في القانون.

أما بالنسبة لصياغة القاعدة القانونية فيعني وضع مادة القاعدة القانونية بشكل لغوي وقانوني موزون ودقيق بعيد عن الإيجاز المخل أو الإسهاب الممل، بحيث تصبح

هذه القاعدة لغة واصطلاحاً واضحة المعنى والمقصود للأخذ بيد القاضي نحو أفضل الحلول للقضايا المطروحة أمامه، وهذا مـا يتطلـب دراسة أنواع الصياغة وطرقها.

وفي ضوء ما تقدم سنكرس هذا الباب لدراسة ما ورد فيه في فصلين، يتناول الأول منهما مذاهب القانون بينما ينصرف الثاني لدراسة صياغة القاعدة القانونية.

الفصل الأول

مذاهب القانون

كما ذكرنا سابقاً، يمكن إجمال ما قدمه لنا فلاسفة القانون وفقهائه، من مذاهب بطائفتين منها، الأولى هي المذاهب الشكلية، والثانية المذاهب الموضوعية. ومن أجل التسهيل على المتخصص في القانون لأخذ فكرة كافية عن هذه المذاهب، آثرنا عدم الإسهاب عند التطرق إليها، فضلاً عن أن هذا الجزء من مفردات هذا الكتاب، تعنى بها كتب وبحوث فلسفة القانون، التي توليها عادة المزيد من الاهتمام وتعطيها الكثير من التفصيل.

وعلى هذا سأقسم هذا الفصل إلى مبحثين، أتناول في الأول منهما المذاهب الشكلية، وأتناول في الثاني منهما المذاهب الموضوعية، وهو ما سارت عليه فعلاً المؤلفات التي خاضت قبلنا في سرد هذه الدراسة.

المبحث الأول

المذاهب الشكلية

يجمع المذاهب الشكلية قاسم مشترك وهي أنها تنظر إلى القانون باعتباره مجموعة من القواعد التي تقرها وتفرضها السلطة العامة أو الدولة، دون التغلغل إلى ما وراء هذه القواعد أو البحث في الأسباب التي أدت إلى ظهورها. وعلى هذا الأساس فإن القانون ما هو إلا مشيئة الهيئة الحاكمة أو الدولة، ولا حاجة للبحث عن أسس أخرى غير تلك المشيئة التي قد تكون قاسية على رعاياها أو راعية لهم[1]. وقد لا يكون من يملك السلطان بشراً أو هيئة بشرية، بل قد يكون الحاكم الأعلى هو الله تعالى أو هيئة روحية أخرى، وهذا هو الشأن بالنسبة للقوانين الدينية كالشريعة الإسلامية والشريعة اليهودية. وقد ناصر هذا النوع من المذاهب العديد من الفقهاء والفلاسفة، اتفقوا جميعاً على مبدأ

(1) هشام القاسم، المصدر السابق، ص 49.

واحد، وهو رد القانون إلى إرادة السلطان، مع خلافات يسيرة في الجزئيات. كما ظهر أنصار المذاهب الشكلية في بلدان مختلفة[(1)]، فقد كان الفيلسوف الألماني هيجل (Hegal)، وهو صاحب مذهب تأليه الدولة وتعظيم سلطانها، وتبعه في ذلك أغلب الفقهاء الألمان فيما بعد، يرى أن وجود الدولة يعد أمراً جوهرياً لوجود جماعة منظمة. فإرادة الدولة هي التي يجب أن تسـود، لتحل النظام في الجماعـة محل الفوضى، وتعترف للأفراد بحقوقهم، ووسيلتها إلى ذلك وضع قانون للجماعة يلتزم به الأفراد. وبذلك يجد القانون أساسه وشرعيته عند هيجل من خلال صدوره عن الدولة، ولا يتصور وجود أي قانون خارج إرادتها أو لا يحظى على الأقل بإقرارها، ولا يتصور أن يكون للأفراد حقوق إلا تلك التي تقرها الدولة أو السلطة الحاكمة وتعترف لهم بها[(2)].

ومن أنصار هذه المذاهب الفيلسوف الإنكليزي هوبز الذي قال عبارته الشهيرة "ليس القانون نصيحة ولكنـه أمر صادر ممن يدان له بالطاعة وموجه إلى من تجب له عليه الطاعة"[(3)].

ويعتبر أوستن (Austin) من أشهر فقهاء هذه المدرسة، فالقانون لديه عبارة عن أمر ونهي يصدران عن الحاكم السياسي في الدولة، ويكفل تطبيقه بجزاء، وهناك ثلاث خصائص للقانون لدى أوستن:- أولهما أنه مجموعة مـن الأوامـر والنواهـي واجبـة الطاعة والاحترام، وثانيهما أن هذه الأوامر والنواهي لا بد من صدورهما من حاكم سياسي بغض النظر عن كيفية وصوله إلى الحكم، أي سـواء أكان هذا الوصول بوسيلة شرعية أو عن طريق القهر والاغتصاب، وبصرف النظر عن أسلوب حكم الحـاكم أي سـواء أكان دكتاتوريـاً أم ديمقراطياً. والخصيصة الثالثة للقانون لدى أوستن، أن هناك جزاء يوقعه الحاكم على من يخرج على حكم القانون[(4)].

---

(1) توفيق حسن فرج، المصدر السابق، ص 85.
(2) حسن كيرة، المصدر السابق، ص 91.
(3) عبد الفتاح عبد الباقي، نظرية القانون، القاهرة، 1966، البند (16).
(4) علي نجيدة، المصدر السابق، ص 225 – 226.

وعلى الرغم من وضوح وبساطة نظرية أوستن (Austin)، إلا أنها لم تسلم من النقد، لأنها جعلت من التشريع المصدر الوحيد للقانون، وهذا ما يخالف الواقع، إذ أن هناك مصادر أخرى مهمة للقانون كالعرف. كذلك يخلط أوستن في نظريته بين القانون والقوة، إذ أنه يجعل إرادة السلطان هي القانون، وهو بهذا يجعل القانون في خدمة القوة ويؤدي إلى الاستبداد. وقد أدى به هذا التوجه إلى إنكار صفة القانون على كل من القانون الدولي العام والقانون الدستوري.

على أن أهم نقد وجه إلى هذا المذهب أنه مذهب شكلي يأخذ بظاهر الأمور، دون البحث عما وراء الشكل والوصول إلى الموضوع وجوهر القواعد ليتعرف على طبيعتها وكيف نشأت وتطورت وما هي العوامل التي أثرت في نشوئها وتطورها[1].

ومن المدارس الشكلية أيضاً مدرسة الشرح على المتون التي قامت في فرنسا على نفس الأسس التي قامت عليها نظرية أوستن في القانون، لأن هذه المدرسة تجعل من التشريع المصدر الوحيد للقانون. وقد سميت بهذا الاسم لأن من أهم مهام أصحابها شرح نصوص القانون بصورة عملية دون تحليلها تحليلاً فلسفياً. ولم تكن هذه المدرسة وليدة رأي فقيه واحد كما كان الحال بالنسبة لنظرية أوستن، إنما كانت ثمرة لمجموعة من آراء الفقهاء الذين تعاقبوا خلال القرن التاسع عشر. ومن أشهر هؤلاء الفقهاء:- أوبري ورو، ديمو لومب، لوران، بودري لاكنتري.

وقد ظهرت هذه المدرسة في مطلع القرن التاسع عشر على أثر تجميع أحكام القانون المدني الفرنسي في مجموعة واحدة أطلق عليها مجموعة نابليون عام 1804. وتناول فقهاء القانون في فرنسا شرح النصوص القانونية المدونة فيها وكرسوا جهودهم في التعليق والتفسير للمطلوب في القانون ملتزمين بالنص التشريعي فقط دون الخوض في فلسفته، لأن نابليون كان يكره شرح قوانينه شرحاً نظرياً فلسفياً.

(1) توفيق حسن فرج، المصدر السابق، ص 88 ، 99.

وتتفق هذه المدرسة كما هو واضح مع مذهب أوستن من حيث جعل التشريع المصدر الرسمي الوحيد للقانون، ولذلك وضعت هذه المدرسة ضمن المدارس الشكلية للقانون[1].

وتعرضت هذه المدرسة إلى نفس النقد الذي تعرضت له نظرية أوستن في القانون. ولهذا فأن ما قيل من نقد بالنسبة للنظرية الأولى قيل أيضاً بالنسبة للنظرية الثانية، فكلاهما يتميز بالبساطة والوضوح لتعويلهما على الشكل، وتقديسهما للنصوص الذي أدى إلى تقديس إرادة المشرع واعتبار السلطان أو الحاكم أساس كل شيء في إصدار القوانين[2].

المبحث الثاني
المذاهب الموضوعية في القانون

لا تكتفي هذه المذاهب بالجانب الشكلي المتمثل بالجهة التي يصدر عنها القانون، بل أنها تبحث في جوهر القانون ومادته باعتباره مظهراً اجتماعياً، على الرغم من اختلاف أنصار هذه المذاهب بالنسبة للناحية التي يركزون عليها، فمنهم من يرى بأن جوهر القانون هو المثل الأعلى للعدل الذي يستخلصه الإنسان بعقله، وهؤلاء هم أنصار القانون الطبيعي، ومنهم من ينظر إلى الحقائق الواقعية ولا يعترف إلا بالواقع الملموس الذي تسجله المشاهدة والتجربة، وهؤلاء هم أصحاب المدرسة الواقعية. وبين هذا وذاك ظهرت مذاهب مختلطة تجمع بين المثل العليا والحقائق الواقعية.

في ضوء ما تقدم سنتناول المذاهب أو المدارس الموضوعية بشكل موجز يحقق الفائدة المرجوة من دراستها.

---

(1) توفيق حسن فرج، المصدر السابق، ص 90، غالب الداودي، المدخل إلى علم القانون، المصدر السابق، ص 13، عبد الرحمن البزاز، مبادئ اصول القانون، مطبعة العاني، بغداد، 1954، ص 56.

(2) توفيق حسن فرج، المصدر السابق، ص 92.

أولاً: مدرسة القانون الطبيعي

راودت الفلاسفة منذ القدم فكرة وجود قانون أسمى من القوانين الوضعية أي القوانين التي يضعها الإنسان، ويتميز هذا القانون بأنه ثابت ابدي صالح لكل زمان ومكان.

إن فكرة القانون الطبيعي بدأت كفكرة تأمل فلسفية ثم صارت فكرة دينية، تحولت بعد ذلك إلى فكرة قانونية، كما اتخذها فلاسفة السياسة أداة لزلزلة الطغيان فمهدوا بها للثورة الفرنسية ولما أعلنته من حقوق الإنسان الطبيعية[1].

هذا وقد ظهرت فكرة القانون الطبيعي لدى فلاسفة اليونان مثل سقراط[2]، فكما استرعى انتباههم وجود علاقات مضطردة بين الظواهر الطبيعية من فلك وأرض وهواء وماء وما تحويه هذه الأشياء، وردوا هذه القواعد إلى قوة عليا هي الطبيعة، استرعى انتباههم أيضاً وجود شبه كبير بين معاملات الناس التي تجري بين شعوب مختلفة ومتباعدة، فقالوا بوجود قواعد طبيعية تهيمن على هذه النظم القانونية لدى هذه الشعوب المختلفة المتباعدة، وهي قواعد طبيعية ثابتة لا تتغير بتغير الزمان أو المكان. والقانون الطبيعي لدى فلاسفة اليونان هو المثل الأعلى الذي يمثل الكمال، ويكشف عنه العقل البشري ليجعل القانون الوضعي على غراره، ويعتبر القانون الوضعي عادلاً أو ظالماً بقدر ما يتفق أو يختلف مع القانون الطبيعي[3].

---

(1) حسن كيرة، المصدر السابق، ص 100.

(2) الذي عرف القانون الطبيعي وفرق بينه وبين القانون الوضعي، وإن كان قد حبذ في حالة الاختلاف بينهما طاعة القانون الوضعي ولو كان ظالماً. خوفاً من أن يؤدي تعليق طاعة القانون الوضعي على موافقته للقانون الطبيعي إلى العصيان على القوانين الوضعية العادلة، علي حسين نجيده، المصدر السابق، ص 229.

(3) منصور منصور، المصدر السابق، ص 164.

وآمن فلاسفة الرومان بوجود قانون ثابت خالد يتفق مع الطبيعة ذاتها، ثابت في الزمان والمكان، أعدل من القوانين الوضعية وصالح للناس جميعاً. وقد سار بهذا الاتجاه الفقيه (شيشرون) ثم شاركه الفقيه (بول). كما تلقف آباء الكنيسة فكرة هذا القانون وأعطوها صبغة دينية، فقالوا أن الله سبحانه هو واضع نظام الكون، وأن علاقات الناس يجب أن تسير طبقاً للقانون الإلهي الازلي، وإن هذا القانون يصل عن طريق الوحي لا عن طريق العقل. ثم جاء القديس توما الاكويني فقسم القانون إلى ثلاثة أنواع، أعلاها القانون الإلهي الذي يحمل مشيئة الله وليس للعقل ولا الاستدلال دخل فيه، بل إن أمره أمر إيمان واعتقاد، ولا يدركه إلا الراسخون في الإيمان الذين أضاء الله بصيرتهم، ويأتي بعده القانون الطبيعي، وهو ذلك القدر من القانون الإلهي الذي يستطيع العقل البشري التوصل إليه، وأخيراً يأتي القانون الوضعي وهو ما يستنبط من القانون الطبيعي[1].

لقد اكتسبت مدرسة القانون الطبيعي أهميتها القصوى وشكلها العلمي منذ القرن السابع عشر، ثم في القرنين الثامن عشر والتاسع عشر، حيث نادى بها عدد كبير من الفلاسفة والفقهاء وعلى رأسهم الفقيه الهولندي غروسيوس ثم الألماني بيفندورف والسويسري بيرلاماكي والإنكليزي كامبرلاند. كما يعتبر من أنصارها أيضاً الفلاسفة جون لوك الإنكليزي ومونتسكيو وروسو الفرنسيان وكانت الألماني وغيرهم[2].

ولا زالت بعض القوانين تعتبر القانون الطبيعي مصدراً من مصادر القانون لديها، ومن ذلك الفقرة الثانية من المادة الأولى من القانون المدني المصري التي جاء فيها: "فإذا لم يوجد نص تشريعي يمكن تطبيقه، حكم القاضي بمقتضى العرف، فإذا لم يوجد فبمقتضى مبادئ الشريعة الإسلامية، فإذا لم توجد، بمقتضى مبادئ القانون الطبيعي وقواعد العدالة".

(1) سليمان مرقص، المدخل للعلوم القانونية، القاهرة 1961، بند 162، علي حسين نجيده، المصدر السابق، ص 231.
(2) للمزيد من التفاصيل راجع،- هشام القاسم، المصدر السابق، ص 52 – 56، حسن كيرة، المصدر السابق، ص 99 – 121.

ثانياً: المدرسة الواقعية

شهد القرن التاسع عشر ظهور فلسفة جديدة سميت بالفلسفة الواقعية. وهي فلسفة تناقض الفلسفة المثالية من حيث إنكارها لما تقوم عليه من تصور فكري تراه هي ضرباً من الحدس والتخمين ينزه عنه العلم بما ينبغي له من ضبط وثبات ويقين، ولذلك فإن هذه الفلسفة لا تؤمن إلا بالواقع المحسوس الملموس الذي تسجله المشاهدة وتؤيده التجربة، فكل معرفة عندها لا تقوم على الواقع ولا تؤكدها مشاهدة أو تجربة معرفة حدسية لا يقينية. هذا وقد حملت لواء هذه الفلسفة عدة مذاهب، يقف في طليعتها مذهب نبت في ألمانيا في النصف الأول من القرن التاسع عشر هو المذهب التأريخي أو كما يسميه البعض مذهب "التطور التأريخي"، ومذهب ظهر في فرنسا وكثر أنصاره فيها وهو مذهب التضامن الاجتماعي، ومذهب الغاية الاجتماعية[1].

وينسب المذهب التأريخي إلى الفقيه الألماني سافيني، وكان ظهور هذا المذهب أو المدرسة كرد فعل لمدرسة القانون الطبيعي التي ترى بأن القانون ثابت في الزمان والمكان ولصالح الأجناس كافة، ويمكن للعقل البشري التوصل إليه.

وتبتعد هذه المدرسة عن المثالية، وتهتم بالواقعية في التفكير، وترى بأن القانون ليس من وضع أي إرادة سواء أكانت إرادة الحاكم أم إرادة غيره، بل إنه نتاج للتطور التأريخي الذي يختلف من أمة إلى أمة. والقانون وفقاً لمفهوم هذه المدرسة ما هو إلا نتاج روح الأمة، وأرواح الأمم تختلف نتيجة لاختلاف عوامل تشكيلها وتربيتها، لذلك كان طبيعياً أن تختلف قوانين هذه الأمم، فالقانون ذو صفة قومية خالصة يتأثر بالعوامل الطبيعية، والتأريخية والاجتماعية والاقتصادية التي تسود كل أمة.

ومما يؤخذ على هذه المدرسة إهمالها دور الإرادة الإنسانية في تطور القانون، وأنها قصرت دور المشرع على كونه مسجلاً للحوادث دون مساهمة فيها، فحولت الشعب

(1) حسن كيرة، المصدر السابق، ص 122 - 123.

إلى متفرج يقف مكتوف الأيدي انتظاراً لما يجود به عليه ضمير الجماعة من تطوير للقانون.

ومما يعاب على المدرسة التأريخية، إنها ركزت على العرف واعتبرته المصدر الأسمى للقانون، ولم تضع في اعتبارها التطور السريع للمجتمعات المدنية مما جعل التشريع يحتل مكان الصدارة بين مصادر القانون. كذلك أضفت هذه المدرسة على القانون الصفة الوطنية الخالصة، وأغفلت أمر المجتمعات الحديثة، حيث لا ينكر احد ان هناك قدرا مشتركا بين قوانين هذه المجتمعات، وأن الاسترشاد بحلول الدول الأخرى والاقتباس منها عن طريق القانون المقارن أصبح أمراً لا يستغني عنه أي مشرع. يضاف إلى ذلك كله بـأن التجربـة أثبتت بأن سافيني لم يكن محقاً في مهاجمته للتقنين الذي اعتنقته غالبية الدول لما فيه من ميزات[1].

ومن المذاهب الوضعية الواقعية التي لا يؤمن أنصارها إلا بالواقع المحسوس، ويرفضون التعلق بالمثل العليا الكامنـة فيما وراء الطبيعة، فذهب التضامن الاجتماعي الذي أسسه الفقيه الفرنسي "ديجي". ووصف "ديجي" منهجه بأنه علمي واقعي، ولهذا أنكر الأفكار التي لا تقوم في علم القانون على أدلة من الواقع المحسوس.

إن الحقائق الأولية التي أثبتها "ديجي" ليبني عليها نظريته تتجلى بوجود مجتمع بشري لا يمكن للإنسان أن يعيش منعـزلاً عنه أو بدونه من جهة، ووجود تضامن بين أفراد المجتمع الواحد تفرضه عليهم طبيعة حياتهم المشتركة من جهة ثانية. وهذا التضامن على نوعين: تضامن بسبب التشابه في الحاجات، وتضامن بسبب التقسيم في العمل. فتشابه حاجات الناس وتعددها، وتوزيع العمل فيما بينهم لتأمين هذه الحاجات التي لا يستطيع كل منهم أن يؤمنها بمفرده، هما السبب في تعاونهم على العيش المشترك وفي تضامنهم الذي يعتبر ضرورة واقعة يفرضها عليهم نمط حياتهم وطبيعتها.

---

(1) علي حسين نجيده، المصدر السابق، ص 243 – 248.

ومن الانتقادات التي وجهت إلى هذا المذهب اختياره للشعور بالتضامن دون غيره من الحقائق الموجودة فعلاً ليجعل منه المصدر الذي تستخدمه القواعد القانونية، على الرغم من وجود حقيقة اجتماعية أخرى مناقضة للتضامن وهي التنافس أو التنازع الذي نلمسه بين أفراد المجتمع والذي ينشأ نتيجة تعارض مصالحهم الخاصة. كما قيل بأن التضامن منه الصالح ومنه غـير الصالح، ولا بـد أن يكون "ديجي" قد قصد التضامن في الخير والعدل فقط، وهو ما يخرج عن دائرة الواقع المحسوس الذي التزمه كمنهج في بحثه [1].

أما مذهب الغاية الاجتماعية أو كما يسمى بمذهب الغاية والكفاح الذي تزعمه الفقيه الألماني "اهرنج"، فيرى بأن القانون لا يتطور من تلقاء نفسه تطوراً أعمى من غير غاية، مستقلاً عن إرادة الإنسان، بل إن نشوء القانون وتطوره باعتباره ظـاهرة اجتماعيـة يكون طبقاً لغاية مرسومة. وهذه الغاية هي حفظ المجتمع وتقدمه من أجل تحقيق الخير العام. ولا يكون التطور تلقائيـاً – كـما يـرى أنصار المذهب التأريخي - بل إن للإرادة فيه دور كبير . وقد يشتد هذا الدور حتى يصبح كفاحاً يوجه القانون نحـو الغايـة المقصـودة، حينما يحتدم الصراع بين من يريد الإبقاء على القواعد القانونية القائمة، وبين من يبتغي التغيير ووضع نظم قانونية جديدة.

وقد عيب على هذا المذهب بأنه يعتبر الغاية من القانون هي حفظ المجتمع وليس إقامة العدل، كما عيب عليه أيضاً أنه يبني القانون على الكفاح ويجعل الغلبة للقوة، حتى ولو لم يكن الحق بجانبها [2].

---

(1) للمزيد من التفاصيل راجع:- منصور منصور، المصدر السابق، ص 180 - 183، هشام القاسم، المصدر السابق، ص 59 - 64.
(2) توفيق حسن فرج، المصدر السابق، ص 116 - 117.

المبحث الثالث
المذهب المختلط
(مذهب العلم والصياغة)

مؤسس هذا المذهب هو الفقيه الفرنسي (فرانسوا جيني) الذي لا يعتبر مبتكراً لفلسفة جديدة في أصل القانون، لأن دوره اقتصر على دراسة وتحليل المذاهب السابقة ومحاولة التوفيق بينها[1]. ويرجع إلى هذا الفقيه الفضل الكبير في التفرقة عند تكوين القاعدة القانونية بين الجوهر والشكل، في مؤلفه "العلم والصياغة في القانون الخاص الوضعي". فالجوهر أو المادة الأولية، هو ما يستخلص من حقائق الحياة الاجتماعية، والشكل أو البناء هو الصورة أو الهيئة التي تعطي لهذا الجوهر حتى يصبح صالحاً للتطبيق في نطاق العمل. وقد فضل "جيني" تسمية الجوهر أو المادة الأولية "العلم"، وتسمية الشكل أو البناء "الصناعة أو الصياغة". وقد رسخت هذه التفرقة بين الجوهر والشكل أو بين العلم والصياغة حتى أصبحت اليوم من الأسس التقليدية المعروفة في فقه أصول القانون[2].

ويرى "جيني" أن عنصر العلم يتضمن أربعة أنواع من الحقائق استمد كلا منها من أحد المذاهب المعروفة في تحديد أسس القانون. وهذه الأنواع الأربعة من الحقائق تعتبر بمثابة عوامل تؤثر في تكوين القواعد القانونية وتطورها أو بمثابة أسس تبنى عليها هذه القواعد.

وتتجلى الحقائق التي عددها جيني فيما يلي:-

أولاً:- الحقائق الواقعية:-

وتتضمن جميع الظروف الطبيعية، المادية والمعنوية التي تحيط بنا. ويدخل في نطاق هذه الحقائق على سبيل المثال الأحوال الفيزيولوجية والاقتصادية والاجتماعية

---

(1) غالب الداودي، المدخل إلى علم القانون، المصدر السابق، ص 15.

(2) حسن كيرة، المصدر السابق، ص 141 – 142.

والدينية وغيرها. وهذه الحقائق وإن كان لها تأثير على جوهر القاعدة القانونية إلا أنها لا تخلق بذاتها هذه القاعدة، بل تحدد نطاقها أو تمهد البيئة اللازمة لنشوئها[1].

ثانياً:- الحقائق التأريخية:-

ويقصد بها ما تكون على مر الزمن من قواعد قانونية لتنظيم الحياة في المجتمع، فهذه القواعد، أياً كان مصدرها الرسمي وما صاحب وجودها من تفسير الفقهاء وأحكام المحاكم، وبوجه عام ما نشأ من تطبيقها في العمل تكون حقائق لا يمكن تجاهلها، إذ تعتبر بمثابة إطار يحيط بسلوك الناس وكثيراً ما تفرض نفسها عليهم بقوة استقرارها، فلا يمكن تجاهلها عند التفكير في وضع القواعد القانونية. مثال ما تقدم ارتباط الرجل بالمرأة في علاقة زواج، وهي علاقة قانونية تحكمها في شروط تكوينها وآثارها، قواعد تختلف إلى حد ما باختلاف الزمان والمكان. ولكنها تخضع دائماً لرقابة سلطة اجتماعية، سواء كانت سلطة دينية أو سلطة مدنية. فهذا التنظيم لعقد الزواج الذي نلاحظه الآن، كان حصيلة تطور تأريخي أثر على هذه العلاقة عبر الزمن إلى أن أوصلها إلى ما هي عليه الآن[2].

ثالثاً:- الحقائق العقلية:-

لا تكفي الحقائق الواقعية (الطبيعية) والتأريخية لوحدهما لتكوين القاعدة القانونية، الكفيلة بتوجيه سلوك الأفراد في المجتمع، لأن الحقائق الطبيعية عادة ما تكون غامضة، والحقائق التأريخية، غير كافية وأن أعمالها كما هي قد يعيق تطور المجتمع. لذلك لا بد من أعمال حكم العقل في هذين النوعين من الحقائق، لأن العقل هو صاحب القدرة على الكشف عن مدى ملاءمتها لتحقيق غايات القانون وأهدافه. وعلى هذا فإن الحقائق العقلية تسهم إلى حد بعيد في تكوين الجانب الأكبر من جوهر القاعدة القانونية.

---

(1) هشام القاسم، المصدر السابق، ص 66.

(2) منصور منصور، المصدر السابق، ص 186 – 187، جمال زكي، مقدمة في الدراسات القانونية، القاهرة، 1969، ص 52.

إن الحقائق العقلية تمثل الموضوع الأساسي للقانون الطبيعي. فهناك قواعد سلوك في مجال القانون بوجه خاص، يستخلصها العقل من طبيعة الإنسان واتصاله بما حوله، وهي قواعد تفرض نفسها على عقل الإنسان وتوافق حاجاته الأوليـة الشـديدة الوضـوح. ولهذا فهي ضرورية وعالمية أي لا تقتصر على مكان دون آخر وثابتة لا تتغير بمرور الزمن. وهذه الصفات تميز ذلك القواعد، وتضعها في مكان سام بين سائر القواعد القانونية[1].

رابعاً:- الحقائق المثالية:-

وهذه الحقائق تعبر عن اتجاهات أو نزعات مثالية أو كمالية للنظـام القـانوني، تنحـو نحـو السـمو والتقدم خارج نطـاق التنظيم القانوني الذي تفرضه حقائق الحياة الواقعية أو التأريخية أو ما يفرضه العقل من مبادئ ضرورية. فهي حقائق من شأنها العمل على التقدم والنهوض المستمر بالقانون نحو الكمال، ولا يقف القانون معها جامداً عن التطور والتقدم، حتى ولو كانت الحقائق الأخرى من واقعية وتأريخية وعقلية لا تؤيد هذا التطور.

وعلى الرغم مما تمتاز به نظرية "جيني" من الاعتدال وعدم المغالاة، ومحاولة الاستفادة من كل النظريات السابقة، إلا أنها لم تسلم من النقد، حيث يعاب على هذا الفيلسوف أنه يقصر القانون على مجرد حقـائق علميـة ومهمـة الفـن التشـريعي علـى مجـرد الصياغة، في حين أن نشوء القانون يستلزم شيئاً آخر وهو ما يسمى في الفقه "السياسة القانونية". كما عيب على "جيني" أنه يهدد عقـل الإنسان وقدرته على ابتداع أكثر من حل واحد لمواجهة ظروف بعينها[2].

---

(1) علي حسين نجيده، المصدر السابق، ص 250، منصور منصور، المصدر السابق، ص 188.
(2) للمزيد راجع:- سليمان مرقص، المدخل للعلوم القانونية، المصدر السابق، ص 414، توفيق حسن فرج، المصدر السابق، ص 129 ، 132، علي حسين نجيدة، المصدر السابق، ص 254.

الفصل الثاني
صياغة القاعدة القانونية

يقصد بالصياغة القانونية أو كما تسمى أحياناً الصنعة القانونية، عملية تحويل المـادة الأوليـة أي الفكـرة الجوهريـة التـي ينتهي إليها العقل على ضوء الظروف الواقعية لتنظيم سلوك الأفراد في المجتمع إلى قواعد قانونية صالحة للتطبيق في العمل.

ويختلف مدى تدخل عنصر الصنعة في بناء القواعد القانونية من فكـرة إلى أخـرى، فقـد تصاغ الفكـرة عـلى وجـه محـدد منضبط لا يدع مجالاً للرأي عند تطبيق القاعدة، وهنا توصف الصياغة القانونية بأنها صياغة جامدة. وقـد لا تتحـدد الفكـرة عـلى هـذا النحو من الضبط بل تترك في درجة من المرونة تدع مجالاً للرأي والتقـدير لقـاضي الموضـوع في ضوء الظروف والملابسـات التـي تحيـط القضية المطروحة. وعندئذ توصف هذه الصياغة بأنها صياغة مرنة[1].

إن إنشاء القواعد القانونية يتم عن طريق مصادر القانون، التي تتحول عن طريقها المادة الأولية للقانون إلى قواعد قانونية وضعية. وتتكون المادة الأولية للقانون نتيجة صراع وتفاعل بين القوى الخلاقة للقانون، وهو ما يطلق عليه اصطلاح السياسة القانونيـة. والسياسة القانونية تصنع المادة الأولية للقانون، ولكنها لا تصنع القانون ذاته، أما الذي يصنع القانون فهي وسائل الصياغة القانونية.

أما بالنسبة لطرق الصياغة القانونية فهي عديدة، منها اللغـة والمصطلحات ومنها المظـاهر الخارجيـة للقاعـدة القانونيـة كالعمومية، والتجريد والمرونة والجمود ووسائل القهر المختلفة، ومنها الطوائف والأفكار والمباني والتقسيمات، ومنها أيضاً وسـائل إثبـات الحقوق، ومنها الشكلية بمعناها الضيق بالإضافة إلى الحيل والقرائن القانونية[2].

---

(1) منصور منصور، المصدر السابق، ص 204.

(2) سمير عبد السيد تناغو، المصدر السابق، ص 362 – 363.

هذا ويعتبر التقنين قمة الصياغة القانونية، ويعني تجميع النصوص التشريعية المتعلقة بنوع معين من فروع القانون في وثيقة رسمية مكتوبة، كالتقنين المدني والتقنين التجاري وتقنين العقوبات وتقنين المرافعات المدنية والتجارية وتنقين الإجراءات الجنائية وتقنين العمل(1).

في ضوء ما تقدم سنقسم هذا الفصل إلى ثلاثة مباحث كما يلي:-

المبحث الأول:- أنواع الصياغة القانونية.

المبحث الثاني:- طرق الصياغة القانونية.

المبحث الثالث:- التقنين باعتباره ذروة الصياغة القانونية.

المبحث الأول
أنواع الصياغة القانونية

إذا كان المطلوب من الصياغة تحديد مضمون القاعدة القانونية، فإن هذا التحديد قد يكون صارماً وقد يكون مرناً. والتحديد الصارم أو المحكم يربط القاضي ويقيده ولا يترك له أي مجال من الحرية والتقدير عند إصدار حكمه. أما التحديد المرن فإنه يترك للقاضي هامشاً من الحركة بين الحد الأعلى والحد الأدنى المرسوم في النص في ضوء نوع القضية المطروحة على القاضي وظروفها. وعلى هذا فالصياغة القانونية نوعان:- صياغة جامدة وصياغة مرنة.

أولاً:- الصياغة الجامدة للقاعدة القانونية

تكون صياغة القاعدة القانونية جامدة إذا كان كل من الفرض والحكم محددين في نص القاعدة تحديداً دقيقاً، بحيث لا يكون للمكلف بتطبيق القاعدة أية حرية أو سلطة تقديرية في تقدير توافر الفرض أو عدم توافره، أو في اختيار الحكم المترتب على توافر الفرض، كما هو الحال في تحديد سن الرشد أو سن التمييز أو سن المأذون بالتجارة أو

(1) رمضان أبو السعود، المصدر السابق، ص 133.

السن الذي يجب أن يتوافر في المواطن للإدلاء بصوته في الانتخابات، أو تحديد مدة ضمان المهندس والمقاول لكل ما يظهر في البناء من تهدم كلي أو جزئي فيما شيداه من مبانٍ أو أقاماه من منشآت بعشر سنوات كحد أدنى إلا إذا كانت الغاية من البناء تقل عن ذلك[1]، أو تحديد مواعيد الطعن في الأحكام بمدد معينة لا يجوز الخروج عليها، أو تحديد سعر الفائدة بنسبة معينة، لا يجوز الاتفاق على تجاوزها، كما هو الحال في المادة 4/167 من قانون أصول المحاكمات المدنية الأردني رقم 24 لسنة 1988 المعدل التي جاء فيها: "مع مراعاة ما ورد في أي قانون خاص، تحسب الفائدة القانونية بنسبة 9% سنوياً، ولا يجوز الاتفاق على تجاوز هذه النسبة".

وتبرز الصياغة الجامدة في قوانين العقوبات أيضاً، مثال ذلك ما ينص عليه القانون من أن كل من قتل عمداً مع سبق الإصرار أو الترصد، يعاقب بالإعدام[2].

ويجد هذا النوع من القواعد القانونية مكاناً له في القوانين الخاصة، من ذلك ما ورد في المادة 5/ج/1 من قانون المالكين والمستأجرين الأردني رقم 11 لسنة 1994 المعدل التي أعطت الحق للمؤجر في طلب تخلية المأجور إذا لم يدفع المستأجر بدل الإيجار المستحق خلال خمسة عشر يوماً من تأريخ تبليغه بذلك بموجب إنذار عدلي[3].

هذا وتتميز الصياغة الجامدة بأنها تسهل للقضاء تطبيق القواعد القانونية، وأنها تحقق الاستقرار الاجتماعي، نظراً لأن كل فرد يستطيع مقدماً أن يحدد الفرض والحكم القانوني الذي يترتب على تحقق الفرض[4]. إلا أن هناك من يرى بأن هذا النوع من

(1) المادة 788 مدني أردني.
(2) لاحظ المواد:- 230 عقوبات مصري، 460/أ عقوبات عراقي، 1/328 عقوبات أردني.
(3) وقد قسمت المادة 1/17 من قانون إيجار العقار العراقي هذه المدة إلى قسمين بقولها: "يجوز إخلاء المأجور إذا لم يدفع المستأجر قسط الإيجار رغم مرور سبعة أيام على استحقاقه وإنذار المؤجر له بعد انقضائها بواسطة الكاتب العدل بوجوب دفعة خلال ثمانية أيام من تأريخ تبليغه بالإنذار". قانون إيجار العقار العراقي رقم 87 لسنة 1979 المعدل.
(4) السيد محمد السيد عمران وآخرون، المصدر السابق، ص 130.

الصياغة لا يحقق إلا فكرة العدل المجرد، لأنها لا تواجه إلا فرضاً مجرداً. فمثل هذه الصياغة لا تـدخل في اعتبارهـا مـا يميـز كـل حالـة فودية من خصوصيات، وإنما تجمع الحالات الفردية التي تندرج تحت فرض معين في نموذج واحد مجرد رغم اختلاف هـذه الحـالات في الظروف والملابسات، وتعطي لهذا النموذج حلاً واحداً يصدق على كل ما يندرج تحته من حالات فردية مختلفة. فالقاعـدة التـي تحـدد كمال الأهلية ببلوغ الشخص (18) سنة، إنما تحقق عدلاً مجرداً، لأنها تحدد نفس السن لكل الأفراد دون اعتداد بـاختلافهم وتفـاوتهم في درجة النضج والقدرة على مباشرة هذه الحقوق، فمنهم من يتقدم به الرشد الحقيقي عن السن المقررة، ومنهم من يتأخر به هذا الرشد عن تلك السنة[1].

ويمكن أن يضاف إلى ما تقدم مـن عيـوب عـلى القاعـدة القانونيـة الجامـدة أنهـا لا تسـتطيع مسـايرة التطـور الاقتصـادي والاجتماعي، ولذلك كثيراً ما يلجأ المشرع بين آونـة وأخـرى إلى تغيـير المـدد الـواردة في النصـوص القانونيـة ليجعلهـا مواكبـة للحاجـات الإنسانية المتجددة. وخير مثال على ذلك ما كانت تنص عليه المادة الخامسة من قانون الأحوال الشخصـية الأردني رقـم 61 لسـنة 1976 بقولها:- "يشترط في أهلية الزواج أن يكون الخاطب والمخطوبـة عـاقلين وان يـتم الخاطـب السـنة السادسـة عشرـة وأن تـتم المخطوبـة الخامسة عشرة من العمر". وبعد مراجعة هذه المادة في القانون رقم (82) لسنة 2001 أصبح نصها كما يلي:-

(1) ويذهب الأستاذ الدكتور حسن كيرة في كتابه القيم المدخل إلى علم القانون إلى أن "الأصل في القانون أنه يسـتهدف تحقيـق العـدل ولا يستهدف تحقيق العدالة إلا استثناءً، ولذلك فهو حين يعمد مثلاً إلى تحديد سن الرشد، لا يترك الأمـر إلى القضـاء ينظـر في كـل حال بخصوصها يحدد سن الرشد على ضوء ظروفها، وأن يكن في ذلك تحقيق للعدالـة نظـراً إلى تفـاوت النـاس في النضـج العقـلي وتأخر تمامه عند البعض وتبكيره عند البعض الآخر". ويضيف الأستاذ كيرة قائلاً "ولا يخفى ما قد يكـون في هـذا التحديـد الجامـد العام من ظلم على بعض الناس سريعي النضج العقلي، أو ما قد يكون فيه من محاباة لبعض آخر بطيء النضج"، المرجع السـابق، ص 186، ص 187 هامش رقم "1").

(يشترط في أهلية الزواج أن يكون الخاطب والمخطوبة عاقلين وأن يكون كل منهما قـد أتـم الثامنـة عشـرة سـنة شمسـية إلا أنـه يجـوز للقاضي أن يأذن بزواج من لم يتم منهما هذا السن إذا كان قد أكمل الخامسة عشرة من عمره وكان في مثل هذا الـزواج مصـلحة تحـدد أسسها بمقتضى تعليمات يصدرها قاضي القضاة لهذه الغاية).

ثانياً:- الصياغة المرنة للقاعدة القانونية

تتوافر الصياغة المرنة للقاعدة القانونية إذا كان كل من الفرض والحكم أو أحدهما غير محدد بدقة في نص التشريـع، مثـال ذلك ما جاء في المادة 135 مدني مصري والمادة 163 مدني أردني: " إذا كان محل الالتزام مخالفاً للنظام العام أو الآداب كان العقد باطلاً".

فالفرض أن يخالف محل الالتزام النظام العام أو الآداب، وفكرة النظام العام والآداب فكرة مرنة غير محددة تحديداً دقيقاً، والحكم هـو اعتبار العقد المخالف لهذه الفكرة باطلاً.

وتتميز الصياغة المرنة بأنها تمكن القاضي من مراعاة العدالة لأنها تترك له حرية الاختيار للحكم المترتب علـى الفـرض الـذي يتلاءم مع ظروف هذا الفرض، وإن كان يعاب على هذا النوع من الصياغة عدم الاستقرار، إذ لا يستطيع الأفراد أن يحددوا مقدماً الحـل أو الحكم الذي سيأخذ به القاضي [1].

هذا وقد اتسع مجال هذا النوع من أنواع الصياغة، إذ وضعت الكثير من القواعد المرنة التي يفسـح المجـال فيهـا للقاضـي لمطابقة الحلول على ظروف كل حالة وملابساتها، من ذلك مثلاً ما ورد في القواعد العامة من إنه إذا وقع المتعاقد في غلط جوهري جـاز له أن يطلب إبطال العقد. فالغلط الذي يخول طلب إبطال العقد هو الغلط الجوهري، ولكن متى يعتبر الغلط جوهرياً؟

_____

(1) السيد محمد السيد عمران وآخرون، المصدر السابق، ص 130.

لقد ذكر المشرع بعض الأمثلة التي يعتبر فيها الغلط جوهرياً، ولكنه بعد ذلك ترك تحديد الغلط الجوهري للقاضي يقدره في كل حالة حسب ظروفها، في ضوء المعيار العام الذي وضعه المشرع، وهو أن الغلط يكون جوهرياً إذا بلغ حداً من الجسامة يمتنع معه المتعاقد عن إبرام العقد لو لم يقع في هذا الغلط. ففي كل حالة يصل فيها الغلط إلى هذا الحد، فإنه يعتبر جوهرياً إذا رأى القاضي أن المتعاقد كان يمتنع عن التعاقد لو علم الحقيقة[1].

إن الصياغة المرنة لها القدرة على مسايرة التطور الاجتماعي ومواجهة ما يطرأ من وقائع وحالات جديدة، بخلاف القاعدة القانونية الجامدة التي تكتفي بتحقيق العدل المجرد، فتجمد عن متابعة التطور الاجتماعي قانعة بتحقيق الثبات والاستقرار. والثابت أن القانون محتاج إليهما معاً، حاجة المجتمع إلى الاستقرار والتطور على حد سواء. فالصياغة الجامدة إن كانت تحقق الاستقرار، إلا أنها تضطر إلى تحقيقه على حساب التطور، فتجمد بالقاعدة القانونية عن مواجهة ما يجد من حالات، وتقنع بتحقيق عدل مجرد يواجه أوضاعاً مجردة دون اعتبار للظروف والملابسات الخاصة. والصياغة المرنة، أن كانت تؤهل القاعدة القانونية للتكيف وفق الظروف الخاصة ومسايرة التطور الاجتماعي، إلا أن ذلك يتم على حساب الإخلال بالاستقرار والأمن في المعاملات.

ومع كل ما تقدم يرى البعض بأن القاعدة القانونية الجامدة هي نموذج القواعد القانونية في الأصل، أما القاعدة المرنة، فتأتي استثناء "يتم اللجوء إليه عندما يستعصي الأمر على التحديد الثابت الجامد"[2].

---

(1) انظر المادة 121 مدني مصري، توفيق حسن فرج، المصدر السابق، ص 167.
(2) حسن كيرة، المصدر السابق، ص 188.

المبحث الثاني
طرق الصياغة القانونية

إن طرق أو أدوات أو وسائل الصنعة القانونية كثيرة، ولا تخلو دراستها من صعوبات خصوصاً بالنسبة للمبتدئ في دراسـة القانون. وهناك من يقسم هذه الطرق إلى طرق صياغة مادية يضع تحت عنوانها بعض أمثلة هذه الطريقة كإحلال الكـم محل الكيـف، حيث يحدد القانون في هذه الحالة الفكرة التي يتضمنها جوهر القاعدة القانونية تحديداً رقمياً ثابتاً، لكي تصبح سـهلة التطبيـق مـن الناحية العملية ومن صور هذه الطريقة أيضاً الشكل الذي يعد عنصراً خارجياً يشترط القانون إضافته عند إنشاء أو تعديل أو انقضاء حق أو مركز قانوني.

وهناك أيضاً ضمن هذه الطريقة من التقسيم ما يسمى بطريق الصياغة المعنوية التـي تضـم القرائـن القانونيـة والحيـل القانونية. ومن الشراح من قام بسرد وسائل أو أدوات الصناعة القانونية السالفة، دون تقسيمها إلى طرق ماديـة وأخـرى معنويـة، علمـاً بأن ما أورده هذا الاتجاه من وسائل جاء على سبيل المثال لا الحصر [1].

ومن أجل تبسيط هذا الموضوع على القارئ وخصوصاً المبتدئ في دراسة علم القانون، وجدنا بأن الضرورة تستدعي اعتماد تقسيم هذه الطرق إلى طرق صياغة مادية وطرق صياغة معنوية وعلى الشكل التالي:-

أولاً:- طرق الصياغة المادية:-

يعبر عن القاعدة القانونية في هذه الحالة بشكل مادي قاطع يمكن الوقوف عليه بكل سهولة، بعيداً عن الاجتهاد وتقـدير كل حالة وفقاً لما يحيط بها، وهو ما قد يؤدي إلى التحكم أو ضياع وقت القاضي في خضم التقـدير. وقـد مثـل الفقيـه الفرنسي- "جينـي" لهذه

---

(1) ومن هذا النهج على سبيل المثال:- منصور منصور، المصدر السابق، ص 205، سمير عبد السيد تناغو، المصدر السابق، ص 278.

الطرق بعدة أمثلة، ومنها إحلال الكم محل الكيف، والشكل الذي يسبغه المشرع على بعض التصرفات القانونية.

وبالنسبة لإحلال الكم محل الكيف فيقصد به تحديد الفكرة التي يتضمنها جوهر القاعدة القانونية، تحديداً عديداً لا يدع مجالاً للخلاف والتقدير.

والأمثلة التي تضرب على هذه الطريقة كثيرة ومنها ما ورد في المادة (106) مدني عراقي "سن الرشد هي ثماني عشرة سنة كاملة". وهنا لا يكون للقاضي بالنسبة لأي شخص أكمل هذا العمر إلا تقرير كمال أهليته لمباشرة حقوقه المدنية، ما لم يصب بعارض من عوارض الأهلية، أو يقرر القانون عدم أهليته أو الحد منها[1]. وللولي في القانون المدني الأردني بترخيص من المحكمة تسليم الصغير المميز إذا أكمل الخامسة عشرة مقداراً من ماله والإذن له بالتجارة تجربة له. ويكون هذا الإذن مطلقاً أو مقيداً[2]. وتحول المشرع هنا مرة أخرى من حالة "كيف" يمنح الصغير المميز الإذن بالتجارة تجربة له إلى وضع رقم معين هو إكماله (15) سنة وفي قوانين أخرى (18) سنة ميلادية (كم) لمنع أي خلاف أو تحكم عند البت في أمر كهذا لاختلاف الأشخاص في نموهم ومظهرهم وقدراتهم، ولاستقرار المعاملات، وبالتالي لتسهيل تطبيق القواعد القانونية.

ومن الأمثلة أيضاً تحديد التقادم المكسب للالتزام بخمس عشرة سنة. فجوهر القاعدة القانونية المطلوب صياغتها هو أن كل من وضع يده على شيء مملوك لغيره، بشروط معينة مدة طويلة، بحيث يتولد عند الناس الاعتقاد بأنه مالك، يصبح مالكاً لهذا الشيء، هذا هو جوهر القاعدة. ولكن لما كان تحديد هذه المدة الطويلة من الأمور التي قد

---

(1) المادة 93 مدني عراقي، ويعتبر الشخص كامل الأهلية في القانون المصري إذا أكمل (21) سنة ميلادية، ويعتبر كذلك في القانون اللبناني إذا أكمل (18) سنة ميلادية.

(2) المادة 1/119 مدني أردني، علماً بأن السن المطلوب في القانون المصري في هذه الحالة هو (18) سنة ميلادية كاملة.

تثير الخلاف، مما يؤدي إلى صعوبة تطبيق القاعدة، صيغت الفكرة (كيف) برقم معين وهو 15 سنة (كم)[1].

ومن صور الصياغة المادية للقاعدة القانونية حالة اشتراط المشرع توافر شكل معين للتصرف القانوني في ضوء قناعة المشرع بأهمية وخطورة هذا التصرف، وعدم الاكتفاء بمبدأ الرضائية لانعقاده أو ترتيب آثاره.

والشكل عنصر خارجي يشترط القانون إضافته إلى الظاهرة الأصلية من شأنها إنشاء أو تعديل أو نقل أو انقضاء حق أو مركز قانوني، بحيث لا تنتج هذه الظاهرة الأصلية، وهي في العادة تصرف قانوني الأثر المطلوب منها بغير إضافة هذا العنصر الخارجي. فالعقد باعتباره تصرفاً قانونياً يتكون من عناصر داخلية تتمثل في التعبير عن إرادتين متطابقتين. وطبقاً للمبدأ العام في القانون الحديث فإن العقد ينعقد وينتج آثاره القانونية عند اكتمال عناصره الأساسية وهي تطابق القبول مع الإيجاب. ويعرف هذا المبدأ باسم مبدأ الرضائية في العقود، وعلى أساسه قيلت القاعدة المعروفة "الأصل هو الرضائية في العقود"، أي إن العقود بشكل عام تنعقد وتنتج آثارها بمجرد توافق أو تطابق الإرادتين دون حاجة إلى وضع ذلك في شكل أو صياغة معينين.

أما إذا اشترط القانون لانعقاد العقد إضافة عنصر خارجي إلى التعبير عن الإرادة كالكتابة أو الشهادة أو التوثيق أمام موظف رسمي، فإن هذا العنصر الخارجي يعتبر من قبيل الشكل، وهو عنصر مضاف إلى عناصر التصرف الداخلية، وبه نكون قد انتقلنا من نطاق الرضائية "الأصل العام" إلى نطاق الشكلية (الاستثناء على الأصل العام)[2].

---

(1) توفيق حسن فرج، المصدر السابق، ص 170. ونفس الشيء يقال بالنسبة للتقادم المسقط الذي حدد له المشرع في العديد من البلدان المدة بـ (15) سنة لا تسمع بعدها عند الإنكار الدعوى بحق من الحقوق الشخصية إلا في الأحوال التي يعين فيها القانون مدد أخرى. المادة 449 مدني أردني، المادة 438 مدني كويتي. وللمزيد من التفاصيل راجع:- د. جاسم محمد سعود، المضف، طارق عبد الرؤوف صالح رزق، أحكام التقادم المسقط، ط1، الكويت 2005، ص 20 وما بعدها.

(2) سمير عبد السيد تناغو، المصدر السابق، ص 378.

وتبرز أهمية الشكل في أن إغفاله قد يؤدي إلى إجهاض التصرف القانوني واعتباره غير كامل وغير منـتج لآثـاره القانونيـة أو اعتباره باطلاً.

ومن أمثلة هذه القاعدة اعتبار هبة العقار التي لا تتم بورقة رسمية باطلـة. فـالفكرة الجوهريـة التـي تقـوم عليهـا هـذه القاعدة، أن الهبة نظراً لخطورتها إذ يتصرف الواهب في ماله دون مقابل، يجب أن لا تتم إلا إذا كان الواهـب قـد تـروى قبـل إن يهـب حتى يقدم على التعاقد وهو مدرك لخطورة تصرفه. ولكن مثل هذه الفكرة الجوهرية إذا وضعت بحالتها هذه، فقد يتعذر تطبيقها في العمل، إذ كيف يتيسر في التطبيق معرفة ما إذا كان الشخص عند التصرف قـد تـروى وأدرك خطـورة تصرفه، دون أن تتـدخل الصـنعة القانونية بتحويل هذه الفكرة الجوهرية إلى قاعدة صالحة للتطبيق تفرض على من يريد الهبة القيام بإجراء شكلي، هـو إبـرام الهبـة في ورقة رسمية على يد موظف مختص وإلا كانت الهبة باطلة. ومثل هذا الإجراء الشكلي يحتـاج إلى الوقـت والاسـتعداد الـذي يتنبـه مـن خلاله الواهب إلى حقيقة ما هو مقدم عليه وإدراك خطورته[1].

ونفس الشيء يقال بالنسبة للتصرفات التـي تقـع عـلى العقـارات في الأردن، إذ يعـد التسـجيل ركنـاً في البيـوع العقاريـة في الأماكن التي تمت فيها التسوية، بحيث إذا لم يراع هذا الركن، وهو إجراء البيع أمام مأمور التسجيل يصبح العقد غير منعقد وليست لـه قيمة قانونية. وبما أن التسجيل ركن في البيوع العقارية التي تمت فيها التسوية، فمعنى ذلك أن عقد البيـع العقـاري يعـد عقـداً شـكلياً وليس رضائياً، بحيث إذا لم تراع فيه الشكلية المطلوبة أي إجراؤه في دائرة التسجيل فإنه لا ينعقد ولا أثر له[2].

---

(1) منصور منصور، المصدر السابق، ص 207.

(2) محمد يوسف الزعبي، العقود المسماة، شرح عقد البيع في القانون الأردني، ط1، عمان 1993، ص 279، ولا ينعقـد بيـع العقـار في العراق إلا إذا سجل في الدائرة المختصة (دائـرة تسـجيل الأراضي) واسـتوفى الشـكل الـذي نـص عليـه القـانون. (المـادة 508 مـدني عراقي). كما تعتبر معاملات نقل ملكية المركبات ورهنها وسائر التصرفات القانونية المتعلقة بها باطلة ما لم يتم تسجيلها وتوثيقها في إدارة الترخيص (م7/أ من قانون السير الأردني المؤقت رقم 47 لسنة 2001 المعدل بالقانون المؤقت رقم

ثانياً:- طرق الصياغة المعنوية

يقصد بهذه الطرق استنباط القاعدة القانونية من خلال الاستنتاج الذهني الـذي يلجـأ إليـه الإنسـان للوصول إلى حقـائق معينة والتعامل معها بما يحقق غايات المشرع الأساسية التي يقف في طليعتها إدراك العدالة والتوازن في الحقوق والواجبات بين النـاس. وبهذه الطرق يلجأ المشرع إلى استنباط العنصر المجهول من العنصر أو العناصر المعلومة المتوافرة لديه، كما هو الحال بالنسبة للقرائن. أو يفترض بعض الأمور المخالفة للواقع من أجل ترتيب آثار قانونية يقتضيها واقع التعامل والتـداول بـين النـاس، أو يفرضـها التقـدم والتطور العلمي والإنساني كما هو الحال بالنسبة للحيل القانونية.

وعلى هذا الأساس سنوزع هـذه الطريقـة مـن الصياغة بـالاعتماد علـى مصـادرها إلى نـوعين، يتنـاول الأول منهـا القـرائن القانونية، ويتناول الثاني منهما الحيل القانونية.

أ- القرائن القانونية كأساس لصياغة القاعدة القانونية:- القرينة هي استنباط أمر غير ثابت من أمر ثابت، وهي نوعان: نـوع يسـتنبطه قاضي الموضوع من وقائع الدعوى المعروضة عليه، ويعتبر استنتاجات فردية في حالات خاصة، ونوع يستنبطه المشرع نفسـه ممـا يغلب وقوعه عملاً في طائفة معينة من الحالات فيبني عليه قاعدة عامة ينص عليها في صيغة مجردة. والنـوع الأول هـو القـرائن القضـائية، ويعتبر من الأدلة بمعنى الكلمة، والنوع الثاني هو القرائن القضائية، وهي ليست أدلة بمعنى الكلمة وإنما تتضمن إعفاءً مؤقتـاً أو نهائيـاً من عبء الإثبات[1].

وهناك من يعرف القرينة بأنها "نتائج تستخلص بحكم القانون وتقدير القاضي، من واقعة معروفة للاسـتدلال علـى واقعـة غير معروفة"[2]، أو إنها "استخلاص أو افتراض أمر

---

53 لسنة 2002 الأول منشور في الجريدة الرسمية، العـدد 4506 بتأريخ 2001/9/16، ص 3890 والثاني منشـور في الجريـدة الرسـمية، العدد 4561 بتأريخ 2002/8/28، ص 4094).

(1) سليمان مرقس، موجز أصول الإثبات في المواد المدنية، دار النشر للجامعات المصرية، القاهرة 1957، ص 170.

(2) المادة 299 من قانون أصول المحاكمات المدنية اللبناني.

مجهول من واقعة معلومة". وهنا يتكشف أن القرائن "ليست أدلة مباشرة في الإثبات، بل هي أدلة غير مباشرة تقوم على الاستنتاج، أي استنتاج وقائع معينة من وقائع أخرى. ولا يثبت الخصم ذات الواقعة القانونية مصدر حقه وإنما يثبت واقعة أخرى، يسهل إثباتها، إذا أثبتها أمكن أن يتخذ من ذات الواقعة دلالة على ثبوت الواقعة الأخرى[1].

هذا وتكون القرائن قانونية عندما يرد النص عليها في القانون، وتكون قضائية عندما يتوصل القاضي إليها من معطيات القضية والأوراق التي يتضمنها ملف الدعوى. والقرينة القانونية، أما أن تكون قاطعة يلزم بها القاضي ولا يستطيع معها اختياراً، أو أن تكون من القرائن القانونية غير القاطعة أي القرائن القانونية البسيطة التي يجوز نقض دلالتها وإثبات عكس ما افترضه المشرع. أما القرائن القضائية فهي قابلة لإثبات العكس دائماً[2].

إن الحكمة من اعتماد القرائن القانونية كأساس أو طريقة لصياغة القاعدة القانونية، وقد يهدف المشرع منه منع التحايل على القانون، ومن ذلك مثلاً ما تنص عليه المادة (1109) مدني عراقي (1- كل تصرف ناقل للملكية يصدر من شخص في مرض الموت مقصود به التبرع أو المحاباة يعتبر كله أو بقدر ما فيه من محاباة تصرفاً مضافاً إلى ما بعد الموت وتسري أحكام الوصية أياً كانت التسمية التي تعطى له. 2- ويعتبر في حكم الوصية إبراء المريض في مرض موته مدينه وارثاً كان أو غير وارث. وكذلك الكفالة في مرض الموت"، وما تقضي به المادة 3/916 مدني مصري التي تقول "وإذا أثبت الورثة أن التصرف صدر من مورثهم في مرض الموت، اعتبر التصرف صادراً

(1) أحمد أبو الوفا، الإثبات في المواد المدنية والتجارية، الدار الجامعية للطباعة والنشر، بيروت 1983، ص 158.

(2) وقد أجاز المشرع إثبات عكس القرينة القانونية القاطعة إذا كان الأمر يتعلق بالمصلحة الخاصة. أما القرينة القانونية غير القاطعة فيجوز نقضها بالدليل العكسي ما لم ينص القانون على غير ذلك، ويكون إثبات عكسها بجميع طرق الإثبات. وبهذا المفهوم تكون القرينة القانونية بسيطة عندما لا تتعلق بالنظام العام، محمود الكيلاني قواعد الإثبات، عمان 2006، ص 140 – 143.

على سبيل التبرع، ما لم يثبت من صدر له التصرف عكس ذلك". فالمشرع محافظة منه على حقوق الورثة، اتخذ من واقعة صدور التصرف من المورث في مرض الموت قرينة على كون التصرف تبرعاً، وبالتالي تجري عليه أحكام الوصية ولو أعطى المورث لهذا التصرف تسمية أخرى كالبيع مثلاً.

وقد يقصد المشرع من النص على قرينة معينة تخفيف عبء الإثبات على الخصم، ومن ذلك ما جاء في المادة 173 مدني مصري من أن قيام الالتزام بالرقابة على عاتق المكلف بالرقابة يعتبر قرينة على خطأه، لتعذر إثبات هذا الخطأ في أغلب الأحوال.

وقد يضع المشرع قرينة معينة آخذاً بالمألوف بين الناس، من ذلك ما نصت عليه المادة 587 مدني مصري من أن "الوفاء بقسط من الأجرة قرينة على الوفاء بالأقساط السابقة على هذا القسط حتى يقوم الدليل على عكس ذلك". ومن ذلك أيضاً ما نصت عليه المادة (19) من قانون الإثبات المصري والمادة (163) من قانون أصول المحاكمات المدنية اللبناني من أن التأشير على سند الدين بما يستفاد منه براءة ذمة المدين يعتبر قرينة على هذه البراءة ما دام السند لم يخرج من حيازة الدائن[1].

ومن أمثلة هذه القرائن كذلك قرينة اعتبار المفقود ميتاً متى غلب على الظن هلاكه. فهذه القرينة مثل من أمثلة الصياغة القانونية الضرورية لمواجهة حالة استثنائية لا يمكن القطع فيها بدليل أو بينة على وفاة المفقود أو حياته، إذ تقضي المصلحة في الحالات التي يغلب فيها هلاكه، اعتباره ميتاً لتصفية ما هو معلق من حقوقه والتزاماته. فما دام يغلب هلاك المفقود، وما دام إثبات وفاته أمراً متعذراً أو مستحيلاً، فلا حرج من اتخاذ حكم ما يغلب هلاكه، إمارة على تحققه وقرينة على وفاته[2].

(1) محمد يحيى مطر، مسائل الإثبات في القضايا المدنية والتجارية، الدار الجامعية، بيروت 1989، ص 262.
(2) حسن كيرة، المصدر السابق، ص 195.

ب- الحيل القانونية باعتبارها من طرق الصياغة المعنوية: الحيلة القانونية هي افتراض أمر مخالف للواقع، يترتب عليه تغيير حكم القانون دون تغيير نصه، أو هي كما يقول الفقيه الألماني اهرنج، كذب فني اقتضته الضرورة.

وقد لعبت الحيلة الشرعية أو الافتراض القانوني دوراً مهماً في القانون الروماني، وكانت من عوامل تطوره. فقد اتسعت الحياة الاقتصادية والاجتماعية عند الرومان وتنوعت بشكل أضحى يضيق بها نطاق القانون. لذلك اضطر الحاكم القضائي "البريتور" إلى الاستعانة بالحيلة في معالجة الأوضاع والحالات المستجدة التي لا تستوعبها نصوص القانون. ومن ذلك افتراض البريتور أن الجنين حي حين موت أبيه، والأمر بحفظ نصيبه من الإرث عند ولادته، فإذا ولد حياً أعطي له وسلم إلى وصية.

وكانت الحيلة وسيلة مهمة في تطور النظم القانونية والقضائية في القانون الإنكليزي. فالقضاء في إنكلترا من الفتح النورماندي عام 1066م، كان موزعاً بين المحاكم الإقطاعية التي تفصل في المنازعات بين إتباع النبلاء، والمحاكم الكنسية التي تفصل في المنازعات التي يكون فيها أحد الخصوم من رجال الدين والأمور المتعلقة بالأحوال الشخصية، والمحاكم الملكية التي كانت تنظر في المنازعات التي تقوم بين النبلاء وكل ما يخل بأمن الملك وسلامته والاعتداء على أفراد أسرته. وقد لجأت المحاكم الملكية إلى اعتماد وسيلة الحيلة لتوسيع اختصاصاتها على حساب اختصاصات المحاكم الإقطاعية والمحاكم الكنسية، حتى استولت على اختصاصات هذه المحاكم ووحدت جهة القضاء[1].

وأخذ فقه الشريعة الإسلامية بهذا النوع من الافتراض، ومن ذلك افتراض حياة الجنين قبل ولادته، إذا مات المورث أثناء حمله، حتى يكون له نصيب في الإرث. بل أن

---

(1) عبد السلام الترمانيني، الوسيط في تأريخ القانون والنظم القانونية، جامعة حلب 1990، ص 632 وما بعدها، عباس العبودي، المصدر السابق، ص76 .

القوانين أوقفت لهذا الحمل من تركة المتوفى أوفر النصيبين على تقدير أنه ذكر أو أنثى[1].

ويستند ميراث الحمل على أدلة من السنة والإجماع، ومن ذلك ما روي عن النبي صلى الله عليه وسلم قوله "إذا استهل المولود ورث" وقوله صلوات الله عليه "لا يرث الصبي حتى يستهل".

أما بالنسبة للإجماع فقد أجمع الصحابة على توريث الحمل، إلا أنهم اختلفوا في قسمة التركة إذا كان في الورثة حمل، فالمشهور عند المالكية، أن القسم يوقف إلى وضع ذلك الحمل أو اليأس منه بمضي أقصى أمد الحمل. وأما الجمهور فيرون جواز قسمة التركة مع وجود الحمل. ولما كان الحمل غير معلوم النوع (أي الذكورة أو الأنوثة) وغير معلوم العدد، فقد اختلف الفقهاء في ذلك[2].

وعلى هذا النحو، يبدو الفارق الواضح بين القرائن القانونية والافتراض أو الحيل القانونية. فرغم أنهما يشتركان في اعتبارهما طرقاً معنوية لصياغة القاعدة القانونية تقوم على تصوير ذهني للواقع، تحكمي بعض الشيء بقصد تيسير الوصول إلى غايات عملية معينة، إلا أن الطريقة الأولى تؤسس تصويرها على الاحتمالات الغالبة الراجحة في العمل، بحيث يأتي تعميمه في الاتجاه العادي الطبيعي للأمور، بينما تستبيح الطريقة الثانية، في سبيل الوصول إلى الهدف المقصود، تأسيس تصويرها على إنكار الواقع أو تشويهه. لـذلك يعتبر الافتراض مخالفة صريحة للواقع، بينما تعتبر القرائن تسليماً بحكم طبيعي أو الغالب فيه[3].

---

(1) المادة 329 من قانون الأحوال الشخصية الكويتي، إصدار دائرة الفتوى والتشريع، ط5، 1999، ص 113.

(2) لمزيد من التفاصيل راجع:- محمد عبد الله بخيت، محمد عقلة العلي، الوسيط في فقه المواريث، ط1، دار الثقافة للنشر والتوزيع، عمان 2005، ص 139، وتُلاحظ في هوامش هذه الصفحة أسانيد أحاديث الرسول عليه الصلاة والسلام.

(3) حسن كيرة، المصدر السابق، ص 201 – 202.

أما بالنسبة لدور الحيلة في الصياغة القانونية، فإن الحيلة تستخدم في أربعة أدوار مختلفة، فهي أما أن تستخدم في خلق قواعد قانونية جديدة، ومن هذا القبيل القاعدة التي تقرر في بعض القوانين تصحيح نسب الابن غير الشرعي في حالة زواج والديه زواجاً لاحقاً على ولادته. فهذه القاعدة تخالف في مضمونها الواقع من حيث أنها تجعل ابناً شرعياً من هو غير شرعي، وتخالف بذلك الحقيقة الطبيعية للمقصود بالابن الشرعي، وهو الابن الذي ولد من زواج صحيح. وقد تستخدم الحيلة في دور ثانٍ في توسيع نطاق تطبيق القواعد القائمة، ومن ذلك اعتبار المنقول عقاراً بالتخصيص، فهي لا تخلق قاعدة قانونية جديدة، ولكنها تؤدي فقط إلى توسيع طائفة العقارات بحيث لا تقتصر على الأشياء الثابتة بحيزها والتي لا يمكن نقلها دون تلف، بل تشمل كذلك المنقولات المرصودة لخدمة هذه الأشياء. أما الدور الثالث للحيلة فيتجلى في تبرير القواعد القانونية القائمة، ومن هذا الحيلة التي تفسر امتياز مؤجر العقار على المنقولات التي يضعها المستأجر في العين المؤجرة على أساس فكرة الرهن الضمني، أي كما لو كان هناك عقد رهن متفق عليه ضمناً بين المؤجر والمستأجر على تخصيص هذه المنقولات لضمان حق المؤجر في الأجرة وغير ذلك من حقوقه الأخرى في مواجهة المستأجر. وآخر دور للحيلة هو استخدامها في عنوان القاعدة القانونية. ومن هذا القبيل إطلاق المشرع أحياناً اسم شركات القطاع العام على الوحدات الاقتصادية المكونة للقطاع العام، رغم أن النظام القانوني لهذه الوحدات يختلف عن النظام القانوني للشركات[1].

(1) للمزيد من التفاصيل راجع:- حسن الهداوي، تنازع القوانين، ط1، دار الثقافة للنشر والتوزيع، عمان 2005، ص 117، سمير عبد السيد تناغو، المصدر السابق، ص 406 - 411.

الباب الرابع
مصادر [1] القاعدة القانونية

يقصد بمصادر القاعدة القانونية، منابع القاعدة القانونية[2]، أي الأصول التي جاءت منها مـادة الفكـرة القانونيـة وخامتهـا، سواء أكانت محض تجربة إنسانية سابقة، أو تنظيم أخذت به إحدى الشرائع القديمة في مرحلة من مراحل تطور الإنسان فيها، أو سلوك فرضته إحدى الشرائع السماوية، أو نص قانوني أخذت فيه القوانين الأخرى دور الريادة والتطبيق وأثبتت فيه نجاحاً واضحاً يمكـن أن يحتذى من قبل المجتمعات البشرية الأخرى، أو واقعاً اجتماعياً أو اقتصادياً برز على ساحة النشاط الإنساني بشكل تـدريجي أو مفـاجئ وأصبح بحاجة إلى تنظيم قانوني يسهل معه قيادة ما ينجم عن هذا النشاط من مظاهر وتداعيات.

ولا ينتهي الأمر بالنسبة لمصادر القاعدة القانونية عند هذا الحد الذي يمثل الوجه الأول وهو لبنة ومادة القاعدة القانونية، بل يحتاج إلى الوجه الثاني وهو (تصنيع) هـذه الخامة وإخراجها علـى شـكل قاعـدة سـلوك منظمـة تتوجـه إلى الكافـة لتصبح أساسـاً لتصرفاتهم ومساءلتهم عند الوقوف بالضد منها. وهذا ما نطلق عليه صياغة الفكرة القانونية بأسلوب قانوني موجز ورصين ودال وخالٍ من النقص المخل أو الإسهاب الممل، ووضع هذه الفكرة في قالب ما يعرف بالقاعدة القانونية التي لا تصل إلى حد اكتساب هذه الصفـة الرسمية إلا بعد أن تقطع شوطاً طويلاً من الناحيتين الموضوعية والشكلية على حد

---

(1) يقال صدَرَ صدوراً الأمر: حدث وحصل ومنه برز وعنه نشأ ونتج. يقال أصدر الأمر:- أبرزه، المصدر وجمعها مصادر: موضع الصدور. لويس معلوف، المنجد في اللغة والآدب والعلوم، ط 18، المطبعة الكاثوليكية، بيروت، بلا سنة طبع، ص 419.

(2) يقال نَبَعَ نبعاً ونبوعاً ونبعانا الماء:- خرج من العين. والنبع:- عين الماء. لويس معلوف، المصدر السابق، ص 786.

سواء. فهناك الكثير من الأفكار القانونية التي توضع بشكل معين كمشروع قانوني لتنتهي بشكل مغاير تماماً حينما تـدخل إلى مطبخ المشرع الحقيقي، أو حينما تطرح للنقاش من قبل المؤسسات الدستورية التي تعنى بإصدارها. ولذلك فإن الوجه الثاني لمصادر القاعدة القانونية هو محل هذه القاعدة الرسمي من تسلسل ما وضعه المشرع من وسائل قانونيـة عديدة لحل المنازعات التـي تحصـل بـين الناس.

وهذا المصدر قد يجد نفسه بين المصادر الرسمية أو التفسيرية، حسب طبيعة النظام القانوني السائد في هذا البلد أو ذاك.

وعلى الرغم من تشابه مصادر القاعدة القانونية في البلـدان المختلفـة، فـإن ذلك لا يعنـي تطابقهـا، وخصوصـاً مـن حيـث تسلسل أهميتها، وهو أمر يعد غاية في الأهمية إذا ما انتقلنا إلى الجانب العملي لتطبيق هذه القواعد على أرض الواقع.

إن المصادر الرسمية للقانون متعددة ومتنوعة وتختلف من حيث المرتبة باختلاف المجتمعات والعصـور، إلا أن المصـادر التي تعارف الفقهاء على دراستها وشرحها هي التشريع والعرف والـدين وقواعد العدالـة. وتعد أحكام القضاء في بعـض البلـدان مـن المصادر الرسمية. إلا أن الراجح في الوقت الحاضر هو اعتبار القضاء من المصادر التفسيرية للقانون. وأن المصدرين العامين اللذين غلـب وجودهما كمصدرين منشئين رسميين في جميع الشرائع ومعظم العصور هما التشريع والعرف. أما غيرهما مـن المصـادر، فيتفـاوت أثـره باختلاف البلدان والأزمنة. فمن الدول من يجعل التشريع في المقام الأول مصدراً رسمياً أصلياً، وهـذه هـي الأغلبيـة الكـبرى في الوقت الحاضر، كما هو الحال في الأردن والعراق ومصر وفرنسا، ومنها ما يجعل السوابق القضائية في المقام الأول مصدراً رسمياً أصلياً، كـما هو الحال في انكلترا ونيوزلندا واستراليا، ومنها ما يجعل الدين في المقام الأول مصدراً رسمياً أصلياً كما هو الحال في السعودية⁽¹⁾.

---

(1) غالب الداودي، المدخل إلى العلوم القانونية، المصدر السابق، ص 95.

وفي العراق يعتبر التشريع مصدراً رسمياً أصلياً، بينما يعتبر العرف ومبادئ الشريعة الإسلامية الأكثر ملائمة لنصوص القانون دون التقيد بمذهب معين وقواعد العدالة مصادر رسمية احتياطية، وتسترشد المحاكم بالأحكام التي أقرها القضاء والفقه في العراق ثم البلاد الأخرى. وهذا يعني بأن المشرع وضع أحكام القضاء وآراء الفقه كمصادر استرشادية أو تفسيرية[1].

أما المشرع الأردني فقد قدم في المادة الثانية من القانون المدني الأردني أحكام الفقه الإسلامي ثم مبادئ الشريعة الإسلامية على العرف الذي احتل المرتبة الرابعة في تسلسل المصادر الرسمية للقاعدة القانونية[2].

وسنعتمد في دراسة وتفصيل هذه المصادر على الترتيب الذي أتحفنا به المشرع الأردني في المادة الثانية من القانون المدني الأردني التي جاء فيها:- "1- تسري نصوص هذا القانون على جميع المسائل التي تتناولها هذه النصوص بألفاظها ومعانيها، ولا مساغ للاجتهاد في مورد النص. 2- فإذا لم تجد المحكمة نصاً في هذا القانون حكمت بأحكام الفقه الإسلامي الأكثر موافقة لنصوص هذا القانون، فإن لم توجد فبمقتضى مبادئ الشريعة الإسلامية. 3- فإذا لم توجد حكمت المحكمة بمقتضى العرف، فإن لم توجد حكمت بمقتضى قواعد العدالة، ويشترط في العرف أن يكون عاماً وقديماً ثابتاً ومطرداً ولا يتعارض مع أحكام القانون أو النظام العام أو الآداب. أما إذا كان العرف خاصاً ببلد

(1) ونفس النهج نجده لدى المشرع المصري في المادة الأولى من القانون المدني المصري رقم 131 لسنة 1948 عدا إضافة القانون الطبيعي إلى المصادر الرسمية الاحتياطية قبل قواعد العدالة.

(2) احتل العرف المرتبة الثالثة بعد التشريع وأحكام الفقه الإسلامي في القانون المدني الكويتي الذي لم يضع مبادئ الشريعة الإسلامية كمصدر من مصادر القاعدة القانونية. أما القانون الإماراتي فقد وضع العرف في المرتبة الرابعة بعد الشريعة الإسلامية وأرجح الآراء في بعض المذاهب الفقهية الإسلامية. ووضعت المادة الأولى من القانون المدني الليبي النصوص التشريعية ثم مبادئ الشريعة الإسلامية ثم العرف وأخيراً مبادئ القانون الطبيعي وقواعد العدالة كمصادر للقاعدة القانونية. ومن الضروري القول بأن بعض القوانين العربية لم تضع نصاً تبين فيه مصادر القاعدة القانونية او تسلسل هذه المصادر، ومن ذلك قانون الموجبات والعقود اللبناني وقانون المعاملات المدنية السوداني لعام 1984.

معين فيسري حكمه على ذلك البلد. 4- ويسترشد في ذلك كله بما أقره القضاء والفقه على أن لا يتعارض مع ما ذكر".

ومما يتعلق بهذا الموضوع ولا يقل عنه أهمية تطبيق القاعدة القانونية بغض النظر عن مصدرها وكذلك تفسيرها، إذ يعد هذا الأمر الوجه الآخر للقاعدة القانونية، عند وضعها في حيز التنفيذ.

وبناء على ما تقدم سنقسم هذا الباب على الوجه التالي:-

الفصل الأول: المصادر الأصلية، وتضم: التشريع، أحكام الفقه الإسلامي ومبادئ الشريعة الإسلامية، العرف، مبادئ القانون الطبيعي والعدالة.

الفصل الثاني: المصادر التفسيرية وتضم: القضاء، الفقه.

الفصل الثالث: تطبيق القانون وتفسيره.

الفصل الأول
المصادر الأصلية

سنتناول في هذا الفصل المصادر الأصلية تباعاً ابتداء من التشريع باعتباره أهم هذه المصادر وبالشكل التالي:-

المبحث الأول
التشريع

وسيغطي هذا المبحث كل ما يتعلق بالتشريع من حيث التعريف به وتشخيص مكانته وبيان مزاياه وعيوبه ثم أنواعه وطرق سنه ونفاذه ومراقبة دستوريته وأخيراً دراسة حالات إلغائه.

المطلب الأول
التعريف بالتشريع ومكانته

وضعت عدة تعاريف للتشريع لا تختلف كثيراً من حيث النتيجة عن بعضها، حيث يطلق اصطلاح التشريع على معنيين، الأول بمعنى المصدر، وهو قيام السلطة المختصة في الدولة بوضع قواعد جبرية مكتوبة تنظم المجتمع، وذلك في حدود اختصاصها، ووفقاً للإجراءات الدستورية المعمول بها في الدولة، والمعنى الثاني بمعنى القاعدة، وهو القاعدة القانونية المكتوبة ذاتها التي تنظم سلوك الأفراد في المجتمع الصادرة عن سلطة عامة مختصة[1].

وقد يراد بلفظ التشريع معنى آخر، إذ قد يراد به القاعدة القانونية، أو مجموعة القواعد القانونية التي تنظم أمراً من الأمور، فيقال مثلاً تشريع الضرائب والتشريع العمالي وتشريعات البيئة.

---

(1) السيد محمد السيد عمران وآخرون، المصدر السابق، ص 101.

والتشريع هو المصدر الرسمي الأصلي في معظم قوانين الدول الحديثة عدا الدول الانكلوسكسونية التي ما يزال القضاء فيها يحتل مكان الصدارة بالنسبة لمصادر القانون، ومن هذه الدول انكلترا ونيوزلندا واستراليا. ويرجع السر في ذلك إلى أن أوجه النشاط في الدولة الحديثة قد كثرت وتشعبت، كما تعقدت الروابط الاجتماعية، بين الأفراد بصورة أصبحت تتطلب كثرة القواعد القانونية التي تحكمها، بحيث لم يعد العرف، وهو مصدر بطيء، يكفي لمسايرة ما طرأ من تطور في الحياة الاجتماعية، فكان من اللازم الالتجاء إلى مصدر سريع يمكن من تنظيم تلك الروابط تنظيماً دقيقاً[1].

ويعتبر التشريع المصدر الرسمي الأول من مصادر القانون في الأردن طبقاً لنص الفقرة الأولى من المادة الثانية من القانون المدني الأردني، لأن الأردن اعتمد النهج اللاتيني في ترتيب مصادر القاعدة القانونية، ولم يكن يحتل هذه المرتبة في الماضي، حيث كانت الشريعة الإسلامية، هي المصدر الأول لقواعد القانون منذ الفتح الإسلامي لبلاد الشام وحتى فترة متأخرة من زمن الدولة العثمانية، عندما بدأت هذه الدولة بإصدار تشريعات على غرار الدول الأوروبية. وقبل الفتح الإسلامي كانت الأردن جزءاً من الدولة الرومانية، وكان القانون الروماني هو المطبق آنذاك، بالإضافة إلى بعض الأعراف التي كانت مستقرة في ذلك الزمان[2].

وإذا كان التسريع يعد المصدر الأصلي الأول، فمعنى ذلك أنه يتعين على القاضي أن يلجأ إليه أولاً لحل ما يعرض أمامه من منازعات. فإذا وجد حكماً لما عرض أمامه امتنع عليه أن يلجأ إلى المصادر الأخرى، أي أنه لا يلجأ إلى المصادر الأخرى إلا إذا لم يجد نصاً في التشريع. أما في حالة وجود نص غامض أو مبهم فلا يجوز للقاضي أن يبحث في المصادر الأخرى، وإنما يتعين عليه البحث عن المعنى الذي يقصده النص، ولا ينتقل إلى المصادر الأخرى إلا إذا وجد بعد البحث أن النص لا ينطبق في لفظه أو فحواه

(1) توفيق حسن فرج، المصدر السابق، ص 200، غالب الداودي، المصدر السابق، ص 97.
(2) خالد رشيد القيام، المصدر السابق، ص 109 – 110.

على الحالة المعروضة عليه. فلا يكفي إذن غموض النص أو عدم وضوحه حتى يقال بعدم وجود مصدر تشريعي[1].

ومن خلال تعريف التشريع وبيان أهميته يبدو أن ثمة خصائص معينة، يجب توافرها فيما يعتبر تشريعاً بالمعنى الصحيح، ومن ذلك ضرورة أن يتضمن التشريع وضع قاعدة تتوافر فيها خصائص القاعدة القانونية. فلا تعتبر قاعدة تشريعية إلا تلك التي تكون قاعدة سلوك مجردة وعامة. كما يصدر التشريع في نصوص مكتوبة، ولذلك يقال له القانون المكتوب، فيعتبر مصدراً للفظ والمعنـى معـاً، ويتوفر له بذلك من التحديد والوضوح ما يحقق الاستقرار والأمن في المعاملات. وبذلك يتميز عـن العـرف الـذي يقـال لـه القانون غـير المكتوب، فيكون مصدراً للمعنى دون اللفظ، الأمر الذي قد يحيطه بشيء من الغموض والإبهام. يضاف إلى مـا تقـدم مـن خصائص أن التشريع يصدر من سلطة مختصة بوضعه وفق إجراءات معينة لا بد من استكمالها[2].

المطلب الثاني
مزايا التشريع وعيوبه

نتعرض في هذا المطلب إلى مزايا التشريع في النقطة الأولى ثم إلى عيوبه في النقطة الثانية.

أولاً: مزايا التشريع:-

وضع الشراح العديد من المزايا للتشريع نستطيع تقديم أبرزها كما يلي:-

(1) التشريع - كما تقدم - يعني سن القواعد القانونية التي تنظم سلوك الأفراد بواسطة سلطة مختصة واعية ومدركة لأهمية القاعـدة القانونية التي يجب إصدارها سواء أكان ذلك الإصدار يحصل لأول مرة، أو أنه يأتي من باب التعديل أو الإلغاء لقاعدة قانونية سابقة

---

(1) توفيق حسن فرج، المصدر السابق، ص 200.
(2) عبد المنعم فرج الصدة، المصدر السابق، ص 89 - 90.

أصبحت بمرور الزمان أو لتغير الظروف الاجتماعيـة أو الاقتصاديـة أو الثقافيـة غـير مواتيـة لمسايرة وتنظيم وحكـم سـلوك الأفـراد في المجتمع.

وحينما يتاح لسلطات الدولة المختصة وضع القواعد القانونية، فإن لذلك بحد ذاته ميزات واضحة، أهمها السرعة في إصدار القاعدة التي يحتاجها المجتمع بأسرع وقت ممكن، بالإضافة إلى إمكانية الاستفادة مـن تجـارب الأمـم الأخرى المتطورة أو ذات النظم القانونية المقاربة، لوضع حلول سبق لتلك الأمم إن اعتمدتها بنجاح واضح في حل معضلاتها ومآزقها القانونية.

2- المعروف عن التشريع أنه يمدنا بقواعد مدروسة بعناية من قبل الجهة المختصة بإصدارها ثم تصدر بصورة رسمية وعلنية بقـدر يحقق إلى حد كبير معرفة الغالبية العظمى من الناس (أو هكذا يفترض) بها، ومثل هذه الميزة ستحقق قدراً كبيراً مـن الاسـتقرار والثقـة في المعاملات، إذ يمكن التأكد بيسر من وجود القاعدة القانونية التي يراد اللجوء إليها لحل النزاع المعني. كما يتـوافر للقاعـدة القانونيـة المشرعة قدر كبير من التحديد والضبط والوضوح إلى حد مقبول يمكن الأفراد من معرفة حقوقهم وواجباتهم، سواء كـان ذلـك بمسـاعدة من متخصص قانوني أو دون مساعدة منه. ومثل هذا ينطبق على الموظف الـذي يناط بـه تطبيـق القاعـدة القانونيـة، حيـث يسـتطيع الوصول إلى حسن تطبيقها وتحقيق الاستقرار والأمن الاجتماعي الذي يجد مغزاه في قاعدة قانونية واضحة وموجهة إلـى الجميـع دون تمييز.

3- يعمل التشريع على توحيد النظام داخل الدولة الواحدة، فعن طريق التشريع يمكن إخضاع البلاد كلها بأقاليمها المختلفـة إلى نظام قانوني واحد، وهذا ما يسهل توحيد الدولة ويزيل الفوارق في صور الحياة في أقاليم الدول المختلفة. وتؤدي هـذه الوحـدة القانونيـة إلى شعور الناس بالاطمئنان وزيادة التضامن بينهم بالإضافة إلى تحقيق وحدة الأحكام في جميع أرجاء الدولة الواحدة، عكس العرف الـذي يمكن أن يتعدد ويختلف حسب المناطق في الدولة الواحدة، ويؤدي بالتالي إلى عدم الشعور بالوحدة القانونية المنشودة في البلد الواحد واختلاف الأحكام فيه. ففرنسا مثلاً كانت حتى أواخر القرن الثامن عشر محكومة

في أجزائها الشمالية بقواعد عرفية وفي أجزائها الجنوبية بالقانون الروماني، إلى أن صدرت في أوائل القرن التاسع عشر تشريعات نابليون التي وحدت القوانين في جميع أجزاء البلاد. وبذلك نجح التشريع في تحقيق الوحدة القانونية في فرنسا. فالدولة الحديثة لا تستكمل وحدتها السياسية إلا باستكمال وحدتها القانونية [1].

ومثل هذه الوحدة القانونية تتحقق بشكل أوضح في الدول البسيطة، أما الدول المركبة أو كما تسمى أحياناً بالدول الاتحادية التي تتألف من عدة أقاليم أو ولايات أو مقاطعات، فإن هناك القواعد القانونية الاتحادية التي تحكم كل الأقاليم والولايات والمقاطعات على حد سواء، وهناك القوانين الخاصة بالأقاليم والمقاطعات التي تتفق مع وضعها الديموغرافي أو الاقتصادي أو الاجتماعي. ومثل هذه القواعد تختلف من إقليم أو ولاية لأخرى. وقد حسمت الكثير من الدساتير موضوع النزاع الذي قد يحصل بين القوانين الاتحادية وقوانين الأقاليم أو الولايات [2].

ثانياً: عيوب التشريع:-

ومع ما لاحظناه من مزايا للتشريع، فقد التفت المتخصصون إلى وجود وجه سلبي للتشريع تمثله العيوب التي قد تكتنف هذا المصدر الأساسي للقانون. ويمكن إجمال هذه العيوب بما يلي، مع التأكيد على أنها لا تمثل واقعاً ملموساً يؤثر على مركز هذا المصدر وصدارته:-

---

(1) رمضان أبو السعود، المصدر السابق، ص 131، غالب الداودي، المصدر السابق، ص 99.

(2) من ذلك مثلاً ما ورد في المادة (110) من الدستور العراقي الصادر عام 2005 من تحديد لاختصاصات السلطات الاتحادية الحصرية، وما ورد في المادة (114) من تحديد للاختصاصات المشتركة بين السلطات الاتحادية وسلطات الأقاليم. ثم جاء نص المادة (115) من الدستور ليبين الحلول واجبة الاتباع عند عدم وجود نص في الاختصاصات الحصرية للسلطات الاتحادية، حيث ستكون الصلاحية للأقاليم والمحافظات غير المنتظمة بإقليم. أما بالنسبة للصلاحيات المشتركة بين الحكومة الاتحادية والأقاليم، فإن الأولوية فيها هي لقانون الأقاليم والمحافظات غير المنتظمة بإقليم في حالة الخلاف بينهما.

1- إذا كان المراد من سن القاعدة القانونية هو الاستجابة لحاجات ومتطلبات المجتمع وتطوره ومواكبته لما يجري في العالم من تسارع ملفت على كل الميادين الاقتصادية والعلمية والإنسانية، فإن هذا الفرض قد لا يتحقق دائماً، إذا ما استغلت السلطات المختصة صلاحياتها لإصدار القوانين التي تلي طموحاتها أو نهجها السياسي، أو أنها تريد طبع المجتمع من خلال القوانين بفلسفة أو آيديولوجية معينة دون التفات إلى حاجات المجتمع الحقيقية، وعلى هذا الأساس قيل بأن القانون ما هو إلا انعكاس لمصالح الطبقات الحاكمة، فقانون "مانو" الهندي لم يعرف مبدأ المساواة في العقوبة الذي يقضي بأن جميع الأفراد سواء أمام القانون، وإنما كانت العقوبة تختلف باختلاف الطبقات التي ينتمي إليها كل من المتهم والمجني عليه. كذلك اتسم قانون داركون (620 ق.م) بالقسوة، حتى قيل أنه كتب بالدم وأخذت تضرب به الأمثال، فإذا قيل عن قانون أنه داركوني، فهذا يعني أنه قانون وحشي، وقال عنه أرسطو بأنه ليس فيه شيء خاص ولا خالد إلا القوة المتناهية وتغليظ العقوبات[1].

يضاف إلى هذا أن السلطة التشريعية في البلاد إذا كانت تتنازعها الأهواء السياسية والاختلافات المستمرة، فإن التشريعات التي تصدر عنها ربما تكون موضعاً للمساومة أو الحلول الوسطية التي قد تكون على حساب الأفراد في المجتمع وطموحاتهم.

2- أن التشريع قد يأتي بقواعد قانونية ملائمة لرغبات الناس واحتياجاتهم في زمن وظروف معينة، إلا أن هذه القواعد قد تتخلف بمرور الزمن عن مسايرة التطور والحاجات الملحة في المجتمع، فتبقى جامدة لا تتطور رغم تغير الظروف التي دعت إلى وضعها عندما يتخلف المشرع عن تغييرها قصداً أو نسياناً. وقد تصبح هذه التغيرات مرة أخرى موضعاً لتنافر واختلاف الكتل النافذة في المجالس التشريعية، وهو ما سيؤدي إلى بقاء الكثير من القواعد القانونية التي تقادم عليها الزمن دون تغيير بما يجعلها عقبة كأداء في سبيل التقدم والازدهار.

---

(1) عباس العبودي، المصدر السابق، ص 65 – 66.

3- وقد يتعجل المشرع في سن تشريع جديد تدعو الحاجة إليه، ولا يشبعه دراسـة وتمحيصاً تحـت ضـغط الضرورة إليـه، فيأتي هذا التشريع معيباً أو قصراً أو متناقضاً مع غيره من التشريعات الوطنية أو المعاهدات الدولية، فيضطر المشرع عندئذ على تعديل ما سنه من تشريع. وقد تتلاحق التعديلات في فـترات زمنيـة متقاربـة، الأمـر الـذي يـؤدي إلى زعزعـة الثقـة بـالقوانين الوطنيـة، ويخـل بالاستقرار الواجب تأمينه للمعاملات كافة في المجتمع[1].

المطلب الثالث

أنواع التشريع وطرق سنه ونفاذه ومراقبة دستوريته وإلغاؤه

سأقسم هذا المبحث إلى ثلاثة مطالب، يتناول الأول منهما أنواع التشريع ويخصص الثاني لدراسة سنه ونفاده، بينما ينصرف المطلب الثالث لبيان رقابة دستورية القوانين وحالات إلغاء التشريع.

الفرع الأول

أنواع التشريع

القواعد التشريعية التي يتوجه فيها المشرع إلى المجتمع لتنظيم سـلوكه، والتـي تعتـبر مـن أهـم الأدوات التـي يتميـز بهـا المجتمع النظامي ودولة القانون، ليست بدرجة واحدة، وإنما تأخذ عدة مستويات استناداً إلى أهميتها وجسامة وخطورة المواضيع التـي تتولاها بالتنظيم.

ويقسم الشراح هذه القواعد إلى ثلاث مراتب متفاوتة من حيث القوة، ومن حيث الجهة المختصـة بإصـدارها. وأول هـذه المراتب هو الدستور أو ما يسمى بالقانون الأساسي، وثانيهما التشريع الرئيسي أو العادي، ويلي ذلك مرتبة ثالثة ما يسمى بالتشريع

(1) غالب الداودي، المدخل إلى العلوم القانونية، المصدر السابق، ص 99 – 100، محمد حسن قاسم، المصدر السابق، ص 137.

الفرعي. يضاف إلى هذه التقسيمات التقليدية مرتبة رابعة تسمى بالقوانين المؤقتة أو الاستثنائية. وسنتولى فيما يلي إعطـاء فكـرة كافيـة عن كل من هذه الأنواع:-

أولاً:- الدستور (القانون الأساسي):-

كلمة دستور وجمعها دساتير، كلمة فارسية الأصل، تعني القاعدة التي يجب العمل بمقتضاها، وتعني الـدفتر الـذي تجمع فيه قوانين الملك وضوابطه أو تكتب فيه أسماء الجند ومرتباتهم [1]. ولم تكن كلمة دسـتور معروفة في بعـض البلـدان العربيـة، فهـي لم تنتشر في الأردن إلا بعد صدور دستور عام 1946 ثم صدور دستور عام 1952، أما قبل ذلك فإن التسمية المعتمدة للقانون الصـادر عام 1928 هي القانون الأساسي. ونفس الشيء يقال عن العراق الذي صدر فيه القانون الأساسي العراقي عام 1925، ثم ظهـر اسـم الدسـتور فيما بعد عند صدور الدساتير العراقية عام 1958، 1968، 1970 وأخيراً الدستور العراقي لعام 2005م [2].

ويضم الدستور مجموعة القواعد التي تبين شكل الدولة، وهـل هـي ملكيـة أم جمهوريـة، وتبـين نظام الحكـم السـائد في الدولة، وهل هو ملكي مطلق أم مقيد، وهل أن النظام الجمهوري نظام برلماني أم رئاسي. ويبـين الدسـتور توزيـع السـلطات الـثلاث في الدولة وعلاقة هذه السلطات ببعضها. وبين الدستور حقوق وواجبات الدولة تجاه المواطنين وحقوق وواجبات المـواطنين تجـاه الدولة والحقوق والحريات العامة للأفراد.

ويوضح الدستور أيضاً فلسفة الدولة الاقتصادية، أي النهج الاقتصادي الذي تعتمده، وهل هو نهج رأسـمالي أم اشـتراكي أم إسلامي أم نهج اقتصادي خاص بها تستفيد فيه من كل تجارب الدول الأخرى.

وعلى هذا فالمواضيع التي يتناولها التشريع الأساسي تعد مهمة وتتعلق بالأسس التي يقوم عليها كيان الدولة، ولـذلك يـأتي هذا التشريع في القمة بالنسبة لبقية التشريعات

(1) لويس معلوف، المنجد في اللغة، المصدر السابق، ص 214.
(2) لاحظ:- نعمان أحمد الخطيب، الوسيط في النظم السياسية والقانون الدستوري، ط1، دار الثقافة للنشر والتوزيع، عمان 2004، ص
448 – 449.

الأخرى في الدولة، ويتمتع عادة بحصانة خاصة، ولا يجوز للتشريع العادي أو الفرعي أو المؤقت أن يخالف أحكامه، وحينما يخالفه التشريع الأدنى يعد باطلاً.

أما بالنسبة للجدل الذي ثار حول طبيعة القواعد الدستورية، وهل أنها قواعد قانونية بالمعنى الصحيح أم لا، لعدم توافر الجزاء المادي فيها، فإن هذه القواعد تعد قانونية بكل ما في الكلمة من معنى، وهي قواعد ملزمة وواجبة الاحترام في الدولة، وأن مخالفتها تؤدي إلى سخط الرأي العام وغضب الشعب، وهو أعلى أنواع الجزاء الذي يكفل احترام القواعد الدستورية [1].

ثانياً:- التشريع الرئيسي أو العادي:-

يقصد بالتشريع العادي أو كما يسميه بعض الفقهاء التشريع الرئيسي، ما تسنه السلطة التشريعية من تشريعات في الدولة في حدود اختصاصها المبين في الدستور. ويطلق على هذا النوع من التشريع في العمل "القانون". واصطلاح القانون هنا بمعناه الخاص كوثيقة مدونة تصدر عن السلطة التشريعية، يختلف عن اصطلاح "القانون" بمعناه العام الذي يقصد به مجموع قواعد السلوك الملزمة للأفراد في المجتمع والتي يراد منها تنظيم السلوك بما يتفق مع فلسفة المشرع وغاياته.

والأصل أن سن التشريع العادي تقوم به السلطة التشريعية، وإن كانت الدساتير تنص عادة على إشراك رئيس الدولة أو من يقوم مقامه مع السلطة التشريعية في هذه الوظيفة أو مراقبته إياها، أما عن طريق ما تعطيه له من حق اقتراح القوانين أو من حق التصديق أو الاعتراض على ما تسنه السلطة التشريعية من قوانين [2].

---

(1) غالب الداودي، المدخل إلى علم القانون، المصدر السابق، ص 101.

(2) حسن كيرة، المصدر السابق، ص 234. ويتولى رئيس الجمهورية بموجب الفقرة الثالثة من المادة (73) من الدستور العراقي لعام 2005م المصادقة وإصدار القوانين التي يسنها مجلس النواب، وتعد مصادقاً عليها بعد مضي خمسة عشر يوماً من تأريخ تسلمها، كما حل بموجب المادة 138 منه تعبير (مجلس الرئاسة) محل تعبير (رئيس الجمهورية) أينما ورد في هذا الدستور، ويعاد العمل بالأحكام الخاصة برئيس الجمهورية، بعد دورة واحدة لاحقة لنفاذ هذا الدستور.

وبصفة عامة، فإن التشريعات جميعها مهما كانت الموضوعات التي تنظمها، تحتل المرتبة الثانية بعد الدستور. غير أن هناك حالات معينة قد يتقدم فيها تشريع على آخر. وتظهر هذه الحالة عندما يتناول تشريعان أو أكثر حالة معينة في آن واحد. ومن ذلك مثلاً أن ينظم القانون المدني عقد العمل كواحد من العقود المسماة، ثم ينظم قانون العمل عقد العمل أيضاً وبشكل موسع، يأخذ كل التفاصيل بنظر الاعتبار. ففي هذه الحالة يحصل التزاحم بين أكثر من قانون بشأن نزاع معين. وعندها على القاضي تطبيق قانون العمل أولاً، لأنه القانون الخاص الذي ينظم النزاع، وهو المفضل على القانون المدني الذي يعتبر قانوناً عاماً بالنسبة للقانون الخاص. ولا يرجع القاضي إلى القانون العام (القانون المدني)، إلا في حالة خلو القانون الخاص (قانون العمل) من حل للمشكلة موضوع النزاع. ونفس الشيء يقال بالنسبة لقوانين الإيجار الخاصة وموقعها بالنسبة لأحكام عقد الإيجار الواردة في القانون المدني، إذ يلجأ القاضي إلى تطبيق قوانين الإيجار الخاصة مفضلاً إياها على الأحكام العامة الواردة في القانون المدني. وقد نكون أمام تزاحم ثلاثة قوانين في آن واحد، إذ قد نكون أمام عقد العمل في القانون المدني، وقانون العمل الخاص بتنظيم العلاقات العمالية بشكل عام، وقانون عمل أخص كالقانون الذي يتولى تنظيم عمل طائفة معينة من العمال دون سواها، كعمال الموانئ أو السكك الحديدية أو المطارات. ففي هذه الحالة تتزاحم ثلاثة قوانين في تنظيم حالة واحدة، وعلى القاضي أن يطبق القانون الخاص بالفئة المعنية مفضلاً إياه على غيره.

وفي ضوء ما تقدم وطبقاً للقواعد العامة، يقدم القانون المتخصص على القانون الأعم، والقانون الأخص على القانون المتخصص، فإذا لم يجد القاضي نصاً في القانون الأخص يرجع إلى القانون المتخصص، وإن لم يجد يرجع إلى القانون الأعم[1].

---

(1) سهيل حسين الفتلاوي، المصدر السابق، ص 71 – 72.

ثالثاً:- التشريع الفرعي:-

يقصد بهذا النوع من التشريع ما تضعه السلطة التنفيذية من لوائح أو أنظمة أو تعليمات، بمقتضى الاختصاص المخول لها في الدستور. وتتضمن قرارات السلطة التنفيذية هنا قواعد عامة مجردة ومكتوبة تخاطب الجميع شأنها في ذلك شأن القـانون، ولكنها تختلف عنه في أن القانون يصدر عن السلطة التشريعية، بينما تصدر اللائحة أو النظام مـن السـلطة التنفيذيـة. كـذلك فـإن اللائحـة أو النظام تبقى أقل مرتبة من القانون.

ويطلق على هذا النوع من التشريع في مصر (اللائحة). وهناك ثلاثة أنواع من اللوائح، أولها اللوائح التنفيذيـة التـي تسـنها السلطة التنفيذية متضمنة التفصيلات اللازمة لتنفيذ التشريعات العادية أو القوانين. وثاني هذه اللوائح هي اللوائح التنظيميـة، ويقصـد بها تلك اللوائح التي تصدر عن السلطة التنفيذية بغرض تنظيم المصالح والمرافق العامة في الدولة. أما النوع الثالث من اللوائح في مصر، فهو ما يسمى لوائح الضبط أو البوليس، وهي اللوائح التي تضعها السلطة التنفيذية بقصد حماية الصحة العامة وكفالة السكينة وحفظ الأمن.

ويسمى هذا النوع من التشريع في لبنان (المراسيم التنظيمية) أو (الأنظمة الإدارية) أو (المراسيم العامة). وأطلق الدسـتور الأردني الصادر عام 1952 [1]، على التشريعات الفرعية اسم الأنظمة من خلال بعض النصوص الدستورية كما هو الحال بالنسـبة للـمادة (31) التي جاء فيها: "الملك يصدق على القوانين ويصدرها ويأمر بوضع الأنظمة اللازمة لتنفيـذها، بشرط أن لا تتضـمن مـا يخـالف أحكامها". وكذلك ما ورد في المادة 114 من الدستور الأردني التي أعطت الحق لمجلس الوزراء وضع الأنظمة من أجل مراقبـة تخصيص وإنفاق الأموال العامة وتنظيم مستودعات الحكومة، كما أعطت المادة (80) من الدستور العراقي الحق لمجلس الوزراء اصدار الأنظمة والتعليمات والقرارات، بهدف تنفيذ القوانين. وقد تخول القوانين العادية هذا الوزير أو ذاك صلاحية

---

(1) المنشور في الجريدة الرسمية الأردنية، العدد 1093 بتأريخ 1952/1/8، ص 3.

إصدار التعليمات والأنظمة لتسهيل تطبيق هذه القوانين، خصوصاً بالنسبة لبعض التفاصيل التي تحتاج إلى المزيد من الإيضاح من أجل وضعها موضع التطبيق[1].

والسلطة التنفيذية في إصدارها للتشريع الفرعي لا تحل محل السلطة التشريعية حلولاً مؤقتاً كما هو الحال بالنسبة للقوانين المؤقتة التي تصدر في الظروف الاستثنائية، وإنما تقوم هي بذلك وفقاً للدستور ومن أجل تخفيف الأعباء الثقيلة الملقاة على عاتق السلطة التشريعية. كذلك فإن السلطة التنفيذية تعتبر أقرب الجهات أو أكثرها ملائمة لإصدار الأنظمة والتعليمات التي تتعلق بالكثير من التفاصيل التي لا بد منها لتيسير تطبيق النصوص القانونية[2].

رابعاً:- القوانين المؤقتة أو المستعجلة (حالات الضرورة):-

أطلق على هذا النوع من التشريعات عدة أسماء، فهناك من سماها القوانين المؤقتة، وسماها آخرون القوانين الاستثنائية، ووصفها بعض الشراح بأنها قوانين خاصة. ومن الأسماء التي استخدمت لهذا النوع من التشريعات (تشريعات الضرورة أو التفويض) كما هو الحال بالنسبة لمصر. وفي لبنان سمي هذا النوع من القوانين (مشروعات القوانين المستعجلة، أو تشريع التعجيل). إلا أن هذه الأسماء تخفي وراءها الكثير من التفصيل والاختلاف بين دولة وأخرى في النظرة إلى هذا النوع من التشريعات وظروف إصداره.

ففي الأردن أعطت المادة 1/94 من الدستور الأردني الحق لمجلس الوزراء بموافقة الملك عندما يكون مجلس الأمة غير منعقد أو منحلاً وضع قوانين مؤقتة في الأمور التي تستوجب اتخاذ تدابير ضرورية لا تحتمل التأخير أو تستدعي صرف نفقات مستعجلة غير قابلة للتأجيل. ويكون لهذه القوانين المؤقتة التي يجب أن لا تخالف أحكام الدستور قوة القانون، على أن تعرض على المجلس (مجلس الأمة) في أول اجتماع يعقده، وللمجلس (مجلس الأمة) أن يقر هذه القوانين أو يعدلها، أما إذا رفضها فيجب على مجلس

---

(1) لاحظ على سبيل المثال: المادة (21) من قانون الجنسية الأردني رقم (6) لسنة 1954 المعدل، المادة (22) من قانون الجنسية العراقي الجديد، رقم 26 لسنة 2006.

(2) لاحظ: جعفر الفضلي، المدخل للعلوم القانونية، ط1، جامعة الموصل 1987، ص 40.

الوزراء بموافقة الملك أن يعلن بطلانها فوراً، ومن تأريخ ذلك الإعلان يزول مفعولها على أن لا يؤثر ذلك في العقود والحقوق المكتسبة.

وقد صدرت في الأردن مجموعة كبيرة من القوانين المؤقتة ومن ذلك على سبيل المثال قانون المالكين والمستأجرين الأردني رقم 29 لسنة 1982 المؤقت وقانون السير المؤقت رقم (47) لسنة 2001 وتعديله بالقانون المؤقت رقم 53 لسنة 2002 وقانون الـدواء والصيدلة، رقم 80 لسنة 2001 وقانون الجامعات الخاصة المؤقت رقم 43 لسنة 2001 وقانون المنافسة المؤقت رقم 49 لسـنة 2002، وقانون البيئة المؤقت رقم (1) لسنة 2003 وغيرها [1]

وفي مصر سميت بعض صور هذه التشريعات بتشريعات الضرورة، إذ أعطت الدساتير المصرية المتعاقبة حـق إصـدار هـذا النوع من التشريعات للسلطة التنفيذية بقيود معينة. وأهم هذه القيود وجود حالـة الضرورة التـي توجـب الإسراع في اتخـاذ تـدابير لا تحتمل التأخير، ووجوب الإسراع في تحديد مصير تشريعات الضرورة بعرضها على المجلس النيابي خلال مدة قصيرة، وإلا فقدت ما لها من صنعة قانونية، علماً بأن هذه التشريعات يجب أن لا تكون مخالفة بأي حال لأحكام الدستور.

وهناك صورة أخرى لهذا النوع من التشريعات في مصر يطلق عليه تشريعات التفويض، وبموجب هـذه التشريعات تحـل السلطة التنفيذية محل السلطة التشريعية وبناء على تفويض منها في سن قرارات لها قوة القانون في المسائل المحددة في التفويض. ولئن كان التفويض غير مقبول من الناحية النظرية على أساس أن السلطة التشريعية لا تملك حـق النـزول عـن اختصاصها، إلا أن الرغبة في توفير الدقة أو السرعة أو السرية لبعض التشريعات قد تبرر (لمدة معينة) تفويض السلطة التنفيذية في سن تشريعات لها قوة

---

(1) وتختص محكمة العدل العليا في الأردن في الطعون التي يقدمها أي متضرر بطلب وقف العمـل باحكـام أي قـانون مؤقـت مخـالف للدستور، وذلك استناداً لنص المادة التاسعة من قانون محكمة العدل العليا رقم (12) لسنة 1992 المعدل بالقانون رقم (2) لسـنة 2000م.

القانون، وذلك رغم وجود السلطة التشريعية وعدم غيابها، سواء مع تطلب عرضها على السلطة التشريعية مـن أجـل المصادقة عليهـا وإجازتها، أو مع عدم تطلب ذلك[1].

وفي لبنان يورد الدستور اللبناني حالة خاصة تحل فيها السلطة التنفيذية محل السلطة التشريعية في سـن التشـريـع العـادي رغم وجود السلطة الأخيرة وعدم غيابها ورغم عرض مشروع التشريع عليها، فقد نصت المادة (58) مـن الدسـتور اللبنـاني عـلى أن "كـل مشروع قانون تقرر الحكومة كونه مستعجلاً بموافقة مجلس الوزراء مشيرة إلى ذلك في مرسوم الإحالـة، يمكـن لـرئيس الجمهوريـة بعـد مضي أربعين يوماً من طرحه على المجلس (مجلس النواب)، وبعد إدراجه في جدول أعمال جلسة عامة وتلاوته فيها ومضي ـ هـذه المهلـة دون أن يبت به، أن يصدر مرسوماً قاضياً بتنفيذه بعد موافقة مجلس الوزراء".

ويتضح من هذا النص أن للسلطة التنفيذية حق إصدار مرسوم يقضي بتنفيذ مشروع القانون المستعجل، وذلك بعـد مضي ـ أربعين يوماً من طرحه على مجلس النواب وبعد إدراجه في جدول أعمال جلسة عامـة وتلاوتـه فيهـا ومضي ـ هـذه المهلـة دون أن يبـت فيه[2].

الفرع الثاني

سن التشريع ونفاذه

تختلف التشريعات من حيث طريقة وآلية سنها باختلاف نوعها وقوتها. لذلك نستطيع القول بأن هناك ثمـة تـدرج في سـن التشريعات كالتدرج الذي لاحظناه في مدى أهميتها وقوة بعضها على بعض. كذلك فإن سـن التشـريعات لا يكفـي لوحـده، إن لم يقـترن بإكمال الوجه الآخر لهذه التشريعات الذي يتمثل بإتباع الإجراءات اللازمة التي تجعل من هذه التشريعات نافذة بحق الكافة.

سنتناول ما تقدم وفقاً لما يلي:-

---

(1) حسن كيره، المصدر السابق، ص 236 – 239.

(2) محمد حسن قاسم، المصدر السابق، ص 150.

أولاً:- سن التشريع:-

تختلف الجهة التي تتولى سن التشريع باختلاف نوع هذا التشريع بأن كان دستوراً أو تشريعاً عادياً أو فرعياً:-

أ- سن الدساتير:- هناك ما يسمى بالأساليب غير الديمقراطية لنشأة الدساتير وهما أسلوب المنحة وأسلوب العقد. ووفقاً لأسلوب المنحة يصدر الدستور على شكل منحة إذا كان الحاكم صاحب السلطة يريد التنازل عن بعض سلطاته لشعبه من خلال الدستور الذي ينظم السلطات العامة وكيفية عملها وعلاقاتها ببعضها من جهة وعلاقتها بالأفراد من جهة أخرى. ويعد الدستور في هذه الحالة وليد إرادة الحاكم المنفردة سواء أكان تنازله لشعبه عن بعض سلطاته اختيارياً محضاً، أو كان جبراً عليه وتحت الضغط الشعبي الواسع.

ومن أمثلة الدساتير التي صدرت بأسلوب المنحة، الدستور الفرنسي 1814 والياباني 1889 والروسي 1906 والإيطالي 1848 والمصري 1923 وغيرها.

والأسلوب الآخر لنشأة الدساتير غير الديمقراطية هو أسلوب العقد الذي يعتبره الفقه خطوة إلى الأمام باتجاه الديمقراطية. وينشأ الدستور وفقاً لهذا الأسلوب باتفاق بين الحاكم والأمة، وتظهر فيه إرادة الأمة إلى جانب إرادة الحاكم.

ويتم اشتراك الأمة مع الحاكم في وضع الدستور بعدة طرق، فقد تقوم الأمة بانتخاب جمعية تأسيسية لوضع مشروع الدستور الذي يعرض على الحاكم للموافقة عليه وتصديقه من أجل أن يصبح نافذاً، وقد تعهد الأمة إلى ممثليها في المجلس النيابي المنتخب بإعداد مشروع دستور يعرض فيما بعد على الحاكم لإقراره ثم نفاذه. وقد يتولى البرلمان الموافقة على مشروع دستور دون عودة إلى الأمة، ثم يرفع هذا المشروع بعد إقراره من البرلمان إلى الحاكم للموافقة عليه وتصديقه. وهناك طريقة رابعة ضمن هذا الأسلوب (أسلوب العقد)، وهي أن تستفتي الأمة بطريق مباشر على مشروع دستور ليجري رفضه أو إقراره، ولكن إقرار الأمة لهذا المشروع لا يجعله نافذاً إلا بعد موافقة الحاكم عليه وتصديقه.

أما الأساليب الديمقراطية لنشأة الدساتير فيمكن جمعها في أسلوبين رئيسيين هما أسلوب الجمعية التأسيسية وأسلوب الاستفتاء الشعبي. ويتجلى أسلوب الجمعية التأسيسية بأن تقوم الأمة بانتخاب هيئة خاصة تتولى وضع الدستور باسمها ونيابة عنها. وهذه الهيئة تسمى الجمعية التأسيسية، ويجب أن تكون منتخبة من جانب الأمة. ويعتبر الدستور صادراً ونافذاً بمجرد إقراره من الجمعية التأسيسية دون أن يتوقف ذلك على تصديق أو موافقة صادرة من طرف آخر. ومن الأمثلة على هذا النوع من الدساتير دستور الولايات المتحدة الأمريكية 1787، فرنسا 1791، اليابان 1947، الهند 1949، سوريا 1950.

ومن الأساليب الديمقراطية لوضع الدستور أسلوب الاستفتاء الشعبي، الذي يتولى فيه الشعب الموافقة أو عدم الموافقة على مشروع دستور معين، فإذا وافق عليه أصبح نافذاً بغض النظر عن الجهة التي قامت بصياغته وإعداده سواء أكانت هيئة نيابة أو لجنة فنية أو حكومية أو حتى فرداً واحداً، ومن أمثلة هذه الدساتير الدستور العراقي الصادر عام 2005 [1].

ب- سن التشريعات العادية والفرعية

تسن التشريعات العادية عادة من قبل السلطة التشريعية في حدود اختصاصها المبين في الدستور. وتبين كل دولة في دستورها حالات اقتراح مشاريع القوانين ومناقشتها والاعتراض عليها والمصادقة عليها وزمان نفاذها. فقد أناط الدستور المصري مهمة اقتراح القوانين برئيس الجمهورية وأعضاء مجلس الشعب [2]، فلرئيس الجمهورية حق اقتراح القوانين، ويتم ذلك بالاستعانة بالوزراء الذين يقومون بإعداد مشروعات القوانين عن طريق اللجان الفنية والمتخصصة، ثم يحيل الوزير المشروع إلى مجلس الدولة لمراجعة صياغته أو إعادة هذه الصياغة، لتحقيق التناسق بين مشروع القانون وبين

---

(1) للمزيد من التفاصيل راجع المصادر التالية:- نعمان أحمد الخطيب، المصدر السابق،   ص 481 – 493، محسن خليل – النظم السياسية والقانون الدستوري، ج2، دار النهضة العربية 1967، ص 17، ثروت بدوي، النظام الدستوري العربي، دار النهضة العربية، 1964، ص 50.

(2) المادة 109 من الدستور المصري.

التشريعات النافذة. وبعد أن يتم ذلك يحال المشرع إلى رئيس الجمهورية، فإذا أقره أحاله إلى مجلس الشعب ويسمى عندئذ بمشروع القانون المقترح. فإذا كان اقتراح القانون من رئيس الجمهورية فإن المجلس يقرر إحالته إلى إحدى لجانه لفحصه وتقديم تقرر عنه. ولرئيس الجمهورية إحالة المشروع مباشرة إلى اللجنة المختصة على أن يخطر مجلس الشعب بذلك في أول جلسة.

إما إذا كان اقتراح القانون قد قدم من عضو من أعضاء مجلس الشعب، فإن مثل هذا الاقتراح لا يحال مباشرة إلى لجان المجلس المتخصصة، وإنما يجب أن يحال إلى لجنة خاصة هي لجنة الاقتراحات والشكاوى تتولى فحص كل اقتراح بمشروع قانون مقدم من اعضاء مجلس الشعب وإبداء الرأي في جواز نظر المجلس فيه أو رفضه أو إرجائه[1].

ثم يطرح مشروع القانون بعد ذلك على مجلس الشعب لمناقشته والتصويت عليه مادة مادة، ولا تتم الموافقة عليه إلا بتحقق الأغلبية المطلوبة في الدستور. والأصل أن موافقة مجلس الشعب كافية لإتمام عملية سن التشريع، ولكن الدساتير المصرية المتعاقبة تعطي رئيس الدولة الحق في الاعتراض على ما يسنه المجلس من قوانين خلال فترة محددة.

وإذا كان الأصل قيام السلطة التشريعية بسن التشريع العادي، فاستثناء من ذلك تحل السلطة التنفيذية محل السلطة التشريعية في سن التشريعات في حالتين هما حالة الضرورة وحالة التفويض، حينما تستدعي الظروف اتخاذ تدابير ملحة لا تحتمل التأخير عن طريق التشريع في حالة عدم وجود السلطة التشريعية أما لحلها أو لتمتعها بالعطلة فيما بين دورين من أدوار انعقادها. كما تتولى السلطة التنفيذية، سن التشريعات الفرعية بمقتضى الاختصاص المخول لها في الدستور، التي تتضمن اللوائح التنفيذية والتنظيمية ولوائح الضبط، وقد سبق لنا إيضاح ذلك[2].

(1) رمضان أبو السعود، المصدر السابق، ص 139.
(2) حسن كيره، المصدر السابق، ص 234 وما بعدها.

ويعتبر سن التشريعات في لبنان من صلاحيات السلطة التشريعية (مجلس النواب). ويمر التشريع العادي في لبنان بمراحل عديدة، أولها اقتراح التشريع الذي يعني عرض مشروع القانون على المجلس النيابي لإبداء الرأي فيه، وهو حق لـرئيس الجمهورية، ولأي عضو من أعضاء مجلس النواب وفقاً لنص المادة (18) من الدستور اللبناني. ولا يفرق الدستور اللبناني من حيـث إجـراءات العـرض على المجلس، بين مشروع القانون المقترح من رئيس الجمهورية والمشروع المقترح من أحد أعضاء مجلس النواب، فكل منهما يحال مباشرة إلى اللجنة المختصة لفحصه وتقديم تقرير عنه إلى المجلس. والمرحلة الثانية التي يمـر بها التشريع العـادي، هـي مرحلـة موافقـة المجلس النيابي، بعد فحص مشروع القانون وتقـديم تقريـر عنـه يطـرح على المجلس النيابي لمناقشته والتصويت عليه بالأغلبية المحـددة في الدستور. وآخر مراحل سن التشريعات العادية عدم وجود اعتراض من رئيس الجمهوريـة أو موافقـة المجلس النيابي علـى الـرغم مـن الاعتراض في ضوء المواد 56، 57 من الدستور اللبناني.

أما بالنسبة للتشريعات التي تصدر في حالات الاستعجال فقد أعطت المادة (58) من الدستور اللبناني الحق للحكومة في أن تسن قانوناً ولم ينته مجلس النواب من نظره وإقراره بعد إذا قررت له صـفة الاسـتعجال وعـدم احـتمال التـأخير. وقد اسـتعمل رئيس الجمهورية اللبنانية هذه الرخصة في حالات عديدة، منها إصدار المرسوم رقم 13955 بتأريخ 1963/9/26 الـذي قضى ـ بوضع مشروع قانون الضمان الاجتماعي موضع التنفيذ، والمرسوم رقم 17386 الصادر في 1968/9/2 الـذي قضى ـ بوضع مشروع قانون عقـود العمـل الجماعية والوساطة والتحكيم موضع التنفيذ.

أما بالنسبة للتشريعات الفرعية التي يطلق عليها في لبنان المراسيم التنظيمية أو المراسيم العامة أو الأنظمـة الإداريـة التـي تعد ضرورية لضمان تنفيذ القوانين العادية، فإن المادة (51) من الدستور اللبناني أعطت الحق لرئيس الجمهورية إصدار هذا النوع مـن المراسيم لضمان تنفيذ هذه القوانين.

كما أعطت المادة (65) من الدستور اللبناني الحق للسلطة التنفيذية في سن اللوائح التنفيذية، فهي تقضي ـ في فقرتها الأولى ـ بأن من الصلاحيات التي يمارسها مجلس الوزراء "وضع السياسة العامة للدولة في جميع المجالات ووضع مشاريع القوانين والمراسيم التنظيمية واتخاذ القرارات اللازمة لتطبيقها"، كما تقضي في فقرتها الثانية بأن من الصلاحيات التي يمارسها مجلس الـوزراء: "السـهر علـى تنفيذ القوانين والأنظمة والإشراف على أعمال كل أجهزة الدولة من إدارات ومؤسسات مدنية وعسكرية وأمنية بلا استثناء"[1].

وفي الأردن تسن التشريعات العادية من قبل السلطة التشريعية التي أنيطت وفقاً لنص المـادة (25) مـن الدسـتور الأردني بمجلس الأمة والملك. ويتألف مجلس الأمة في الأردن من مجلس الأعيان والنواب، وتحل السلطة التنفيذية محل السـلطة التشـريعية في سن التشريعات العادية على سبيل الاستثناء عند الضرورة وحدوث ظروف استثنائية لا تحتمل التأخير، قد تحصـل في فـترة حـل مجلـس الأمة أو في الفترة التي تقع بين أدوار انعقاده وقد سبق لنا الإشارة إلى ذلك.

ووفقاً للدستور العراقي الصادر عام 2005م يختص مجلس النواب بتشريع القوانين الاتحادية[2]. وتقدم مشروعات القـوانين من رئيس الجمهورية ومجلس الوزراء، كما تقدم مقترحات القوانين من عشرة من أعضاء مجلس النواب، أو من إحدى لجانه المختصة[3].

---

(1) للمزيد راجع:- توفيق حسن فرج، ص 212 وما بعدها، عبد المنعم فرج الصدة، ص 97 وما بعدها، محمد حسن قاسم، ص 150 وما بعدها.

(2) المادة 1/61 من الدستور العراقي.

(3) المادة 60 من الدستور العراقي.

ويتولى رئيس الجمهورية وفقاً لنص الفقرة الثالثة من المادة (73) من الدستور المصادقة وإصدار القوانين التي يسنها مجلس النواب، وتعد هذه القوانين مصادقاً عليها بعد مضي خمسة عشر يوماً من تأريخ تسلمها[1].

ثانياً: نفاذ التشريع:-

يعتبر سن التشريع من قبل السلطة المختصة بسنه إيذاناً بوجوده. ولكن هذا الوجود لا فائدة منه دون أن يستكمل بمرحلتين أساسيتين أحدهما صدور أمر بتنفيذه من قبل السلطة التي تمتلك هذا الحق وهي السلطة التنفيذية، التي تتوافر لديها أدوات إلزام الجميع بإتباعه واحترام قواعده، وثانيهما نشر القانون لكي يصبح الكافة (أو هكذا يفترض) على علم به، لأن القانون وضع أصلاً لتنظيم سلوك وعمل المخاطبين به، فكيف سيدخل حيز التنفيذ والتطبيق الفعلي، وكيف سيؤدي الأغراض التي وضع من أجلها أصلاً دون علم المخاطبين به، الذين سيتعرضون عند مخالفته إلى المساءلة القانونية؟؟

أ- إصدار التشريع:-

عمل تقوم به السلطة التنفيذية عندما يأمر رئيس هذه السلطة بإعلان وجود القانون الجديد ووضعه موضع التنفيذ، وتكليف أجهزة الدولة كافة باحترامه وتطبيقه باعتباره تشريعاً ملزماً من تشريعات الدولة. وبهذا تبرز أهمية الإصدار باعتباره إجراء لا بد منه يراد به تسجيل ولادة التشريع وإعلانه من قبل السلطة التنفيذية التي تعد أقدر السلطات على وضعه موضع الفاعلية والتنفيذ لتحقيق الأهداف المنشودة من سنة[2].

ولا تظهر مرحلة الإصدار إلا في حالة سن التشريع من قبل سلطة أخرى غير السلطة التنفيذية، أما في حالة سن التشريعات الفرعية أو اللوائح أو الأنظمة أو التعليمات من قبل السلطة التنفيذية، فلا نحتاج بالتأكد للمرور بمرحلة الإصدار.

---

(1) وبموجب المادة 138 من الدستور العراقي الجديد لعام 2005 "يحل تعبير مجلس الرئاسة محل تعبير رئيس الجمهورية أينما ورد في هذا الدستور، ويعاد العمل بالأحكام الخاصة برئيس الجمهورية، بعد دورة واحدة لاحقة لنفاذ هذا الدستور. وقد سبقت الاشارة إلى ذلك.

(2) لاحظ غالب الداودي، المدخل إلى علم القانون، المصدر السابق، ص 109.

هذا ويلاحظ أن الإصدار لا محل له أيضاً بالنسبة لحالات أخرى كما هو الحال بالنسبة للتشريع الأساسي أو الدستور إذا تم وضعه عن طريق جمعية تأسيسية أو استفتاء شعبي، فمثل هذه السلطة التأسيسية الشعبية هي التي تنشأ السلطات الثلاث بما فيها السلطة التنفيذية، وبالتالي تنتفي الحاجة إلى مصادقة السلطة التنفيذية لوضع الدستور موضع التنفيذ. ونفس الشيء يقال عن وضع الدستور بطريق المنحة من الحاكم الذي لا يحتاج طبعاً إلى إصداره من جديد من قبل نفس الحاكم [1].

ولم تحدد بعض الدساتير مدة محددة لإصدار القوانين بعد إحالتها إلى السلطة التنفيذية، مع أن الواقع يفرض إصدارها فور تمام سن التشريع، الذي وضع تلبية لحاجات تشريعية ملحة أو جاء سداً لنقص تشريعي أكيد، ومن هذه الدساتير الدستور المصري. أما الدستور اللبناني فقد نصت المادة (56) منه على أن "رئيس الجمهورية ينشر القوانين التي تمت الموافقة النهائية عليها خلال شهر بعد إحالتها إلى الحكومة. أما القوانين التي يتخذ المجلس قراراً خاصاً بوجوب استعجال نشرها فيجب عليه أن ينشرها خلال خمسة أيام". ووفقاً لهذا النص الدستوري يجب أن يصدر القانون خلال شهر من إحالته إلى الحكومة، عدا الحالات التي يقرر مجلس النواب فيها استعجال النشر، حيث يجب أن يتم الإصدار خلال خمسة أيام من تأريخ الإحالة [2].

ومن الدساتير التي حددت مدة للمصادقة وإصدار القوانين الدستور العراقي لعام 2005 الذي جاء في الفقرة الثالثة من المادة (73) منه "يتولى رئيس الجمهورية المصادقة وإصدار القوانين التي سنها مجلس النواب، وتعد مصادقاً عليها بعد مضي خمسة عشر يوماً من تأريخ تسلمها".

وبموجب هذا النص تعد المصادقة وإصدار القوانين التي يصادق عليها مجلس النواب ويحيلها إلى رئيس الجمهورية حقاً واجباً قانونياً لا يجوز التنصل منه أو التأخر في تنفيذه، لأن ذلك سيعرقل عمل السلطة التشريعية، ويعيق تنفيذ القوانين مما يعد اعتداء على

(1) محمد حسن قاسم، المصدر السابق، ص 158.
(2) عبد المنعم فرج الصدة، المرجع السابق، ص 105.

هذه السلطة، إلا في الحالات التي يعطي فيها الدستور لرئيس الجمهورية أو من مقامه حق الاعتراض على القوانين المحالة إليه، وهو ما ورد فعلاً في المادة (112) من الدستور المصري التي جاء فيها "لرئيس الجمهورية حق إصدار القوانين أو الاعتراض عليها"، وهو ما لم يعطه النص الدستوري العراقي لرئيس الجمهورية.

ب- النشر:-

يقصد بنشر القانون كركن مهم لنفاذه إعلام المخاطبين بالقاعدة القانونية بوجودها والاطلاع على أحكامها من أجل الالتزام بها وعدم مخالفتها. وإذا كان المشرع المعاصر يعني بسن القواعد القانونية، فهو معني أكثر من ذلك بضرورة إيصال هذه القواعد إلى المجتمع لكي يعي إبعادها والمقصود منها، لأن المشرع لا يهدف من وراء التشريع الاقتصاص من الناس أو إيقاعهم في حبائل المساءلة القانونية والعقاب، إنما يهدف بكل تأكيد إلى تنظم سلوك الناس وأنماط حياتهم بالشكل الذي يضمن اطمئنانهم وحسن تعاملهم. ومثل هذه الأمور لا تتحقق بمجرد سن القوانين دون الالتفات إلى الوجه الآخر وهو العلم بها وإدراك معانيها.

وقد جرت العادة في المجتمعات المختلفة منذ القدم، على الاهتمام بهذا الجانب، وإعلام الناس بما يصدر من قواعد قانونية. ويكون ذلك من خلال الوسائل المتاحة آنذاك، كالمناداة في الأسواق والطرقات وأماكن العبادة، أو تعليق ما صدر من قوانين أو تعليمات في الميادين العامة التي يرتادها الناس عادة بأعداد كبيرة أو غير ذلك من الوسائل.

وإذا كان الإصدار يجعل التشريع نافذاً، فإن التشريع يجعله ملزماً. وهناك فرق بين النفاذ والإلزام، وتظهر أهمية هذا الفرق عندما يحول أي سبب كالقوة القاهرة أو الوصول حديثاً إلى البلد دون وصول وسيلة النشر إلى أحد المخاطبين أو العلم بما نشر فيها[1].

(1) رمضان أبو السعود، المرجع السابق، ص 160.

ولما كان من المتعذر إحاطة الناس كافة بصدور التشريع الجديد أو إثبات علم المخاطبين بأحكام القانون، فإن المشرـع يفترض علم الكافة بصدور التشريع عند نشره بالطريق الذي يرسمه الدستور، من أجل سد باب التذرع بعدم العلم به، وتحقيقاً للنظـام والاستقرار في المجتمع.

وقد اعتمدت أغلب البلدان طريق نشر قوانينها من خلال الجريدة الرسمية، حيث لا يعتبر التشريع نافذاً عند نشره في أي وسيلة أخرى مقروءة أو مرئية، كما لا يكفي لإشهار القانون الجديد الإعلان عنه في الساحات والميادين العامة. وهذه الطريقـة في النشر ـ تصح بغض النظر عن نوع التشريع، سواء أكان أساسياً (الدستور) أم عادياً أم تشريعاً فرعياً[1].

وحتى يحقق النشر في الجريدة الرسمية الغاية المرجوة منه، يجب أن تطبع هذه الجريدة بأعداد كافية لاقتنائها وبأسـعار مناسبة لكي تكون في متناول الغالبية العظمى من الناس، وأن توزع في كل إنحاء البلاد، وليس في مراكز معينة، أو الاقتصار عـلى توزيعهـا في العاصمة والمدن الكبيرة فقط، لأن وصول هذه الجريدة إلى المواطن سيسهل تطبيق القوانين التي جاءت أصلاً لخدمته[2].

أما بالنسبة لتأريخ نفاذ القوانين بعد نشرها في الجريدة الرسمية[3]، فقد نظمته الدسـاتير بنصوص واضحة، حيث جاء في المادة 188 من الدستور المصري لعام 1971 "تنشر القوانين في الجريدة الرسمية خلال أسبوعين من يوم إصدارها، ويعمل بها بعـد شـهر من اليوم التالي لتأريخ نشرها، إلا إذا حدد لذلك ميعاد آخر". ويتم نشر القوانين طبقاً للدستور اللبناني، بعد الموافقة النهائية عليها خلال شهر بعد إحالتها إلى الحكومة، فإذا

---

(1) توفيق حسن فرج، المصدر السابق، ص 220.
(2) أجازت القوانين اللبنانية نشر القوانين والقرارات بطرق أخرى غير الجريدة الرسمية، في الأحوال الخاصة الموجبة للإسراع. ولم تحـدد هذه القوانين طرق الإعلان والنشر هذه وإنما تركت لتقدير السلطة الإدارية، محمد حسن قاسم، المصدر السابق، ص 160 – 162.
(3) تسمى في العراق الوقائع العراقية.

قرر مجلس النواب استعجال نشر القانون على نحو خاص وجب نشره خلال خمسة أيام (المواد 51، 56 من الدستور اللبناني).

وفي الأردن سمت المادة (93) من الدستور هذا الأمر بنصها "يسري مفعول القانون بإصداره من جانب الملك ومـرور ثلاثـين يوماً على نشره في الجريدة الرسمية، إلا إذا ورد نص خاص في القانون على أن يسري مفعوله من تأريخ آخر"[1].

ولم يخرج الدستور العراقي الجديد لعـام 2005 عـما اعتمدتـه الدسـاتير الأخـرى بالنسـبة لطريقـة نشر القـوانين وتـأريخ سريانها، وتجسد ذلك في المادة 129 منه التي جاء فيها: "تنشر القوانين في الجريدة الرسمية، ويعمل بها مـن تـأريخ نشرهـا، مـا لم يـنص على خلاف ذلك".

قاعدة الجهل بالقانون لا يعد عذراً

تخاطب القاعدة القانونية المشرعة عادة الناس كافة وتفترض علمهم جميعاً بها بغض النظر عن الظروف التي تحـيط بهـم، بين من اعتاد على متابعة ما يصدر من قوانين جديدة، أو يعمل أصلاً في ميدان القانون أو قريباً منه، أو يتلقى الجريدة الرسمية بانتظام بحكم مركزه الوظيفي، وبين أشخاص تحيط بهم ظروف مغايرة تماماً يتعذر معها علمهم بما يصدر مـن قـوانين أو لـوائح أو تعلـيمات أو أي تغيير أو تعديل فيها، بسبب ما يحيط بهم من ظروف جعلتهم في حالة عزلة عما يجري في البلاد من تطورات كما هو الحال بالنسـبة للمريض الراقد في المستشفى وهو في حالة صحية سيئة والأسير لدى الأعداء لفترة طويلة أو القابع في أحد السجون ولا تـتوافر لديـه أيـة وسيلة للإطلاع على ما يجري حوله. وهناك طائفة أخرى على هذه الشاكلة يتعذر عليها معرفة القوانين، ومن هذا القبيل

(1) فمن الجائز في الأردن صدور التشريع على أن ينفذ بعد فترة من تأريخ نشره، كما حصـل بالنسـبة للقـانون المـدني الأردني رقـم (43) لسنة 1976 الذي نشر في عدد الجريدة الرسمية (2645) بتأريخ 1976/8/1 على أن يبدأ العمل به اعتبـاراً مـن تـأريخ 1977/1/1، من أجل أن يطلع عليه أصحاب الاختصاص من القضاة والمحامين والأساتذة وغيرهم.

الإنسان الامي الذي لا يقرأ ولا يكتب، أو الأجنبي الذي دخل البلاد حديثاً ويجهل اللغة ويتعذر عليه الإطلاع على القوانين.

إن السبب الذي دفع المشرع إلى افتراض علم الكافة بالقوانين يعزى كما أسلفنا سابقاً إلى سد باب الذرائع الذي أن فتح فإنه سيعني تذرع الكثير من الناس بجهلهم بالقانون وعدم معرفتهم به، مما سيؤدي إلى إفراغ الكثير من القواعد القانونية من أهدافها وتجميد العمل بها بالنسبة لهذا المتذرع الذي يتقدم بحججه لإثبات عدم علمه، ويحاول القائمون على تنفيذ القانون إثبات هذه الحجج أو تفنيدها وبيان عدم صحتها أو فاعليتها، وعندها ندخل في ميدان المماحكة والأخذ والرد بين المؤسسات القانونية والمواطن، وهو ما سيؤدي إلى الفوضى وعدم الاستقرار والتمييز بين مواطن وآخر.

إن عدم علم بعض الناس بالقوانين أمر مسلم به، وخصوصاً في أيامنا هذه، حيث يذهب الفقهاء والشراح إلى ازدياد ظاهرة عدم العلم بالقوانين أو الجهل بها في هذا العصر، بسبب كثرة القوانين التي تعالج شتى نواحي الحياة المتسارعة. فلم تعرف الأجيال السابقة الكثير من القوانين المعاصرة، وخصوصاً حزمة القوانين الواسعة الني تنظم حماية البيئة، أو تلك التي تتعرض إلى أنواع مختلفة من التأمين، والتشريعات الالكترونية التي تنظم المعاملات أو الحكومات الالكترونية، وهو ما كانت تجهله الساحة القانونية إلى حد قريب، مثلما كانت هذه الساحة تجهل الكثير من النشاطات الأخرى التي أصبحت ميداناً لتنظيم القانون كالانترنت والبث الفضائي والتوقيع الالكتروني والصرافات الآلية وغيرها.

ومما يزيد الطين بله ويضاعف أعداد من يجهل بالقوانين وأحكامها، التغييرات المتسارعة التي تجري على هذه القوانين، فقد كانت التعديلات على القوانين سابقاً نادرة وعلى فترات متباعدة، يستطيع معها المتخصص على الأقل متابعتها واستيعابها، أما اليوم فإن الكثير من الدراسات عن الوعي القانوني في المجتمع وعن تشعب وتفرع القوانين وتسارع التعديلات عليها تؤكد بأن الجهل بالقاعدة القانونية أمر موجود ومسلم به حتى بين المتخصصين في القانون، بل حتى يبين القضاة أنفسهم، ولذلك بدأ المتخصصون بطرح أسئلة عن آثار جهل المتخصص بالقانون وليس جهل المواطن بالقانون.

ومع كل ما تقدم فقد ترد على هذه القاعدة بعض الاستثناءات التي تجد أساسها في نص قانوني أو قوة قاهرة حالت دون العلم بالقانون. ومن أمثلة النصوص القانونية بهذا الصدد القانون الصادر في فرنسا عام 1980 الذي ينص على أن المخالفة إذا حصلت في وقت قريب من وقت إعلان القانون فإن العذر بجهل القانون يقبل بشرط أن يكون القانون جنائياً، وقد قدر هذا الوقت بثلاثة أيام. ومن ذلك أيضاً ما ورد في المادة (37) من قانون العقوبات العراقي رقم (111) لسنة 1969 المعدل التي تنص على أن "1- ليس لأحد أن يحتج بجهله بأحكام هذا القانون أو أي قانون عقابي آخر ما لم يكن قد تعذر علمه بالقانون الذي يعاقب على الجريمة بسبب قوة قاهرة. 2- للمحكمة أن تعفو من العقاب الأجنبي الذي يرتكب جريمة خلال سبعة أيام على الأكثر تمضي من تأريخ قدومه إلى العراق إذا ثبت جهله بالقانون وكان قانون محل إقامته لا يعاقب عليها".

أما القوة القاهرة فهي أمر خارج عن إرادة الشخص وهي تتميز باستحالة دفعها، فبقيام أي سبب يحول دون وصول الجريدة الرسمية إلى جزء من أجزاء إقليم الدولة تنتفي فرصة العلم بالقانون التي يفترضها المشرع ويسمح للشخص الادعاء بجهله بالقانون المنشور في الجريدة الرسمية خلال مدة قيام ذلك السبب، كاستحالة وصول الجريدة الرسمية إلى الأجزاء المحاصرة من إقليم الدولة بسبب فيضانات كبيرة أغرقت البلاد وتسببت بقطع سبل الاتصال بين المدن المختلفة، أو بسبب الحرب أو الاحتلال الأجنبي أو العصيان المسلح أو انتشار وباء معين أدى إلى حصر منطقة معينة من قبل الجهات المختصة للحيلولة دون انتشاره، وغير ذلك من الأسباب التي تعد من قبيل القوة القاهرة[1].

---

(1) للمزيد من التفاصيل راجع:- حسن علي الذنون، مصادر الالتزام، ط1، دار وائل للنشر والتوزيع، عمان 2002، ص 213، أنور سلطان، مصادر الالتزام في القانون المدني الأردني، ط1، منشورات الجامعة الأردنية، 1987، ص 327، غالب الداودي، المصدر السابق، ص 118 - 125.

الفرع الثالث
رقابة دستورية القوانين وحالات إلغاء التشريع

عندما تصدر القاعدة القانونية فإنها تبقى عرضة للمتابعة من حيث التزامها بالتدرج التشريعي الذي يعني عدم جواز مخالفة القاعدة الأدنى للقاعدة الأعلى منها درجة أو مرتبة. وهذه المتابعة أو الرقابة تنصب بشكل أساس على ضرورة عدم مخالفة القاعدة القانونية للدستور الذي يعد أسمى القوانين. كذلك فإن عمر القاعدة القانونية ليس أبدياً، فهي تصدر لإشباع حاجات معينة، وتبقى على قيد الحياة طالما استمرت هذه الحاجات. ولكن غياب مبررات وجود القاعدة القانونية أو حتى اللائحة والأنظمة والتعليمات سيؤدي بالتأكيد إلى الاستغناء عنها بشكل إلغاء كلي أو جزئي. وهذا الإلغاء قد لا يستتبعه وضع قاعدة قانونية بديلة، وقد يستتبعه ذلك وفقاً للضرورة.

في ضوء ما تقدم سنقسم هذا المطلب إلى فرعين:- أتناول في الأول منها الرقابة على دستورية القوانين، وفي الثاني منهما حالات إلغاء القاعدة القانونية.

أولاً:- الرقابة على دستورية القوانين(1)

أشرنا فيما سبق إلى تنوع التشريعات وتدرجها من حيث القوة والغايات التي وضعت من أجلها، وسلمنا بمبدأ ثابت اتبعته التشريعات كافة، وهو أن التشريع الأدنى مرتبة يجب ألا يخالف التشريع الأعلى منه درجة. ولكن المشرع وهو في خضم وضع العشرات بل المئات من التشريعات المختلفة، وخصوصاً في عصرنا هذا الذي يمتاز

(1) يمارس هذا النوع من الرقابة بعد سن القوانين وصدورها، وهناك نوع آخر من الرقابة يمارس بعد سن القانون وقبل إصداره. فالتشريعات التي تصدرها السلطة التشريعية لا بد من إرسالها إلى رئيس الدولة ليقوم بإصدارها، فأما أن يصدرها، وأما أن يرى إحالتها إلى محكمة مختصة ينص عليها الدستور للتحقق من دستورية التشريع قبل إصداره. وفي هذه الحالة يتوقف على حكم هذه المحكمة تقرير مصير القانون فإن حكمت بأن التشريع يتفق مع الدستور، وجب على رئيس الدولة إصداره، وإن قضت بخلاف ذلك امتنع رئيس الدولة عن إصدار هذا القانون ويصبح كأن لم يكن. للمزيد راجع:- رمضان ابو السعود، ص 176.

بالتسارع في كل الميادين وحاجة المجتمع إلى المزيد من القوانين التي تنظم مختلف المجالات، قد يصدر تشريعاً يتبين عند تطبيقه أنه مخالف لتشريع آخر أعلى منه درجة، وعندئذ يطرح السؤال عن كيفية حل هذا الإشكال القانوني وتحديد القانون الواجب التطبيق.

إن مثل هذا التعارض قد يحصل بين التشريع الفرعي (لائحة أو نظام) والتشريع العادي أو حتى التشريع الأساسي أي الدستور، وقد يصدر التشريع العادي مخالفاً للدستور. والمخالفة هذه على نوعين، فقد تكون مخالفة شكلية أو موضوعية. ومن قبيل المخالفة الشكلية أن يوضع التشريع من قبل سلطة غير مختصة، أو أن تكون إجراءات صدوره غير دستورية، أو يوضع موضع التنفيذ قبل سريان تنفيذه وهكذا. أما المخالفة الموضوعية فتعني أن التشريع يضم قاعدة تخالف في مضمونها ما نص عليه الدستور كصدور قانون يفرق بين المواطنين على أساس الأصل أو الدين خلافاً للدستور الذي ينص على أن المواطنين سواء أمام القانون، أو إصدار السلطة التنفيذية لقانون مؤقت بحجة وجود ظروف استثنائية ملحة، وتبين أن لا وجود إطلاقاً لمثل هذه الظروف التي استلزمها الدستور عند صدور هذه القوانين.

من المسلم به دون خلاف إعطاء الحق للمحاكم الامتناع عن تطبيق اللوائح أو الأنظمة عند تعارضها شكلاً أو موضوعاً مع التشريعات العادية أو النصوص الدستورية. وهذه الوسيلة المتفق عليها يقتصر ـ فيها دور المحكمة على الامتناع عن تطبيق اللائحة المعيبة دون صلاحية إلغائها. ومن المتصور عرض هذه اللائحة على محكمة أخرى ترى خلاف ما تراه المحكمة الأولى بأنها غير معيبة وغير مخالفة لأي تشريع قانوني أعلى منها مرتبة[1].

---

(1) منصور منصور، المصدر السابق، ص 111.

إلا أن الخلاف في وجهات النظر قد ثار بالنسبة لحالة التشريعات العادية (القوانين) ومدى مخالفتها أو موافقتها للقانون الأساسي (الدستور)، وصلاحية القضاء في رقابة ذلك من الناحيتين الشكلية والموضوعية.

ويبدو أن الاتفاق قد حصل مرة أخرى على صلاحية القضاء وسلطته في الرقابة على صحة القوانين من حيث الشكل والامتناع عن تطبيقها إذا لم تكن صحيحة من هذه الناحية. فإذا لم يكن القانون صحيحاً من حيث مروره بالإجراءات التي رسمها الدستور من حيث وجوده ونفاذه وبدء العمل به، فللمحكمة الامتناع عن تطبيق هذا القانون، لأنه لا يعد قانوناً أصلاً لكي يصار إلى تطبيقه.

أما بالنسبة لرقابة دستورية القوانين من الناحية الموضوعية، فهي تختلف من بلد إلى بلد آخر سواء من حيث نوع دستورها إن كان مرناً يقبل التعديل بواسطة التشريعات العادية أو كان جامداً لا يقبل ذلك، كما هو الحال بالنسبة للدساتير العربية التي تعتبر من الدساتير الجامدة التي لا يجوز تعديلها إلا بموجب إجراءات معينة منصوص عليها في الدستور.

ففي مصر انقسم الفقه إلى مؤيد لرقابة المحاكم لدستورية القوانين وإلى معارض لحق المحاكم في هذه الرقابة. غير أن المشرع المصري حسم هذا الخلاف بإنشاء المحكمة العليا بمقتضى القانون رقم 81 لسنة 1968 وجعل من اختصاصها الفصل في دستورية القوانين. ثم نص الدستور المصري لعام 1971 على إنشاء محكمة أخرى هي المحكمة الدستورية العليا التي أصبحت مختصة دون غيرها بالرقابة على دستورية القوانين واللوائح بالإضافة إلى دورها في تفسير النصوص التشريعية[1].

(1) الغيت المحكمة العليا في مصر بموجب القانون رقم 48 لسنة 1979 بإصدار قانون المحكمة الدستورية العليا والذي بمقتضاه أصبحت هذه المحكمة الجهة القضائية التي تختص دون غيرها بالرقابة القضائية على دستورية القوانين واللوائح. وبذلك اصبحت المحكمة الدستورية العليا الجهة القضائية الوحيدة في مصر المختصة بالرقابة على دستورية القوانين واللوائح، وقد جعل المشرع

أما بخصوص الرقابة على دستورية القوانين من حيث الموضوع في لبنان، فلم يعرض الدستور اللبناني لهذه المسألة، ولكن تقنين أصول المحاكمات المدنية اللبناني نص في المادة الثانية منه "لا يجوز للمحاكم النظر في صحة أعمال السلطة الاشتراعية ... من جهة انطباق القوانين على الدستور ...". وهذا يعني أن المحاكم اللبنانية، سواء أكانت عادية أم إدارية، ليس لها الحق في الرقابة على دستورية القوانين من حيث اتفاق أحكامها الموضوعية مع أحكام الدستور.

وبموجب المادة (19) من الدستور اللبناني بصفتها الجديدة الواردة في التعديل الدستوري الصادر بتأريخ 1990/9/21، تم صدور القانون رقم 250 لسنة 1993 القاضي بإنشاء المجلس الدستوري الذي يتولى مراقبة دستورية القوانين وسائر النصوص التي لها قوة القانون والبت في النزاعات والطعون الناشئة عن الانتخابات الرئاسية والنيابية. وبذلك يكون المجلس الدستوري الجهة الوحيدة المختصة برقابة دستورية القوانين في لبنان[1].

وفي العراق كان الشراح يعترفون بحق القضاء بمراقبة دستورية القوانين في ظل الدستور المؤقت لسنة 1958 الذي التزم السكوت بهذا الشأن مما دعاهم إلى تطبيق القواعد العامة التي تجيز رقابة الامتناع عن تطبيق القانون لعدم دستوريته. وبعد صدور الدستور المؤقت عام 1968 المتضمن تشكيل المحكمة الدستورية العليا، أصبحت هذه المحكمة هي الجهة المختصة في رقابة دستورية القوانين والأنظمة، ثم الغي هذا الدستور وحل محله دستور عام 1970 الذي أغفل الإشارة إلى المحكمة الدستورية العليا، مما أعاد الشراح إلى القول باختصاص القضاء العادي بالنظر في دستورية القوانين عن طريق الدفع بالامتناع عن تطبيق القانون[2].

الدستوري اختصاصها في هذا الشأن اختصاصاً إستثثاريا، للمزيد من التفاصيل راجع:- محمد حسن قاسم، المصدر السابق، ص 172 - 175.

(1) عبد المنعم فرج الصدة، ص 114، محمد حسن قاسم، ص 176 - 177.

(2) حسن الهداوي، المصدر السابق، ص 218.

وعند صدور الدستور العراقي الجديد عام 2005، نص هذا الدستور على ما يسمى المحكمة الاتحادية العليـا، التـي تختص وفقاً للمادة (93) من الدستور بالرقابة على دستورية القوانين والأنظمة النافذة بالإضافة إلى اختصاصها في تفسير نصوص الدستور[1].

وهناك حالة أخرى جديرة بالإشارة، وهي حالة وجود التعارض الصريـح بـين معاهـدة دوليـة نافذة وبـين أحكـام القـانون الوطني سواء أكان هذا القانون تشريعاً عادياً أم دستوراً. ويفرق الفقه هنا بين حالة طرح النزاع أمام القضاء الـدولي (محكمـة دوليـة أو تحكيم دولي) أو أمام القضاء الوطني. فالقضاء الدولي يرجح المعاهدة الدولية ولا يجيز التهرب منها بذريعة التعارض مع أحكـام القـانون الوطني حتى ولو كان دستوراً. أما القضاء الوطني فلا يمكنه ترجيح المعاهدة علـى الدسـتور بـأي حـال عنـد وجـود تعـارض بـين الاثنـين باعتبار الدستور من أسمى القوانين التي تتعلق بصميم سيادة الدولة ومصالحها الحيوية العليا.

وبالنسبة للتعارض بين المعاهدة والتشريعات الوطنية المطروح أمام القضاء الوطني، فإن بعض الدساتير حلت هذا الإشكال بترجيحها المعاهدة على التشريع الوطني، كما هو الحال بالنسبة للدستور الفرنسي 1958 والألماني 1949.

وفي حالة عدم التفريق بين المعاهدة والتشريع الوطني ووضعهما في منزلة واحدة، فإن بعض الدساتير أقرت مبـدأ تطبيـق الاحدث منهما على أساس أن الاحدث ينسخ حكم الاقدم، وهـو مـا اعتمـده الدسـتور الأمريكـي 1778. ولا توجـد مثـل هـذه الحلـول الدستورية في الكثير من الدساتير العربية كما هو الحال في العراق والأردن، مـع وجـود مـواد قانونيـة في القـوانين المدنيـة تعـالج هـذا الإشكال كما هو الحال بالنسبة للمادة (24) من القانون المدني الأردني المطابقة للمادة (29) من القانون المدني العراقي التي جاء فيها:-

---

(1) ولم يرد في دستور تونس 1959 أو دستور الأردن 1952 نص يتعلق بالرقابة علـى دسـتورية القـوانين، ولـذلك فـإن الرقابـة فيهـا علـى دستورية القوانين تخضع إلى القواعد العامة التي تجيز للمحاكم رقابة دستورية القوانين عـن طريـق الـدفع بعـدم الدسـتورية، الهداوي، ص 218.

"لا تطبق أحكام المواد السابقة إذا وجد نص على خلافها في قانون خاص أو معاهدة دولية نافذة"[1].

ثانياً: إلغاء التشريع

للتشريع فترة حياة تبدأ لتنتهي على الرغم من أن أغلب التشريعات تصدر ابتداءً بشكل دائم بعيداً عن التأمين، ولا نعرف شيئاً عن طول أو قصر عمرها، إلا بالنسبة للقوانين المؤقتة بزمن معين أو بظرف أو إنجاز معلوم، فهي تنتهي بانتهاء مهمتها. ولكن القوانين باعتبارها انعكاساً لما يدور في المجتمع من تطورات ونشاطات، لا بد لها من مواكبة هذه التطورات حيث "لا ينكر تغير الأحكام بتغير الأزمان"، ولذلك يعد أمر إلغائها وارداً في أية فترة من فترات عمرها طالت أو قصرت.

والإلغاء هو نسخ التشريع وإعدامه عن طريق مصدر من مصادر القانون القادرة على إنشاء قواعد قانونية مساوية في الدرجة للتشريع الملغى. وإلغاء التشريع يزيله بالنسبة للمستقبل فقط دون الماضي. ويميز بعض الأساتذة[2] بين إبطال التشريع وإلغائه، ويعتبر أن إبطال التشريع حدث غير عادي في حياة التشريع، ومن النادر حصوله، وإن حصل فهو لا يرد إلا على تشريع معيب في تكوينه. ويحدث هذا بالنسبة للتشريعات التي تصدر عقب الانقلابات أو ما يطلقه عليه أحياناً الثورات، ثم تفشل هذه المحاولات ويعود النظام الدستوري السابق إلى دست السلطة، وتعود السلطات الطبيعية إلى ممارسة أعمالها، ويكون هناك مجال لاعتبار التشريعات الصادرة من سلطات الانقلاب الفاشل باطلة.

---

(1) وقضت محكمة التمييز الأردنية بأولوية النص الاتفاقي الدولي على النص الداخلي وأكدت على وجوب تطبيق القوانين المحلية السارية المفعول ما لم يرد في معاهدة او اتفاق دولي ما يخالف أحكام هذا القانون. راجع:- ممدوح عبد الكريم حافظ، القانون الدولي الخاص، ط1، دار الحرية للطباعة، بغداد 1973، ص 18، محمد وليد المصري، الوجيز في شرح القانون الدولي الخاص، ط1، الحامد للنشر، عمان 2002، ص 22.

(2) سمير عبد السيد تناغو، ص 412.

والتشريع أما أن يلغى دون أن يعقبه تشريع جديد يحل محله، عند انتفاء الحاجة إليه، أو انتهاء الظروف التي دعت لإصداره، كما هو الحال في التشريعات التي تصدر في الظروف الاستثنائية كظروف الحرب أو انتشار الأوبئة أو الفيضانات أو العدوان الخارجي مثلاً، والتي تنتهي الحاجة إليها بانتهاء هذه الأزمات، وأما أن يستبدل التشريع الملغى بتشريع جديد يحل محله فينتهي العمل بالتشريع السابق لعدم ملاءمته للمصلحة العامة وحاجات المجتمع، أو لوجود نقص كبير في معالجات القانون السابق، وجاء القانون الجديد لسدها. والإلغاء قد يكون عاماً يشمل جميع مواد التشريع السابق، وقد يكون جزئياً يتناول بعض أحكام التشريع السابق دون غيرها من الأحكام[1].

ولإلغاء النص التشريعي القائم وإحلال نص جديد محله، يجب أن يصدر النص الجديد عن نفس السلطة السابقة التي اصدرته أو عن سلطة أعلى منها درجة أو رتبة، بناء على مبدأ التدرج في القوانين من حيث القوة التي أشرنا إليها سابقاً.

والإلغاء قد يكون صريحاً، أي يأتي بعبارات واضحة وقاطعة في دلالتها تفصح بشكل جلي عن صدور قاعدة أو قواعد قانونية جديدة ونسخ قاعدة أو قواعد قانونية قديمة، وهو ما يصدق على عدة نصوص قانونية كالمادة الأولى من القانون المدني المصري التي جاء فيها: "يلغى القانون المدني المعمول به أمام المحاكم الوطنية الصادر في 28 أكتوبر سنة 1883 والقانون المدني المعمول به أمام المحاكم المختلطة الصادر في 28 يونيه سنة 1875 ويستعاض عنها بالقانون المدني المرافق لهذا القانون". ومن هذا القبيل أيضاً ما ورد في المادة 1381 من القانون المدني العراقي التي جاء فيها: "3- يلغى القانون رقم (17) لسنة 1936 الخاص بالفائدة القانونية 4- يلغى قانون الأراضي وقانون التصرف في الأموال غير المنقولة وقانون تقسيم الأموال غير المنقولة وقانون الانتقال وقانون وضع الأموال غير المنقولة توثيقاً للدين". وقد يطال الإلغاء الصريح كل ما يتعارض مع

(1) وبحسب الرأي الراجح لا يمكن اعتبار النص التشريعي ملغى بسبب عدم استعمال النص أو التوقف عن تطبيقه فترة من الزمن، هشام القاسم، المرجع السابق، ص 188.

نصوص القانون الجديد وهو ما ورد في المادة 1448 من القانون المدني الأردني التي تقول: "يلغى العمل بما يتعارض مع أحكام هذا القانون من مجلة الأحكام العدلية"[1].

والنوع الثاني من الإلغاء هو الإلغاء الضمني المتمثل بإصدار تشريع حديث يتضمن أحكاماً متعارضة مع أحكام تشريع سابق. والقاعدة هي أن التشريع اللاحق يلغي التشريع السابق، والتعارض بين التشريع القديم والجديد قد يكون تعارضاً كاملاً، وهذا النوع من التعارض يتحقق إذا أعاد التشريع الجديد تنظيم موضوع كان ينظمه تشريع سابق. وفي هذه الحالة يلغى التشريع السابق ويحل محله التشريع الجديد، حتى ولو لم ينص التشريع الجديد على ذلك. أما التعارض الجزئي فيتحقق إذا كان التشريع الحديث يتضمن أحكاماً تتعارض مع بعض أحكام التشريع القديم، دون أن يعيد التشريع الحديث تنظيم نفس الموضوع الذي تولاه التشريع القديم.

وقد يحصل التعارض بين حكم قديم عام وحكم حديث خاص. ولا يستخلص من هذا التعارض أن الحكم الجديد نسخ الحكم القديم العام كلياً، وإنما يستخلص منه أن الحكم الجديد قد نسخ أو عطل ضمنياً الحكم القديم العام في شأن ما جاء بتخصيصه فقط. أما إذا كان التعارض قائماً بين قواعد قانونية قديمة تضع حكماً خاصاً وبين قواعد قانونية جديدة تضع حكماً عاماً، فلا يستخلص من هذا التعارض أن الحكم الجديد العام قد نسخ الحكم القديم الخاص، بل يظل الحكم القديم الخاص قائماً وسارياً باعتباره استثناء وارداً على القاعدة العامة التي يضعها الحكم الجديد العام[2].

---

(1) وجاءت الفقرة الخامسة من المادة 1381 مدني عراقي أكثر وضوحاً بقولها: "وتلغى بوجه عام كل النصوص القانونية الأخرى التي تتعارض صراحة أو دلالة مع أحكام هذا القانون". ومن المفيد قوله هنا أن الإلغاء الصريح قد يأتي على بعض المواد القانونية في القانون القديم دون غيرها، وهو ما اتت به الفقرة الثانية من المادة 1381 مدني عراقي بقولها: "وتلغى المواد (64 المعدلة و 80 و 81 و 82 و 83 و 89 و 90 و 91 و 96) والمواد من (106 - 112) من قانون اصول المحاكمات الحقوقية والمواد من (13 - 22) من قانون المحاكم الصلحية".

(2) تناغو، ص 416، كيره، ص 232.

المبحث الثاني
أحكام الفقه الإسلامي ومبادئ الشريعة الإسلامية

يقصد بالفقه لغة، العلم بالشيء والفهم، ويقصـد بـه:- العلـم بالأحكـام الشرعيـة العمليـة مـن أدلتهـا التفصيليـة[1]. وقـد استخدم القرآن الكريم الفقه في فهم الأحكام الشرعية سواء كانت عملية أو أخلاقية أو عقائدية، قال تعـالى: "فلـولا نفـر مـن كـل فرقـة منهم طائفة ليتفقهوا في الدين ولينذروا قومهم إذا رجعوا إليهم لعلهم يحذرون"[2]. وعرف الإمام أبي حنيفة النعمان الفقه بأنـه "معرفـة النفس ما لها وما عليها"، وكان يسمى علم الكلام الفقه الأكبر، بعد هذا أصبحت كلمـة الفقـه تطلـق علـى فهـم الأحكـام العمليـة دون سواها. يقول الجرجاني الفقه في اللغة عبارة عن فهم غرض المتكلم من كلامه، وفي الاصطلاح هو العلم بالأحكام الشرعية العمليـة مـن أدلتها التفصيلية، وهو علم مستنبط بالرأي والاجتهاد، ويحتاج فيه إلى النظر والتأمل. ولهذا لا يجوز أن يسمى الله عز وجل فقيهاً لأنه لا يخفى عليه شيء. ويقول ابن القيم، والفقه أخص من الفهم لأن الفقه فهم مراد المتكلم من كلامه، ويتفاوت النـاس في الفهـم بتفـاوت مراتبهم في الفقه والعلم[3].

أما الشريعة لغة فهي المذهب والطريقة المستقيمة، وشرعة الماء أي مورد الماء الذي يقصد للشرب، وشرع أي نهج واوضـح وبين المسالك، وشرع لهم يشرع شرعاً أي سن. وفي الاصطلاح الشرعي: ما شرع الله لعباده من الدين لأي من الأحكام المختلفة. وسـميت هذه الأحكام شريعة لاستقامتها ولشبهها بمورد الماء لأن بها حياة النفوس والعقول كما أن في مورد الماء حياة الأبدان. والشريعة والدين والملة بمعنى واحد، وهو ما شرعه الله لعباده من أحكام، ولكن هذه الأحكام تسمى شريعة باعتبار وضعها وبيانها واستقامتها،

---

(1) المنجد، المصدر السابق، ص 591.

(2) سورة التوبة، آية 122.

(3) راجع في ذلك: إبراهيم عبد الرحمن إبراهيم، المدخل لدراسة الفقه الإسلامي، ط1، دار الثقافة للنشر والتوزيع، عـمان 2006، ص 10 – 11، ولاحظ المصادر المدونة في هوامش ص 11.

وتسمى ديناً باعتبار الخضوع لها وعبادة الله بها، وتسمى ملة باعتبار إملائها على الناس. أما الإسلام فمعناه الانقياد والاستسلام لله تعالى.

وعلى هذا فالشريعة الإسلامية في الاصطلاح الشرعي:- هي الأحكام التي شرعها الله لعباه سواء أكان تشريع هـذه الأحكـام بالقرآن أم السنة من قول أو فعل أو تقرير. فالشريعة الإسلامية إذن هـي في الاصطـلاح الأحكـام الموجـودة في القرآن الكـريم، والسـنة النبوية والتي هي وحي من الله إلى نبيه صلى الله عليه وسلم ليبلغها إلى الناس[1].

والذي يعنينا من أحكام الفقه الإسلامي ومبادئ الشريعة الإسلامية كمصدر رسمي للقانون، هو مجموعة القواعد القانونية المستمدة من هذين المصدرين مباشرة، ويأخذ بها الناس كقواعد قانونية يوقع الجزاء الدنيوي علـى مـن يخالفهـا. أمـا القواعـد الدينيـة خارج هذا الإطار والتي يقتصر الجزاء فيها على استنكار الضمير أو يكون الجزاء فيها أخروياً فلا تدخل في الحسبان كمصـدر مـن مصـادر القاعدة القانونية[2].

إن السبب الذي دفع القوانين الوضعية إلى اعتماد الدين الإسلامي كمصدر من مصادرها، هو أن هذا الدين لم يقتصـر علـى جانب العبادات التي تدعو إلى عبادة الله وطاعته والحث على الفضيلة والصلاح، وإنما جاء منظماً لأمور الدنيا والآخرة معاً، وحاول منـذ بداية عهده إقامة نظام اجتماعي وقانوني وسياسي شامل يسير الناس عليه في دنياهم ويتبعونه في تعاملهم[3].

واختلفت مرتبة الدين أو كما يسميها البعض الشريعة الإسلامية باختلاف الدول العربية، التي اعتمـدت قوانينها الشريعة الإسلامية كمصدر من مصادر القانون لديها. فبعض الدول العربية وضعت هذا المصدر في المرتبة الثانية بعد التشريع، كالقانون

---

(1) عبد الكريم زيدان، المدخل لدراسة الشريعة الإسلامية، ط1، مؤسسة الرسالة ناشرون، بيروت، 2006، ص 38.

(2) عبد المنعم فرج الصده، المصدر السابق، ص 122.

(3) هشام القاسم، المصدر السابق، ص 230.

الأردني واليمني والكويتي والإماراتي والسوداني[1]، وبعضها وضع هذا المصدر في المرتبة الثالثة بعد التشريع والعرف كالقانون المدني العراقي والمصري[2].

ولم ينته الأمر عند هذا الحد، بل اختلفت مسميات هذا المصدر من قانون على آخر، حيث سماه القانون المدني الأردني أحكام الفقه الإسلامي ومبادئ الشريعة الإسلامية، وسماه القانون الكويتي أحكام الفقه الإسلامي، وسماه القانون الإماراتي الشريعة الإسلامية، وسماه القانون السوداني المبادئ الشرعية، وسماه القانون العراقي والمصري مبادئ الشريعة الإسلامية.

ويبدو مما تقدم بوضوح عدم اتفاق البلدان العربية على أمرين مهمين، إحداهما سميت هذا المصدر وثانيهما مرتبته بين المصادر الأخرى، على الرغم من أن دساتير معظم البلدان العربية، تشير إلى أن الإسلام دين الدولة الرسمي، وأن الشريعة الإسلامية مصدر رئيسي للتشريع[3].

ومما يميز القانون المدني الأردني حقيقة عن كل القوانين العربية الأخرى، رجوع القاضي عند عدم وجود نص في القانون لأحكام الفقه الإسلامي، على اختلاف مذاهبه لاختيار الحكم الموافق لنصوص القانون دون التقيد بمذهب معين[4]، وإذا لم يعثر القاضي على حل وفقاً لهذه الأحكام، ينتقل حينئذ لمبادئ الشريعة الإسلامية. ووفقاً لما ورد في المذكرة الإيضاحية للقانون المدني الأردني[5] فإن "الاعتماد على مبادئ الشريعة الإسلامية فقط لا يجعل لهذا القانون أية ميزة على غيره من قوانين الدول العربية، وقد

(1) المواد:- 2 ، 1 ، 1 ، 1، 3 من القوانين أعلاه على التوالي.

(2) المادة الأولى من القانونين.

(3) لاحظ على سبيل المثال:- المادة الثانية من الدستور الكويتي والعراقي والأردني، علماً بأن الدستور الأردني اكتفى بالقول "الإسلام دين الدولة واللغة العربية لغتها الرسمية". وهناك بعض الدساتير العربية التي لم تشر إلى ذلك ومنها الدستور اللبناني الصادر بتأريخ 23 أيار سنة 1926 مع جميع التعديلات التي تناولته.

(4) وهو ما أشارت إليه بكل وضوح الفقرة الثانية من المادة الأولى من القانون المدني العراقي.

(5) ج1، ص 36.

فرق القانون بين أحكام الفقه الإسلامي وبين مبادئ الشريعة الإسلامية، فالأولى مدونة في الكتب الفقهية والثانية تستخلص مـن نصوص الكتاب والسنة كالأمر بالعدل والمساواة والنهي عن أكل أموال الناس بالباطل وكقاعدة الخراج بالضمان. ولم يرد القانون الاقتصار علـى أحكام المذهب الحنفي بل عمم العبارة حتى تشمل كل مذاهب وآراء الفقه الإسلامي ليتسع أمام القاضي معين الحكم فيتيسر ـ له أن يختار ما هو أكثر موافقة لأحوال هذا الزمان. كذلك فإن المشرع الأردني وضـع أحكام الفقه الإسلامي ومبادئ الشريعة الإسلامية في المرتبة الثانية من المصادر "إيماناً منه بأن مبادئ الشريعة الإسلامية إذا احتيج للالتجاء إليها تغني عن مبادئ القانون الطبيعي وقواعـد العدالة فضلاً عما تتسم به هذه الأخيرة من إبهام وغموض على خلاف مبادئ الشريعة الإسلامية، فهـي مسطورة في كتـاب الله وسـنة رسوله ومبينة في كتب العلوم الإسلامية المختلفة، ثم أن القواعد الفقهية ومبادئ الشريعة الإسلامية تقر العرف مرجعـاً لـبعض الأحكام فتقرر أن (العادة محكمة) وأن (استعمال الناس حجة يجب العمل بها) وإن (الممتنع عادة كالممتنع حقيقة) وأنه (لا ينكر تغير الأحكام بتغير الأزمان) وأن (الحقيقة تترك بدلالة العادة) وأن (المعروف عرفاً كالمشروط شرطاً) وأن (التعيين بالعرف كالتعيين بـالنص) والإحالـة إلى الأحكام الفقهية ومبادئ الشريعة الإسلامية تتضمن الإحالة إلى العرف[1].

وفي ضوء ما تقدم يتعين على القاضي أن يرجع عند افتقاد النص في التشريع إلى الفقه الإسلامي، ويبني قراره على رأي فقيه من فقهاء المسلمين، بشرط أن يكون رأي هذا الفقيه أكثر الآراء الفقهية موافقة لـروح القانون المدني ومنطلقاتـه وخصوصاً في المسألة موضوع النزاع[2].

---

(1) نفس المرجع ونفس الصفحة.
(2) والفقيه في الاصطلاح الشرعي، من يكون الفقه ملكة له، ويطلق على المتفقهين العارفين بالأحكام الشرعية الثابتة للأفعال الإنسـانية التي هي موضوع الفقه. والشخص لا يصبح فقيهاً إلا بمعرفة جملة من الأحكام الشرعية المتعلقة بأفعال المكلفين. ولا بد أن يكون العلم بها ناشئاً عن نظر واستدلال بأدلتها التفصيلية، وذلك بمعرفة النصوص وعللها وضبط الفروع بأصولها، إبراهيم عبد الـرحمن إبراهيم، المصدر السابق، ص 11.

أما مبادئ الشريعة الإسلامية التي يرجع إليها القاضي بعد رجوعه إلى أحكام الفقه الإسلامي فهي كثيرة، منها مـا جـاء في الكتاب كمبدأ إلزامية العقود بقوله تعالى: "وإذا أردتم أن تحكموا بين الناس أن تحكموا بالعدل"(1)، ومنها ما جـاء في الأحاديـث النبويـة الشريفة من مبادئ كمبدأ "لا ضرر ولا ضرار"(2)، ومبدأ حسن النية الوارد في حديث "إنمـا الأعـمال بالنيـات". ومبدأ صحة الشـروط في العقد الذي يجد أساسه في حديث الرسول صلى الله عليه وسلم: "المؤمنون عند شروطهم إلا شرطاً أحل حراماً أو حرم حلالاً"(3).

<h3 style="text-align:center">المبحث الثالث</h3>
<h3 style="text-align:center">العرف</h3>

سيتناول هذا المبحث العرف كمصدر من مصادر القاعدة القانونية من حيث تأريخ ظهوره والنتائج التي ترتبت عـلى هـذا الظهور. ويتضمن أيضاً التعريف بالعرف وأنواعه والقوة الملزمة له، ثم دراسة أركان العرف وبيان الفروق بينه وبين غيره مما يشتبه بـه، وأخيراً سيضم هذا المبحث ما يبين مزايا العرف وعيوبه.

<h3 style="text-align:center">المطلب الأول</h3>
<h3 style="text-align:center">تأريخ ظهور العرف</h3>

سأقسم هذا المطلب إلى فرعين أتناول في الأول منهما أسباب ظهور التقاليد العرفيـة، بينـما أخصـص الثـاني لدراسـة نتـائج ظهور العرف:-

---

(1) سورة النساء آية 58.
(2) الذي أخذت به المادة (19) من مجلة الأحكام العدلية والمادة (62) مدني أردني، المادة (42) إماراتي.
(3) لاحظ:- عباس الصراف، جورج حزبون، المصدر السابق، ص 47.

الفرع الأول

أسباب ظهور التقاليد العرفية[1]

كانت الأحكام السائدة لدى الجماعات البدائية أحكاماً إلهية، وهي أحكام فردية تستمد قوتها من صفتها الدينيـة. وبمضي الزمن وتكرار الحوادث المتشابهة أصبح من المأثور أن يصدر الحكم الإلهي متشابهاً مع كل نوع من أنـواع هـذه الحـوادث، لأن القـاضي كان ملزماً بالسير على أحكامه السابقة خوفاً من غضب الآلهة وانتقامهم إذا حاد عنها، وهذا ما أدى فعلاً إلى ظهور العادات الدينية.

إلا أن تلك العادات الدينية انقلبت مع الزمن إلى عرف ملزم عندما تقدمت الأفكار وتهذبت النفوس، وبلغت حداً لا يجـوز معه الإدعاء بالإلهام، حيث رأى الناس أن الخروج على العادات لا يستوجب سخط الآلهة فقط، بل يستوجب أيضاً جزاءً دينياً أو وضعياً.

ومن هنا اختلفت التقاليد العرفية، عن التقاليد الدينية. فمصدر الإلزام في التقاليد الدينية هو رضاء الآلهـة، بيـنما تسـتمد التقاليد العرفية إلزامها من رضاء الناس بها وإلزام أنفسهم بأحكامها.

لقد حصل الانتقال إلى مرحلة التقاليد العرفية أثر انتقال السلطة مـن الحكـام المـؤهلين ورجـال الـدين إلى طبقـة الأشراف (النبلاء) التي ما لبثت أن اضطرت إلى إشراك الطبقات الدنيا معها في الحكـم. ففـي أعقـاب التطـور الاجتماعـي والاقتصـادي والسـياسي والفكري، نشأ صراع عنيف بين رجال الدين والحكام المؤهلين من جهة، وبين الأشراف من جهـة أخـرى، فـأدى هـذا إلى انفصـال السـلطة الزمنية عن السلطة الروحية (الدينية) وأخذت الأعراف والتقاليد الزمنية تحل محل التقاليد الدينية والبدع الوثنية.

(1) راجع كتابنا تاريخ القانون، المصدر السابق، ص 60 – 65، مع المصادر المشار إليها فيه، ويتضمن هذا المطلب معلومات أخـرى نشـير إلى مصادرها كل في موضعه.

وترتب على التطور السابق احتكار طبقة الأشراف السلطة السياسية، ومن ثم احتكار علم القانون، وقد ساعدها على ذلك جهل الطبقة العامة، فاستغلت طبقة الأشراف هذا الجهل لتحافظ على سلطانها ونفوذها من خلال تطبيق القوانين وتفسيرها تبعاً لمصالحها وامتيازاتها وأهوائها.

ومن جهة أخرى أدى الانفصال بين السلطة الزمنية والسلطة الدينية على ابتعاد قواعد القانون عن قواعد الدين، وتولي السلطة الزمنية جميع الأعمال التشريعية والقضائية والسياسية. واقتصر عمل السلطة الدينية على أمور العقائد والعبادات.

وفي المجتمعات العراقية القديمة كان للأعراف والتقاليد دوراً بارزاً في حسم المنازعات، لأن القوانين لم تظهر في هذه المجتمعات إلا في فترة متأخرة نسبياً. ويؤيد ذلك تأثر شريعة حمورابي بالأعراف، من خلال إغفالها للكثير من الأمور التي تستلزم بيان رأي القانون فيها، وترك تنظيمها للأعراف السائدة مثل البيع والشراء والإيجار.

وعرفت الشرائع الهندية القديمة الأعراف وتم توحيدها في مجموعة واحدة سمت "مدونة مانو". وعرف الرومان القواعد العرفية، وبسبب مرورهم بمرحلة حضارية معينة، استلزمت انتقال القانون من مرحلة الأعراف غير المدونة إلى حالة القوانين المدونة، تم تثبيت القواعد العرفية في صحائف من البرونز على شكل قواعد مدونة تعرف بالألواح الأثنى عشر التي أصبحت أساساً لما سمى بالقانون الروماني. وكانت القواعد العرفية تحكم الجزء الشمالي من فرنسا، والقانون الروماني يحكم الجزء الجنوبي منها قبل الثورة الفرنسية، إلى أن صدرت مجموعات نابليون عام 1804 ووحدت أجزاء البلاد من الناحية القانونية وأصبح التشريع هو المصدر الرسمي للقانون في فرنسا[1].

ولم يعرف العرب قبل الإسلام القوانين المنظمة المكتوبة. وكل ما عرفوه مجموعة من التقاليد والعادات العرفية، تمسكوا بها وطبقوها فترة طويلة من الزمن،

---

(1) عباس العبودي، المصدر السابق، ص 145 ، 175، غالب الداودي، المدخل إلى علم القانون، المصدر السابق، ص 153.

والتزموا بها أدق التزام، حتى أصبحت بمثابة قواعد قانونية ثابتة، أطلق عليها "العرف القبلي".

وكان العرف في الوطن العربي مصدراً مهماً يأتي بعد المعاهدات المعقودة بين القبائل العربية، لأن العرف في الوطن العربي يمثل النظام العام، سواء بوجود الدولة، أو في حالة غيابها. والعرف القبلي نظام اجتماعي ورثته القبائل العربية، وله إلزامية ثابتة. وعلى الرغم من أن العرب كتبوا المعاهدات والتحالفات فيما بينهم، إلا أنهم لم يكتبوا قواعد قانونية وكان العرف هو السائد لدى القبائل العربية.

وعندما جاء الدين الإسلامي الحنيف، ألغى بعض الأعراف التي تتناقض مع أحكام الشريعة الإسلامية، وأجاز بعضها. وإلى جانب الشريعة الإسلامية ظل العرف ينظم الكثير من الحالات والمعاملات بين الناس[1]. كما عرف المجتمع العربي ما يسمى بالعرف الخاص الذي تتقلد به بعض المجتمعات العربية دون غيرها[2].

وبدأ القانون الانكليزي مجموعة من العادات التي تخضع لها القبائل الأنكلوسكسونية، ثم اقترنت بعادات القبائل النورماندية التي فتحت الجزيرة الانكليزية في القرن الحادي عشر. ولما تطورت المدنية الانكليزية صار القضاء مصدراً رسمياً للقانون إلى جانب العرف. ثم قام التشريع مصدراً آخر، فأصبح هو والقضاء المصدرين الرئيسين في الشريعة الانكليزية في الوقت الحاضر[3].

---

(1) استناداً إلى القواعد الفقهية المعروفة، كقاعدة "المعروف عرفاً كالمشروط شرطاً" وقاعدة "المعروف بين التجار كالمشروط بينهم" وقاعدة "التعيين بالعرف كالتعيين بالنص" وقاعدة "العبرة للغالب الشائع لا للنادر" وغيرها.
(2) سهيل حسين الفتلاوي، المصدر السابق، ص 91، 92.
(3) عبد المنعم فرج الصده، المصدر السابق، ص 141 - 142.

الفرع الثاني

نتائج ظهور العرف[1]

ترتب على ظهور العرف عدة نتائج مهمة كان لها كبير الأثر في بلورة القاعدة القانونية، ورفع الكثير من القيود عن طريق تطورها. ويمكن إجمال هذه النتائج بما يلي:-

(1) تعدد مصادر القاعدة القانونية:-

لم تعد الديانة بعد ظهور التقاليد العرفية، المصدر الوحيد للقاعدة القانونية، فقد انحسرت في نطاق ضيق واقتصرت على تنظيم العلاقات الاجتماعية التي تمس الدين كالزواج والطلاق وآثارهما. أما العرف فقد اتسع نطاقه باتساع العلاقات الناتجة عن النشاط الاقتصادي وتوزيع العمل وما أدى إليه من تطور في الحياة الاجتماعية. وتختلف مكانة الدين باختلاف الشرائع، فهو مصدر قانوني في الشرائع الغربية مع بقائه على قدر كبير من الأهمية لدى الشعوب الشرقية.

(2) القواعد القانونية المستمدة من العرف تعبير عن إرادة الناس:-

إن القواعد القانونية التي ظهرت فيما بعد في عصر التدوين استمدت من العرف الذي يعبر عن إرادة الناس وليس عن إرادة الآلهة. أن تلك القواعد القانونية المستمدة من مصدرها (العرف) تسعى على ما فيه حيز الجماعة، وهي من صنع العقل البشري. وعلى هذا تحول القانون من مصدره الديني إلى مصدره العرفي، وهذا الأخير هو انعكاس للإرادة المشتركة للناس الذين صنعوا العرف الذي يخضعون لأحكامه بعد تواترهم على إتباعه جيلاً بعد جيل. فلجنة العشرة التي وضعت قانون الألواح الأثنى عشر في روما تلقت سلطاتها من الناس لا من رجال الدين، والشعب الإغريقي هو الذي منح صولون أحد عظماء أثينا السبعة السلطة اللازمة لإصدار تشريعاته.

---

(1) راجع كتابنا:- تأريخ القانون، المصدر السابق، ص 62 – 65 مع ملاحظة المصادر المشار إليها فيه.

(3) الجزاء:-

ترتب على تخلص القواعد من صبغتها الدينية أن أصبح الجزاء الذي يوقع عند مخالفة هذه القواعد جزاءً مدنياً حالاً توقعه السلطة العامة. ولكن يلاحظ أن هذا التطور لم يكن عاماً لدى سائر الشعوب، ذلك أن بعض الشعوب الشرقية ظل يخلط ما بين قواعد القانون وقواعد الديانة، وبالتالي فقد استمر عنصر الجزاء لدى هذه الشعوب متسماً بالصيغة الدينية. فالهنود لم يميزوا بين القواعد القانونية والأوامر الدينية لا من حيث طبيعتها ولا من حيث الجزاء الذي يلحق بمن يخالفها، ولذلك نجد أن قانون "مانو" كان خليطاً من عقوبات وضعية وجزاءات دينية.

(4) المساواة بين الناس:-

بانتهاء عصر القانون الديني تحققت المساواة بين الناس، أو على الأقل أصبحت هذه المساواة هدفاً أساسياً ترمي أحكام القانون العرفي أو الفقهي أو التشريعي إلى تحقيقه. وقد تجلى ذلك من خلال سعي السلطة الزمنية إلى الحد من اختصاص السلطات الدينية وتقليل الامتيازات الضخمة التي كان يتمتع بها رجال الدين. ولم يبق محروماً من المساواة سوى الارقاء، وقد تكفل القانون الحديث بإلغاء نظام الرق بعد الثورة الصناعية.

(5) علانية القواعد القانونية:-

وبتدوين العرف في المرحلة التالية، لم تعد القواعد القانونية سراً مكنوناً في صدور الكهان، فقد أصبح عاملاً من صنع العقل البشري وليس وحياً من الآلهة، وليس ثمة داع لإضفاء طابع السرية على نصوصه وتحريم تلاوته أو الاطلاع عليه.

وعلى هذا أصبح الناس قادرين على معرفة القواعد القانونية والنطق بصيغتها وألفاظها، ولم يعد من حاجة إلى اللجوء إلى الكهنة للتعرف على القانون وتفسير أحكامه، بل أخذوا يلجأون في ذلك إلى فئة أخرى من الناس ممن انصرفوا إلى فهم القانون وتفسيره وبيان طرائق تطبيقه، يجمعون العلم بالأمور الآلهية والبشرية، ويميزون بين الحق والباطل، أولئك هم الفقهاء، وبجهودهم نشأ الفقه وأضحى مصدراً آخر من مصادر القانون.

(6) قابلية القانون للتعديل:-

لم يعد القانون يتمثل في مجموعة من الأحكام أو الصيغ التي تنسب إلى الآلهة والتي لا تمتد إليها يـد التعـديل أو التغيـير، وإنما أصبح يتكون من مجموعة من التقاليد التي درج الناس عليها جيلاً بعد جيل، والتي تستمد قوتها الملزمة من رضائهم الضمني بهـا، وشعورهم بضرورة احترامها والسير على منوالها. ونتج عن ذلك أن أصبح القانون قابلاً للتعديل، كما تغيرت الظروف المحيطـة بـالمجتمع، فالعقل البشري الذي خلق القاعدة القانونية، قادر على تعـديلها أو إلغائهـا طالمـا أن الحاجـة أو الظـروف الاقتصـادية أو الاجتماعيـة أو السياسية التي دعت إلى وجودها قد تغيرت أو اختفت.

(7) فلسفة نظام الحكم:-

وانعكس هذا التطور في طبيعة القانون ومصادره على فلسفة نظام الحكم لدى الشعوب المختلفة، وإن كان ذلك لم يتحقق بصورة واحدة لدى الشعوب كافة. ففي الغرب نجد أن سلطة الحاكم لم تعد تقـوم عـلى أسـاس أنـه ممثـل للآلهـة. بعبـارة أخـرى فـإن الديانة لم تعد هي مصدر السلطة كما كان الحال من قبل، وإنما أصبح الحاكم يتم اختياره عن طريق الشعب، وانتقلـت السـيادة بـذلك من أيدي الآلهة إلى أيدي الأفراد، مما أدى إلى ظهور المبادئ الديمقراطية. ففي روما كان الحكام إبـان العصرـ الجمهـوري ينتخبـون مـن قبل المجالس الشعبية بعد أن كان الملك في ظل العصر الملكي يتولى السلطة باعتباره ممـثلاً للآلهـة. ونفـس الأمـر نجـده أيضـاً في المـدن الإغريقية، حيث كان يتم اختيار الحكام بواسطة جمعية المواطنين. أما في الشرق مثل مصر وبابل، فقد استمرت الديانة مصدراً للسـلطة، وقام نظام الحكم على فكرة الحق الآلهي المطلق، وإن كان من الملاحظ أن الحاكم خلال هذه المرحلة لم يكن يراعـي في حكمـه مصـالح طبقة بعينها، بل كان عليه أن يراعي الجميع خشية غضب الآلهة.

(8) ظهور وسائل جديدة للإثبات:-

كان الإثبات في ظل التقاليد الدينية يعتمد على بعض الأساليب والوسائل التـي يعتقـد النـاس بتـدخل القـوة الإلهيـة فيهـا، وكان ذلك يتم بواسطة رجال الدين الذين يحكمهم

الخصوم في كل نزاع سواء تعلق بمال أو اعتداء، إذ لم يكن يومئذ من فرق بين أمر مدني وجزائي، فكـل تجـاوز علـى مـال أو عـدوان علـى نفس كان يعتبر جرماً، أما وسيلة الإثبات، فكانت تتم باللجوء إلى القوى الخارقة، وبها يقوم الدليل القاطع على ارتكاب الجـرم أو البـراءة منه. وكان الاستثبات بهذه الطريقة يتم باليمين أو الاختبار بالمحنة. أما في هذه المرحلة فقد استحدثت وسـائل إثبات جديـدة كشـهادة الشهود ومعنى ذلك أن مشيئة الآلهة لم تعد هي الوسيلة الوحيدة للإثبات لأن إرادة الأفراد أصبحت تـؤدي دوراً هامـاً في هـذا المجـال. ولا شك أن هذا التطور في وسائل الإثبات يتفق مع حقيقة التغيير الذي طرأ على طبيعة القواعد القانونية.

المطلب الثاني
تعريف العرف وأنواعه وأساس قوته

نتناول هذا المطلب في ثلاثة فروع كما يلي:-

الفرع الأول
تعريف العرف

العرف لغة ضد النكر، وهو ما استقر في النفوس من جهة شهادات العقول وتلقته الطباع السـليمة بـالقبول[1]. أمـا العـرف اصطلاحاً فقد وضعت له العديد من التعريفات، فهناك من يرى بأنه "اعتياد الناس على اتباع سلوك معين في بيئة معينة وناحيـة معينـة من نواحي حياتهم الاجتماعية، اعتياداً مطرداً مصحوباً باعتقاد لزوم هذا السلوك ووجوب احترامه والخضـوع لأحكامـه، وترتـب الجـزاء المادي الحال جبراً على مخالفته"[2].

ويذهب رأي آخر إلى أن العرف كمصدر رسمي للقانون "هو اعتياد الناس على سلوك معين في ناحية مـن نـواحي حيـاتهم الاجتماعية، بحيث تنشأ منه قاعدة يسود الاعتقاد

(1) المنجد، المصدر السابق، ص 500.
(2) غالب الداودي، المصدر السابق، ص 151.

بأنها ملزمة". ويطلق اصطلاح العرف كذلك على القواعد القانونية ذاتها التي تنشأ من اعتياد الناس على مثل هـذا السـلوك، فالاصطلاح ذاته يستعمل أحياناً بمعنى المصدر، ويستعمل أحياناً أخرى بمعنى القواعد التي تستمد من هذا المصدر[1].

وينصرف اصطلاح العرف لدى أساتذة آخرين[2] إلى "مجموعة القواعد القانونية التي تنشأ من اضطراد سـلوك النـاس علـى نحو معين في اتباعها زمنـاً طويلاً، مع اعتقادهم بإلزامها، وبأن مخالفتها تستتبع توقيع جزاء مادي. فالقواعد القانونيـة العرفيـة تنشـأ في ضمير الجماعة، وفي العلاقات بين أفراد المجتمع دون تدخل من سلطة أخرى خارجية".

ويرى الفقه الإسلامي أن العرف بمعنى العادة، سواء أكان عامـاً أو خاصـاً، يصلح حكمـاً لإثبـات حكـم شرعـي، وأن العـادة محكمة، ومعنى محكمة أي يتم الرجوع إليها لحل النزاع، لأنها دليل يبنى عليه الحكم. والعرف تكرار لشيء ومعاودتـه، حتـى يتقـرر في النفوس، ويكون مقبولاً عندها. ومن أمثلة هذه القاعدة، ألفاظ الواقفين تفسر حسب عرفهم، ومن دفع ثوبه إلى من يخيطه أو يغسـله، أو من ركب سفينة وصاحبها معروف بأخذ الأجرة على ذلك استحق الأجرة. كما جرى العرف على جعل مشتملات المبيع تدخل في البيع من غير ذكرها، كالحديقة المحيطة بالدار تدخل في البيع، بلا ذكر لعرف الناس بذلك[3].

ومن التعاريف التي وضعت للعرف أيضاً أنه (قانون غير مكتوب ينشأ عن تواتر الناس على اتباع سلوك معين مع شعورهم بإلزامه وبوجود جزاء قهري يكفل احترام هـذا السـلوك. وبعبـارة أخرى فالعرف عـادة تواضع الناس علـى إتباعهـا معتقـدين بقوتهـا الملزمة)[4].

---

(1) عبد المنعم فرج الصده، المصدر السابق، ص 141.

(2) توفيق حسن فرج، المصدر السابق، ص 251.

(3) قارن المادة (43) من مجلة الأحكام العدلية وشرحها للمرحـوم سـليم رسـتم بـاز، ط3، المجلـد الأول، دار الكتـب العلميـة، بـيروت 1305هـ، ص 37، سهيل حسين الفتلاوي، المصدر السابق، ص 95.

(4) السيد محمد السيد عمران وآخرون، المصدر السابق، ص 133.

وعرفه الأستاذ الدكتور سمير عبد السيد تناغو بالاعتماد على خصائصه بقوله:- (هو سنة يتبعها الناس مع شعورهم بإلزامها إلزاماً قانونياً. فالعرف هو اضطراد العمل بين الناس وفقاً لسلوك معين اضطراد مقترناً بإحساسهم بوجود جزاء قانوني يكفل احترام هذا السلوك)[1].

وبعد دراستنا للعرف من الجوانب كافة يمكننا وضع التعريف التالي له: (مراعاة الجماعة لقاعدة من قواعد السلوك واستمرارها على تكرارها بصفة عامة وموحدة مع الاعتقاد بإلزامية هذه القاعدة).

الفرع الثاني

أنواع العرف وأساس قوته

تطرق شراح القانون المدني إلى أنواع عديدة من العرف، فهناك العرف العام، وهو قانون عرفي عام من صنع السلطات المكونة للدولة في مباشرتها لوظائفها المختلفة، وفي تسييرها للمرافق العامة وفي علاقتها مع الأفراد. ومن هذا القبيل العرف الدستوري والعرف الإداري. وهناك العرف الخاص، وهو قانون عرفي من صنع الأفراد في مباشرتهم لمعاملاتهم المدنية والتجارية. والنوع الآخر من العرف هو العرف الشامل الذي يحكم علاقات الأفراد في الدولة كلها بغض النظر عن الإقليم أو الطائفة أو المهنة التي ينتمي إليها الفرد. وقد كان العرف في الماضي عرفاً شاملاً بهذا المعنى، فالعرف أسبق في النشأة من التشريع. ولذلك فإن القواعد التي كانت تخاطب الناس كافة كانت بالضرورة قواعد عرفية، وكان المساعد في ذلك صغر حجم الدول وقلة عدد سكانها. وتعرض الشراح أيضاً لما يسمى بالعرف الطائفي والعرف المهني، ويختص الأول بطائفة معينة كالتجار مثلاً بينما يختص الثاني بمهنة معينة كالطب أو المحاماة. يضاف إلى ذلك كله ما يسمى بالعرف الإقليمي والمحلي، ويقصد بالأول العرف الذي قد يكون سائداً في جميع

(1) المصدر السابق، ص 424.

إقليم الدولة، أما العرف المحلي فهو العرف المطبق في منطقة معينة ومدينة معينة، وإذا ما تعارض الاثنان يغلب المحلي منهما لأنه الأقرب لتلبية حاجات الناس[1].

ومن التقسيمات التي وضعت للعرف تقسيمه إلى عرف مكمل للتشريع وآخر مساعد له. ويقصد بالنوع الأول، العرف، الذي يأتي لإكمال ما في التشريع من نقص، وخصوصاً في البلدان التي وضعت العرف في المرتبة الثانية بعد التشريع، كما هو الحال بالنسبة للقانون المدني المصري والعراقي.

ففي المذكرة الإيضاحية للقانون المدني المصري أكد المشرع ذلك بقوله "الواقع أن العرف هو المصدر الذي يلي التشريع في المرتبة، فمن الواجب أن يلجأ إليه القاضي مباشرة، فالعرف هو المصدر الشعبي الأصيل الذي يتصل اتصالاً مباشراً بالجماعة، ويعتبر وسيلتها الفطرية لتنظيم تفاصيل المعاملات ومقومات المعايير التي يعجز التشريع عن تناولها بسبب تشعبها أو استعصائها على النص. ولذلك ظل هذا المصدر وسيظل إلى جانب التشريع مصدراً تكميلياً خصباً لا يقف إنتاجه عند حدود المعاملات التجارية، بل يتناول المعاملات التي تسري في شأنها قواعد القانون المدني وسائر فروع القانون الخاص والعام على السواء[2].

أما العرف المساعد للتشريع أو كما يسميه البعض بالعرف المعاون للتشريع، فيبرز عندما يعرض المشرع لمسألة معينة، فيستعين في القاعدة التي يضعها بالعرف لتحقيق أغراض يكون العرف بالنسبة إليها أكثر ملائمة من التشريع أو أقدر على تحقيقها،

(1) السيد عمران وآخرون، المصدر السابق، ص 139 – 140، تناغو، المصدر السابق، ص 425، سهيل الفتلاوي، ص 96.
(2) مجموعة الأعمال التحضيرية للقانون المدني المصري، الحكومة المصرية، وزارة العدل، ج1، مطابع مدكور، القاهرة 1950، ص 187 ، 188. ويعتقد البعض بأن هذا الدور سيقل إلى حد بعيد في الدول التي تضع العرف في المرتبة الرابعة كمصدر من مصادر القانون، إذ أن الرجوع إليه قد يكون أقرب إلى المستحيل وغير ممكن تقريباً من الناحية العملية، عباس الصراف، جورج حزبون، المصدر السابق، ص 49 – 50.

من ذلك ما تنص عليه المادة 233 مدني مصري من أن "الفوائد التجاريـة التـي تسـري عـلى الحسـاب الجـاري يختلـف سـعرها القـانوني باختلاف الجهات، ويتبع في طريقة حساب الفوائد المركبة في الحساب الجاري ما يقضي به العرف التجاري".

ومن هذا القبيل أيضاً ما ورد في الفقرة الثانية من المادة (150) من القانون المدني العراقـي التي جـاء فيهـا: "ولا يقتصر ـ العقد على إلزام المتعاقد بما ورد فيه، ولكن يتناول أيضاً "ما هو من مستلزماته وفقاً للقانون والعرف والعدالة بحسب طبيعـة الالتـزام".

وفي نفس الاتجاه يأتي نص المادة 442 من قانون الموجبات والعقود اللبناني التي تقول: "يضمن البائع عيوب المبيع التـي تـنقص قيمتـه نقصاً محسوساً أو تجعله غير صالح للاستعمال فيما أعد له بحسب ماهيته أو بمقتضى عقد البيع. أما العيوب التي لا تـنقص مـن قيمـة المبيع أو من الانتفاع به إلا نقصاً خفيفاً، والعيوب المتسامح بها عرفاً فلا تستوجب الضمان".

أما بشأن أساس القوة الملزمة للعقد، فقد برز البحث في هذا الأساس حديثاً بعد أن أصبح القانون المكتوب (التشريع) هـو المصدر الرئيس للقاعدة القانونية.

وقد طرحت عدة آراء لتأسيس القوة الملزمة للعقد، أولها أن هذه القوة تجد أساسها في ضمير الجماعة، لأن العرف مـا هـو إلا تعبير عن ضمير هذه الجماعة وثمرة تراثها الحضاري عبر تاريخها الطويل. وقد قال بهذا المذهب فقهاء القانون الروماني ومن بعدهم فقهاء القانون الفرنسي القديم. أما المذهب أو الرأي الثاني فيؤسس القوة الملزمة للعرف على مبدأ رضا المشرـع عـن العـرف الصرـيح أو الضمني، أي أن أساس القوة الملزمة للعرف هو رضا المشرع على تطبيقه كمصدر من مصادر الالتزام وعدم اعتراضه عليه. ومن هنا فـإن أساس قوة العرف هو النص القانوني الذي وضعه المشرع لتأكيد وجود العرف كمصدر أولاً ثم إعطائه المرتبة التي يراها المشرع مناسبة بين مصادر القانون الأخرى ثانياً.

وهناك الرأي الثالث الذي اعتنقه الفقيه الفرنسي لامبير الذي يذهب إلى أن تدخل القضاء لازم لنشوء العرف، أما قبل أن يتدخل القضاء فلا يوجد لدينا إلا مجرد عادة.

ويرى فريق آخر بأن أساس قوة العرف الملزمة هو الضرورة الاجتماعية التي تقضي بوجوب تنظيم المجتمع تنظيماً عادلاً يحقق الصالح العام، وأن توافر الشروط المطلوبة في العرف يدل دلالة كافية على ضرورته، وحتى تثبت هذه الضرورة يجب أن يكون العرف ملزماً.

وقد وجهت لهذه الآراء الكثير من الانتقادات، فنظرية ضمير الجماعة أو ضمير الشعب واجهت من البعض عدم القبول بحجة أن ضمير الشعب فكرة غامضة لا يمكن أن يتحدد على أساسها القانون الوضعي المطبق في مجتمع معين.

ووجه النقد إلى النظرية التي تقول بأن أساس القوة الملزمة للعرف تكمن في التشريع، أن هذه النظرية تخلط بين العرف والتشريع، فالتشريع هو أمر مكتوب صادر في عبارات معينة، وفي لحظة محددة من أحد أجهزة السلطة في الدولة، أما العرف فيتكون ببطء وبالتدريج من اعتياد الناس على اتباع قاعدة معينة وتطبيقها باعتبارها قاعدة ملزمة. يضاف على هذا كله أن هذه النظرية تنكر الحقيقة التأريخية المعروفة، وهي أن العرف أقدم في النشأة من التشريع.

ولم تنجح نظرية القضاء من النقد، لأنها تخلط حسب رأي المنتقدين لها بين مصدرين متميزين من مصادر القانون هما العرف والقضاء. ومعلوم أن وظيفة القضاء تطبيق القانون لا خلقه[1].

وعلى الرغم من ترجيح البعض لنظرية إرادة الجماعة أو ضميرها كأساس للقوة الملزمة للعرف، وتأكيد البعض الآخر على نظرية الضرورة الاجتماعية باعتبارها تمثل مذهباً حديثاً آخذ بالانتشار، فإننا نعتقد بأن أساس القوة الملزمة للعرف تكمن في كل ما تقدم، فاعتراف المشرع بالعرف كمصدر من مصادر القانون وإعطائه المرتبة المناسبة،

(1) للمزيد راجع:- البكري، ص 132 – 134، عمران، ص 143 – 145، تناغو، ص 449 – 465، القيام، ص 138.

واعتباره معيناً يستطيع الاستعانة به لقلب القواعد العرفية إلى قواعد قانونية يؤشر دور المشرع في رسم إلزامية العرف الذي ظهر في سلوك الناس واستقر في ضمائرهم، ويدل على ذلك لجوء المشرع إلى العرف الجيد والاستعانة به (كما هو أو من خلال تجسيده في قواعد قانونية) لتنظيم سلوك الجماعة. ولا يقدح بهذا كون العرف أقدم من التشريع، فالتشريع يجسد ما في المجتمع من إفرازات وما يسود فيه من أعراف وتقاليد، وقد يرتأي المشرع قلب بعضها إلى نصوص تشريعية وآمنة ومنضبطة، وترك الآخر بدون تقنين بشكل دائم أو مؤقت.

كذلك يسهم القضاء في تأكيد القوة الملزمة للعرف، لأنه هو الذي يتولى العرف بالضبط والتحديد من خلال الاستعانة بالخبراء والمتخصصين، فيخرج القاعدة العرفية في قرار ملزم يؤكد وجود هذا المصدر ويذكر باهميته. وربما ينتهي المطاف ببعض الأعراف إلى الضمور والغياب عن الساحة بسبب عدم استعانة القضاء بها مطلقاً أو لفترات طويلة.

أما القول بأن أساس القوة الملزمة للعرف يكمن في ضمير الجماعة، فهذا صحيح، ولكن هذا يحتاج بالفعل إلى الضبط والتحديد، فهو خامات في أكثر الأحيان، تحتاج إلى تدخل المشرع أو القضاء لإعطائها الدور اللازم كأداة لفصل في المنازعات، فلسنا أمام مجتمعات قبلية، أو غير منظمة، محددة النزاعات واضحة الأعراف على الأكثر، إنما نحن أمام ما يسميه بعض الشراح صراعات اقتصادية واجتماعية وإرادات مختلفة تحتاج فعلاً إلى الكثير من الجهد لحلها.

وبالنسبة للنظرية الحديثة التي تقول بأن القوة الملزمة تتجلى في الضرورات الاجتماعية، فاعتقد بأن هذه النظرية لا تضيف شيئاً على ما تقدم، فكل المصادر القانونية تكمن القوة الملزمة لها في الضرورات الاجتماعية والاقتصادية التي أدت إلى ظهورها كأداة لتنظيم السلوك العام في المجتمع.

المطلب الثالث
أركان العرف وتمييزه عن غيره

العرف ومن خلال التعاريف العديدة التي أعطيت له، والتي أتينا على الغالب منها، لا بد له لكي يصبح مصدراً من مصادر القانون من توافر ركنين أو عنصرين كما يذهب إلى ذلك البعض وهما الركن المادي والركن المعنوي. كما أن العرف قد يشتبه مع غيره بل يختلط حتى في التشريع مع بعض المصطلحات الأخرى وخصوصاً العادة التي تعتبر بمثابة عرف ناقص. وسنعرض لكل ما تقدم في نقطتين:-

أولاً: أركان العرف

الركن الأول للعرف هو الركن المادي أو ما يسميه البعض ركن الاعتياد أو الممارسة لسلوك معين. ويمكن تصور ذلك بسلوك شخص واحدة أو عدة أشخاص لسلوك معين، وتكرار هذا السلوك لقربه من نفوس الناس أو لمعقوليته، أو ملائمته للظروف المحيطة بهذا المجموعة البشرية أو تلك. وكلما تكرر استخدام هذا السلوك على مر الزمن ترسخ في أذهان الناس وقوي أثره في وجدانهم، فيزداد عدد الأفراد الذين يعتمدونه في سلوكهم وحل منازعاتهم، إلى أن يستقر الأمر بالجماعة على السير بمقتضاه بطريقة تلقائية، أي دون أعمال العقل للوصول إلى ما ينبغي فعله[1].

ولكن العادة التي تنشأ بين الناس والتي تشكل العنصر المادي للعرف يجب أن تتوافر على شروط معينة، فيجب أن تكون هذه العادة عامة، أي أن تطبقها فئة كبيرة من الناس كأبناء الحرفة الواحدة في منطقة معينة، وليس من الضروري أن تشمل هذه العادة المواطنين كافة. ومن شروط هذه العادة أن تكون قديمة، ليمكن التأكد بأن الناس درجوا عليها مما أدى إلى استقرارها بينهم، وبالتالي فإنها ليست أمراً عارضاً. كذلك ينبغي في

(1) منصور منصور، المصدر السابق، ص 132 - 133.

العادة أن تكون ثابتة مستقرة، بحيث تتبع بصورة مستمرة وليست متقطعة. ويضاف إلى ذلك شرطاً رابعاً وهو ضرورة عـدم مخالفـة العادة للنظام العام أو الآداب العامة[1].

أما الركن المعنوي فهو أن يستقر الإيمان في نفوس الناس بأن هذا الاعتقاد في السلوك قد صار ملزماً لهـم، وهـذا يعنـي أن الاعتقاد يجب أن يسود لديهم بأن السلوك الذي اعتادوا عليه قد اكتسب القوة الملزمة، وأن مخالفته توجب توقيع الجـزاء المـادي علـى المخالف. ويعتبر هذا العنصر أكثر صعوبة ودقة من حيث إثبات توافره لأنه لا ينشأ فجأة، وإنما ينمـو تـدريجياً علـى مـدة مـن الـزمن تكون في الغالب طويلة، مع أن التقدم الهائل في وسائل الاتصالات قد لا يجعل من الزمن الطويل شرطاً لتوافر الركن المعنوي، إذ قـد ينشأ الشعور بضرورة الالتزام بهذا السلوك بزمن أقصر بكثير مما كان يتطلبه رسوخ هذا الاعتياد لدى الناس قبل ثـورة المعلومـات التـي نعيشها الآن[2].

ثانياً: تمييز العرف عن غيره :

أول ما ينبغي التمييز بينه وبين العرف هو العادة، التي يتوافر فيها الركن المادي فقط بينما يتوافر في العرف ركنـان لا بـد منهما وهما الركن المادي والركن المعنوي.

ومن العادات ما يتصل بالعلاقات القانونية بين الأفراد، وهي تسمى بالعادات الاتفاقية بين الأفراد. وهذه العادات الاتفاقية قد تكون عادات محلية تختلف باختلاف الجهات، كما قد تكون معنية خاصة بأحد المهن. ومن أمثلة العادات الاتفاقية مـا كـان يجـري عليه التعامل بين الأفراد في حالة بيع بعض أنواع الفاكهة على أساس المائة، فقد اختلفت العادة بالنسبة لمـا يبـاع علـى أنـه مائـة، إذ تحسب المائة كما هي أو أن تحسب بمائة وعشرة أو مائة وعشرين أو ثلاثين. ومثالها ما جرت عليه العادة في بعض المدن مـن أن يـدفع المستأجر ثمن فاتورة الماء، في حين أن ثمن هذه الفاتورة في مدن أخرى هو على المؤجر. كذلك ما جرت به العادة من أنه إذا قامت شركة بين شخصين وقدم أحدهما رأس

---

(1) هشام القاسم، المصدر السابق، ص 218.
(2) لاحظ:- عمران، المصدر السابق، ص 136.

المال وقدم الثاني العمل فقط، فإن الأرباح توزع بينهما على أساس الثلثين للأول والثلث للثاني[1].

ولا تعد عادة تقديم الهدايا بين الناس في المناسبات السارة، كالزواج والأعياد والولادات عرفاً ملزماً رغم قدم إتباع الناس لها. فالناس يقدمون الهدايا في هذه المناسبات لمجرد المجاملة دون أن يشعروا بأنهم ملزمون بتقديمها. وسيظل هذا النوع من السلوك في نطاق قواعد المجاملات ولا يتعداه إلى نطاق القواعد القانونية مهما اتصفت بالعموم والقدم والاضطراد وعدم مخالفة النظام العام أو الآداب. ومتى تحقق ركن الاعتقاد بإلزامية العادة تتحول إلى عرف قانوني، لأنها تستوفي عندئذ ركنها المعنوي وتصبح مصدراً لقاعدة قانونية ملزمة. ومن أمثلة ذلك ما ثبت في الشعور القائم لدى جمهور الناس بوجوب رد الهدايا التي قدمها الخطيب لخطيبته، في حالة العدول عن إتمام الزواج بفسخ الخطبة. ومن هذا القبيل أيضاً ما تقرره الكثير من الأقطار من لزوم إضافة نسبة مئوية من النقود إلى فاتورة ثمن الطعام أو أجور الفندق وهو ما يسمى بـ (الخدمة). فقد كان دفع هذه النسبة عادة أول الأمر تقدم بموجبها هدية اختيارية يخدم الفنادق والمطاعم، وبعد ذلك اكتسبت هذه العادة بمرور الزمن عنصر الإلزام فتحولت إلى عرف قانوني[2].

ويرى بعض الشراح المعروفين في العراق كالأستاذ ضياء شيت خطاب[3] بأن القانون المدني العراقي لم يفرق بين العادة والعرف، وقد استعملهما في بعض المواد بصورة مترادفة، مثال ذلك نص الفقرة الأولى من المادة (131) مدني عراقي التي جاء فيها "يجوز أن يقترف العقد بشرط يؤكد مقتضاه أو يلائمه أو يكون جارياً به العرف والعادة". واستعمل المشرع العراقي أحياناً العادة بدل العرف، ومن ذلك نص الفقرة الأولى من المادة (903) مدني عراقي التي تقول: "يفرض في أداء الخدمة أن يكون بأجر، إذا

(1) توفيق حسن فرج، المصدر السابق، ص 255.

(2) غالب الداودي، المدخل إلى علم القانون، المصدر السابق، ص 160.

(3) في بحثه مصادر القانون المدني العراقي، المنشور في مجلة القضاء العراقية، العدد الثاني، عام 1956، ص 186.

كان قوام هذه الخدمة عملاً ليس مما جرت العادة بالتبرع به أو عملاً داخلاً في مهنة من أداه". ونصت المادة 164 مـدني عراقـي "1- أن العادة محكمة، عامة أو خاصة 2- واستعمال الناس حجة يجب العمل بها". وحسب المـادة 163 مـدني عراقي فـإن (1- المعروف عرفاً كالمشروط شرطاً، والتعيين بالعرف كالتعيين بالنص 2- والمعروف بين التجار كالمشروط بينهم 3- والممتنع عادة كالممتنع حقيقة).

هذا ورتب البعض عدة نتائج على التفرقة بين العرف والعادة الاتفاقية، وهي أن العرف يعد من قبيل القانون الذي يجب على القضاء تطبيقه من تلقاء نفسه في الدعوى المرفوعة أمامه، أما العادة الاتفاقية فتعتبر شرطاً مـن شروط العقـد، ولـذلك ينبغـي أن يتمسك بها من له مصلحة من الخصوم حتى يطبقها القاضي. كذلك يجب على القاضي أن يتحرى ويثبت العرف من تلقاء نفسه، إذ أن تطبيق القانون هو من عمل القاضي وحده، أما العادة الاتفاقية فلا يفترض علم القاضي بها، وعلى من يتمسك بها إثبات وجودها. ومـن الفوارق أيضاً أن العرف يطبق سواء علم به الخصوم أو لم يعلموا، حيث لا يجوز الاعتذار بجهل أحكام القانون، أما العادة فلا تطبق إلا على أساس انصراف إرادة المتعاقدين إلى الأخذ بها. ويخضع تطبيق العرف لرقابة محكمة التمييز، أما العادة فهي من قبيل الواقع الـذي يكون التقدير فيه لقاضي الموضوع دون معقب. ويضيف البعض فرقاً أخر بين العرف والعـادة الاتفاقيـة، وهـو أن العـرف التجـاري قـد يلغي حكم القانون أحياناً، أما العادة ولو كانت تجارية، فلا يترتب عليها هذا الأثر [1].

---

[1] انظر:- عبد المنعم فرج الصده، المصدر السابق، ص 151، سليمان مرقص، المدخل للعلوم القانونية، القاهرة، 1967، ص 300.

المطلب الرابع
مزايا العرف وعيوبه

يبرز الحديث عن مزايا العرف وعيوبه عند التعرض لمزايا التشريع ومساوئه. وبقـدر مـا سـجل مـن ميـزات ومثالـب عـلى التشريع، سجل في المقابل على العرف العديد منها. فمن مزايا العرف بالمقارنة مع التشريع أنه يتكون مما جرى الناس عليه في علاقـاتهم ومعاملاتهم الاقتصادية والاجتماعية، ولذلك فهو تعبير صادق عما تريده الجماعة وترتضيه، بعكس التشريع الـذي تضـعه السـلطة التـي قد تمثل المجتمع وقد لا تمثله. وحتى لو كانت هذه السلطة ممثلة للمجتمع ومعبرة عن رغباته وطموحاتـه، فـإن مـا تضـعه قـد يكـون ملائماً لظروف وزمن وضعه، وعند تغير هذه الظروف سيصبح هذا التشريع مغايراً لواقع المجتمع مما يقتضي التغيـير الـذي قـد يتطلـب وقتاً طويلاً لضرورة مروره في الكثير من البلدان بآليات دستورية معروفة، مع أن البعض يـرى بـأن هـذه الميـزة لا وجـود لهـا، أو أنهـا لا تسجل بصف العرف، لأن المجتمعات الحديثة تحاول دائماً أن تعدل التشريع وتطوره بما يتلائم مع الواقع الجديـد، بـل أن التشرـيع قـد يسبق الواقع في المجتمع بقصد دفع المجتمع نحو الرقي والتقدم أسوة بالمجتمعات الأخرى التي سبقته في هذا المضمار أو ذاك[1].

والميزة الأخرى للعرف بالمقارنة مع التشريع، هي أن الأخير قد يصدر من سلطة أو حاكم مستبد، وأن القوانين التـي تصـدر في مثل هذه الحالات، ستكون معبرة عن مصالح الحاكم أو السلطة المستبدة أو عن مصالح الطبقات المؤيدة للحاكم، بيـنما العـرف كـما يقول الفقيه الألماني سافيني أفضل تعبير عن رغبات الجماعة. ولذلك يأتي التشريع

---

(1) توفيق حسن فرج، المصدر السابق، ص 260.

هنا مفروضاً على الجماعة، بينما ينبع العرف من ضمير الجماعة وحاجاتها ويتمتع برضاها ومباركتها[1].

أما بالنسبة لعيوب العرف فهو أداة بطيئة لتكوين القواعد القانونية، بحيث يقصر عن تزويد الجماعة في العصر ـ الحديث بما تحتاج إليه من قواعد لمواجهة حاجاتها المتجددة بالسرعة المطلوبة. كذلك فإن القواعد العرفية ينقصها الوضوح والتحديد، مما يصعب معه التثبت من وجودها والتحقق من مضمونها مقارنة بالنصوص التشريعية التي وضعت في صيغة محددة وواضحة.

وإذا كان العرف متعدد الأنواع فمنه العرف المحلي ومنه العرف المهني أو الطائفي، وهذا هو الغالب بالإضافة إلى الأعراف التي تغطي كامل الإقليم، فإن هذا التعدد لا يكون عاملاً على تحقيق وحدة البلاد القانونية، كما هو الحال في التشريع الـذي يعـد أداة لتوحيد النظام القانوني في الدولة.

ومن مساوئ العرف عدم معرفة الناس بكل القواعد العرفيـة، لأن القضـاء يتـولى مهمـة الضبط والتحديد بالنسبة لهـذه القواعد، بينما يمتاز التشريع بوضعه في نصوص مكتوبة ومعلنة إلى الكافة بكل الوسـائل المتاحـة وخصوصاً الجريـدة الرسمية والإعـلام القانوني الذي يشكل ركناً مهماً لتبصير الناس بما يصدر من قواعد قانونية جديدة، حتى يحق لنا تطبيق القاعدة المشـهورة بحقهـم "لا يعد الجهل بالقانون عذراً".

ويترتب على ما تقدم بأن الجهد الذي يبذله القاضي في إثباته للقاعدة القانونيـة المستمدة مـن العـرف سيكون مضـاعفاً، مقارنة بجهده عند الاستناد إلى قاعدة قانونية مصدرها في التشريع المكتوب، الذي تناوله الشراح والمختصون بالشرح والتوضيح، كما

---

(1) ولا ننسى بأن العرف كان في مرحلة من مراحل التأريخ مستغلاً من قبل الطبقات السائدة، فحينما انتقل القانون إلى مرحلة التقاليـد العرفية أثر انتقال السلطة من الحكام المؤلهين ورجال الدين إلى طبقة الأشراف (النبلاء)، استغلت هـذه الطبقـة العـرف، لتحـافظ على سلطانها ونفوذها من خلال تطبيق العرف وتفسيره تبعاً لمصالحها وامتيازاتها وأهوائها. وسـاعدها علـى ذلك جهـل الطبقـة العامة، كتابنا تأريخ القانون، المصدر السابق، ص 60 – 61.

عمقته المحاكم بالتطبيق والتسبيب، مما خلق السوابق القضائية التي تعد بحد ذاتها مدرسة قانونية تسهل مهمة القاضي بكل تأكيد.

ومن مساوئ العرف أيضاً أن دور المحامي المدافع عن موكله الـذي يعتمـد عـلى العرف للوصـول إلى حقـه، وخصوصاً في الأمور التجارية، سيكون أصعب، من القضايا التي يعول في حلها على النصوص التشريعية، لأن العرف كما أسلفنا قد تتسم قواعده بالغموض، ويحتاج إلى إثبات وجوده أولاً ثم إثبات مضمونه ثانياً، فضلاً عن اختلافه من منطقة إلى أخرى ومن حرفة إلى ثانية.

المبحث الرابع

مبادئ القانون الطبيعي وقواعد العدالة

آخر مصدر من المصادر الرسمية الاحتياطية للقاعدة القانونية، هو مبادئ القانون الطبيعي وقواعـد العدالـة، كـما جاء في بعض القوانين، كالفقرة الثانية من المادة الأولى من القانون المدني المصري والليبي، أو قواعد العدالة فقط، كما جاء في الفقرة الثانية مـن المادة الأولى من القانون المدني العراقي، والفقرة الثالثة من المادة الأولى من القانون المدني الأردني[1].

وعلى الرغم من الغموض والإبهام الذي يكتنف هذين المصدرين (القانون الطبيعي والعدالة) بشكل قـد يزيـد عـلى مـا في العرف من غموض كما لاحظنا، فإن بعض التشريعات وضعت هذا المصدر ضمن سلسلة مصادر القاعدة القانونيـة، في محاولـة مـن المشرع لتقديم عدة وسائل للقاضي، يستطيع من خلال أي منها حسب الأولويـة إيجـاد حل للنـزاع المعـروض أمامـه، وحتـى لا يتـذرع بعجزه عن إيجاد حل لهذه الخصومة أو تلك،

---

[1] ولم تضع بعض القوانين هذا المصدر ضمن مصادر القاعدة القانونية، كما هو الحال بالنسبة للمادة الأولى من القانون المدني الكويتي والإماراتي.

مما يدخله في خانة إنكار العدالة، وهو ما لا يحبذه المشرع على الإطلاق، بل قد يُعرض القائم به للمساءلة القانونية[1].

ولتسليط الضوء على هذا المصدر وتأريخه ورأي الفقه فيه سنتناوله في النقاط التالية:

أولاً:- القانون الطبيعي:-

اعتقد علماء اليونان بوجود قوة عليا، وضعت قانوناً عاماً ونظاماً ثابتاً يحكم العالم من الناحيتين المادية والمعنوية. وهذا المذهب نادى به مشاهير الفلاسفة اليونان أمثال سقراط وأفلاطون وأرسطو. وفرق هؤلاء بين القوانين والتقاليد الوطنية التي وضعتها الجماعة لنفسها، وبين القانون الطبيعي الذي توحي به الطبيعة ويكشفه العقل ويتحسس به الوجدان. ويجب على القوانين الوضعية أن تهتدي بمبادئ القانون الطبيعي، لأنه أقدم منها، لذلك يعمد بعض الفلاسفة إلى تقسيم العدل إلى قسمين أحدهما العدل الطبيعي، أي العدل المطلق الذي أعدته الطبيعة لجميع الناس، وثانيهما العدل القانوني أو التشريعي وهو عدل القوانين أو الأعراف التي تضعها الأمم لنفسها[2].

أما بالنسبة للرومان فقد انتقلت الثقافة اليونانية إليهم وتأثر الفقيه الروماني شيشرون بها، مما أدى إلى صياغة فلسفة القانون الطبيعي في مبادئ عملية. وقد بين هذا الفقيه بأن القواعد القانونية لم تصدر جميعها من المشرع، أو أن مصدرها العرف، وإنما

(1) وهو ما عالجته المادة 122 من قانون العقوبات المصري بقولها: "إذا امتنع أحد القضاة في غير الأحوال المذكورة عن الحكم يعاقب بالعزل وبغرامة لا تزيد على عشرين جنيهاً مصرياً. ويعد ممتنعاً عن الحكم كل قاضٍ أبى أو توقف عن إصدار حكم بعد تقديم طلب إليه في هذا الشأن بالشروط المبينة في قانون المرافعات في المواد المدنية والتجارية، ولو احتج بعدم وجود نص في القانون أو بأن النص غير صريح او بأي وجه آخر"، وعالجته المادة الثالثة من قانون أصول المحاكمات المدنية اللبناني بنصها "لا يجوز لأية محكمة أن تمتنع عن الحكم بحجة غموض القانون أو نقصانه، وإلا عدت متخلفة عن احقاق الحق".

(2) عباس العبودي، المصدر السابق، ص 9.

هناك القانون الطبيعي الذي ينظم العلاقات التي تنشأ بين الأفراد بصورة ثابتة لا تتغير بتغير الزمان أو الشعوب[1].

ثم اصطبغت فكرة القانون الطبيعي، في العصور الوسطى في أوروبا، على يد رجال الكنيسة، بصبغة دينية، فأصبح القانون الطبيعي هو القانون السماوي الذي يعلو على القانون الوضعي. فإذا كان هذا القانون، كما عرفه اليونان والرومان، قانوناً ثابتاً لا يتغير بتغير الزمان أو المكان، إلا أن الذي أوجده هو الله خالق الطبيعة. وازدهرت فكرة القانون الطبيعي، وزادت أهميتها خلال القرنين السابع عشر والثامن عشر، ويرجع ذلك إلى أن أوروبا كانت قد استكملت في ذلك الوقت قومياتها وتحررت من سلطان الكنيسة، فنشأت الدول الحديثة المستقلة التي لا سلطان لاحدها على الأخرى، وظهرت الحاجة إلى قواعد قانونية تنظم علاقات الدول ببعضها، وتنظم علاقة الحكام داخل الدولة الواحدة بالمحكومين. وقد استخدمت فكرة القانون الطبيعي في هذين المجالين.

وكان أول من أبرز فكرة القانون الطبيعي في العصر الحديث، متحررة من الصفة الدينية التي أسبغت عليها في القرون الوسطي، هو الفقيه الهولندي (جروسيوس)، الذي عرف القانون الطبيعي بأنه "القاعدة التي يوحي بها العقل القويم، والتي بمقتضاها نحكم بالضرورة أن عملاً ما يعتبر ظلماً أو عدلاً لمخالفته أو موافقته للعقول".

وحينها جاءت الثورة الفرنسية، أقرت بحقوق الإنسان الطبيعية التي لا تزول. ومثل ذلك اعترافاً منها بوجود القانون الطبيعي كمصدر لهذه الحقوق، بل إن واضعي قانون نابليون أشاروا إلى ذلك بشكل واضح في المادة الأولى التي جاء فيها "يوجد قانون عالمي لا يتغير، وهو مصدر كل القوانين الوضعية، وهو ليس إلا العقل الطبيعي من حيث أنه يحكم على كل البشر".

هذا وقد لقي مذهب القانون الطبيعية نقداً شديداً في القرن التاسع عشر، سواء بالنسبة لثباته وعدم تغيره في الزمان أو المكان، أو فيما يترتب على هذا القانون من

---

(1) صبيح مسكوني، القانون الروماني، ط1، مطبعة شفيق، بغداد 1970، ص 68.

حقوق طبيعية للإنسان، حيث ظهر مذهب مضاد للمذهب الفردي هو المذهب الاشتراكي. فبالنسبة لثبات هذا القانون، اعتبر المنتقدون ذلك ضرباً من الخيال الذي يكذب الواقع، فالتأريخ يشهد بأن القانون الوضعي يختلف من مجتمع إلى آخر، ويتطور بتطور الظروف الاجتماعية. أما فكرة الحقوق الطبيعية فقد أدى تطرف أنصارها إلى نتائج غير مقبولة من النواحي كافة، مما نجم عنه ظهور المذهب الاشتراكي[1].

ثانياً:- العدالة:-

ساد الشعور في مرحلة من مراحل التطور القانوني بوجود قواعد لا تحتاج إلى تدوين، وإنما يهدي إليها العقل ويوحي بها الضمير، وهي تلازم شعور الإنسان بالعدل، في كل عصر، وتقوم إلى جانب القانون الأصلي الذي وضعته المدينة والمعروف باسم القانون الوضعي وقد دعيت هذه القواعد بقواعد العدالة تمييزاً لها عن قواعد العدل[2].

والعدالة عند أرسطو هي إعطاء كل فرد ما يخصه بالنظر إلى علاقته بغيره من الأفراد أو علاقته بالجماعة. وفي علاقة الفرد بغيره من الأفراد يوجد ما يسمى "العدل التبادلي". وفي علاقة الفرد بالجماعة، أما أن نكون بصدد بيان واجبات الجماعة نحو الأفراد فيوجد ما يسمى "العدل التوزيعي" وإما أن نكون بصدد واجبات الأفراد نحو

(1) وأثر هذه المناقشات الطويلة، ظهر مما يسمى القانون الطبيعي ذو المضمون المتغير الذي تبناه الفقيه الألماني "ستاملر" الذي ذهب إلى أن القانون الطبيعي هو المثل الأعلى للعدل، وهو ثابت في فكرته ولكنه متغير في مضمونه. ولم ينجح هذا التوجه من النقد من قبل المحدثين من الفقهاء الذي ذهبوا إلى أن "المبادئ التي يضعها القانون الطبيعي ليست إلا أصولاً عامة لا تصلح في ذاتها للتطبيق العملي، ولكنها تسمح لنا بالحكم على قواعد القانون الوضعي ووصفها بانها عادلة أو ظالمة. للمزيد من التفاصيل راجع:- منصور منصور، المصدر السابق، ص 163 – 174.

(2) فالعدل هو الإرادة المشتركة للجماعة التي يعبر عنها القانون بقواعده الثابتة المتسمة بالتجريد والعمومية، ويفرض في تطبيقه المساواة بين الأفراد. أما العدالة، فإنها القاعدة المتحركة التي تنبع من شعور الإنسان التلقائي بقسوة القاعدة القانونية حين تطبيقها في حالة معينة أو في ظرف معين، وتسعى إلى تلطيفها بدافع الرحمة والعطف، عبد السلام الترمانيني، المصدر السابق، ص 643 – 644.

الجماعة فيوجد ما يسمى "العدل الاجتماعي"[1].

وتُعرف العدالة بأنها شعور كامن في النفس، يكشف عنه العقل السليم ويوحي به الضمير المستنير ويهدف إلى إعطاء كل ذي حق حقه. وفكرة العدالة ظهرت لتحكم العلاقات بين أفراد المجتمع، وتحقيق المساواة فيما بينهم، وتعويض الأفراد عما يلحقهم من ضرر من جراء تصرفات الغير. والقانون يسعى لتحقيق هذه الأهداف التي ترمي العدالة إلى تحقيقها، فهو يعتمد على العدالة في استخلاص الصيغ والقواعد، وهذا ما دعا إليه الفقيه الروماني شيشرون بقوله "إن العدالة هي جوهر القانون".

ويختلف مصدر العدالة من مجتمع إلى آخر، فالعدالة عند اليونان كانت مستمدة من فكرة القانون الطبيعي، وعند الرومان كانت مستمدة من قانون الشعوب ثم القانون الطبيعي. وعند الإنجليز فمصدر العدالة كان ضمير الملك، أما مصدرها في الشريعة الإسلامية فهو العقل والمصلحة وحكمة التشريع[2].

ثالثاً: رأي الفقه المعاصر في مبادئ القانون الطبيعي وقواعد العدالة:-

يخلص الفقه في دراسته لهذا المصدر إلى أن مبادئ القانون الطبيعي وقواعد العدالة لا تعتبر مصدراً رسمياً للقاعدة القانونية بالمعنى الصحيح. فهي لا تمد القاضي بقاعدة عامة مجردة كما هو الشأن في التشريع أو العرف أو مبادئ الشريعة الإسلامية، وإنما تلهمه إلى حل يطبقه على النزاع المعروض عليه إذا لم يجد قاعدة في هذه المصادر، وهو ما ذكرته المذكرة الإيضاحية للقانون المدني المصري[3] بقولها: "إن مبادئ القانون الطبيعي وقواعد العدالة، لا ترد القاضي إلى ضابط يقيني، وإنما تلزمه أن يجتهد رأيه حتى يقطع عليه سبيل النكول عن القضاء". وهذا يعني أن القاضي حينما يجتهد الحل

(1) منصور منصور، المصدر السابق، ص 191.
(2) عباس العبودي، المصدر السابق، ص 88.
(3) ج1، ص 188.

في موضوع معين لا يجد له حلاً في المصادر اليقينية الأخرى، يجب أن يبنى هذا الاجتهاد على اعتبارات موضوعية عامة وليس على تفكير ذاتي خاص[1].

وقد استطاع القضاء المصري أن يستعين بمبادئ القانون الطبيعي ومبادئ العدالة في استحداث أحكام لمواجهة أوضاع لم تنظمها المصادر الأخرى، من ذلك أنه استند إلى هذه المبادئ لحماية الملكية الأدبية والفنية والصناعية والتجارية قبل أن تصدر القوانين التي تنظم هذه الحماية[2].

ومن المفيد القول هنا أن بعض القوانين لم تستخدم مصطلح القانون الطبيعي ومبادئ العدالة أو أحدهما كمصدر من مصادر القاعدة القانونية، وإنما أحالت القاضي إلى ما يسمى المبادئ العامة في قانون الدولة كما هو الحال بالنسبة للمادة الثالثة من التقنين المدني الإيطالي أو إلى مبادئ القانون العامة كما هو الحال بالنسبة للمادة الأولى من التقنين الصيني[3].

---

(1) وتعتمد هذه الاعتبارات على مبادئ قد يستمدها القاضي من قواعد دولية أو من قواعد أجنبية، توفيق حسن فرج، المصدر السابق، ص 285.

(2) على إننا لا نتفق مع من يذهب إلى أن القضاء المصري استند أيضاً إلى هذه المبادئ في تطبيقه لفكرة التعسف في استعمال الحق، لأن هذه الفكرة موجودة في الشريعة والفقه الإسلاميين وبشكل واضح لا لبس فيه، وأن مبادئ الشريعة الإسلامية تعد مصدراً يقينياً من مصادر القانون. لاحظ ما جاء في مؤلف الاستاذ د. عبد المنعم فرج الصده، المصدر السابق، ص 176 الذي يعتبر مصدر الاخذ بفكرة التعسف في استعمال الحق من قبل القضاء المصري هو مبادئ القانون الطبيعي وقواعد العدالة، وهو ما يجانب الصواب في تقديرنا.

(3) الصده، ص 174، هامش (1).

الفصل الثاني
المصادر التفسيرية

إلى جانب المصادر الرسمية للقاعدة القانونية التي درسناها بالتفصيل سابقاً، هناك ما يسمى المصادر التفسيرية للقاعدة القانونية، وهما القضاء والفقه. ويقصد بالمصدر التفسيري، المرجـع الـذي يسـاعد القاضي علـى استجلاء معنى النصوص القانونية التي تتسم عادة بالإيجاز، واستيضاح ما في هذه النصوص من غموض أو لُبس أو إبهام، خصوصاً عند دخول القاضي في تطبيقات النص التفصيلية، التي تفرضها طبيعة القضايا والنزاعات الجديدة التي تتسع يوماً بعد يوم، مما يجعل النص الموضوع ضيقاً من حيث استيعابه لهذه المستجدات، ويجعل استعانته بمصادر أخرى ضرورياً، خصوصاً إذا أدت هذه الاستعانة إلى تسليط الضوء على زوايا وأبعاد النص القانوني وتوسـيع مساحة النظر إليه كوسيلة لحل النزاعات التي توقع المشرع خضوعها لمظلة هذا النص.

وعلى الرغم من اعتبار الغالبية العظمى من الأساتذة والشراح هذا المصدر من المصـادر التي يستأنس ويسترشد القاضي بها للتعرف على حقيقة القواعد التي يستمدها مـن مصـادرها الرسـمية دون أن تكـون لـه قـوة ملزمة[1]، فإن البعض من الأساتذة يذهب إلى عكس ذلك تماماً، ويؤكد على أن القضاء يخلق القانون عادة، وهو يكمل النقص في مصادر القانون الوضعي.

ووفقاً لهذا الرأي لا يعد القضاء مصدراً تفسيرياً ولا احتياطياً وإنما مصدراً أصلياً، فإكمال النقص يعد عملاً أصلياً وليس احتياطياً، وهو لا يختلف في ذلك شيئاً عن

---

[1] وهو ما يستمد فعلاً من النصوص القانونية التي تؤكد ذلك، ومنها نص الفقرة الثالثة من المادة الأولى مـن القانون المـدني العراقـي التي جاء فيها "وتسترشد المحاكم في كل ذلك بالأحكام التي أقرها القضاء والفقه في العراق ثم البلاد الأخرى التي تتقـارب قوانينهـا مع القوانين العراقية، ونص الفقرة الرابعة من المادة الثانية من القانون الأردني التي تقول: "ويُسترشد في ذلك كله بما أقره القضاء والفقه على أن لا يتعارض مع ما ذكر.

تعديل القانون، فالتشريع وهو أبرز المصادر الأصلية للقانون، يقوم إما بتعديل القانون القائم أو إلغائه أو إكماله، ولعل أبرز أدواره جميعاً هو دور الإكمال. فالتشريع الجديد يصدر غالباً ليسد نقصاً في القانون القائم. ومع ذلك لم يقل أحد- حسب هذا الرأي- إن التشريع الجديد الذي يسد نقصاً في القانون هو مصدر احتياطي، بل يظل دائماً في مقدمة المصادر الأصلية. ويضيف هذا الرأي القول: "إن قيام القضاء بخلق قاعدة قانونية جديدة لا يتم سداً للنقص في التشريع وحده، بل سداً للنقص في كل مصادر القانون الوضعي بما في ذلك القضاء المستقر ذاته"[1].

ولدراسة هذا الفصل سنقسمه إلى مبحثين نتناول في الأول منهما القضاء ونخصص الثاني لمبحث الفقه.

المبحث الأول
القضاء

يطلق لفظ القضاء، إما على مجموع المحاكم الموجودة في الدولة وهو ما يشكل السلطة القضائية استناداً إلى مبدأ الفصل بين السلطات الثلاث: التشريعية والقضائية والتنفيذية، أو مجموع القرارات القضائية التي تصدرها المحاكم لفض المنازعات المختلفة بين الناس، والتي توصف حسب الاختصاص الذي تمثله بقرارات القضاء الجنائي أو القضاء التجاري أو القضاء المدني أو القضاء العمالي وهكذا. وقد يراد بكلمة القضاء استقرار المحاكم على اتجاه معين فيما تقضي به، وخاصة في الأمور التي لا يوجد فيها نصوص قانونية قاطعة، وإنما يكون حكم القانون فيها محل خلاف، فتأتي المحاكم لتجتهد، والاجتهاد هنا هو أعمال الرأي أو بذل الجهد العقلي للتعرف على الحكم. ولذلك يطلق اسم الاجتهاد القضائي على الأحكام التي تتضمن مبادئ قانونية توصل إليها القضاء، وتصبح

---

(1) من هذا الرأي الأستاذ الدكتور سمير عبد السيد تناغو، المصدر السابق، ص482-510.

هذه الأحكام بمثابة مبادئ يسير عليها القضاء ويعتمدها في إصدار قراراته. وهذا المعنى الأخير هو المعني لاعتبار القضاء مصدراً من مصادر القاعدة القانونية.[1]

إن الاجتهاد القضائي هو الذي يفسر التشريع ويحدد معناه، وهو يؤدي من خلال تفسيره لنصوص التشريع إلى التوسع في تطبيقه، بل وإلى تعديل معناه الأصلي أحياناً، بحيث يصبح أكثر ملاءمة لظروف البيئة وتطور المجتمع.

وإذا استقر هذا الاجتهاد بالنسبة لموضوع معين، وخصوصاً إذا كان صادراً عن محكمة التمييز، فإن المحاكم الأدنى تحاول عملياً إتباعه، على الرغم من عدم الزاميته من الوجهة القانونية.

ومن الجدير بالذكر أن الاجتهاد القضائي يمكن تعديله باجتهاد قضائي لا حق، عند وجود ضرورة تدعو لذلك، وهذا التعديل إذا كان صادراً عن محكمة التمييز، يصبح هو الاجتهاد الجديد، الذي تحاول سائر المحاكم التقيد به لأنه يمثل الاتجاه الأخير لتلك المحكمة[2].

ولتسليط الضوء على هذا المصدر سنتبع الخطة التالية:

المطلب الأول
دور القضاء في القوانين القديمة والشريعة الإسلامية

ويتضمن هذا المطلب فرعين، يتناول الأول دور القضاء في القوانين القديمة، بينما يكرس الثاني لدراسة دور القضاء لدى المسلمين.

---

(1) عبد الباقي البكري، المصدر السابق، ص151، هشام القاسم، المصدر السابق، ص240.

(2) هشام القاسم، ص 242، 243.

الفرع الأول
دور القضاء في القوانين القديمة

أولاً- القضاء في العصور البدائية:

لم تعرف الجماعة البدائية أكثر من قضاء رب الأسرة بين أفرادها، وإما علاقاتهـا مـع الجماعـات الأخـرى، فقد كان يحددها الانتقام الفردي باستعمال القوة، وهو ما يسمى بمرحلة القضاء الخاص. وكانت الجماعة البدائية في هذه المرحلة هي التي تقدر حقوقها وحجم الضرر الذي وقع على أحد أفرادها، وهي التي تعين العقوبة عـلى ذلك، ثم تقوم بإنزالها بما كانت تمتلك من قوة.

ثم انتقلت تلك المجتمعات في مرحلة تالية إلى التصالح أو التحكيم في محاولة منها للابتعـاد عـن القـوة وما تسببه من ويلات لها، بعد أن شعرت تلك المجتمعات بشيء من الاستقرار.

وكان التحكيم في البداية اختيارياً يلجأ إليه المدعي، وقد لا يرى ذلك مما يعني الرجوع إلى سبيل القـوة مرة أخرى. وكان الناس يحتكمون إلى رجال الدين أو رؤساء العشائر أو زعماء القبائل.

ولما قويت السلطة العامة واستطاعت أن تتدخل لإقرار النظام في المجتمع، عملت على منع الأفراد مـن استعمال القوة في حسم دعاواهم، ففرضت على الخصوم اختيار حكم يعرضون عليه الدعوى، فـإن لم يتفقـوا عـلى اختيار حكم، فإن الهيئة العامة تختاره لهم. وهي مرحلة التحكيم الإلزامي أو الإجباري. [1]

وكان التعويض في عهد التحكيم الاختياري يقدره المحكمون الـذين يختارهم الطرفـان. أمـا في عهـد التحكيم الإجباري فقد أصبح الملك هو الذي يتولى تحديد التعويض

---

(1) هاشم الحافظ، تأريخ القانون، دار الحرية للطباعة، بغداد 1980، ص 28-29.

بما يتلاءم مع خطر الجريمة، وعلى المتضرر أن يرضخ لحكمه، ولا يسوغ له بعد ذلك اللجوء إلى القوة. ويعتبر هـذا الرضوخ المرحلة الثالثة لتطور القانون.[1]

ثانياً: دور الأحكام القضائية كمصدر من مصادر القانون في العراق القديم :

كان للقرارات القضائية الدور الهام في إصدار القوانين. ويذهب الكثير من الباحثين إلى أن أغلـب مـواد المدونات القانونية الصادرة في بلاد ما بين النهرين ومنها شريعة حمورابي والقوانين الآشورية، هـي قرارات قضائية صيغة بشكل أحكام تشريعية بعد ملاحظة صلاحيتها للمجتمع.

وتم اكتشاف أكثر من (300) لوحة في مدينة لكش يعـود تأريخهـا إلى عهـد سـلالة أور الثالثة (2113-2006 ق.م)، ضمت مجموعة من القضايا لمختلف المنازعات الخاصة بالأراضي والعقارات الأخرى، وقضايا الأحـوال الشخصية كالزواج والطلاق والإرث والتبني وقضايا عامة كالسرقة واستغلال الوظيفة.[2]

وهناك مجموعة كبيرة من النصوص المسمارية تعرف عادة بالأحكام الصادرة أو السوابق القضائية، أو كما سماها العراقيون القدماء "القضايا الكاملة"، حيث كانت العادة تدوين القضايا التي تنظـر فيهـا المحـاكم عـلى ألواح طينية تحفظ لدى موظف معين في المحكمة لعله كان يقوم مقام كاتب المحكمة حالياً. وكانت هـذه الرقم تتضمن حيثيات القضية وشهادة الشهود وأسمائهم وأحياناً تأريخ إصدار الحكم وأسماء القضاة إضافة إلى القرار الذي أصدرته المحكمة بشأن القضية موضوع البحث.

إن أهمية هذه الوثائق لا تقتصر على ما تحمله من قواعد قانونية مشابهة أو مغايرة لما ورد في القوانين المدونة، بل أنها تمكن الباحث من رسم صورة متكاملة عن كيفية تطبيق القوانين والإجراءات القانونيـة المختلفـة التي كانت تتبع في إقامة الدعاوى

---

(1) عبد السلام الترمانيني، المصدر السابق، ص115.

(2) عباس العبودي، المصدر السابق، ص95-96.

والاستماع إلى البينات المقدمة وشهادات الشهود ومدى التزام الحكام والقضاة بالقواعد القانونية السائدة واهتمام الملوك بتطبيق القوانين(1).

ويبدو أن العاملين من السومريين في مجال القضاء كانوا يهتمون كثيراً بقرارات المحاكم التي اكتسبت صفة السوابق القضائية، إذ كانت مثل هذه الحالات تدون بعدة نسخ ليسهل الرجوع إليها عند الحاجة.(2)

ثالثاً: دور القضاء في القانون الروماني:

ظهرت في العصر الجمهوري (القنصلي) الذي يمثل المرحلة الثانية من مراحل تطور المجتمع الروماني، عدة وظائف تساهم في إدارة دفة الأمور السياسية والقانونية والاقتصادية من أجل توزيع أعباء الحكم، ومن تلك الوظائف وظيفة البريتور (الحاكم القضائي).

وقد ساهم البريتور في تكوين قواعد قانونية جديدة، عن طريق ما كان يصدره من منشورات، وكذلك اعتبرت هذه المنشورات مصدراً جديداً للقانون.

كانت مهمة البريتور تنحصر في سماع عبارات المتخاصمين والتأكد من إنهما اتبعا الإجراءات والشكليات التي اقتضاها القانون، فإن وجدها مخالفة لها رفض الدعوى، وبعبارة أخرى، فإن سلطة البريتور كانت مقيدة بأحكام القانون المدني. أما إذا تأكد بأن الطرفين اتبعا الإجراءات التي نص عليها القانون فعندئذ يتعين على البريتور إحالة الدعوى إلى القاضي ليصدر قراره في النزاع القائم بينهما. وبعد صدور قانون أيبوتيا عام 130 ق.م الذي نص على نظام المرافعات الكتابية وحرر الأفراد من الشكليات التي اقتضاها نظام الدعوى سابقاً، فقد أصبح البريتور هو الذي يمنع برنامج الدعوى في وثيقة

---

(1) عامر سليمان، القانون في العراق القديم، وزارة الثقافة والإعلام، بغداد 1987، ص99-100.

(2) فوزي رشيد، الشرائع العراقية القديمة، بغداد 1987، ص17، وقد أورد الدكتور فوزي رشيد، الوثيقة السومرية التي عنونها (الزوجة المتسترة على الأخبار بالجريمة) كدليل على وجود السوابق القضائية، حيث عثر عليها بنسختين مما يدلل على اعتبارها سابقة قضائية مهمة، ولذلك دونت بأكثر من نسخة واحدة.

كتابية ويحرره ويثبت فيه إدعاءات الطرفين بعد الاستماع إليها دون التمسك بالإشارات والعبارات الشكلية الرسمية. كما كان يحدد للقاضي سلطته في الحكم، فأصبح البريتور بذلك المرجع الأخير قبول الدعوى ورفضها عن طريق تدخله في وضع صيغ الدعاوى.(1)

هذا وقد أخذ سلوك البريتور التشريعي عدة أشكال، فكان يصدر بين الحين والآخر تعليماته وأوامره إلى الشعب باللجوء إلى القضاة في حل مشاكلهم، وأن يحترموا القانون، ويمتنعوا عن الأعمال التي توقعهم تحت عقابه، وإن القضاء يمكن صاحب الحق من حقه ويردع المعتدي.

وكان البريتور يصدر أثناء توليه الحكم نوعين من المناشير، أحدهما المنشور الدائم الذي كان يصدره عند توليه الحكم وينشر في الساحة العامة، يبين فيه للناس الحقوق الجديدة التي ينوي حمايتها والوسائل التي سيتبعها أثناء ممارسته لسلطته. وهناك المنشورات الطارئة التي كان البريتور يستطيع أن يعدل بها أحكام المنشور الدائم إذا حدثت ظروف خاصة لحالات طارئة.(2)

الفرع الثاني
نظام القضاء في الإسلام

اقتصر القضاء في العصر الجاهلي على التحكيم الذي كان غير ملزم. وكان الناس يحتكمون في العادة إلى رئيس القبيلة أو إلى شخص من ذوي الشأن والمروءة(3). ويأتي المتنازعان إلى الحكم المتفق عليه ويجثوان أمامه على الأرض فيستمع إليهما، فإن كان التحكيم في حق من الحقوق، طلب الحكم من المدعي أن يوضح حقه بالبينة، فإن

(1) صبيح مسكوني، المصدر السابق، ص38-39.
(2) صبيح مسكوني، ص 41-42، وللمزيد راجع: عبد السلام الترمانيني، المصدر السابق، ص302 وما بعدها.
(3) علي محمد جعفر، المصدر السابق، ص164.

عجز فليس له إلا أن يطلب تحليف المدعى عليه اليمين، إذا أنكر الحق المدعى به، فإن أبى الحلف قضى عليه وألزمه بالحق، وفقاً للقاعدة التي كانت معروفة عند المجتمع الجاهلي وهي "البينة على المدعي واليمين على من أنكر".

وبعد بزوغ فجر الإسلام في المجتمع الجاهلي، وما ترتب على ذلك من تغيرات جذرية في هذا المجتمع، وظهور شخصية الرسول صلى الله عليه وسلم، وما يتمتع به من مزايا القائد القادر على قيادة الناس والحكم فيما يحصل بينهم من منازعات، بحيث كان أول من قضى بين المسلمين فيما كانوا يختلفون فيه، مصداقاً لقوله تعالى: "فاحكم بينهم بما أنزل الله"[1]، وقوله تعالى: "فلا وربك لا يؤمنون حتى يحكموك فيما شجر بينهم ثم لا يجدوا في أنفسهم حرجاً مما قضيت ويسلموا تسليماً"[2].

وقد نصت المعاهدة التي عقدها الرسول (ص) في المدينة بين الطوائف المختلفة من مسلمين ويهود وعرب مشركين على ما يلي: (وأنه ما كان بين أهل هذه الصحيفة، من حدث أو اشتجار يخاف فساده، فإن مرده إلى الله عز وجل وإلى محمد رسول الله صلى الله عليه وسلم).

وكان الرسول صلى الله عليه وسلم يحرصُ حرصاً بالغاً على العدالة بين المتخاصمين، حيث لا ينال أحداً أكثر من حقه بسبب براعته في الدفاع عن نفسه وعرض وجهة نظره. ومن أجل هذا روي عنه (ص) أنه قال: "أنكم تختصمون إلى رسول الله وإنما أنا بشر، ولعل بعضكم ألحن بحجته من بعض، وإنما أقضي بينكم على نحو ما اسمع، فمن قضيت له من حق أخيه شيئاً فلا يأخذه، فإنما ذلك قطعة من النار، يأتي بها في عنقه يوم القيامة".

ولما امتد نطاق الإسلام إلى اليمن وغيرها في عهد الرسول (ص) ولى الرسول على البقاع الجديدة، وجعل للولاة الحق في القضاء بين المسلمين، ومن هؤلاء معاذ بن

(1) سورة المائدة، آية 48.
(2) سورة النساء، آية 65.

جبل عندما أرسله إلى اليمن، وعتاب ابن أسيد الذي استعمله الرسول على مكة بعد فتحها عندما سـار منهـا إلى حنين، وعلي بن أبي طالب (رض) الذي أرسله إلى اليمن كذلك[1].

هذا وقد ترسم الخليفة الراشدي الأول أبو بكر (رض) خطوات الرسـول، ولكـن أسـند مهـام القضـاء إلى الخليفة عمر بن الخطاب (رض)، وبقي لمدة سنتين لا يأتيه متخاصمان لما عُرف عنـه مـن الشـدة والحـزم. وعنـدما تَسلم عمر (رض) مهام الخلافة، واتسع نطاق الدولة، أو كل شؤون القضاء إلى أشخاص مستقلين عـن الـولاة سُمّوا "قضاة"، وزعهم على المدن والأمصار لفض الخلافات بين الناس، وجعل لكل منهم مرتباً شهرياً محدداً، وسـن لهـؤلاء القضاة دستوراً يسيرون على هديه في الأحكام. وقد أصبح هذا الدستور مرجعاً للقضاء. والخليفة هـو الـذي يعـين القضاة ويختارهم ممن تتوافر فيهم الغزارة في العلم والتقوى والورع والعدل والذكاء. وكان القاضي يجلس للقضـاء في بيته أول الأمر، ثم أصبحت الجلسات تعقد في المجلس. وقد عرفت فكرة المحكمة بمعناها الفني لأول مرة في عهد الخليفة عثمان بن عفان (رض)، فكان أول من اتخذ داراً للقضاء.

وقد ظل القضاء مستقلاً محترم الجانب في عهد الأمويين كما يذكر ذلك بعض الباحثين، وكانت كلمـة القضاة نافذة على الولاة وعمال الخراج. وكان الخلفاء الأمويون يراقبون أعمال القضاة ويعزلون من يتجاوز حـدود الشرع، خصوصاً في زمن الخليفة العادل عمر بن عبد العزيز.

وفي العصر العباسي تأثر القضاء بالسياسة، وتدخل الخلفاء في شؤون القضاة، فبدأ العلمـاء يزهـدون بمنصب القاضي خشية أن يضطروا إلى مخالفة دينهم وضميرهم مـن أجـل إرضـاء الخليفـة وأصحـاب السـلطان، واستحدث الخليفة الرشيد منصب "قاضي القضاة" وهو يشبه من بعض الوجوه وزير العدل اليوم.[2]

(1) أحمد شلبي، تأريخ التشريع الإسلامي وتأريخ النظم القضائية في الإسلام، ط2، دار الوفاء للطباعة 1981، ص294.
(2) طارق المجذوب، تأريخ النظم القانونية والاجتماعية، الدار الجامعية، بيروت 1997، ص364.

وعرف المسلمون القضاء الاستثنائي الذي يتألف من ولاية المظالم وولاية الحسبة. ويهدف النوع الأول إلى إنصاف المظلومين ورد حقوقهم إليهم، وهي تتميز عن القضاء العادي، في أنها لا تخضع لأية قواعد ثابتة ومحددة، ويكفي أن يتظلم أحد الناس إلى ولي الأمر، خليفة أو أميراً، حتى ينظر في ظلامته ويعمل على إنصافه بما له من هيبة الحكم وقوة الزجر، بل يكفي أن يطلع ولي الأمر على ظلم أو اعتداء ليدفعه أو يمنعه.

أما ولاية الحسبة، فتقوم على مبدأ الأمر بالمعروف والنهي عن المنكر. ويدعى والي الحسبة المحتسب، ويختص بأمور دينية وأخرى مدنية. فإما الأمور الدينية، فمنها ما يتعلق بحقوق الله كالأمر بإقامة الصلاة وتأديب من يأكل في رمضان وأخذ الزكاة ممن يمتنع عن أدائها وغير ذلك. وإما الأمور المدنية فمنها ما يتعلق بالمصلحة العامة كتأمين الشرب للمدينة وإصلاح سورها وعمارة مساجدها وصيانة طرقاتها وساحاتها وحفظها من التجاوز عليها أو إشغالها، ومنها ما يتعلق بمصلحة الأفراد في علاقاتهم أو تعاملهم كمراقبة الغش في البيوع والتطفيف في الكيل والميزان ومراقبة أهل الصنائع والحرف، وإزالة تعدي الجوار وحماية العبيد من جور أسيادهم[1].

المطلب الثاني
الدول التي تأخذ بنظام السوابق القضائية والدول التي لا تأخذ بها

تختلف منزلة القضاء كمصدر من مصادر القانون باختلاف النظام القانوني المتبع في الدول. فهناك الدول التي تأخذ بنظام السوابق القضائية، وهناك الدول التي لا تأخذ بهذا النظام، وهذا يعني أن دور القضاء كمصدر للقاعدة القانونية سيختلف باختلاف النظام القانوني السائد، وهو ما سنتناوله في فرعين كما يلي:

---

(1) لمزيد من التفاصيل راجع: عبد السلام الترمانيني، المصدر السابق، ص509 وما بعدها.

الفرع الأول
الدول التي تأخذ بنظام السوابق القضائية

للقضاء دور بارز في خلق القواعد القانونية كمصدر رسمي للقانون، في الدول ذات النزعة الانكلوسكسونية أي البلاد التي تأخذ بالسوابق القضائية، مثل انكلترا ونيوزلندا واستراليا وجنوب أفريقيا وبعض الولايات الأمريكية. ويرجع السبب في ذلك إلى أن كل محكمة ملزمة بالحكم الذي سبق وأن أصدرته في قضية معينة، عندما تعرض عليها قضايا مماثلة لاحقاً. أي أن ما تصدره المحكمة من أحكام يكون بمثابة سوابق قضائية تلتزم بها في المنازعات المماثلة الأخرى التي تعرض عليها. كما تلتزم بهذه الأحكام المحاكم من نفس الدرجة أو الدرجة الادنى، فأحكام مجلس اللوردات مثلاً، وهو الهيئة القضائية العليا، ملزمة لهذا المجلس ولسائر المحاكم الإنكليزية. ومعنى هذا أن قضاء مجلس اللوردات يعتبر قانوناً واجب التطبيق في القضايا المماثلة، ولا يمكن العدول عن حكمه إلا بإصدار قانون. كذلك يعد قضاء محكمة الاستئناف ملزماً للمحكمة نفسها وللمحاكم الأقل درجة منها وهكذا[1].

ولا يزال النظر إلى القضاء كمصدر رسمي للقانون في تلك البلاد قائماً في الوقت الحاضر على الرغم من تطور التشريع.

ومن الجدير بالذكر هنا أن المحاكم لا تفتش بنفسها عن الأحكام التي عليها الالتزام بها في قضية معينة، بل إن ذلك من مهام المحامي الذي يترافع في القضية فهو

---

[1] كما استقر عند الانكليز مع الزمن أن محاكم القانون العمومي، كمحكمة منصة الملك وإذا كانت الحاكمة على العرش ملكه تسمى المحكمة محكمة منصة الملكة ومحكمة الخزينة تلتزم بقراراتها، أي أنها لا تملك الخروج عن المبدأ القانوني الذي تقره في قضية معينة، عندما تحدث قضية مماثلة. عبد الباقي البكري، المصدر السابق، ص152-153.

الذي يقوم بالتفتيش عن السابقة القضائية التي تكون في مصلحة موكله وهو الذي يقدمها إلى المحكمة لكي تصدر حكمها في قضيته طبقاً لتلك السابقة[1].

وعلى هذا الأساس فالنظم الإنجلو أمريكية، وهي تقـوم عـلى أسـاس الشـريعة الإنكليزيـة فإنها تعتبر القضاء مصدراً رسمياً للقانون، بل إن القضاء هو من أهم مصادر القانون، فالمبدأ القانوني الـذي تضعه محكمة انكليزية مثلاً يلزم الخصوم في الدعوى التي صدر فيها هذا المبدأ. كما أنه يلزم جميع المحاكم وفي مقدمتها المحكمة التي أصدرته في جميع الدعاوى المماثلة، بحيث إذا عرضت دعوى مماثلة سواء على المحكمة التي أصدرت الحكم السابق أو على محكمة أخرى فإنها تلتزم بالفصل في هذه الدعوى الجديدة وفقاً للمبدأ المقرر في الـدعوى الأولى. فما تصدره المحاكم الانكليزية من أحكام يتصف بالصفة العمومية، ويعتبر قواعد قانونية بالمعنى الصحيح ويسمى الحكم الأول الذي تلتزم المحاكم بإتباعه في الدعوى التالية بالسابقة أو السوابق القضائية.[2]

ومع وجود النقد لهذا النظام الذي يوسـع مـن صلاحيات القاضي إلى الحـد الـذي يصنع منه القاضي القانون ويطبقه، مما يؤدي إلى استئثاره بالسلطتين التشريعية والقضائية، وهو ما لا ينسجم مع مبدأ الفصل بـين السلطات الثلاث الذي تسير عليه قوانين دول العالم، فإن البعض يسجل لرجوع القضاة للأحكام السابقة بشكل عام بعض الفوائد العملية التي تتجلى فيما يلي:-

أ- إن الرجوع إلى الأحكام السابقة يؤدي إلى وحدة تفسير القواعد القانونية في الدولة.

ب- إن الأحكام القضائية تعبر عن رأي قضائي في الدولة، فالأحكام القضائية لا تصدر إلا بعد مرافعات مطولة. وتمر بأدوار عديدة مما يجعلها معبرة عن رأي قضائي في الدولة.

---

(1) توفيق حسن فرج، المصدر السابق، ص188، غالب الداودي، المصدر السابق، ص176، عباس الصراف، المصدر السابق، ص81.
(2) محمود نعمان، المصدر السابق، ص113.

جـ- إن معرفة القاضي، بأن قراراته ستكون مرجعاً للقضاة الآخرين، تجعله يتوخى الدقـة والحـذر، ولا يصدر أي قرار ما لم يبذل الجهد المضني لإصداره.

د- تنشر قرارات المحاكم ويستطيع الجميع الإطلاع عليها، ويمكن أن تكون محلاً للثناء أو النقد من قبل شراح القانون [1].

الفرع الثاني
الدول التي لا تأخذ بالسوابق القضائية

يعتبر القضاء مصدراً تفسـيرياً في أغلـب القوانين الحديثة، وهـي القوانين التـي تغلـب عليها النزعـة الرومانية، كما هي الحال في البلاد اللاتينية كفرنسا وبلجيكا وإيطاليا، وكما هو الحـال في البلاد الجرمانيـة، كألمانيـا والنمسا وهولندا وسويسرا. وتأخذ بهذا النظام دول أخرى مثل تركيا والبلدان العربية كـالأردن والعراق وسوريا ولبنان.

وينشأ القانون في مثل هذه البلدان بالتشريع ولا ينشأ بالسابقة القضائية، لذلك تعرف بـ (بلاد القانون المكتوب). وتنحصر وظيفة القضاء فيها بتطبيق القانون فقط وليس صنعه طبقاً لمبدأ الفصل بين السلطات الثلاث: التشريعية والقضائية والتنفيذية. ولا يعد القضاء في هذه الدول مصدراً رسمياً للقانون على النحـو الـذي تأخـذ بـه الدول التي تعمل بمقتضى نظام السوابق القضائية كانكلترا والدول التي حذت حذوها.

والقضاء في الدول التي لا تأخذ بالسابقة القضائية شأنه شأن الفقه، يعتبر مصدراً تفسـيرياً يرجع إليه للاستئناس فقط، فلا تلتزم المحاكم بما أصدرته سابقاً من أحكام، ولا بما أصدرته المحاكم الأخرى حتى ولو كانـت أعلى منها درجة.

ومع كل ما تقدم فإن هناك من يرى بأن القضاء يمكن أن يعتبر مصدراً رسـمياً للقاعدة القانونية في الحالات التي لا يجد فيها القاضي قاعدة قانونية في المصادر الأخرى يعول عليها لحل النزاع المطروح أمامـه، ممـا يدفعه إلى الاجتهاد للوصول إلى حل يطبقه

---

(1) خالد القيام، المصدر السابق، ص142، سهيل الفتلاوي، المصدر السابق، ص104.

على النزاع من جهة وحتى لا يعتبر منكراً للعدالة من جهة أخرى. إلا أن هذا الرأي يبقى متعارضاً مع مبدأ الفصل بين السلطات، ويبقى معارضاً لمبدأ ثابت وهو أن مهمة القضاء تنحصر في تطبيق القانون وليس صنعه[1].

هذا وقد أفصحت بعض القوانين عن دور القضاء بشكل جلي، وأن أحكام المحاكم وفقاً لهذه القوانين لا تتصف بالصفة العمومية اللازمة للقول بوجود قواعد قانونية، فقانون أصول المحاكمات المدنية اللبناني نص فعلاً على أنه لا يجوز للمحاكم أن تصوغ أحكامها في صيغة الأنظمة أي في صورة قواعد عامة تطبق في غير المنازعات التي صدرت منها[2].

وعلى الرغم مما ذكر، فإن دور القضاء يبقى قائماً ومؤثراً على المشرع الذي يستعين في الكثير من الأحيان بالاجتهادات القضائية عندما يزمع تنظيم أمر جديد لم يسبق له أن نظمه، أو يعدل نصاً قانونياً قائماً، مستفيداً من القرارات القضائية التي طبقته فعلاً على أرض الواقع، إذ أن النقص فطري في التشريع، وأن الاجتهادات القضائية قد تنبه المشرع إلى الكثير من نقاط الضعف في النصوص القانونية التي تقتضي التقييم وإعادة النظر.

ومن الجدير بالذكر هنا أن محاكم الدول التي لا تأخذ بالسوابق القضائية، قد تطبق من الناحية العملية ما استقرت عليه المحاكم العليا من أحكام ومبادئ، ولكن ليس على سبيل الإلزام، وإنما على سبيل الاستئناس والإيمان بقدرة هذه المحاكم الكبيرة على إصدار القرارات الرصينة والمدروسة بإمعان، باعتبارها من أعلى الهيئات القضائية في البلاد، وتضم خيرة القضاة بل صفوتهم مما يشكل مدرسة قضائية إن صح القول لا يمكن إنكار دورها القانوني والأدبي على المحاكم الأخرى الأدنى درجة.

ولكن هذا القول لا يرقى بأي حال إلى حد القول بإلزامية أحكام المحاكم العليا في الدول التي لا تأخذ بنظام السوابق القضائية، لأن هذه المحاكم ذاتها قد تغير رأيها وتعدل

(1) عبد المنعم فرج الصده، المصدر السابق، ص185، غالب الداودي، المصدر السابق، ص177.
(2) محمود نعمان، المصدر السابق، ص112.

عن قضائها التي استقرت عليه لفترة من الزمن، بل قد تخرج حتى على المبادئ العامة التي كانت تسير عليها إذا ما وجدت أن الحاجة والضرورة يدعوان إلى ذلك.

ولم يقر الإسلام كما يبدو نظام السابقة القضائية، على الرغم من إعطائه الحق للقاضي بالاجتهاد. ويؤكد هذا الأمر ما كتبه الخليفة عمر بن الخطاب إلى قاضي الكوفة أبي موسى الأشعري الذي جاء فيه: "ولا يمنعك قضاء قضيت فيه اليوم، فراجعت فيه رأيك وهديت فيه لرشدك، أن تراجع فيه الحق، فإن الحق قديم لا يبطله شيء ومراجعة الحق حيز من التمادي في الباطل"[1].

المبحث الثاني
الفقه

معنى الفقه كمصدر تفسيري: يقصد بالفقه مجموعة الآراء التي تصدر مـن المتخصصين في الدراسـات القانونية الذين وصلوا إلى درجة عاليـة مـن النضـج والتفقـه القانوني، والقـدرة علـى التحليـل والاسـتنتاج والنقـد للنصوص القانونية القائمة وبيان مالها وما عليها من أجل تطويرها وتأهيلها لمواكبة حاجات المجتمع. وعلـى هـذا الأساس فإن درجة الفقيه القانوني الآن وفي السابق لا يستطيع التمتع بها إلا قلة من رجال القانون الـذي أصبحوا بمنزلة مرموقة يستطيعون من خلالها تقديم النصح والإرشاد إلى المشرع لمعالجة ما وضعه من نصوص ضعيفة أو ناقصة أو فات الزمن عليها وهـي بحاجة إلى التغييـر، وإلى القاضي لتنبيهـه إلى الهنـات في قـراره أو إلى الخطـأ في الوصف القانوني الذي أعطاه لهذه الواقعة أو تلك، أو إلى الضعف الذي شاب القرار من حيـث الصياغة القانونيـة وهكذا.

ولا ينتهي دور الفقيه عند هذا الحد، بل أن لـه دور أكبر أهميـة، يتجلى في إعـداد الكـوادر القانونيـة وتعليمها القانون وأصوله من خلال الحلقات الملتفة حول الفقيه أو الجامعات والمعاهد والمؤسسات القانونية.

_____

[1] راجع: غالب الداودي، المدخل إلى علم القانون، ص179 والمصادر التي اعتمد عليها في الهامش رقم (1) من نفس الصفحة.

ولا ننسى المؤلفات الفقهية التي كانت ولا تـزال مـدارس قانونيـة ينتهـل منهـا القـانوني العلـم القـانوني ويطبقه في شتى نواحي الحياة. ويعتبر جهد الفقهاء سلسلة متواصلة يكمل بعضها البعض الآخر، فـما يـراه الفقيـه اليوم، يستفيد منه فقيه الغد كقاعدة يبني عليها نظريته الجديدة وفقاً لحاجات عصره.

سأقسم هذا المبحث إلى مطلبين، أتناول في الأول منهما دور الفقه في القوانين القديمة ودوره في المجتمع الإسلامي، ثم أتناول في المطلب الثاني دور الفقه في القوانين الحديثة.

المطلب الأول
دور الفقه في القوانين القديمة ودوره في المجتمع الإسلامي

يضم هذا المطلب نقطتان كما يلي:

أولاً: دور الفقه في القوانين القديمة

ازداد نشاط الفقهاء في العصر ـ العلمي الـذي يعتـبر أهـم عصـور القـانون الرومـاني، بسبب الأحـداث والتطورات التي شهدها مما أثر بدوره على تطور القانون، وانتقاله نقله نوعية من صورته البدائية التي تنظم أمور مجتمع بدائي صغير إلى مرحلة أسمى وأكثر تقدماً وتنظم نواحي الحياة المختلفة لمجتمع أكبر.

وشمل نشاط القضاء في هذا العصر الإنشاء والتأليف، وتولي المناصب القضائية والإداريـة الكـبرى بفضـل ما كانوا يحظون به من رعاية واهتمام مـن الإمبراطـور. وقد ضم المجلس الإمبراطوري كبار الفقهـاء للاسـتعانة بمشورتهم وآرائهم.

وقبل العصر الإمبراطوري لم يكن للفقيـه الصفة الرسمية، وإن للقضاة اتبـاع فتـاوى الفقهـاء أو عـدم إتباعها، أما في أوائل العصر الإمبراطوري فقد منح بعض الفقهاء حق الإفتاء الرسمي وكانت فتاوى هذا الفريق لها الصفة الرسمية، ومن ثم كانت ملزمة للقاضي في النزاع المعروض. أما الذين لم يمنحوا هذا الحق فقد كان نشـاطهم الفقهي

يتناول الاستشارات دون أن تكون لها الصفة الرسمية الملزمة للقاضي، وتدريس الطلاب علم القانون.

وفي عهد الإمبراطور هادريان توقف إعطاء امتياز الإفتاء للفقهاء لأنه ضم إلى مجلس الاستشاري مشاهير الفقهاء وجعل الإفتاء الرسمي من مهمة هذا المجلس فقط. وقد جعل هادريان فتاوى الفقهاء الرسميين ملزمة إذا كانت صادرة باتفاق آراء الفقهاء، أما في حالة تعارض آرائهم فيترك للقاضي الحرية في إتباع الرأي الذي يراه مناسباً.

وامتاز هذا العصر أيضاً بظهور مشاهير الفقهاء الذين أثروا القانون الروماني وأغنوا الفقه حتى وصل إلى درجة عالية من التهذيب والبحث العلمي.

ومن أشهر فقهاء هذا العصر الفقيه جوليان الذي كان مجدداً في مختلف فروع القانون، وترك مؤلفه الموسوعة التي تتألف من تسعين جزءاً، كذلك الفقيه بمبونيوس الذي كانت له شروحات كثيرة في القانون المدني، وكتاب موجز في تأريخ القانون الروماني استعان به جستنيان لوضع موسوعته. وهناك الفقيه الإفريقي أفريكانوس أحد تلاميذ جوليان والفقهاء اسكافولا ومرسلوس وغايوس الذي لم يظهر اسمه إلا في قانون الأسانيد الصادر عام 426م، وأصبح بحكم هذا القانون أحد الفقهاء الخمسة، الذين أجاز هذا القانون الاستشهاد بآرائهم.

وأشهر فقهاء الرومان ظهروا في نهاية القرن الثاني وأوائل القرن الثالث للميلاد وهم بابنيان وبول واولبيان.

يضاف إلى ما تقدم ظهور المؤلفات الفقهية المهمة في هذا العصر التي تناولت شرح القانون المدني والتعليقات على منشورات البريتور المدني وبريتور الأجانب، والموسوعات التي تشكل تجميعاً للمسائل المتعلقة بالقانون المدني والقانون البريتوري وفروع القانون الأخرى، والكتب الموجزة التي أعدت للطلبة، ومجموعات الفتاوى وتشمل

ما صدر عن الفقهاء من فتاوى كتابية أو شفهية، كما كانت تشمل بعض الحلول للمسائل التي كان يثيرها الطلبـة أمام أساتذتهم. [1]

ثانياً: دور الفقه الإسلامي في إرساء دعائم الشريعة الإسلامية:

تحتل أحكام الفقه الإسلامي في إرساء وتثبيت دعائم الشريعة الإسلامية الغراء أهمية بالغة، ولكن هـذه الأهمية كانت تختلف من عصر إلى آخر، حيث كانت الشريعة الغراء، في عهدها الأول أيام الرسول صلى الله عليه وسلم تعتمد على نصوص القرآن والسنة، والسنة مكملة للقرآن، فهـي إمـا بينـه للمجمل أو مقيـدة للمطلـق أو مخصصة للعام. وقد رأى الصحابة بعد وفاة الرسول (ص)، أن واجبهم أن ينشروا بين المسلمين ما حفظوا من آيـات القرآن والسنة، وأن يفتوا الناس فيما يطرأ لهم من الوقائع والأقضيـة التـي لا نـص فيهـا. وبـاشر الصـحابة الفتـوى مجتمعين أولاً، ولما تفرقوا بعد ذلك في مختلف البلدان باشروها أفراداً، فتباينت آراؤهم وتعددت.

إن فقهاء المسلمين استطاعوا أن يوسعوا الأحكام الشرعية، ويفرعـوا الفـروع بالاسـتناد إلى أصولها، عـن طريق القياس الأصولي والتعليل العقلي. وهذا لا يكون إلا ببذل الجهد. ومن هنا جاء مصطلح الاجتهاد، فاجتهادات الفقهاء تعني وضع قواعد فرعية فيما لا نص فيه. وهذه الاجتهادات مصدر من مصادر التشريع أي أن آراء الفقهاء تعتبر مصدراً قانونياً في الشريعة الإسلامية.

أما أهم المدارس الفقهية الإسلامية فهي مدرسة الإمام جعفر الصادق (80-148هـ) ومدرسة الإمـام أبـو حنيفة النعمان (80-150هـ) ومدرسة الإمام مالك (93-179هـ) ومدرسة الإمام الشـافعي (150-204هــ) ومدرسـة الإمام أحمد بن حنبل (164-241هـ).

---

(1) راجع: كتابنا تأريخ القانون، المصدر السابق، ص123-126، عبد المنعم البـدراوي، تـأريخ القـانون الرومـاني، القـاهرة 1949، ص169-171، علي محمد جعفر، تأريخ القوانين والشرائع، ط1، المؤسسة الجامعية للدراسات، بيروت 1982، ص96-97.

وبقي الفقهاء المسلمون يجودون بفقههم لمواجهة المشاكل الجديدة التي لم يألفها المسلمون ولم يجدوا لها الحلول في الكتاب أو السنة، حتى تقرر في أواخر القرن الرابع الهجري قفل باب الاجتهاد في فقه أهل السنة، وتقييد القضاء بإحكام المذاهب الأربعة (الحنفية، المالكية، الشافعية، الحنبلية) وتوقفت حركة الاجتهاد[1].

غير أن باب الاجتهاد وإبداء الرأي عاد من جديد في ثمانينات القرن الماضي للبت في أمور مهمة، إذ بدأت الكثير من الدول الإسلامية تبحث موضوع موت الدماغ. ففي الكويت انعقدت ندوة بدء الحياة ونهايتها عام 1985 بإشراف المنظمة الإسلامية للعلوم الطبية. كذلك بحث المجمع الفقهي الإسلامي موضوع موت الدماغ في دورته الثانية المنعقدة بمكة المكرمة عام 1985 وأجل البت في الموضوع إلى الدورة التاسعة عام 1986 لحين استكمال دراسة هذا الموضوع من الأعضاء والاستفادة من آراء الأطباء ودراساتهم.

وعقد مؤتمر لدراسة الإنعاش والرعاية الصحية وموت الدماغ في عمان في الأردن في 24-27 من شهر تشرين الأول عام 1985 لإصدار توصيات في موضوع "موت الدماغ".

كما عقد مجمع الفقه الإسلامي في دورته الثالثة في العاصمة الأردنية عمان عام 1986. وكان من أبرز الموضوعات التي ناقشها أكثر من (90) عالماً مسلماً موضوع أجهزة الإنعاش وموت الدماغ. وبعد الاستماع إلى شرح مفصل من قبل الأطباء المختصين والإطلاع على البحوث التي أعدت بهذا الخصوص، توصلوا إلى تحديد حالتين يحكم معها بوفاة الإنسان: الأولى إذا توقف قلبه وتنفسه توقفاً تاماً وحكم الأطباء بأن هذا التوقف لا رجعة فيه، والثانية إذا تعطلت جميع وظائف الدماغ تعطلاً نهائياً وحكم الأطباء الاختصاصيون والخبراء بأن هذا العطل لا رجعة فيه، وأخذ الدماغ بالتحلل.

---

(1) عبد الباقي البكري، المدخل لدراسة القانون والشريعة الإسلامية، بغداد 1972، ص649 وما بعدها، غالب الداودي، المدخل إلى علم القانون، المصدر السابق، ص180.

وتوصلوا إلى فتوى مفادها أنه يجوز بهذه الحالة رفع أجهزة الإنعاش المركبة عن الشخص وإن كانت بعض الأعضاء كالقلب مثلاً لا تزال تعمل آلياً بفعل الأجهزة المذكورة.

ويظهر للقارئ بجلاء أن فتوى مجمع الفقه الإسلامي خلقت لنا معياراً جديداً ومتقنا جمعت فيه بين المعيارين القديم والحديث لتفادي أي شك في تحديد لحظة الموت، مستلهمة ذلك من نهج الشريعة الإسلامية التي تحترم الإنسان وتكرمه حتى ولو كان في النزع الأخير من حياته، ولا تترك أي مجال للشك في حسم هذا الموضوع الأخلاقي الهام. والأكثر من ذلك فإن إصدار الحكم بهذا الصدد يجب أن يكون من الأطباء الاختصاصيين والخبراء وبشكل يقطع فيه هؤلاء بتوقف القلب وتعطل جميع وظائف الدماغ بشكل نهائي لا رجعة فيه.[1]

المطلب الثاني
دور الفقه في القوانين الحديثة

الفقه في القوانين الحديثة مصدر غير رسمي يستطيع المشرع الاستعانة به أو الاستئناس بالآراء التي يدلي بها كبار الفقهاء في شروحاتهم وتأملاتهم وتحليلاتهم للنصوص القانونية القائمة، والتي عادة ما تكون محلاً لثنائهم أو نقدهم البناء، وهو مصدر يستطيع القاضي العودة إليه لاستجلاء معنى النصوص القانونية دون أن يكون ملزماً بالأخذ بآراء الفقهاء.

لقد أكدَّ هذا الدور النصوص القانونية الواردة في بعض القوانين العربية، كما هو الحال في الفقرة الثالثة من المادة الأولى من القانون المدني العراقي التي جاء فيها

(1) كتابنا: التشريعات الصحيحة، دراسة مقارنة، ط1، دار الثقافة للنشر والتوزيع، عمان 1997، ص150 - 152 .

"وتسترشد المحاكم في كل ذلك بالأحكام التي أقرها القضاء والفقه في العراق ثم البلاد الأخرى التي تتقارب قوانينها مع القوانين العراقية"[1].

وقد كان للفقه الأثر الواضح في توحيد القانون الفرنسي القديم وتطويره، عندما ساعد كثيراً على تقريب القواعد العرفية التي كانت مطبقة في الجزء الشمالي من فرنسا وقواعد القانون الروماني التي كانت مطبقة في الجزء الجنوبي منها.

أما القانون الإنكليزي فلم يظهر للفقه فيه أي أثر يذكر، لأن الشريعة الإنكليزية لم تتأثر بالقانون الروماني ولا بشريعة سماوية يمكن أن تكون أساساً لحركة فقهية، ولقيام القانون الإنكليزي على مجموعة عادات تولى القضاء تقريرها وتثبيتها من غير فقه الفقهاء، ولهذا لم ولن يكون للفقه نصيب في تكوين القانون الإنكليزي لا قديماً ولا حديثاً.[2]

وخير من بين معنى الفقه ودوره هو الفقيه الفرنسي بلانيول الذي قال: "إن الفقه هو أكثر أنواع التفسير تحرراً لأنه الأكثر عطاء، وهو ينشأ على مهل ثم إنه لا يعرض لمسائل جزئية بل يقدم أفكاراً وتتميز النتائج التي يتوصل إليها بالعمومية والمنطق وقوة التحليل والتركيب، ولكن لا يملك سوى قوة الإقناع التي يحاول أن يدخلها إلى عقل القاضي. ولا شك أن الفقه هو أكثر العوامل أهمية في تطوير القانون"[3].

---

(1) وجاء في الفقرة الرابعة من المادة الثانية من القانون المدني الأردني (ويسترشد في ذلك كله بما أقره القضاء والفقه على أن لا يتعارض مع ما ذكر". وكما أسلفنا سابقاً فإن بعض النصوص القانونية العربية لم تشر إلى هذا المصدر أصلاً كما هو الحال بالنسبة للقوانين: المصري، الليبي، الكويتي).

(2) غالب الداودي، المدخل إلى علم القانون، المصدر السابق، ص180.

(3) عباس الصراف، المصدر السابق، ص83.

الفصل الثالث
تطبيق القانون وتفسيره

بعد دراسة مصادر القاعدة القانونية، لا بد لنا أن نتعرف على كيفية تطبيق هـذه القاعـدة مـن حيـث السلطة المختصة بتطبيقها وقوة ما تصدره هذه السلطة من أحكام واستقلالها عن السـلطات الأخـرى. وستتضـمن هذه الدراسة تناول موضوع إقليمية القانون وشخصية القانون. وتعني إقليميـة القـانون تطبيـق القـانون الـوطني على كل الوقائع التي تحدث داخل حياض الوطن، سواء أكانت صادرة عن شخص وطني أو أجنبي. وتعني شخصية القانون، تتبع القانون الوطني للشخص الوطني أينما يكون أي حتى ولو كـان في الخـارج. يضـاف إلى مـا تقـدم مـا يسمى بامتداد القانون الوطني حينما يطبق على جرائم تحصل خـارج القطـر مـن أشـخاص موجـودين في الخـارج وطنيين أو أجانب إذا كانت هذه الجرائم تخل بأمن الدولة أو تقليـد أختـام الدولـة أو نقودهـا أو تتضـمن تزويـر أوراق النقد والسندات المصرفية الوطنية أو الأجنبية.

ومن مواضيع هذا الفصل تنازع القوانين من حيث الزمان، الذي نبين فيه القانون الواجب التطبيق عند صدور قانون جديد على المعاملات والوقائع الأخرى التي تنشأ في ظل قانون قديم ولم تحسم نهائياً بموجبه، وتبقى مستمرة في ترتيب آثارها حتى صدور قانون جديد. وهناك نوع آخر مـن التنـازع هـو تنـازع القـوانين مـن حيـث المكان، الذي ينصب على العلاقات القانونية التي تحصل داخل البلد الواحد ولكنها تتضـمن عنصرـاً أجنبيـاً. ويـبرز السؤال هنا عن القانون الواجب التطبيق على هذه العلاقة القانونية.

أما بالنسبة لتفسير القانون فسيمثله الجزء الأخير من هذا الفصل، وسيتضمن إيضاحاً لأنواع التفسير.

وبناء على ما تقدم سنقسم هذا الفصل إلى المباحث التالية:

المبحث الأول: دور السلطة القضائية في تطبيق القوانين وعدم جواز الاعتذار بجهل القاعدة القانونية.

المبحث الثاني: إقليمية القانون وشخصية القانون.

المبحث الثالث: تنازع القوانين من حيث الزمان ومن حيث المكان.

المبحث الرابع: تفسير القانون.

المبحث الأول
دور السلطة القضائية في تطبيق القوانين وعدم
جواز الاعتذار بجهل القانون

سنقسم هذا المبحث إلى مطلبين، يتناول الأول منهما دور السلطة القضائية في تطبيق القوانين، ويتناول الثاني منهما قاعدة عدم جواز الاعتذار بجهل القانون.

المطلب الأول
دور السلطة القضائية في تطبيق القوانين

يتولى تطبيق القانون في البلدان كافة سلطة تسمى بالسلطة القضائية، تضم مجموعة من المحاكم التـي تمثل النظام القضائي في البلاد. والسلطة القضائية هي واحدة من سلطات ثلاث مستقلة عن بعضها، ولا سلطان على هذه السلطة في إصدار قراراتها لغير القانون، نظراً للحماية الدستورية التـي أسبغتها دسـاتير الـدول عـلى هـذه السلطة، وهو ما جاء فعلاً بنص المادة (97) من الدستور الأردني التي تقول: "القضاة مستقلون لا سلطان عليهم في قضائهم لغير القانون"[1].

_____

(1) وهذا المبدأ أكدته المادة الثالثة من قانون استقلال القضاء الأردني رقم (15) لسنة 2001 التي كررت نـص المـادة الدسـتورية حرفيـاً، كما أكدته المادة (87) من الدستور العراقي الجديد بقولها:

ولزيادة توفير الثقة بين المواطنين والمؤسسات القضائية، فالأصل في جلسات المحاكم أن تكون علنيـة، حيث يسمح لجميع المواطنين حضور هذه الجلسات بما تسمح به القوانين والأنظمة والتعليمات، بشرط المحافظة على هدوء الجلسات وحسن سيرها.

ومن الممكن استثناءً جعل هـذه الجلسـات سرية في الأمور التـي تتعلـق بالنظام العـام أو الآداب أو الأحداث أو الأمور التي تمس الأمن العام في البلاد. ويعود تقدير ذلك إلى قاضي الموضوع في ضوء ظروف القضية المطروحة أمامه.

وقد أكدت هذا المبدأ الدساتير المختلفة، ومن ذلك ما جاء في المادة (101) من الدستور الأردني بنصها:
"1- المحاكم مفتوحة للجميع ومصونة من التدخل في شؤونها.
2- جلسات المحاكم علنية إلا إذا رأت المحكمة أن تكون سرية مراعاة للنظام العام أو محافظة على الآداب"[1].

"السلطة القضائية مستقلة، وتتولاها المحاكم على اختلاف أنواعها ودرجاتها، وتصدر أحكامها وفقاً للقانون" وكررته المادة (88) من هـذا الدستور بنصها "القضاة مستقلون، ولا سلطان عليهم في قضائهم لغير القانون، ولا يجوز لأية سلطة التدخل في القضاء أو في شؤون العدالة". وتأتي هذه المادة مطابقة تماماً لنص المادة 152 من الدستور المصري. ويضيف الدستور المصري إلى ذلك مـا ورد في المادة 156 منه "القضاة غير قابلين للعزل، وذلك على الوجه المبين في القانون". وجاء في المـادة (20) من الدستور اللبنـاني: "القضاة مستقلون في إجراء وظيفتهم". ولم يخرج الدستور الكويتي عما تقدم بدليل ما جاء في نص المادة 162 منه "شرف القضاء، ونزاهـة القضاة وعدلهم، أساس الملك وضمان للحقوق والحريات"، وما جاء في المادة 163 "لا سلطان لأي جهة على القاضي في قضائه، ولا يجوز بحال التدخل في سير العدالة، ويكفل القانون استقلال القضاء ويبين ضمانات القضاة والأحكام الخاصة بهم وأحوال عـدم قابليتهم للعزل".

(1) تطابق هذه المادة، المادة 169 من الدستور المصري، ويقابلها المادة 165 من الدستور الكويتي التي تقول: "جلسـات المحاكم علنيـة إلا في الأحوال الاستثنائية التي يبينها القانون".

ولكي يضمن المشرع الأردني وجود جهاز قضائي رصين حصر ـ المشرـع امر تعيـين القضـاة بيـد المجلس القضائي، كما وضع شروطاً كثيرة تكفل الاختيار الأمثل لرجال القضاء[1].

واستمر المشرع الأردني في نهجه القاضي بتحقيق حياد ونزاهة القضاة من خـلال العديـد مـن الوسـائل، ومنها تخصيص المواد (132-40) من قانون أصول المحاكمات المدنية لبيان حالات عـدم صـلاحية القضاة وردهـم وتنحيتهم، حيث يتنحى القاضي ويعتذر عن نظر الدعوى بطلب يقدمه لرئيس المحكمة في الأحوال التي تجلب لـه الشبهة في حياده أو نزاهته أو موضوعيته. كما يجوز للخصوم طلب رده في أحوال مشابهة، وكذلك منع القاضي من نظر الدعوى ولو لم يرده أحد الخصوم في أحوال أخرى نصت عليها المـادة (132) مـن قـانون أصـول المحاكمات الأردني. ومن أمثلة حالات الرد والتنحي وعدم الصلاحية، أن يكون القاضي زوجـاً لأحـد الخصوم أو قريبـاً أو صـهراً حتى الدرجة الرابعة، أو كان له أو لزوجه خصومة مع أحد الخصوم، أو كان وكيلاً لأحد الخصوم أو وصياً عليـه، أو كان له أو لزوجه أو أحد أقاربه أو أصهاره مصلحة في الدعوى، أو كان قد أفتى أو ترافع عن أحد الخصوم، أو سبق وأن نظر الدعوى مرة قبل ذلك. كما لا يجوز للقاضي أن يشترك في نظر دعوى في هيئة قضائية إذا كان بينه وبـين أحد قضاة الهيئة الآخرين قرابة أو مصاهرة، أو بينه وبين محامي أحد الخصوم قرابة أو مصاهرة. ويجوز رد القاضي كذلك إذا كان له أو لزوجه دعوى مماثلة للدعوى التي ينظرهـا، أو كـان لـه أو لزوجه أو أحـد أقاربـه أو أصهاره خصومة مع أحد الخصوم، أو كان أحد الخصوم عاملاً لديه، أو كان بينه وبين أحد الخصوم صـداقة حميمة أو عداوة، أو كان قد تلقى هدية من أحد الخصوم حتى قبل رفع الدعوى[2].

---

(1) لاحظ في ذلك المادة الثانية والمادة العاشرة من قانون استقلال القضاء الأردني رقـم 15 لسـنة 2001 المنشـور في الجريـدة الرسـمية، العدد (4480) بتأريخ 2001/3/18، ص1279.

(2) لاحظ في هذا: خالد القيام، المصدر السابق، ص147.

أما بالنسبة لتشكيلة المحاكم في الأردن فيمكن تقسيمها على الوجه الآتي:

أولاً: المحاكم النظامية: تمارس المحاكم النظامية في المملكة الأردنية الهاشمية حق القضاء على جميع الأشخاص في جميع المواد المدنية والجزائية باستثناء المواد التي يفوض فيها حق القضاء إلى محاكم دينية أو محاكم خاصة بموجب أحكام أي قانون آخر.[1]

وتنشأ في المحكمة محاكم تسمى (محاكم صلح) في المحافظات أو الأولوية أو الأقضية أو أي مكان آخر بمقتضى نظام يحدد فيه الاختصاص لكل منها وتمارس الصلاحية المخولة إليها بمقتضى قانون محاكم الصلح رقم (15) لسنة 1952 المعدل بالقانون رقم (13) لسنة 2001 أو أي قانون أو نظام معمول به. وتنعقد هذه المحكمة من قاضٍ منفرد يعرف بقاضي الصلح.[2]

(1) المادة الثانية من قانون تشكيل المحاكم النظامية في الأردن رقم (17) لسنة 2001 المعدل بالقانون رقم 68 لسنة 2002 المنشورين على التوالي في الجريدة الرسمية، العدد 4480 بتأريخ 2001/3/18 – ص1308، العدد 4572 بتأريخ 2002/11/17، ص5513.

(2) ووفقاً للمادة الثالثة من قانون محاكم الصلح فإن لقضاء الصلح النظر في دعاوى الحقوق والتجارة المتعلقة بدين أو عين منقول أو غير منقول بشرط أن لا تتجاوز قيمة المدعى به (3000) دينار، والدعاوى المتقابلة مهما بلغ مقدارها، ودعاوى العطل والضرر بشرط أن لا يتجاوز قيمة المدعى به (3000) دينار، ودعوى العطل والضرر المتقابلة التي تنشأ عن الدعوى الأصلية الداخلة في اختصاص قضاة الصلح مهما بلغ مقدار المدعى به في الدعوى المتقابلة، وما تفرع من الدعوى الأصلية من فائدة وعطل وضرر ومنافع ومصاريف مهما بلغ مقداره، ودعاوى حق المسيل وحق المرور وحق الشرب الذي منع صحابه من استعماله، ودعاوى إعادة اليد على العقار الذي نزع بأي وجه من واضع اليد عليه مهما كانت قيمة ذلك العقار بشرط عدم التصدي للحكم بالعقار نفسه، ودعوى اخلاء المأجور إذا كانت قيمة الدعوى لا تزيد على (3000) دينار. كما تختص هذه المحاكم بالنظر في دعاوى حجز الأموال المنقولة وغير المنقولة احتياطياً وتقسيم الأموال غير المنقولة المشتركة مهما بلغت قيمتها، وتقسيم الأموال المنقولة مهما بلغت قيمتها إن كانت قابلة للقسمة، والحكم ببيعها بمعرفة دائرة الإجراء إذا لم تكن قابلة للقسمة، وتذكر المادة الخامسة لقانون محاكم الصلح صلاحيات أخرى لهذا النوع من المحاكم.

وتشكل في المملكة أيضاً بموجب المادة الرابعة من قانون تشكيل المحاكم النظامية محاكم تسمى (محاكم البداية) في المحافظات والالوية أو أي مكان آخر بمقتضى نظام يحدد فيه الاختصاص المكاني لكل منهما، وتؤلف كل محكمة من رئيس وعدد من القضاة، ويكون لها بصفتها البدائية، صلاحية القضاء في جميع الدعاوى الحقوقية والدعاوى الجزائية التي لم تفوض صلاحية القضاء فيها لأي محكمة أخرى.

أما بصفتها الاستئنافية، فلها صلاحية النظر في الطعون الموجهة إلى الأحكام المستأنفة إليها الصادرة عن محاكم الصلح في الأحوال التي ينص قانون محاكم الصلح على أنها تستأنف إلى المحاكم الابتدائية، وفي الطعن بأي حكم يقضي أي قانون آخر استئنافه إلى المحاكم الابتدائية.

وضمن تشكيلة المحاكم النظامية هناك محاكم الاستئناف الموجودة حالياً في كل من عمان واربد ومعان، ويعين لكل منها رئيس وعدد من القضاة حسب ما تدعو إليه الحاجة. ويجوز للمحكمة عقد جلساتها في أي مكان ضمن منطقة الصلاحية الإقليمية لها بموافقة وزير العدل[1].

ومن أعلى المحاكم درجة في سلم المحاكم النظامية محكمة التمييز التي تشكل في العاصمة، عمان، وتؤلف من رئيس واحد وعدد من القضاة بقدر الحاجة، وتنعقد من خمسة قضاة على الأقل في هيئتها العادية يرأسها القاضي الأقدم، وفي حالة إصرار محكمة الاستئناف على قرارها المنقوض أو كانت القضية المعروضة عليها تدور حول نقطة قانونية مستحدثة أو على جانب من التعقيد أو تنطوي على أهمية عامة أو رأت إحدى هيئاتها الرجوع عن مبدأ مقرر في حكم سابق فتنعقد هيئة عامة من رئيس وثمانية قضاة[2].

---

(1) المادة السادسة من قانون تشكيل المحاكم النظامية.
(2) المادة التاسعة من قانون تشكيل المحاكم النظامية في الأردن.

ثانياً- المحاكم الشرعية ومحاكم مجالس الطوائف الدينية غير المسلمة:

وبموجب قانون تشكيل المحاكم الشرعية رقم 19 لسنة 1972[1]، شكلت في المملكة الأردنية الهاشمية محاكم شرعية ابتدائية في الألوية والأقضية (أو في أي مكان آخر) ومحكمة استئناف واحدة أو أكثر حسب الحاجة بنظام يقره مجلس الوزراء من آن إلى آخر بموافقة جلالة الملك.

وتمارس المحاكم الشرعية حق القضاء في الأحوال الشخصية بين المسلمين والنظر في القضايا المتعلقة بإنشاء الوقف وإدارته الداخلية لمنفعة المسلمين بما في ذلك ربط عقار الوقف بالحكر وزيادته وإلغائه، وما ينشأ عن أي عقد زواج سجل لدى المحكمة الشرعية أو أحد مأذونيها، وذلك كله وفقاً للراجح من مذهب الإمام أبي حنيفة باستثناء ما نص عليه بمقتضى قوانينها الخاصة[2].

وهناك أيضاً قانون مجالس الطوائف الدينية غير المسلمة لعام 1938[3]، الذي نصت المادة الثالثة منه: "للطوائف الدينية غير المسلمة المؤسسة في شرق الأردن والمدرجة في الجدول الأول المضموم إلى هذا القانون أو أية طائفة دينية أخرى غير مسلمة موجودة في شرق الأردن اعترفت بها الحكومة بعد نفاذ هذا القانون وأضيفت إلى الجدول المذكور بقرار من المجلس التنفيذي وموافقة سمو الأمير المعظم أن تؤسس محاكم تعرف بمجالس الطوائف الدينية لها صلاحية النظر والبت في القضايا بمقتضى أحكام القانون الحالي".

---

(1) المنشور في الجريدة الرسمية، العدد 2357 بتأريخ 1972/5/6، ص834.

(2) المادة (21) والمادة (22) من قانون تشكيل المحاكم الدينية.

(3) نشر هذا القانون في الجريدة الرسمية، العدد 594 الصادر بتأريخ 1938/4/2.

ثالثاً: المحاكم الخاصة :

توجد في الأردن مجموعة من المحاكم الخاصة التي نظمت تشكيلها واختصاصاتها قوانين خاصة[1]. ومن هذه المحاكم، المحاكم العسكرية التي شكلت بموجب قانون تشكيل المحاكم العسكرية رقم (32) لسنة 2002[2].

وتختص هذه المحاكم بالنظر في الجرائم المنصوص عليها في قانون العقوبات العسكري، والجرائم المنصوص عليها في قانون العقوبات أو في أي قانون آخر إذا ارتكبها أي من الضباط أو الأفراد.[3]

ومن المحاكم الخاصة في الأردن محكمة أمن الدولة بموجب قانون محكمة أمن الدولة رقم (17) لسنة 1959 وتعديلاته اللاحقة عام 1959، 1997، 2001.

وتشكل هذه المحكمة في أحوال خاصة تقتضيها المصلحة العامة. ويحق لرئيس الوزراء تشكيل محكمة خاصة واحدة أو أكثر تدعى محكمة أمن الدولة تؤلف كل منها من ثلاثة من القضاة المدنيين و/ أو القضاة العسكريين يعينهم رئيس الوزراء بناء على تنسيب وزير العدل بالنسبة للمدنيين ورئيس هيئة الأركان المشتركة بالنسبة للعسكريين، وينشر القرار في الجريدة الرسمية[4].

وأهم الجرائم التي تختص محكمة أمن الدولة بالنظر فيها، هي الجرائم الواقعة على أمن الدولة الداخلي والخارجي، وجرائم تزوير البنكنوت والمسكوكات، وأية جريمة

(1) تحظر بعض الدساتير إنشاء محاكم خاصة أو استثنائية كما هو الحال بالنسبة للمادة (95) من الدستور العراقي الجديد لعام 2005.

(2) المنشور في الجريدة الرسمية، العدد 4551 بتأريخ 2002/6/16، ص2753.

(3) المادة (8) من القانون، ويقصد بالفرد هنا، كل مجند رتبته دون رتبت ضابط، وكل مستخدم في القوات المسلحة بالصفة المدنية.

(4) المادة الثانية من قانون محكمة أمن الدولة.

لها علاقة بالأمن الاقتصادي ويقرر رئيس الوزراء إحالتها إلى هذه المحكمة وجرائم المخدرات والمفرقعات وغيرها.[1]

وتعتبر محكمة الجنايات الكبرى محكمة خاصة وفق قانونها رقم (19) لسـنة 1986[2]. وأهـم الجـرائم التي تختص هذه المحكمة النظر فيها جرائم القتل والاغتصاب وهتك العرض والخطف الجنائي.

ومن الأمثلة الأخرى على المحاكم الخاصة، محكمة أمانة العاصمة التي شكلت بموجب القانون رقم (39) لسنة 1961[3]، وتتألـف هذه المحكمـة مـن قـاض منفـرد، ويعـين لهـا قـاضٍ أو أكـثر حسبما تقتضيه الحـال بالطريقة التي يعين فيها القضاة النظاميون، وتنعقد في المكان الذي تعده لها أمانة العاصمة بموافقة وزير العدليـة (المادة الثالثة من قانون المحكمة).

ويكون لهذه المحكمة صلاحية النظر والبت في الجرائم والمخالفات التي ترتكب ضـمن منطقـة الأمانـة خلافاً لأحكام قوانين البلديات وتنظيم المدن والقرى والأبنية والسير والحرف والصناعات ورخص المهن لمدينة عمان ورسوم خدمات المكاتب المهنية لمدينة عمان وقانون المواصفات والمقاييس وغيرها[4].

رابعاً: المحاكم الإدارية

يمثل القضاء الإداري في الأردن محكمة العدل العليا المشكلة بموجب القانون رقم (12) لسـنة 1992م المعدل بالقانون رقم (2) لسنة 2000م. وتتألف هذه المحكمة من رئيس وعـدد مـن الأعضـاء القضـاة. ويجـب أن تتوافر في الجميع الشروط الواردة في المادة الرابعة من قانون المحكمة، ومنها العمل في سـلك القضـاء مـدة لا تقل عن عشرين عاماً، أو إشغال وظيفة مستشار قانوني مدة لا تقل عن خمس وعشرين عاماً وأن يكون قد

---

(1) المادة الثالثة من قانون محكمة أمن الدولة.

(2) المنشور في الجريدة الرسمية، العدد 3380 بتأريخ 1986/3/16، ص456.

(3) المنشور في الجريدة الرسمية، العدد 1566 بتأريخ 1961/8/16، ص1079.

(4) لاحظ المادة السادسة من قانون محكمة أمانة العاصمة.

مارس المحاماة مدة لا تقل عن خمس وعشرين عاماً، أو عمل برتبة أستاذ جامعي لمدة لا تقل عن خمس سنوات وعمل في القضاء أو المحاماة في الأردن مدة لا تقل عن خمس سنوات (المادة الرابعة من قانون المحكمة).

وتختص هذه المحكمة وفقاً لنص المادة التاسعة من قانونها بالنظر في الطعون المقدمة من ذوي المصلحة المتعلقة بنتائج انتخابات البلديات، غرف الصناعة والتجارة والنقابات، الجمعيات والنوادي المسجلة في الأردن. كما تختص بالنظر في الطعون التي يقدمها ذوو الشأن في القرارات الإدارية النهائية الصادرة بالتعيين في الوظائف العامة أو المتعلقة بالزيادة السنوية أو بالترفيع أو النقل أو الانتداب أو الإعارة. ومن اختصاصاتها المهمة النظر في طلبات الموظفين العموميين بإلغاء القرارات الإدارية النهائية الصادرة بإحالتهم على التقاعد أو الاستيداع أو بفصلهم من وظائفهم أو فقدانهم لها أو إيقافهم عن العمل بغير الطريق القانوني. وتنظر هذه المحكمة في أمور عديدة أخرى لا يتسع المجال هنا لسردها جميعاً، ومنها النظر في الدعاوى التي يقدمها الأفراد والهيئات لإلغاء القرارات الإدارية النهائية، والطعن في أي قرار إداري نهائي حتى لو كان محصناً بالقانون الصادر بمقتضاه.

المطلب الثاني
عدم جواز الاعتذار بجهل القانون

حينما تتكون القاعدة القانونية وبغض النظر عن مصدرها (التشريع، الفقه الإسلامي ومبادئ الشريعة الإسلامية، العرف، قواعد العدالة)، فإنها تسري في حق المخاطبين بها سواء أكانوا سلطات مكلفة بتطبيق هذه القواعد على الناس أو أشخاص مكلفين بالالتزام بما ورد في هذه القواعد (آمره أو مكملة) التزامات أو ما منحته لهم من حقوق.

ولا يجوز طبقاً لذلك الاحتجاج بجهل القانون إلا في الحدود التي رسمها القانون، لأن فسح المجال للتذرع بعدم معرفة القانون سيفتح الباب واسعاً للتهرب من التنظيم القانوني، وهو ما سيورث المجتمع الانفلات والفوضى في المجالات كافة.

وبالنسبة للأساس الذي قام عليه مبدأ عدم جواز الاعتذار بجهل القانون، يؤسس بعض الفقهاء ذلك على وجود قرينة على علم الأفراد بالقانون. ولكن مثل هذا الأساس لم يكن مقبولاً لأن القرائن القانونية تقوم على حمل الأمر المشكوك فيه محمل الغالب والمألوف العمل بشأنه، وليس الغالب في العمل ولا المألوف فيه علم الأفراد بالقواعد القانونية بل الغالب هو جهلهم بها. وذهب رأي آخر إلى أن أساس هذا المبدأ هو الحيلة القانونية، وتبنى هذه الفكرة فرانسوا جني ومفاد وجهة نظره في هذا الشأن، إنه وإن كانت صياغة القاعدة التي تستخدم فيها كلمة "افتراض" توحي بأنها تعبر عن احتمال أي عن قرينة قانونية، إلا أنه نظراً لتخلف كل عناصر الاحتمال، فإن القرينة لا تكون موجودة، بل توجد فقط حيلة قانونية، تعبر عن شيء مخالف للحقيقة، إذ المقطوع به كذب الإدعاء بأن كل شخص يعلم القانون[1].

وهناك رأي ثالث يذهب إلى أن خير ما يؤسس عليه هذا المبدأ هو قواعد العدل، فالعدل الخاص يتطلب المساواة القامة في معاملة المخاطبين بأحكام القواعد القانونية، فلا يفرق بينهم في وجوب الخضوع لها أو يعفى بعضهم من التقيد بها. وهذه المساواة أمام القانون تحقق كذلك العدل العام والصالح العام بما يؤكد سيادة النظام والقانون في المجتمع، إذ لو أبيح الاعتذار بجهل القانون للإفلات من أحكامه، لما أتيح حينئذ تطبيق القانون إلا في القليل النادر حيث يعلم الناس بأحكامه، وعندها تسود الفوضى ويضيع الأمن ويقوض نظام المجتمع[2].

---

(1) سمير عبد السيد تناغو، المصدر السابق، ص598.
(2) حسن كيرة، المصدر السابق، ص317.

ومع كل هذا التشدد والالتزام بالقواعد القانونية فإن هناك ثمة استثناءات ترد على هذا المبدأ، حيث يجوز الاعتذار بجهل القانون وطلب عدم تطبيقه في حالة القوة القاهرة، التي تحول دون وصول الجريدة الرسمية إلى بعض المناطق، كما إذا عزلت هذه المناطق بشكل تام بسبب حصار الأعداء لها أو بسبب احتلالها أو بسبب فيضان غطى كل مساحاتها أو انقطاع المواصلات عنها. والحكمة من تقرير هذا الاستثناء أن عدم وصول الجريدة الرسمية باعتبارها الوسيلة الرسمية المعول عليها لعلم الناس بالقانون سيؤدي بالضرورة إلى عدم العلم بالقانون ومن ثم السماح بالاعتذار بجهلهم بأحكامه.

هذا وقد أضافت بعض القوانين استثناءات أخرى على ما تقدم، ومن ذلك نص المادة (223) من قانون العقوبات اللبناني التي جاء فيها "يعد مانعاً من العقاب 1- الجهل أو الغلط الواقع على شريعة مدنية أو إدارية يتوقف عليها فرض العقوبة 2- الجهل بشريعة جديدة إذا اقترف الجرم في خلال الأيام الثلاثة التي تلت نشرها 3- جهل الأجنبي الذي قدم لبنان منذ ثلاثة أيام على الأكثر بوجود جريمة مخالفة للقوانين الوضعية، لا تعاقب عليها شرائع بلاده أو شرائع البلاد التي كان مقيماً بها".

ويتعلق الاستثناء الأول في هذا النص بحالة الجهل بحالة مدنية أو إدارية يتوقف عليها فرض العقوبة، حيث يقوم هذا الجهل عذراً يمنع من العقاب، وكأن المشرع اللبناني يقصر هذا المبدأ على القوانين المتعلقة بالنظام العام وعلى وجه الخصوص ما تعلق منها بالمسائل الجنائية. أما الاستثناء الثاني، فلا ينطبق في الواقع إلا نادراً، إذ أن القاعدة في القانون اللبناني أن نصوص التشريعات يبدأ نفاذها في اليوم الثامن الذي يلي نشرها في الجريدة الرسمية ما لم يكن هناك نص مخالف.

ويتعلق الاستثناء الثالث بالأجنبي الذي لم يحض على قدومه إلى لبنان أكثر من ثلاثة أيام، ويرتكب في خلال هذه الفترة فعلاً يجهل أنه جريمة وفقاً للقانون اللبناني، فيكون هذا الجهل عذراً مانعاً من العقاب، إذا كان قانون بلده أو قانون البلد الذي كان مقيماً فيه لا يعاقب على هذا الفعل.(1)

ويذهب القضاء الجنائي الفرنسي إلى أن الجهل بأحكام قانون غير جنائي تكون العقوبة مؤسسة عليه ينهض عذراً للمتهم فيرفع عنه المسؤولية الجنائية. ولذلك قضى بعدم عقاب من عثر على كنز في أرض الغير فاستولى عليه كله لنفسه، جاهلاً حكم القانون المدني الفرنسي الذي يملكه نصفه ومالك الأرض النصف الآخر مما يجعله مختلساً نصيب هذا الأخير.(2)

ويفرق الكثير من الشراح بين فكرة الاعتذار بجهل القانون وفكرة الغلط في القانون، فالجهل بالقانون يراد منه عادة التخلص من تطبيق القانون، بينما يريد المدعي بالغلط في القانون التمسك بتطبيق القاعدة التي وقع الغلط فيها، ومثال ذلك ما إذا باع وارث نصيبه في التركة معتقداً أنه ورث الربع مع أن القانون يقرر له النصف، فالوارث في هذه الحالة وقع في غلط في القانون، يجيز له طلب إبطال البيع على أساس الغلط في القانون.(3)

---

(1) توفيق حسن فرج، المصدر السابق، ص300، عبد المنعم فرج الصده، المصدر السابق، ص198-199.
(2) حسن كيرة، ص322.
(3) فرج، ص302.

المبحث الثاني
إقليمية القوانين وشخصية القوانين

سنتناول هذا المبحث في ثلاثة مطالب يخصص أحدهما لدراسة مبدأ إقليمية القـوانين، ويخصـص الثـاني لتوضيح مبدأ شخصية القوانين، بينما ينصرف الأخير لبيان حالات امتداد القانون.

المطلب الأول
مبدأ إقليمية القوانين

يقصد بمبدأ إقليمية القوانين تطبيق قانون الدولة على كل ما يقع داخل حدود الدولة براً وبحـراً وجـواً، بحيث يسري على جميع الأشخاص القاطنين في اقليم الدولة سواء أكانوا وطنيين أو أجانب، ولا يطبق خارج حـدود الدولة حتى بالنسبة للوطنيين.

ويعتبر هذا المبدأ أكثر اتفاقاً مع مبدأ السيادة الذي تتمتع به الدول عادة، لأن بسط قانون الدولة عـلى كل إقليمها بغض النظر عن جنسية الخاضعين له يعتبر من مظاهر السيادة الوطنية.

لذلك يعتبر مبدأ إقليمية القوانين هو القاعدة العامة والأساس بهذا الخصوص، بينما يأتي مبـدأ شخصـية القوانين استثناءً على هذا المبدأ، تلجأ إليه الدول لـدوافع متعـددة كالمعاملـة بالمثـل ومراعـاة حسـن العلاقـات، أو تحقيق العدل والإنصاف باختيار القانون الأفضل وهكذا[1].

ويفرق البعض في هذا المجال بين الإقليمية البدائية والإقليمية الحديثة، فالإقليمية البدائية لم تكن مبـدأ قانونياً أو مذهباً فكرياً، بل كانت حالة واقعية تعبر عن انغلاق المجتمعات البدائيـة القديمـة عـلى نفسـها، انغلاقـاً يتسم بعداء كل منها للاخرى، دون وجود

(1) علي حسين نجيده، المصدر السابق، ص161.

أية صورة من صور التعاون أو التبادل أو الانتقال فيما بينها. وفي ظل هذه الحالة البدائية لم يكن هناك مجال لأي مبدأ آخر غير إقليمية القانون في التطبيق. أما الإقليمية الحديثة فقد ظهرت بظهور التعاون بين الـدول المختلفـة، مع ما ترتب على ذلك من انتقال الأشخاص والأموال فيما بين هذه الدول، وهو ما أدى إلى إمكان تصور وجود مبدأ آخر ينازع مبدأ إقليمية القوانين، وهو مبدأ شخصية القوانين.

ويتبين من الدراسة التأريخية لهذا الموضوع أن الصراع بين مبـدأ الإقليميـة ومبـدأ الشخصية لم يكن موجوداً في جميع العصور، بل مرت حقبة طويلة من الزمن، لعلها أطول حقبات التأريخ، كان المبـدأ المطبـق فيهـا بغير استثناء هو مبدأ الإقليمية دون غيره.[1]

وعلى الرغم من أخذ المشرع الأردني بمبدأ إقليمية القوانين كأصل عام، إلا أن هذا المبدأ ترد عليه بعـض الاستثناءات، فالمواطن الأردني أينما وجد له الحق في الترشيح لأي منصب انتخابي عند توافر الشروط المطلوبـة، ولـه أن يسجل اسمه في قوائم الناخبين ويمارس حقه في الانتخاب، كما أن له أن يتقدم بطلب الحصول على وظيفة عامة في الدولة. ويكلف الأردنيون غيرهم بأداء الخدمة العسكرية. وفيما يتعلق بقانون العقوبات فـإن الأصل اعتماد مبدأ الإقليمية في تطبيقه على كل من يتواجد في الأردن. ولكن قواعد هذا القانون لا تطبـق علـى أعضـاء البعثـات الدبلوماسية والقنصلية الذين يرتكبون جرائم في الأردن طالما كانوا يتمتعون بالحصانة الدبلوماسية. كذلك قد تشير قواعد الإسناد المعمول بها في الأردن إلى القانون الواجب التطبيق لحل النزاع بالنسبة لعلاقة قانونية مشوبة بعنصر أجنبي، وقد يكون هذا القانون أجنبياً إذا كان هو الأفضل والأكثر عدالة لحل النزاع. ومن قبيل الاستثناءات أيضـاً الحصانة القضائية لرؤساء الدول الأجنبية والمبعوثين الدبلوماسيين، وهـي مـن أقـدم أنواع الحصانات التي أقرهـا العرف الدولي التي يتمتع بها رؤساء الدول الأجنبية والمبعوثـون الدبلوماسيون مـن رئـيس البعث والمستشارين والملحقين والكتبة، بشرط أن تثبت لهم الصفة الدبلوماسية. فهؤلاء جميعاً لا يخضعون لولاية

---

(1) تناغو، المصدر السابق، ص637.

القضاء، بالنسبة لرئيس الدولة على أساس المجاملة لشخصه، وبالنسبة للممثلين الدبلوماسيين على أساس تمكينهم من مزاولة أعمالهم[1].

المطلب الثاني
مبدأ شخصية القوانين

يقضي مبدأ شخصية القوانين بأن قانون الدولة يسري على جميع المنتمين إليها، بصرف النظر عن أماكن إقامتهم، أي حتى ولو كانوا مقيمين خارج إقليمها. وفي المقابل يقضي هذا المبدأ بعدم سريان قانون الدولة على الأجانب ولو كانوا مقيمين داخل حدود إقليمها.

ويقوم مبدأ شخصية القوانين على أساس أن الدولة جماعة من الناس لهم عقلية وثقافة مشتركة، وليس إقليم الدولة سوى محل إقامة لتلك الجماعة والقوانين توضع للناس لا للإقليم، وثم يجب أن يخضعوا لها سواء أكانوا موجودين داخل إقليم الدولة، أم كانوا قد رحلوا إلى خارج هذا الإقليم[2].

ويبرز هذا المبدأ بالنسبة لمسائل الأحوال الشخصية التي انقسمت الدول بشأنها إلى قسمين: قسم يأخذ بقانون الموطن، متأثراً بالأفكار الإقطاعية التي تخضع هذه العلاقات لقانون الموطن، بالإضافة إلى العرف والتقليد التأريخي اللذين استقرا في هذه الدول على إعطاء الاختصاص في مثل هذه المسائل لقانون الموطن، على أساس أن هذا

---

(1) خالد القيام، المصدر السابق، ص152، أما المنظمات الدولية كهيئة الأمم المتحدة والبنك الدولي ومحكمة العدل الدولية ومنظمة العمل الدوليةوجامعة الدول العربية، فإن تمتعها بالحضانة القضائية تقرره الإتفاقيات الدولية التي تنشأ بموجبها، فإن نص عليها في الإتفاقية تمتعت المنظمة بالحصانة وإلا فلا، حسن الهداوي، المصدر السابق، ص244.

(2) راجع، سليمان مرقص، الوافي في شرح القانون المدني، المصدر السابق، ص317، محمد حسن قاسم، المصدر السابق، ص264.

القانون يحقق مصلحة الفرد والاغيار الذين يتعاملون معه في موطنه، لأن هؤلاء هم على علم بالقـانون المطبـق في مكان إقامتهم، ويجهلون قانون جنسية الأجنبي.

كما أن الأخذ بقانون الموطن يساعد المهاجرين على الانصهار والتأقلم مع المجتمع الـذي يعيشـون فيـه. وبذلك يصلح هذا النظام للدول التي يعيش على أرضها الكثير من الأجانب، ويكـون مـن مصـلحتها تطبيـق قـانون الموطن لتحقيق انصهارهم وانسجامهم في المجتمع[1].

أما أنصار قانون الجنسية فيستندون إلى أن هذا القانون هو قانون الوسـط الاجتماعـي للشـخص، وهـو يعتبر أصلح من غيره لحل التنازع المتعلق بأحواله الشخصية، لأنه قانون البيئة التي ينتمي إليها الفرد الـذي يـلاءم مزاجه وأخلاقه والمظاهر القانونية لشخصه، وعلى الأخص تلك التي تتعلق بحياته العائلية. ثم إن القوانين المتعلقة بحالة الفرد وأهليته هدفها حماية الفـرد والعائلـة، ولا تتحقـق هـذه الحمايـة أو هـذا الهـدف إلا بتغليـب صـفة الاستمرار لهذه القواعد لتستمر في ملاحقة من وضعت القواعد لحمايته وتطبق عليه متى لو تواجد خـارج الدولـة التي ينتمي إليها.

ومما يبرر إعطاء الاختصاص في الأحوال الشخصـية للقـانون الشخصي هـو أن الفـرد غـير قابـل للتعـدد والانقسام، لذلك يجب أن يكون للقانون المتعلق بشخصه ذات الصفة، وتبعـاً لـذلك يلـزم أن يكـون النظـام الـذي يحكم أهليته ونسبه وزواجه واحداً بصورة مستمرة وبدون تجزئة، فالزواج مثلاً سيكون حكمه واحداً في مثل هذه الحالات ولا يكون صحيحاً تارة وباطلاً تارة أخرى لإخضاعه لهذا القانون أو ذاك. ولا يمكن أن يتم هذا الاسـتقرار في العلاقات القانونية إلا باعتماد القانون الشخصي أي قانون الجنسية الذي يتابع الشخص أينما يكون.[2]

---

(1) ويأخذ بقانون الموطن كل من القانون الإنكليزي والدنماركي والنرويجي والكندي والسويسري والأمريكي. محمد وليد المصري، المصـدر السابق، ص117.

(2) حسن الهداوي، المصدر السابق، ص85.

ومع كل ما تقدم فهناك مسائل لا تخضع للقانون الشخصي، حيث يخرج عن اختصاص قانون الجنسية موانع التصرف التي تنص عليها بعض القوانين، مثل منع المحامين والقضاة من شراء الحقوق المتنازع عليها، أو منع الموصى له قبول الهبة من المريض مرض الموت، ومنع السماسرة والخبراء من شراء الأموال والحقوق التي أوكل إليهم أمر بيعها أو تخمينها. فمثل هذه الموانع لا تخضع للقانون الشخصي ـ بـل تخضع للقانون الـذي يحكـم التصرف حسب نوع الحماية المقررة لكل مانع من هذه الموانع.

ويخرج أيضاً من اختصاص قانون الجنسية أهلية الوجوب التي تحـدد صلاحية الشـخص لاكتسـاب الحقوق. وهنا يجب التمييز بين الاعتراف بالشخصية القانونية للإنسان، وهي صفة أساسية من الصفات الملازمة له والتي تمنحه حق التملك واكتساب الحقوق بشكل عام وبين أنواع الحقوق التي يمكن له تملكها. [1]

ومن دراسة الصراع القائم بين مبدأ إقليمية القوانين ومبدأ شخصية القوانين يتبـين للكثـير مـن المهتمـين بهذا الموضوع عدم إمكانية الأخذ بالمبدأين معاً على إطلاقهما، إذ أن من المحتم أن يقع التعـارض بيـنهما بشـكل يحول دون تطبيقهما معاً في نفس الوقت. فإذا أرادت إحدى الدول تطبيق مبدأ الإقليمية تطبيقـاً جامـداً، فمعنـى ذلك هو تطبيق القانون الوطني على كل الأجانب الموجودين داخـل إقليـم الدولـة، وهـو مـا يتعـارض مـع مبـدأ شخصية القانون الذي يقضي بخضوع الأجانب لقانون الدولة التي ينتمون إليها بجنسيتهم. وإذا أرادت إحـدى الدول تطبيق مبدأ الشخصية تطبيقاً جامداً، فمعنى ذلك هو تطبيق قانونهـا عـلى كـل الأشخاص الـذين يحملـون جنسيتها حتى ولو وجدوا خارج حدود إقليمها، وهو ما يتعارض مع مبدأ إقليمية القانون الـذي يقضيـ بخضوع هؤلاء الأشخاص لقانون الدولة التي يوجدون على إقليمها [2].

---

(1) محمد وليد المصري، المصدر السابق، ص132.

(2) سمير عبد السيد تناغو، المصدر السابق، ص636.

المبحث الثالث
تنازع القوانين من حيث الزمان والمكان

القوانين ليست ثابتة في كل البلدان وتتغير باستمرار في ضوء المتطلبـات الاقتصـادية والاجتماعية، وهو أمر مسلم به، ولكن المشكلة هنا هو أن بعض الوقائع تحصل وتنتهي في ظل قانون معين، أو تحصل وتستمر آثارها حتى صدور قانون جديد، أو أنها تحصل في ظل القانون الجديد، وعندها يبرز السؤال عن القانون الواجب التطبيق عند تنازع أكثر من قانون وطني لحل النزاع، وهل يطبق القانون القديم أم الجديد، وهو ما يسمى بتنازع القوانين من حيث الزمان ؟

أما التنازع المكاني للقوانين فيها عند وجود عنصر أجنبي في العلاقة القانونية، ويراد معرفة القانون الواجب التطبيق من بين عدة قوانين تعود لدول مختلفة ويحتمل اختيار أي منها لحل النزاع إذا ثبت بأنه الأفضل والأصلح لتحقيق العدالة والإنصاف.

في ضوء ما تقدم سنقسم هذا المبحث إلى مطلبين كما هو مبين أدناه:

المطلب الأول
تنازع القوانين من حيث الزمان

يسري القانون عادة من يوم نفاذه المقرر في الجريـدة الرسـمية وحتى إلغائه نهائيـاً أو بحلـول قـانون جديد محله. وحينما يبدأ القانون بالنفاذ يطبق على الوقائع التي تحدث خلال سريانه، وهـو مـا يعـبر عنـه بـالأثر المباشر أو الفوري للقانون. ومثل هذا القانون لا يطبق علـى مـا سـبقه مـن وقائـع تجسيداً لقاعـدة عـدم رجعيـة القانون التي تعرفها القوانين كافة.

ولا توجد أية مشكلة بالنسبة للوقائع والأحداث التي تحصل في ظل قانون نافذ وتنتهي في ظل نفس القانون، حيث أن القانون الواجب التطبيق هنا هو القانون الذي بدأت وانتهت هـذه الوقائـع في ظلـه. كذلك لا يوجد أي إشكال بالنسبة لما يحصل من وقائع بعد سريان القانون الجديد، إذ تخضع هذه الوقائع لأحكام القانون الجديد كما ذكرنا.

إن المشكلة تبرز والتنازع القانوني من حيث الزمان يظهر بشكل جلي بالنسبة للوقائع التي تحصل في ظل قانون قائم، وتستمر مجريات هذه الوقائع حتى صدور قانون جديد. فهناك أوضاع قانونية يستغرق تكوينها زمناً طويلاً، كالتقادم والوصية، فيبدأ تكوينها في ظل قانون ويتم في ظل قانون آخر. وهناك أوضاع يستغرق ترتيـب آثارها زمناً طويلاً، كعقد القرض بفائدة والزواج والجريمة والتقاضي، فتنشأ تحت سقف قانون، بينما تترتب آثارهـا أو تنقضي تحت حكم قانون آخر. وهناك أوضاع تتعلق بصلاحية الشخص، كأهليته، فتتوفر للشخص بوجـود هـذا القانون وتتعدل أحكامها عند نفاذ قانون آخر. ويثور السؤال عندئذ عـن القانون الواجب التطبيـق، وهـل هـو القانون القديم أم الجديد؟[1].

إن المبدأين المعتمدين عند الخوض في هذا الميدان، هما مبدأ الأثر المباشر للقانون، ومبدأ عـدم رجعيـة القانون.

ويقصد بالأثر المباشر للقانون الجديد تطبيقه على المراكز القانونية التي يبدأ تكوينها بعد نفاذه. كما يطبق القانون الجديد على ما يقع بعد نفاذه من عناصر تكوين أو انقضاء المراكز القانونية التي بـدأ تكوينها أو انقضاؤها في ظل القانون القديم، عدا عناصر التكوين والانقضاء التي تكون لها قيمة قانونية وتتم في ظل القانون القديم، حيث تخضع هذه العناصر لأحكام القانون القديم الذي تمت في ظله.

إن العلة في تقرير مبدأ الأثر المباشر للقانون الجديد على هـذا النحـو يقتضيه النظـام في الدولة الـذي يستدعي تطبيق قانون واحد على المراكز القانونية المتماثلة، لأن

---

[1] لمزيد من التفاصيل والأمثلة راجع: عبد المنعم فرج الصده، المرجع السابق، ص218-219.

الأخذ بالأثر المستمر للقانون القديم سيؤدي إلى خضوع هذه المراكز لقوانين مختلفة، مما يثير القلـق العـام لـدى المخاطبين بالقاعدة القانونية، وعدم استقرار التعامل بين الناس.

أما بالنسبة لمبدأ عدم رجعية القوانين فيؤسس على منطق قانوني يقضي بعدم سريـان القـانون الجديـد على الوقائع التي نشأت وترتبت آثارها في ظل القانون القديم. ويتفق هذا النهج مع معنى القانون باعتباره تنظيماً لعلاقات الأفراد في المجتمع عن طريق توجيه سلوكهم. ومثل هـذا التوجيـه يجـب أن يكـون سـابقاً لهـذا السـلوك، حيث لا يمكن صدور توجيه لسلوك صدر وانتهى.

وتبرر هذه القاعدة أيضاً بضرورة الاستقرار والطمأنينة والثقة، ذلك أن من حق كل فرد أن يطمئن إلى أن تصرفه سيظل محكوماً بالقانون الذي أبرم في ظل أحكامه، وأن حقوقه وواجباته تحدد طبقاً لما يسري من قوانين.

ويحقق هذا المبدأ مقتضيات العدالة أيضاً التي تقضي بعدم معاقبة الأفراد على أفعال قاموا بها في ظـل قانون أو قوانين تبيح هذه الأفعال[1].

الاستثناءات الواردة على مبدأ عدم رجعية القوانين

تناولت مبدأ عدم رجعية القوانين عدة نظريات، من أهمها ما يعرف بالنظرية التقليدية التي تـرى بـأن القاعدة القانونية الجديدة تكون رجعية إذا استتبع تطبيقها المساس

(1) ثبتت بعض الدساتير هذا المبدأ، كما هو الحال في المادة 187 من الدستور المصري النافذ لعام 1971 التي جاء فيها: "لا تسري أحكام القوانين إلا على ما يقع من تأريخ العمل بها، ولا يترتب عليها أثر فيما وقع قبله. ومع ذلك يجوز في غـير المـواد الجنائيـة الـنص في القانون على خلاف ذلك بموافقة أغلبية أعضاء مجلس الشعب". ويمكن اسـتنتاج هـذا المبـدأ مـن نـص المـادة (93) مـن الدسـتور الأردني التي نصت على أن "يسري مفعول القانون بإصداره من جانب الملك ومرور ثلاثين يوماً على نشره في الجريـدة الرسـمية إلا إذا ورد نص خاص في القانون على أن يسري مفعوله من تأريخ آخـر"، عـلي حسـين نجيـده، المصـدر السـابق، ص168-169، خالـد القيام، المصدر السابق، ص160.

بما تم اكتسابه من حقوق وفقاً للقاعدة القانونية القديمة، أما إذا لم يستتبع هذا التطبيق إلا المساس بمجرد آمال لم ترق بعد إلى مرتبة الحقوق المكتسبة فلا رجعية فيه.[1]

وقد أدى ضعف هذه النظرية واختلاف أصحابها في تحديد معالمها، إلى ظهور نظرية جديدة اصطلح الفقهاء والشراح على تسميتها بالنظرية الحديثة. وقد عنيت هذه النظرية بتحديد المعنى الحقيقي للأثر الرجعي وفرقت بينه وبين الأثر المباشر للقانون. فحل تنازع القوانين من حيث الزمان في هذه النظرية يقوم على مبدأين، هما عدم رجعية القانون الجديد، والأثر الفوري أو المباشر لهذا القانون، مع إيراد بعض الاستثناءات على كل منهما.

ويبدو أن أصحاب النظرية التقليدية قد توسعوا في إيراد الاستثناءات على مبدأ عدم رجعية القوانين (الاستثناءات التي يجوز فيها المساس بالحقوق المكتسبة) فوضعوا الاستثناءات التالية:

1) النص القانوني الصريح على الرجعية:

حينما يرى المشرع بأن المصلحة تقتضي تطبيق القانون الجديد على الماضي، ينص صراحة على مبدأ التطبيق الرجعي للقانون على الواقعة أو الوقائع المشمولة بهذا الرجوع. ويجب أن يكون هذا الرجوع صريحاً وقاطعاً في دلالته، لأنه يأتي كخرق لمبدأ جوهري ثابت. أما في حالة عدم وجود نص صريح يقرر الرجعية، فلا يمكن القول بها على أساس إرادة المشرع الضمنية، أو على أساس الأخذ بما يسمى بالرجعية الفطرية أو الطبيعية.

---

[1] اختلف فقهاء هذه النظرية في تحديد مناط التفرقة بين الحق المكتسب وبين مجرد الأمل، كما اختلفوا في إعطاء تعريف واحد للحق المكتسب مما أضعف هذه النظرية، لمزيد من التفاصيل راجع: حسن كيرة، المرجع السابق، ص343-345.

ويبدو أن المشرع لا يلجأ إلى النص صراحة على رجعية ما يصدره من قوانين إلا إذا أدرك ضرورة وأهمية ذلك القصوى، بحيث يصبح أمام مصلحة راجحة حتى على مبدأ استقرار التعامل بين الناس الذي يحققه مبدأ عدم رجعية القوانين عادة.

وهناك أمثلة كثيرة تكون الرجعية فيها أمراً مقبولاً بل مرغوباً فيه، ومن ذلك التشريعات التي تصحح تصرفات وقعت باطلة طبقاً للقانون القديم، لتخلف شرط من الشروط التي يتطلبها هذا القانون، رغم أن العمل كان يجري على عدم مراعاة هذا الشرط، مما ولد غلطاً شائعاً لدى الناس بصحة هذه التصرفات. ففي هذه الحالة بدلاً من الاستناد إلى قاعدة (الغلط الشائع يولد الحق) للقول بصحة هذه التصرفات، فإن المشرع يصدر تشريعاً جديداً يقرر فيه صحة التصرفات المذكورة، يطلق على هذا النوع من التشريعات اسم التشريعات المقررة أو المصححة(1).

2) القوانين الجنائية الأصلح للمتهم:

ومن الحالات التي أشارت إليها النظرية التقليدية استثناء من مبدأ عدم الرجعية، القوانين الجنائية الجديدة التي تصدر لصالح المتهم، وهو ما يقتضى انسحاب هذه القوانين على الماضي لتحكم ما ارتكب قبل نفاذها من جرائم على أن تكون الأصلح للمتهم من حيث إلغاء العقوبة أو تخفيفها، وبشرط صدور هذه القوانين قبل الحكم نهائياً في الدعوى. فهذا القانون يطبق بأثر رجعي حتى ولو أخل بحقوق مكتسبة.

ويرجع السبب في إقرار هذا الاستثناء إلى أن حق الجماعة في تقرير الجرائم والعقاب عليها مرهون بالصالح العام، فإذا اقتضى هذا الصالح إلغاء الجريمة أو تخفيف

(1) ومن قبيل التشريعات الرجعية المرغوب فيها، التشريع الذي ينشىء لأول مرة نظاماً لشهر الحقوق العينية الأصلية أو التبعية كالملكية أو الرهن أو غيرهما. فمن الواجب أن يسري هذا القانون على جيمع الحقوق القائمة، لأنه يهدف إلى تحقيق الاستقرار والثقة في المعاملات. ومن أمثلة هذه التشريعات تلك التي تحارب الغش نحو القانون (التحايل على القانون). سمير تناغو، المصدر السابق، ص677-681.

العقوبة، فهو يقتضي كذلك إفادة مرتكبها وفقاً للقانون القديم من الإلغاء أو التخفيف الـذي جـاء بـه القـانون الجديد، لأن المشرع أحرى بأن يقدر الصالح العام بقدره.[1]

3) التشريعات التفسيرية:

يصدر هذا النوع من القوانين عند اختلاف القضاء اختلافاً بيناً في تفسير قـانون معـين، بمـا يـؤدي إلى صدور قرارات قضائية مختلفة بسبب صياغة النص أو غموضه، وهو ما قد يخرج حتى عن الأهـداف التـي أرادهـا المشرع من النص، مما يدفع المشرع إلى إصدار هذا النوع من التشريعات لوضع حد لهذه الاختلافات.

ويشترط في القانون التفسيري ألا يتضمن نصوصاً جديدة وإلا أحتاج إلى نص صريح لسريانه على الماضي.

هذا ويلاحظ بعض الأساتذة[2]، أنه قلما يصدر المشرع في العصر الحديث تشريعات تفسيرية، والسبب في ذلك هو أن القضاء يقوم عند تطبيق القانون بتفسيره، بما لا يحتاج إلى معاونة أيـة سـلطة لـه في هـذا الشـأن. فالتفسير أصلاً- وفقاً لهذا الرأي- هو من عمل القضاء، وقيام المشرع به هو نوع من عدم الثقة بالقضاء[3].

4) القوانين المتعلقة بالنظام العام أو الآداب:

وبموجب هذا الاستثناء يسري القانون الجديد علـى المـاضي فيمس الحقـوق المكتسـبة، إذا كـان الأمـر متعلقاً بالنظام العام أو الآداب، لأن هذه القواعد آمرة ولا يجوز مخالفتها احتجاجاً بالحقوق المكتسبة.

---

(1) لاحظ حسن كيره، المصدر السابق، ص346.

(2) تناغو، ص682.

(3) ونحن لا نقف مع هذا الرأي، فتدخل المشرع لتفسير النصوص القانونية التي سبق إصدارها قد يـزداد بتطـور نـواحي الحيـاة كافـة وصدور العشرات من القوانين الجديدة التي يتسم البعض منها بالتعقيد ووجود الجوانب الفنيـة والهندسـية التـي تقتضي- تـدخل المشرع، عند ملاحظته تفاقم الاختلاف والتباين في التفسير بالضد من غايات وأهداف المشـرع، خصوصاً إذا تعلـق الأمـر بالصالح العام الذي لا يجوز غض الطرف عنه).

ومن الأمثلة التي تضرب في هذا المقام، تعديل سن الرشد لمن لم يبلغ سن الرشد بعد، فإذا صـدر قـانون برفع سن الرشد، فإن هذا القانون يسري فوراً على كل الأشخاص الذين لم يبلغوا بعد عند نفـاذه السـن الجديـدة. وكذلك الحال بالنسبة للقوانين التي تحرم الطلاق، فإذا صدر قانون يحرم الطلاق، فإنه يطبق بالنسبة لمن تزوجوا في ظل القانون القديم الذي كان يبيحه. ومن هذا القبيل أيضاً قوانين إلغاء الـرق، فهـي تنسـحب عـلى المـاضي أيضـاً لتعلقها بالنظام العام، فيتحرر كل الرقيق الموجود فور نفاذها، رغم ما في ذلك من مساس بما لمـالكيهم علـيهم مـن حقوق مكتسبة[1].

أما بالنسبة للنظرية الحديثة فلا تأخذ إلا بالاستثناءين فقط على مبدأ عدم رجعية القوانين، وهما النص القانوني الصريح، والتشريعات أو القوانين التفسيرية. ففيما يتعلق باستثناء القوانين الجنائية الأصـلح للمـتهم، يـرى أصحاب هذه النظرية، بأن هذا لا يعد استثناءً وإنما تطبيقاً لمبدأ الأثر الفـوري أو المبـاشر للقـانون الجديـد، إذ أن المركز القانوني المترتب على الفعل الذي ارتكبه المتهم لا يتم تكوينه بمجرد ارتكاب الفعل، بل لابد من صدور حكـم قضائي، حيث يعتبر الحكم هنا منشئاً لهذا المركز وليس مقرراً له. فإذا صدر قانون جديد بعد ارتكاب الفعل وقبـل صدور الحكم يلغي الجريمة أو يخفف العقوبة، فإنه يسري بما له من أثر مباشر، لأن المركز القانوني للمـتهم يتكـون من عنصرين، وقع أحدهما في ظل القانون القديم، بينما تم الثاني في ظل القانون الجديد، ومـن ثـم يخضع المركـز لهذا القانون.

وبخصوص استثناء القوانين المتعلقة بالنظام العام أو الآداب لا تقر النظرية الحديثـة هـذا الاسـتثناء، لأن من شأنه أن يهدر الحريات ويبعث الاضطراب في المعاملات، سيما وأن أهـم القـوانين المتعلقـة بالنظام العـام أو الآداب، هي القوانين الجنائية، ولا يجوز كقاعدة عامة- وفقاً لهذه النظرية- أن يكون لها أثراً رجعيـاً[2].

---

(1) كيره، ص346، فرج ص334.
(2) عبد المنعم فرج الصده، المرجع السابق، ص236-237.

تنازع قوانين أصول المحاكمات المدنية من حيث الزمان

تتجلى صعوبة تحديد القانون الواجب التطبيق في هـذا الميـدان الإجـرائي، إلى أن الخصومة القضائية بطبيعتها ظاهرة مركبة وحية تستغرق زمناً قد يطول، مما يجعل احتمال صـدور قـانون جديـد قبـل انتهائهـا أمـراً وارداً.

ولا توجد صعوبة بالنسبة للخصومات القضائية المنقضية، التي تظل محكومـة عـادة بالقـانون القـديم. ونفس الشيء يقال بالنسبة للخصومات الجديدة التي تخضع لقـانون الأصول أو المرافعـات الجديـد. ولكـن هـذه الصعوبة تظهر بوضوح بالنسبة للخصومات القائمة التي تبـدأ وقائعهـا في ظـل أحكـام القـانون القـديم، ويدركها القانون الجديد بأحكامه أثناء سيرها وقبل اكتمالها.

إن الاتجاه الذي أخذ به المشرع الأردني بشأن النوع الأخير من الخصومات القضائية هو تطبيق القانون الجديد بأثر فوري ومباشر، وهو ما جسدته المادة الثانية من قانون أصول المحاكمات المدنية[1].

ولكن التطبيق الفوري أو المباشر للقانون الجديد على الخصومات القائمة على إطلاقه سيؤدي إلى نتـائج غير مقبولة، إذ يتطلب ذلك إعادة الإجراءات التي تمت في ظل القانون القديم بمقتضى ما يتطلب القانون الجديـد. وهذا ما دفع المشرع إلى التخفيف مـن هـذه الآثـار بإيراده الجـزء الأخير مـن المـادة الثانيـة مـن قـانون أصـول المحاكمات المدنية

---

(1) المرقم (24) لسنة 1988 المعدل بالقانون رقم (14) لسنة 2001 والقانون رقم 26 لسنة 2002 التي جاء فيهـا: "تسري أحكـام هـذا القانون على ما لم يكن فصل فيه من الدعاوى أو تم من الإجراءات قبل تأريخ العمل به ويستثنى من ذلك: 1- النصوص المعدلـة للاختصاص متى كان تأريخ العمل بها بعد ختام المحاكمة في الدعوى. 2- النصوص المعدلة للمواعيد متى كان الميعاد قد بـدأ قبـل تأريخ العمل بها. 3- النصوص المنظمة لطرق الطعن بالنسبة إلى ما صدر من أحكام قبل تأريخ العمل بها متى كانت ملغيـة أو منشئة لطريق من تلك الطرق. وكل إجراء من إجراءات المحاكمة، تم صحيحاً في ظل قانون معمول به يبقى صحيحاً ما لم يرد نص على خلاف ذلك.

الذي جاء فيه "وكل إجراء من إجراءات المحاكمة تم صحيحاً في ظل قانون معمول به، يبقى صحيحاً ما لم يرد نص على خلاف ذلك".[1]

هذا وقد وردت على قاعدة الأثر الفوري للقانون الجديد ثلاثة استثناءات خاصة بالأحكام المتعلقة بالاختصاص والمواعيد وطرق الطعن وكما يلي:

1- النصوص المعدلة للاختصاص متى كان تأريخ العمل بها بعد ختام المحاكمة في الدعوى.
2- النصوص المعدلة للمواعيد متى كان الميعاد قد بدأ قبل تأريخ العمل بها.
3- النصوص المنظمة لطرق الطعن بالنسبة إلى ما صدر من أحكام قبل تأريخ العمل بها متى كانت ملغية أو منشئة لطريق من تلك الطرق.

وهذا يعني أن نصوص القانون إذا عدلت في اختصاص إحدى المحاكم بحيث أصبحت هذه المحكمة بموجب النص الجديد غير مختصة فإنه يتعين عليها أن ترتفع يدها عن الدعوى، إلا إذا كانت الدعوى قد ختمت فيها المحاكمة لغايات إصدار القرار، حيث لا تسري في هذه الحالة أحكام القانون عليها، طالما ختمت المحاكمة وأصبحت معدة لإصدار الحكم. كما أن نصوص قانون أصول المحاكمات المدنية إذا عدلت في المواعيد فإنها لا تسري على الدعاوى المنظورة، إذا كان الميعاد الذي أورده نص القانون قد بدأ قبل تأريخ العمل بالقاعدة القانونية، كأن يعدل النص مدة الإجابة على لائحة الدعوى لتصبح عشرة أيام بعد أن كانت خمسة عشر يوماً. وبمثل هذه الحالة، فإن القانون يسري على الدعوى إذا كان المدعى عليه لم يجب على لائحة الدعوى، أما إذا كان ميعاد الإجابة قد بدأ فلا يسري بحقه حكم النص الجديد الذي عدل المدة لتصبح (10) أيام بدلاً من (15) يوماً.

أما بشأن النصوص المنظمة لطرق الطعن فإن الاستثناء الوارد بشأنها يقوم على أساس أن قابلية الحكم للطعن وصف يلحق بالحكم عند صدوره بما يعني خضوعه للطعن من عدمه للقانون الذي صدر في ظله وذلك احتراماً للحقوق المكتسبة.[2]

(1) عوض احمد الزعبي، المصدر السابق، ص18-19.
(2) محمود الكيلاني، شرح قانون أصول المحاكمات المدنية، الطبعة الثانية، عمان 2006، ص70-71.

المطلب الثاني
تنازع القوانين من حيث المكان

بقصد بتنازع القوانين من حيث المكان، وجود علاقة قانونية تنطوي على عنصر أجنبي أو أكثر. وحينما يحصل أي نزاع بشأن هذه العلاقة، لابد من تحديد القانون الواجب التطبيق عليه سواء أكان وطنياً أو أجنبيا، حينما يكون هو الأفضل لحل النزاع.

وقد وضعت البلدان قواعد خاصة تسمى بقواعد الإسناد أو قواعد تنازع القوانين، تعنى بتحديد القوانين واجبة التطبيق في هذه العلاقات، وتشبه بمحطة الاستعلامات التي تقدم المشورة لمن يحتاج إليها[1].

لقد خرج الإنسان منذ أمد بعيد من موطنه وداره ليقيم العلاقات مع جيرانه والمناطق المحيطة بمكان إقامته، فاستوطن في بلاد بعيدة عنه، وعمل فيها وتزوج من أهلها، وأقام معهم العديد من العلاقات. واتسعت حركة الإنسان وازداد تنقله من أجل التجارة أو اكتساب العلوم أو العلاج الطبي أو السياحة، بتطور وسائل النقل والاتصالات، وأصبح العالم فعلاً قرية صغيرة، وأصبح التبادل بين أفراد من جنسيات مختلفة أمراً يومياً وعادياً، وهو ما يحتاج إلى وضع حلول قانونية لكل ما يحتمل حصوله من منازعات جراء هذا الوضع واتساع نطاقه.

هذا وقد تتصل العلاقة القانونية بأكثر من عنصر ـ أجنبي ـ من خلال جنسية أطراف العلاقة وقانون موطنهم وقانون محل إبرام العقد وقانون موقع المال وقانون محل التنفيذ وقانون المحكمة المرفوع أمامها النزاع. وتعلق العلاقة بهذه القوانين المختلفة العائدة لدول مختلفة، يجيز لكل قانون من هذه القوانين أن يطبق دون غيره على العلاقة القانونية، في

---

[1] مثلت هذه القواعد في القانون المدني المصري المواد (10-28)، وفي القانون المدني الأردني المواد (11-29) وفي القانون المدني العراقي المواد 17-33.

حالة عدم وجود مانع من موانع تطبيق القانون الأجنبي وهي النظام العام أو الآداب والمصلحة الوطنية والغش أو التحايل على القانون.[1]

ومن الجدير بالذكر أن نطاق هذا النوع من التنازع ينحصر بالعلاقات القانونية التي تحكمها فروع القانون الخاص على مختلف أنواعها (المدني، التجاري، الأحوال الشخصية) أي بالعلاقات بين الأفراد (طبيعيين أم اعتباريين)، ولا تطرح هذه المشكلة فيما يتعلق بمسائل القانون العام (الدستوري، المالي والإداري، وقانون العقوبات)، إذ تبقى هذه الأمور بعيدة عن ميدان تنازع القوانين لأنها تمس سيادة الدولة وترتبط بسياستها الجزائية والمالية. وهذا يعني أن المشرع الوطني لا يسمح بأي حال بإحلال قانون عام أجنبي محل القانون العام الوطني.[2]

المبحث الرابع
تفسير القانون

ليس بالضرورة أن تكون القواعد القانونية بغض النظر عن مصدرها واضحة وجلية أمام من يتولى تطبيقها، بل قد يحصل العكس من ذلك، حينما تكون القاعدة القانونية محل التطبيق غامضة أو غير واضحة المعاني، أما بسبب الإيجاز الشديد فيها أو بسبب

---

(1) ويكون القانون الأجنبي مخالفاً للنظام العام أو الآداب، حينما يكون تطبيقه منافياً للأفكار الأساسية والمبادىء الخلقية التي يقوم عليها نظام المجتمع. كذلك يمتنع تطبيق القانون الأجنبي إذا كان الأخذ بأحكامه يرتب أضراراً بمصالح البلاد الوطنية، كما هو الحال بالنسبة لشخص ناقص الأهلية وفقاً لقانون بلاده ولكنه كامل الأهلية وفقاً لقانون البلد الذي أجرى فيه التصرف المالي، وكان نقص أهليته يرجع إلى سبب خفي يجهله الطرف الآخر، فعندها يعامل هذا الشخص معاملة كامل الأهلية خلافاً للقاعدة الأساسية التي تعطي الاختصاص في مثل هذه الحالات لقانونه الشخصي أي لقانون جنسيته الذي يعتبره ناقص الأهلية. أما التحايل على القانون فيتم بتغيير ظرف الإسناد بهدف نقل الاختصاص من قانون لآخر يتفق مع رغبة الشخص ويجنب تطبيق القواعد الآمرة للقانون المختص أصلاً. حسن الهداوي، المرجع السابق، الصفحات: 98 – 178 - 195.

(2) لمزيد من التفاصيل راجع: محمد وليد المصري، المصدر السابق، ص47 وما بعدها.

صياغتها التي قد تكون معيبة أو ناقصة أو مرتبكة، أو بسبب المصدر الذي أخذت عنه، وخصوصاً حالات الترجمة التي تحصل لبعض القواعد القانونية المنقولة من قانون إلى قانون آخر نقلاً حرفياً.

إن تفسير القاعدة القانونية يعتمد بشكل كبير على قدرة وخبرة القاضي المعني بتطبيق هذه القاعدة على الوقائع المعروضة أمامه، ذي قاعدة واضحة المعالم والمعاني بالنسبة لقاضي معين طويل الخبرة متدرج في سلالم القضاء، ولكنها غامضة ولا يُعرف المقصود منها بالنسبة لقاضٍ آخر لا يتمتع بهذه الخبرة، أو كان حديث عهد بمهمة القضاء.

غير أن التفسير يبرز بشكل ملح ومطلوب عند تكرار اختلاف المحاكم بمختلف مستوياتها في تفسير نص قانوني. وقد يأخذ هذا الاختلاف منحاً خطيراً حينما يبتعد المفسرون كثيراً عن المعنى الذي يقصده المشرع، مما يدفع المشرع بشكل أساس أو الفقه والقضاء إلى تفسير القاعدة القانونية التي كثر التأويل لمعناها ومقاصدها.

ويشمل التفسير كل القواعد القانونية أياً كان مصدرها، إلا أن ذلك لا يعني أن القواعد القانونية متساوية من حيث حاجتها إلى التفسير. فالواقع يظهر بأن القواعد التشريعية هي أكثر حاجة من غيرها إلى التفسير، لأنها توضع بصورة مختصرة مما يؤدي إلى صعوبة الوقوف على معناها. كما يتناول التفسير نوعاً آخر من القواعد المدونة، وهي القواعد الدينية الواردة في الكتب السماوية، كالقرآن الكريم أو أحاديث الرسول عليه الصلاة والسلام، علماً بأن هذا النوع من التفسير يخضع لأصول معينة تختص بها الدراسات الدينية.

أما القواعد العرفية، فنظر لأنها تنشأ تلقائياً في الجماعة من خلال اعتياد الناس على سلوك معين، فإن حاجتها إلى بيان معناها تكون أقل من حاجة القواعد التشريعية[1].

(1) محمد حسن قاسم، المصدر السابق، ص315، عبد المنعم فرج الصده، المصدر السابق، ص273-274.

وبناء على ما تقدم ستقتصر دراستنا هنا على تفسير القواعد التشريعية. والتفسير حسب الجهة التي تقوم به يمكن تقسيمه إلى ثلاثة أنواع، هي التفسير التشريعي والتفسير القضائي ثم التفسير الفقهي، ويمكن إيضاح هذه الأنواع بالشكل التالي:

أولاً: التفسير التشريعي :

يقصد بالتفسير التشريعي، التفسير الذي يقوم به المشرع. ويتم ذلك بإحدى طريقتين، أحدهما صدور القاعدة المفسرة من المشرع مع النص الأصلي، فيوضح المشرع بذلك المقصود بالنص ومعانيه، وكأن المشرع هنا يتوقع الخروج على هذا النص عند التطبيق العملي، وهو ما يشكل خطراً يريد المشرع التصدي له ابتداء. وقد تصدر القاعدة المفسرة للنص التشريعي في وقت لاحق، عندما يلاحظ المشرع الخلاف البين الذي ثار بين القضاة عند تفسير المقصود بهذا النص، مما أدى إلى الابتعاد كثيراً عما أراده المشرع من مرامي وغايات من هذا النص. ومن أجل حسم هذا الخلاف وإيضاح النص، ووضع حد لتشويه معانيه، يتدخل المشرع لتفسير المفاصل الأساسية موضوع الخلاف في النص. [1]

ويعتبر التفسير التشريعي جزءاً متمماً للتشريع الأصلي المراد تفسيره، ولذلك يسري على الوقائع التي حصلت قبل صدوره ما دام أنها حدثت في ظل التشريع المُفسر، ومن ثم تكون له ذات القوة الملزمة للتشريع المراد تفسيره، فيتقيد به القاضي عند تطبيق هذا التشريع.

ومن المحتمل أحياناً تجاوز السلطة التي تتولى التفسير نطاق مهمتها إلى تعديل التشريع المطلوب تفسيره. وينظر في هذه الحالة إلى طبيعة وصلاحيات السلطة التي قامت بالتفسير المقترن بالتعديل، فإذا كانت هذه السلطة، تمتلك صلاحية تعديل القواعد المُفسرة أو التفسير المتضمن لقواعد جديدة فإن التفسير يكون ملزماً، سواء أكان تفسيراً صحيحاً، أو تفسيراً خرج عن نطاق التفسير بأن تضمن ما لا تحتمله نصوص التشريع السابق. أما إذا صدر التفسير من سلطة أخرى أعطاها المشرع الاختصاص بالتفسير، فلا شك أنه يلزم القاضي إذا لم يتجاوز نطاق التفسير بمعناه الصحيح أي إذا كان مما تحتمله النصوص، أما إذا تجاوزت السلطة المختصة بالتفسير حدود اختصاصاتها وحملت نصوص التشريع

---

(1) توفيق حسن فرج، المصدر السابق، ص392.

الذي تفسره ما لا تحتمله، فيعتبر عملها تعديلاً للتشريع وليس تفسيراً، وبالتالي يكون من حق المحاكم، كـما يـرى البعض من الأساتذة[1] عدم الالتزام به.

إن التفسير التشريعي- كما يعتقد البعض[2]- يستند إلى فكـرة الفصـل بـين السلطات، فالقضـاة عليـهم واجب تطبيق التشريع فقط، فإذا وجدوا غموضاً فيه، فعليهم اللجوء إلى المشرع الذي وضعه ليفسره لهـم، لا أن يقوموا هم بتفسيره، الذي قد يتضمن الانحراف عن المعنى المقصود من قبل المشرع الذي وضع القاعدة القانونيـة أصلاً.

ويبدو لنا أن هذا الرأي ينكر وجود التفسير القضائي، لأنه ينطـوي عـلى قـدر مـن عـدم الثقـة في قـدرة القضاة على التفسير، أو في أمانتهم فيه. وإذا كان هذا الرأي ينكر وجود تفسير قضـائي للقواعـد القانونيـة، فإنـه لم يبين رأيه في التفسير الفقهي للقواعد القانونية. ونرى بأن التفسير الفقهي سوف لن يكون مجدّياً في ظل هذا الرأي إلا بقدر ما يستطيع المشرع الاستفادة منه عند تفسيره للتشريع مستأنساً بالآراء الفقهية التي قيلت بشأنه.

والتفسير التشريعي يصدر عادة من نفس الجهة التي أصدرت التشريع المـراد تفسـيره، لأنهـا أدرى مـن غيرها بطبيعة التشريع وخلفيات صدوره وأهدافه. غير أن ضرورات العمل قد تدعو إلى تخويل جهة أو هيئة أخرى للقيام بهذه المهمة، مما يعتبر معه تفسيرها تفسيراً تشريعياً ملزماً. ومثال ذلك مـا يخولـه المشرـع للهيئـة العامـة للإصلاح الزراعي في مصر من سلطة تفسير أحكام قانون الإصلاح الزراعي تفسيراً تشريعياً

---

(1) منصور منصور، المصدر السابق، ص286.

(2) سمير تناغو، ص738.

ملزماً، وما يخوله القانون للجنة عليا محدده من سلطة التفسير التشريعي لأحكام قانون نظام العاملين المدينين في الدولة[1].

ومن هذا القبيل أيضاً تخويل المادة (123) من الدستور الأردني الديوان الخاص للقيام بتفسير أي نص قانوني لم تكن المحاكم قد فسرته إذا طلب إليه ذلك رئيس الوزراء[2].

أما الهيئة المخولة بتفسير أحكام الدستور الأردني حسب المادة (122) من الدستور الأردني فهي المجلس الأعلى، وذلك بقرار صادر من مجلس الوزراء أو بقرار يتخذه أحد مجلسي- الأمة بالأكثرية المطلقة، ويكون نافذ المفعول بعد نشره في الجريدة الرسمية[3].

ثانياً: التفسير القضائي :

يقصد بالتفسير القضائي تفسير النصوص القانونية من قبل المحاكم، خصوصاً النصوص القانونية الغامضة أو المعيبة التي يحاول القضاء استجلاء معناها لتطبيقها على وقائع ونزاعات قائمة فعلاً أمام القضاء.

وعلى هذا فإن القضاء غير معني بتفسير النص القانوني إلا في حالة وجود وقائع معروضة أمامه فعلاً لإيجاد حلول لها. ولا يبرز هذا الدور عند وجود نصوص قانونية

(1) حسن كيره، ص400.

(2) يؤلف الديوان الخاص من رئيس أعلى محكمة نظامية رئيساً وعضوية اثنين من قضاتها وأحد كبار موظفي الإدارة يعينه مجلس الوزراء، يضاف إليهم عضو من كبار موظفي الوزارة ذات العلاقة بالتفسير المطلوب ينتدبه الوزير. ويصدر الديوان الخاص قراراته بالأغلبية. ويكون للقرارات التي يصدرها الديوان الخاص وتنشر في الجريدة الرسمية مفعول القانون).

(3) وبموجب المادة (57) من الدستور الأردني يؤلف المجلس الأعلى من رئيس مجلس الأعيان رئيساً ومن ثمانية أعضاء ثلاثة منهم يعينهم مجلس الأعيان من أعضائه بالإقتراع وخمسة من قضاة أعلى محكمة نظامية بترتيب الأقدمية. وعند الضرورة يكمّل العدد من رؤساء المحاكم التي تليها بترتيب الأقدمية أيضاً. وبموجب المادة (59) دستور أردني، تصدر الأحكام والقرارات من المجلس العالي بأغلبية ستة أصوات.

واضحة تواتر استخدامها من القضاء باتجاه معين ومعلوم، لأن ذلك يعد خروجاً على النص القانوني الذي يقول "تسري نصوص هذا القانون على المسائل التي نتناولها هذه النصوص بألفاظها ومعانيها ولا مساغ للاجتهاد في مورد النص"[1].

ويميل التفسير القضائي بطبيعته إلى الناحية العملية في استنباط الحلول، لأن القاضي ينزل إلى معترك الحياة لفض الخصومات بين الناس وإقرار الحقوق لأصحابها، وهو في هذا السبيل يتأثر إلى حد كبير في التفسير بالاعتبارات الواقعية المحيطة بالمنازعات المعروضة عليه، ويعمل على أن يكون تفسيره للقانون متماشياً مع تلك الظروف. ومن أجل هذا يتأثر تفسير القضاء بالواقع ويلعب دوره الهام في تطوير القواعد القانونية.

والتفسير القضائي لا يتمتع بالقوة الملزمة إلا في الدعوى التي يتم فيها وبمناسبتها، فلا يلزم القاضي حتى نفسه بالتفسير الذي اتخذه في القضايا الأخرى التي تعرض عليه إلا إذا وجده مناسباً. ومن باب أولى لا يستطيع القاضي إلزام غيره من القضاة أو المحاكم بهذا التفسير، إلا إذا خلق هذا التفسير قناعة كافية دعت إلى الأخذ به.[2]

ويوضح بعض الأساتذة آلية تطبيق القضاء للقانون بالقول: "أن تطبيق القانون يتحلل إلى عنصرين، هما المعاينة والقرار. والمعاينة، تعني إدخال النزاع المعروض أمام القاضي في الفرض الخاص بإحدى القواعد القانونية، أما القرار فهو أعمال الحل الموجود في هذه القاعدة على النزاع المذكور. والمرحلة الأولى من مرحلتي التطبيق، وهي مرحلة المعاينة، لابد أن تسبقها عملية تفسير للفروض الخاصة بكل القواعد القانونية، ولابد أن تسبقها كذلك عملية تكييف للنزاع المعروض أمام القاضي بما يسمح بإدخال هذا النزاع في

---

(1) الفقرة الأولى من المادة الثانية من القانون المدني الأردني.
(2) غالب علي الداودي، المدخل إلى علم القانون، المصدر السابق، ص209.

الفرض الخاص بإحدى القواعد المذكورة بحسب ما انتهى إليه القاضي في تفسير هذا الفرض أو غيره"[1]

ويبرز دور القضاء بشكل أكبر في بعض الأحيان يصل إلى تفسير نصوص الدستور، كما هو الحال بالنسبة للفقرة الثالثة من المادة (93) من الدستور العراقي الجديد لعام 2005 التي أعطت المحكمة الاتحادية العليا صلاحية تفسير نصوص الدستور[2].

ومثل هذا موجود أيضاً في دول عربية أخرى كجمهورية مصر العربية التي تستطيع المحكمة الدستورية فيها تفسير نصوص القانون الصادرة من السلطة التشريعية والقرارات بقوانين الصادرة من رئيس الجمهورية، وأن التفسير الصادر منها تلتزم به المحاكم وسلطات الدولة كافة، كما أنها تنشر في الجريدة الرسمية خلال خمسة عشر يوماً على الأكثر من تأريخ صدورها[3].

(1) تناغو، ص742-743.

(2) ومن الاختصاصات المهمة لهذه المحكمة الرقابة على دستورية القوانين والأنظمة النافذة والفصل في القضايا التي تنشأ عن تطبيق القوانين الإتحادية والفصل في المنازعات التي تحصل بين الحكومة الإتحادية وحكومات الأقاليم والمحافظات والبلديات والإدارات المحلية، والفصل في المنازعات التي تحصل فيما بين حكومات الأقاليم أو المحافظات. وتتكون هذه المحكمة من عدد من القضاة، وخبراء في الفقه الإسلامي، وفقهاء القانون، يحدد عددهم، وتنظم طريقة اختيارهم، وعمل المحكمة، بقانون يسن بأغلبية ثلثي أعضاء مجلس النواب.

(3) علماً بأن التفسير الصادر عن أي محكمة أخرى بما في ذلك محكمة النقض أو التمييز لا يعد ملزماً لبقية المحاكم، وتستطيع أي محكمة أخرى عدم التقيد بمثل هذا التفسير، عدا الحالات الاستثنائية المنصوص عليها قانوناً. كما هو الحال بالنسبة للمادة 2/269 من قانون المرافعات المصري التي تشير إلى الحالة التي تنقض فيها محكمة النقض حكم من الأحكام لخطأ في تطبيق القانون، وتحيل القضية إلى دائرة أخرى في المحكمة التي أصدرت الحكم الأول لتحكم فيه من جديد. ففي هذه الحالة تلتزم الدائرة الجديدة باتباع حكم محكمة النقض والأخذ بتفسيرها للقانون، محمد حسن قاسم، المصدر السابق، ص318-319.

ثالثاً- التفسير الفقهي :

هذا النوع من التفسير يقوم به فقهاء وأساتذة وشراح القانون في مؤلفاتهم وأبحاثهم وما يشاركون فيه من مؤتمرات وندوات متخصصة. وتقتصر مهمة الفقيه على استخلاص حكم القانون الذي يرمي إليه المشرع مجرداً من الظروف الواقعية التي سبق لنا وأن رأينا مدى تأثيرها على التفسير القضائي. وعلى الرغم من عدم إلزامية هذا النوع من التفسير، إلا أن له الدور الملموس على القاضي الذي كثيراً ما يستعين بآراء الفقهاء لاستجلاء معنى النص، وكذلك المشرع الذي لا يستغني عن آراء مشاهير الفقهاء والأساتذة وهو بصدد وضع نصوص قانونية جديدة أو إعادة النظر بالتشريعات القائمة.

وكما ذكرنا سابقاً فإن الفقه لعب في بعض مراحل التأريخ دوراً أهم من مجرد التفسير، فقد كان الفقه في القانون الروماني مصدراً من مصادر القانون. وفي الشريعة الإسلامية يعتبر إجماع الفقهاء، هو المصدر الثالث للتشريع الإسلامي، بعد القرآن والسنة. ومع اختلاف الفقهاء وانقسامهم إلى عدة مذاهب، أصبح لكل مذهب سلطة على إقليم معين، وأصبحت آراء المذهب المعمول بها في هذا الإقليم، هي التي يتبعها القضاة في أحكامهم.[1]

ويعد التفسير الفقهي أوسع أنواع التفسير، لأنه لا يتقيد بواقعة معينة كما هو الحال في التفسير القضائي الذي لا يلجأ إليه القاضي إلا بمناسبة ما يعرض عليه من منازعات واقعية بهدف حسم هذه المنازعات. ويتناول الفقيه القواعد القانونية بالشرح والنقد والتفسير من أجل استخلاص قواعد عامة. ويستعين في تفسيره بقواعد المنطق السليم المجرد والبحث النظري ويتجه نحو النزعة الفلسفية أكثر من الاعتبارات العملية لتأثره بالأصول النظرية. وهذا ما يميز تفسيره عن تفسير القاضي الذي يعتمد على الناحية العملية لتأثره بالاعتبارات الواقعية، أي يعمد الفقيه في تفسيره إلى التأصيل العلمي

(1) للمزيد من التفاصيل: تناغو، ص745-748.

والمنطقي، ويعتمد ما يؤدي إليه هذا التأصيل من نتائج نظريـة دون النتـائج العمليـة التـي يـؤدي إليهـا تطبيـق
التشريع[1].

على أن هذا لا يعني انعدام الصـلة بـين الفقـه والقضـاء، فهنـاك تعـاون وثيـق يقـوم بيـنهما في تفسـير
القانون، وهو تعاون تفرضه طبيعة الأشياء، حيث يستفيد كل منهما من عمـل الآخر. فالفقيـه ينـير الطريـق أمـام
القاضي، وهذا يزود الفقيه بصورة عملية لم تخطر لـه، وبـذلك يجمـع التفسـير في النـاحيتين بـين الأصـول النظريـة
والاعتبارات العملية. وكثيراً ما يحمل أحدهما الآخر على العدول عن رأيه[2].

---

(1) غالب الداودي، المدخل، ص210.
(2) عبد المنعم فرج الصده، ص277.

القسم الثاني
نظرية الحـق

بعد أن درسنا نظرية القانون وأدركنا بأن القواعد القانونية يراد منها تنظيم السلوك الاجتماعـي للأفـراد من خلال مجموعة من الأوامر والنواهي التي لابد من احترامها وعدم الخـروج عليهـا مـن أجـل حمايـة المنظومـة الخلقية في المجتمع، ودفعه صوب التطور الاقتصادي والإنساني على كل المستويات، بعيداً عن الغمـوض التـي لابـد أن تسود فيه عند فقد البناء القانوني وثوابته.

غير أن بعض القواعد القانونية، وإن كانت تنظم سلوك المجتمع، فإنها لا تتضمن الأوامر والنـواهي، بـل أنها تحاول خلق التوازن بين المصالح المتعارضة، فترجح بعضها على البعض الآخر سواء أكانت هذه المصالح عامة أم خاصة، فتقرر الحق لهذا الجانب وتقرر الواجب أو الالتزام على الجانب الآخر. وتضع القواعد اللازمة لحماية الحق من جهة وحث الملتزم على الوفاء بالتزامه ومحاسبته عند الإخلال بالتزامه.

إن من أهم الواجبات الملقاة على عاتق المشرع، هي حماية الحقوق التـي يقرهـا النظـام القـانوني، لأن الحقوق دون حماية كافية لا قيمة لها، ولا تدلل على وجود تنظيم قانوني للروابط القانونية التي تعج بهـا البلـدان عادة.

لقد أصبح وجود الحق معبراً عن حقيقة النظام القانوني الذي لا يمكن أن ينكـر وجـود الحقـوق مقابـل الواجبات. وكلما تمكن النظام القانوني في الدولة من حماية حقوق الأفراد المقيمـين فيهـا، تحقـق الأمـن والاسـتقرار والثقة وساد النظام والاطمئنان في تلك الدولة، وهو ما يسهم بالتأكيد في تطور تلك الـدول في الميـادين الاقتصـادية والاجتماعية والسياسية والحضارية والعلمية والإنسانية على حد سواء.

ولنتناول هذا القسم بالدراسة سنقسمه إلى الأبواب التالية:

الباب الأول: التعريف بالحق وأنواعه.

الباب الثاني: أركان الحق.

الباب الثالث: مصادر الحق.

الباب الرابع: استعمال الحق وحمايته وإثباته وانقضائه.

الباب الأول
التعريف بالحق وبيان أنواعه

على الرغم من استقرار وجود فكرة الحق كمصطلح دارج الاستعمال بين الناس في تعاملاتهم ومخاطباتهم الاعتيادية، ومألوف الاستخدام لدى الغالبية العظمى من الفقهاء والتشريعات على اختلافها، ومن أكثر المصطلحات التي يستخدمها القضاء في إصدار قراراته بشأن النزاعات المطروحة عليه، فإن الاختلاف كان ولا يزال موجوداً بالنسبة لتعريف الحق. وقد يرجع السبب في ذلك إلى صعوبة وضع تعريف معين لظاهرة قانونية تتمتع بوصف التجريد الذي يجعلها تنطبق على حالات فردية أو مجموعات أموال أو أشخاص أو حتى بين الدولة وغيرها وبشكل لا حصر له.

لقد وصل الاختلاف على وجود فكرة الحق إلى حد إنكار هذه الفكرة بسبب صعوبة وضع تعريف له كما سنلاحظ عند تعرضنا بالتفصيل للآراء المختلفة التي قيلت بشأن تحديد محتوى ومعنى فكرة الحق.

أما بالنسبة لأنواع الحقوق فإنها هي الأخرى تنقسم إلى عدة أقسام حسب الزاوية التي ينظر منها إلى الحق، فإذا نظرنا إليه من حيث العلاقة بين الفرد والدولة قيل أن الحقوق تنقسم إلى حقوق عامة وحقوق سياسية، وإذا نظرنا إليه من حيث العلاقة بين الأفراد قيل بأن الحقوق تنقسم إلى حقوق مالية وأخرى غير مالية، كما تنقسم الحقوق المالية إلى حقوق شخصية وعينية ومعنوية.

وبناء على ما تقدم سنقسم هذا الباب إلى فصلين على الوجه التالي:

الفصل الأول: التعريف بالحق.

الفصل الثاني: أنواع الحقوق.

الفصل الأول
التعريف بالحق

للحق وجود ملموس في الشريعة الإسلامية وله معـان عـدة في اللغـة العربيـة، كـما أن لـه العديـد مـن التعاريف لدى عدد كبير من الفقهاء الذين تناولوه من كل زواياه. ولم يقف الأمر عند هذا الحد، بل ذهب البعض إلى إنكار وجود الحق أصلاً.

كل هذا سنتناوله في خطة هذا الفصل وعلى الوجه الآتي:

المبحث الأول
الحق في اللغة والشريعة الإسلامية

الحق في اللغة جمعه حقوق وهو ضد الباطل، ويعني الموجود الثابت والأمر المقضي. كـما يفيـد معنـى الحزم ومعنى الجدير، يقال "هو حق بكذا" أي جدير بكذا[1].

وذكرت كلمة (الحق) في القرآن الكريم لوحدها دون الكلمات القريبة منها أكثر مـن (228) مـرة. ومـن الآيات الكريمة التي ذكرت هذه الكلمة الآية رقم (42) من سـورة البقـرة التـي جـاء فيهـا: "ولا تلبسـوا الحـق بالباطل وتكتموا الحقَّ وأنتم تعلمون". وتعني هذه

---

(1) المنجد، المصدر السابق، ص144. وهناك عدة معانٍ للحق في اللغة الانكليزية منها:

Right; truth; franchise.

ويقال بهذه المناسبة:

حق الجوار (أو المجاورة)	وتعني	Right of contignuty
الحق السياسي	وتعني	Political right
الحق الشخصي	وتعني	Personal right
الحق الطبيعي	وتعني	Natural right
الحق العام	وتعني	Common right

لمعرفة المزيد من هذه المصطلحات راجع: حارث سليمان الفاروقي، المعجم القانوني، ط2، مكتبة لبنان، بيروت 1983، ص142.

الآية ضرورة إظهار الحق والتصريح به، وعدم الخلط بين الحق والباطل والصدق والكذب وأداء النصيحة لعباد الله. وقال تعالى في سورة آل عمران، الآية رقم 21: "أن الذين يكفرون بآيات الله ويقتلون النبيين بغير حق ويقتلون الذين يأمرون بالقسط من الناس فبشرهم بعذاب أليم". وهذا ذم من الله تعالى لأهل الكتاب بما ارتكبوه من المآثم والمحارم في تكذيبهم بآيات الله قديماً وحديثاً التي بلغتهم إياها الرسل استكباراً عليهم وعناداً لهم وتعاظماً على الحق واستنكافاً عن إتباعه ومع هذا قتلوا من النبيين حين بلغوهم عن الله شرعة بغير سبب ولا جريمة منهم إليهم إلا لكونهم دعوهم إلى الحق.[1]

وكان للحق دور كبير في أحاديث الرسول عليه الصلاة والسلام، من ذلك حديثه:"قل الحق وإن كان مراً" وحديثه (ص): "إن الله تعالى لا يقدس أمة لا يعطون الضعيف منهم حقه"، وقوله (ص): "إن لصاحب الحق فعالاً"[2].

وتعرض المرحوم السنهوري في كتابه القيم مصادر الحق في الفقه الإسلامي[3] إلى هذا الموضوع وعرف الحق بأنه "مصلحة يحميها القانون". وفرق بين الحق والرخصة التي تعني مكنة واقعية لاستعمال حرية من الحريات العامة، أو هي إباحة يسمح بها القانون في شأن حرية من الحريات العامة، ذلك أن الشخص، في حدود القانون، له حرية العمل والتنقل والتعاقد والتملك وغير ذلك من الحريات العامة، فإذا وقفنا عند واحدة من هذه الحريات، حرية التملك مثلاً، أمكن القول، في سبيل المقابلة ما بين الحق والرخصة، إن حرية التملك رخصة إما الملكية فحق.

وما بين الرخصة والحق توجد منزلة وسطى، هي أعلى من الرخصة وادنى من الحق. ففي المثال السابق المتعلق بحرية التملك، فحق التملك وحق الملك، الأول رخصة

---

(1) الإمام الحافظ عماد الدين أبو الفداء اسماعيل بن كثير، تفسير القرآن العظيم، ط1،ج1، دار المعرفة- بيروت 1986، ص88-363.
(2) محسن عقيل، 3000 حكمة للرسول الأكرم (ص)، ط1، دار المحجة البيضاء، بيروت 2005، ص95.
(3) جـ1، دار إحياء التراث العربي، مؤسسة التأريخ العربي، بيروت (1953-1954)، ص9.

والثاني حق، وما بينهما منزلة وسطى، هي حق الشخص في أن يتملك. فلو أن شخصاً رأى داراً أعجبته ورغب في شرائها، فهو قبل أن يصدر له إيجاب البائع بالبيع، كان له حق التملك عامة في الدار وفي غيرها، فهذه رخصة، وبعد أن يصدر منه قبول بشراء الدار صارت له ملكية الدار، وهذا حق.

وجاء ذكر الحق ومعناه في أكثر من موضع في كتاب "مجموع من الفتاوى الكبرى للإمام ابن تيمية"[1]، إذ يقول في أحدها: ["وكذلك ربط النبي صلى الله عليه وسلم معرفة الحق بمعرفة النفس، فقال: "مـن عـرف نفسـه فقد عرف ربه"، وقال تعالى: "سنريهم آياتنا في الآفاق وفي أنفسهم حتـى يتبـين لهـم" أي للنـاظرين "إنه الحق"][2]. وقال تعالى: (الـذين آتينـاهم الكتـاب يعرفونه كمـا يعرفون أبنـاءهم وإن فريقـاً منهم ليكتمون الحق وهم يعلمون)[3]. (ولكن كما لا ينفعهم مجرد العلم لا ينفعهم مجرد الخبر بل لابد أن يقـترن بالعلم في الباطن مقتضاه من العمل الذي هو المحبة والتعظيم والانقياد ونحو ذلك، كما أنه لابد أن يقـترن بـالخبر الظاهر مقتضاه من الاستسلام والانقياد لأهل الطاعة، فهؤلاء الذين يعلمون الحق الـذي بعـث الله بـه رسـوله ولا يؤمنون به ويقرون به يوصفون بأنهم كفار وبأنهم جاحدون ويوصفون بأنهم مكـذبون بألسـنتهم وأنهـم يقولـون بألسنتهم خلاف ما في قلوبهم). كما عرف الشيخ علي الخفيف الحق بأنه "مصلحة مستحقة شرعاً"[4].

---

(1) المجلد السادس، إعداد سعيد محمد اللحام، دار الفكر للطباعة والنشر، بيروت 1993، ص159، 343.
(2) سورة فصلت، الآية رقم 53.
(3) سورة البقرة، آية رقم 146.
(4) كتابه الحق والذمة، مكتبة وهبة 1995، ص37 أشار إليه د. سهيل الفتلاوي، المصدر السابق، ص274.

المبحث الثاني
وجود فكرة الحق والاختلاف في تعريفها
لدى الفقه المعاصر

هوجمت فكرة الحق في وجودها القانوني مهاجمة عنيفة من جانب بعض الفقهاء، ومن أبرزهم الفقيه الفرنسي (ديجي)، الذي أنكر وجود ما يسمى بالحقوق الطبيعية التي تولد مع كل فرد وتثبت له باعتباره إنساناً. فالقول بوجود حقوق ثابتة للفرد بمقتضى صفته الإنسانية يعتبره (ديجي) مجرد ادعاء يستحيل إثباته بدليل مادي محسوس، فضلاً عن أن عهد الفطرة الأولى الذي يتصور فيه وجود الفرد وحيداً في عزلة تامة عن بقية الأفراد، ليس إلا محض خرافة ينقصها الواقع المشاهد المسجل من أن الفرد كائن اجتماعي لا يستطيع العيش إلا في مجتمع من الأفراد، يتضمن طرفين أحدهما صاحب الحق وثانيهما صاحب الواجب أو الإلتزام.

وإذا كان (ديجي) ينكر وجود حقوق سابقة لقيام المجتمع، فهو ينكرها أيضاً حتى بعد قيام المجتمع، من خلال تصوره للحق الذي يعتقد بأنه قدرة أو سلطة إرادية لصاحبه على فرد آخر هو المتحمل بعبء الواجب المقابل لهذا الحق. أي أن الحق وفقاً لتصوره يفترض اخضاع إرادة إنسانية لإرادة إنسانية أخرى، وهو ما يعني تسلط إرادة عليا على إرادة دنيا وإخضاعها لأمرها، وهو أمر غير موجود في الحياة الاجتماعية، التي تشهد وجود إرادات متساوية، وليس إرادات تسمو بعضها على البعض الآخر.

وعلى هذا الأساس انتهى (ديجي) إلى اعتبار فكرة الحق فكرة فلسفية من أفكار ما وراء الطبيعة المصطنعة خلافاً للواقع، مما يوجب عدم الأخذ بها وتطهير الفقه القانوني منها.[1]

---

(1) للمزيد من التفاصيل راجع: حسن كيرة، المصدر السابق، ص422-430.

إلا أن فكرة الحق ظلت ثابتة تستعصي ـ على الرفض والإنكار، ولم يفلح "ديجي" في هـدمها وزعزعـة الاعتقاد بوجودها، بل إن وجود هذه الفكرة أصبح من الحقائق المسلم بها في فقه القانون.

إلا أن هذه الفكرة عادت مرة أخرى إلى ميدان الاختلاف في تحديد معناها أو إعطاء تعريف محدد لها، إذ عرف البعض الحق من خلال النظر لصاحبه بأنه "سلطة إرادية يخولها القانون لشخص من الأشخاص في نطاق معلوم". ويرتبط هذا التعريف ارتباطاً وثيقاً بالمذهب الفردي، وما يتفرع عنه من مبدأ سلطان الإرادة.

ويستلزم هذا الرأي وجود الإرادة لاكتساب الحق، في حين أن القانون قد يقرر الحقوق لبعض الأشخاص بصرف النظر عن وجود الإرادة، كما هـو الحـال بالنسبة للمجنـون والصبي عـديم التمييـز. كـما تنفرد الحقـوق لمجموعات الأموال والأشخاص الذين يمنحهم القانون الشخصية الاعتبارية كالشركات والجمعيات والمؤسسات[1].

وبعد الانتقادات التي وجهت إلى النظرية الأولى التي سميت بالنظرية الشخصية، ظهرت نظرية ثانية أطلق عليها النظرية الموضوعية قادها الفقيه الألماني (إهرنج) عرفت الحق بأنه "مصلحة يحميها القانون"، وذلك بالنظر لموضوع الحق وليس إلى أشخاصه، فيكون الجوهري هنا هو البحث عن المصلحة المقصودة مـن الحق ثـم ممارسة القانون لهذه المصلحة.

ويؤخذ على هذا المذهب أن المنفعة أو المصلحة التي يراد تحقيقها من وراء تقرير الحـق ليست هـي جوهر الحق، وإنما هي الغاية أو الهدف المقصود منه. ولا يكفي في تعريف الحق الاقتصار على بيان الهـدف مـنه، بل يجب أن يشتمل على تحديد جوهره. فليست المزايا المقصودة من تقرير حـق الشخص في الحرية هـي الحـق ذاته، وليست المنافع المادية التي يمكن للمالك أن يحصل عليها من الشيء المملوك له هو حق الملكية

---

(1) السيد محمد السيد عمران، المصدر السابق، ص206.

ذاته، وليست الفائدة التي يحصل عليها الدائن من الأداء الذي يلتزم به المدين هي حق الدائنية ذاته[1].

ثم ظهرت اتجاهات أخرى في تعريف الحق، منها الإتجاه المختلط الذي جمع بين النظريتين السابقتين، فنظر إلى الحق من خلال صاحبه ومن خلال موضوعه أو الغرض منه على حد سواء، فعرفه بأنه "إرادة أو المصلحة في آن واحد". بعد ذلك ظهر ما يسمى بالاتجاه التحليلي الذي يذهب إلى الجمع بين عناصر عـدة، فيعـرف الحـق بأنه "مصلحة ثابتة للفرد أو المجتمع أو كلاهما"، وهي المصلحة التي قد تكون مادية أو معنوية يقرها المشرـع، وإذا تعلق الحق بمال فهو سلطة يكون للشخص بمقتضاها التصرف في هذا المال والانتفاع به واستعماله واستغلاله طبقاً للقانون. وكل حق يقابله واجب يلتزم بأدائه من عليه الحق. وهذا الاتجاه يجمع كل عناصر الحق، ولا يردها إلى عنصر محدد، إذ لم يعد الحق سلطة مطلقة لشخص معين على مال محدد. ويتدخل القانون للحـد مـن سـلطة الشخص على ماله، فنزع الملكية للمصلحة العامة قيد على حق الشخص، وليس الحق دائماً مصلحة يقرها المشرـع، بل قد يكون المشرع هو الذي يخلق الحق، فالمشرع يمنح حق التملك لمن يحيي أرضاً ميتة على سبيل المثال[2].

وقد انتهى الفقيه البلجيكي (دابان) التي سميت نظريته بالنظرية الحديثة، بعد أن حلل التعريفـات السابقة إلى أن الحق عبارة عن (انتماء شيء إلى شخص انتماءً يحميه القانون). ولكن هـذا التعريـف لم يسـلم مـن النقد أيضاً وفضل عليه البعض تعريف الحق بأنه "اختصاص يقره القانون"[3].

---

(1) عبد المنعم فرج الصده، ص313.

(2) سهيل حسين الفتلاوي، المصدر السابق، ص273-274.

(3) لاحظ الانتقادات التي وجهها المرحـوم د. عباس الصرـاف إلى تعريف (دابان) بعد الثنـاء عليـه واعتبـاره أسـلم تعريـف وأقـرب التعريفات إلى الحقيقة، المصدر السابق، ص122، 123 وراجع في ذلك أيضاً: عبد الحي حجازي، المدخل لدراسـة العلـوم القانونيـة، جـ2، الحق، القاهرة 1970، ص109، غالب الداودي، المدخل إلى علم القانون، المصدر السابق، ص223.

ولم تقف حمى التعريفات عند هذا الحد، بل استمر الأساتذة والشراح في ترجيح التعريفات التي يرونها مناسبة أكثر من غيرها، حيث اختار الدكتور رمضان أبو السعود[1] التعريف الذي وضعه الأستاذ الدكتور جلال العدوي الذي جاء فيه "الحق مكنة قانونية محددة تحقق مصلحة ذاتية مباشرة". والحق وفقاً لهذا التصور يتكون من عنصرين، أحدهما المكنة القانونية المحددة، حيث يتوقف وجود الحق على أن يقرر القانون لشخص مكنة اتباع أو اقتضاء مسلك محدد. ولهذا فإن المكنة التي يتكون منها الحق وتعد عنصراً فيه تكون مكنة سلوكية قانونية محددة، فهي مكنة مسلكية تخول صاحبها أن يتبع أو أن يقتضي مسلكاً إيجابياً أو سلبياً، وهي مكنة محددة، بمعنى أن السلوك الذي تخول صاحبها اتباعه أو اقتضائه يكون سلوكاً محدداً. وفي هذا يختلف الحق عن الحرية التي تتميز بأنها تخول صاحبها اتباع سلوك غير محدد. وهذه المكنة قانونية، وليست مجرد مكنة فعلية مادية.

والعنصر الثاني من عناصر الحق وفقاً لهذا التصور هو المصلحة الذاتية المباشرة، فالحق لا يتقرر ولا يجوز استعماله إلا تحقيقاً لهذه الغاية. ولهذا فإن استعمال الحق لا يكون مطلقاً متروكاً لمحض تقدير صاحبه يمارسه لتحقيق ما يشاء من أغراض كما كان السائد تحت تأثير النزعة الفردية، وإنما يتقيد استعمال الحق حتى في النطاق المحدد له بعدم الانحراف عن الغاية التي تقرر من أجلها.

وقد عرف الدكتور عبد المنعم فرج الصده الحق بعد أن استعرض التعريفات السابقة بأنه " ثبوت قيمة معينة لشخص بمقتضى القانون، فيكون لهذا الشخص أن يمارس سلطات معينة يكفلها له القانون، بغية تحقيق مصلحة جديرة بالرعاية". ولم يقتصر هذا التعريف على بيان جوهر الحق، بل إضعاف ما يعتبر من مقتضياته، وكذلك الغاية من تقريره[2].

---

(1) المصدر السابق، ص279 – 282.

(2) للمزيد من التفاصيل عن هذا التعريف وتبريره راجع: الصده، المصدر السابق، ص315-316.

ويبدو أن القوانين العربية عزفت عن إعطاء تعريف للحق وهذا ما لاحظناه في القانون المدني المصري الذي لم يضع للحق تعريفاً في الفصل الأول من الباب التمهيدي، ومثله القانون المدني العراقي الذي جاء خالياً من وجود تعريف للحق عند تعرضه للأموال والحقوق. ونفس الشيء يقال بالنسبة للقانون المدني الأردني الذي خلا من أي تعريف للحق عندما تعرض إليه في الفصل الرابع منه، وكذلك القانون الكويتي الذي تعرض للحق في الباب الثاني دون الإشارة إلى تعريف الحق، والقانون الإماراتي الذي تصدى لموضوع الحق في الفصل الخامس دون أن يتضمن تعريفاً للحق.[1]

---

(1) ومن المفيد القول بأننا لم نجد تعريفاً للحق في الأحكام الواردة في مجلة الأحكام العدلية.

الفصل الثاني
أنواع الحق

اختلف الفقهاء والشراح في بيان أنواع الحق بالاعتماد على الزاوية التي ينظرون منها إلى هذه الحقوق.

وقد أسهب البعض منهم في تعداد وشرح هذه الحقوق بشكل مفصل يخرج عن طبيعة ووظيفة المداخل القانونية، التي يراد منها عادة إعطاء فكرة أولية للقارئ القانوني وغير القانوني باتجاه إعطائه لاحقاً ما هو أوفر وأكثر تفصيلاً من باب التدرج في سلم التعليم القانوني، والابتعاد عن إقحام المستجد في دراسة القانون أو المطلع عليه لتوه في عالم واسع معقد المسالك والمصطلحات، مما يؤدي إلى صعوبة فهم هذا العلم والنفور منه.

لهذا ستتبع أسهل طريقة في بيان أنواع الحق، وهي تقسيمها إلى حقوق مالية وأخرى غير مالية، وتقسيم الحقوق المالية إلى حقوق شخصية وعينية ومعنوية.

المبحث الأول
الحقوق العامة والحقوق السياسية

سنقسم هذا المبحث إلى مطلبين يتناول الأول منهما الحقوق العامة أو كما يسميها البعض الحقوق الطبيعية، ويتناول الثاني منهما الحقوق السياسية.

المطلب الأول
الحقوق العامة

سميت هذه الحقوق بالحقوق العامة لكونها تثبت للناس كافة، فلا يختص بها شخص دون غيره.

وسميت كذلك لأنها تعتبر حقيقة مجموعة القيم التي يتوافر بها الإنسان على مقومات شخصيته، اذ هي تهدف إلى حماية الشخصية في عناصرها المختلفة. كذلك سميت بالحقوق الطبيعية أو بحقوق الإنسان لكونها حقوق تفرضها الطبيعية البشرية ويقررها القانون الطبيعي بالنسبة للدول التي تعتبر هذا القانون مصدراً من مصادر

قانونها، بحيث تثبت للشخص بحكم كونه إنساناً[1]، لأنه لا غنى له عنها ومثالها حـق الفـرد في سـلامة جسـده وفي حرية التفكير والاعتقاد والتنقـل مـن مكـان إلى آخر والحـق في السـمعة. وهـذه الطائفـة مـن الحقـوق متعـددة ومتنوعة، منها ما يرمي إلى حماية الكيان المادي للإنسان ومنها ما يرمي إلى حماية كيانه المعنوي، ومنها مـا يتعلـق بنشاط الشخصية. ومن أمثلة الحقوق العامة الواردة على المقومات والكيان المادي للإنسان الحق في الحياة والحـق في سلامة الجسد. ومن أمثلة الحقوق الواردة على المقومات المعنوية، الحق في الشرف والسمعة والحق في السـرية. ومن أمثلة الحقوق المتعلقة بنشاط الشخصية، الحق في التنقل والحق في العمل والحق في الزواج والحـق في حريـة العقيدة.[2]

وسميت هذه الحقوق أيضاً بحقوق الإنسان، لأنها تثبت لكل فرد بمجرد وجوده لكونـه إنسـاناً، ووردت في ديباجة ميثاق الأمم المتحدة والإعلان العالمي لحقوق الإنسان، فلكل فرد الحق في الحريـة الشخصية والحـق في حصانة جسمه وماله وعرضه ومسكنه من أي اعتداء باعتبار ذلك من الحقوق الطبيعية للإنسان.

هذا وتتميز الحقوق العامة بعدم جواز التصرف فيها أو نقلها ببدل أو بدون بدل. ولا يجوز التنازل عنها أو التعديل في أحكامها. ولا تنتقل هذه الحقوق إلى الورثة بمجرد وفاة صاحبها، لأنها متعلقـة بشـخص الإنسـان، ولهذا سميت بالحقوق والحريات الشخصية، وكل اتفاق يحصل خلاف ذلك يعد باطلاً. ولا تسقط هذه الحقوق ولا تكتسب بالتقادم، فهي لا تسقط لعدم استعمالها مدة من الزمن مهما طالت هذه المدة، بل تبقـى حقـاً لصاحبها، فعدم ممارسة شخص لحقه في التنقل أو العمل لا يؤدي إلى سقوط هذا الحق مهما طالت مدة عدم ممارسته لـه، وباستطاعته ممارسته في أي وقت. وينشئ الاعتداء على هذه الحقوق

(1) عبد المنعم فرج الصده، المصدر السابق، ص319.
(2) محمود نعمان، المصدر السابق، ص170-171.

الحق للمعتدى عليه في المطالبة بالتعويض عما لحق من ضرر، بالإضافة إلى حقه في وقف الاعتداء عليه[1].

غير أن هذا التصوير للحقوق العامة لم يسلم من النقد، بحجة أنه يؤدي إلى توسيع نطاق هذه الطائفة من الحقوق بشكل مصطنع ليس له ما يبرره إلا التجوز في التعبير وإغداق استعمال اصطلاح "الحق" دون تمييـز أو تثبت من توافر مدلوله الدقيق، ويكشف عن أمر هذه التوسعة المصطنعة لنطاق هذه الطائفة مـن الحقـوق، أن هذه الحقوق ما تزال حتى في نظر الداعين لها مفتقرة إلى الكثير من التحديد والتماسك. فالحقوق المتعلقة بحرية نشاط الشخصية ليست أصلاً حقوقاً بالمعنى الدقيق، إذ هي بذاتها الحريات أو الرخص العامة التي تثبت للنـاس كافة دون أن يختص بها بعض منهم على سبيل الاستئثار والانفـراد. أمـا الحقوق الـواردة علـى المقومـات الماديـة والمعنوية للشخصية، فاغلبها يفتقد لهذا الوصف، ذلك لأن الحق يفترض شخصاً يكون صاحبه ومحلاً يقـع عليـه، وبديهي وجوب انفصال المحل عن الشخص أو الصاحب، إذ لا يتصور أن يكون الشخص صاحباً للحق ومحلاً لـه فـي نفس الوقت. وأكثر الحقوق التي يقال بورودها على المقومات المادية والمعنوية للشخصية، إنما يرد عـلى الشخص ذاته لا على محل خارجي عنه، ولـذلك لا يحل اعتبارهـا مـن قبيـل الحقوق ولا إدخالها ضـمن هـذا النـوع مـن الحقوق.[2]

المطلب الثاني
الحقوق السياسية

يقصد بالحقوق السياسية تلك الحقوق التي يتمتع بها الشخص باعتباره عضواً في ركن مهـم مـن أركـان الدولة هو الشعب. وتمنح هذه الحقوق لهذا الشخص باعتباره مواطناً لكي يـتمكن مـن المسـاهمة في إدارة شـؤون بلاده. وبذلك تقتصر هذه الحقوق على

---

(1) راجع: المادة 41 مدني عراقي، المواد 47، 48، 49 من القانون المدني الأردني، المواد (48-51) مدني مصري، غالب الـداودي، ص228-229، السيد محمد السيد عمران، ص213.
(2) لمزيد من التفاصيل راجع: حسن كيره، ص453-458.

المواطنين دون الأجانب. والمواطن هو الشخص الذي تربطه بالدولة رابطة الولاء والانتماء.

ومن أهم هذه الحقوق حق الترشيح لأي منصب انتخابي، كعضوية المجالس النيابية والبلدية والنقابية. ويحق له تسجيل اسمه في سجلات الناخبين، وانتخاب من يراه مناسباً، كما يحق له أن يتقدم بطلب للحصول على أية وظيفة عامة بشرط توافر شروطها وقبول التنافس مع الآخرين على أساس الكفاءة. وقد أصبحت هذه الحقوق والميزات أو البعض منها على الأقل واجبات عليهم القيام بها وإلا تعرضوا للمساءلة القانونية أو حتى العقوبات عند تخلفهم عن أدائها كما تنص بعض الدساتير أو قوانين الانتخاب في بعض دول العالم[1].

وتسمى الحقوق السياسية بالحقوق الدستورية أيضاً لأنها تتقرر للفرد ضمن أحكام فروع القانون العام، وخاصة القانون الدستوري والقانون الإداري بصفته عضواً رسمياً في الجماعة السياسية للدولة، بغية تمكينه من الإسهام في الحياة السياسية للجماعة والاشتراك في حكم وإدارة الدولة.

وتتميز هذه الحقوق بأنها مقصورة على من يتمتع بجنسية الدولة (الوطني) دون الأجنبي، لأن مساواة الأجنبي بالوطني في التمتع بالحقوق السياسية قد يهدد كيان الدولة من جهة، وقد يؤدي إلى احتجاج دولته الأصلية ومن ثم سحب الجنسية منه من جهة أخرى. إلا أن مبدأ عدم جواز تولي الأجنبي إحدى الوظائف العامة في الدولة، لا يعني منع استخدام الأجانب بعقود لمدد محددة كفنيين ومستشارين وخبراء وأساتذة وأطباء، في المجالات التي لا تتوافر فيها الخبرات الوطنية، كالري والزراعة والجيش والجامعات والصناعات المختلفة. كذلك فإن هذه الحقوق مقصورة على فئة من الوطنيين وليس جميعهم، فيحرم منها من لا يتمتع بالشروط القانونية المطلوبة كغير البالغ سن الرشد أو الذي لم يبلغ السن المطلوبة في قوانين الانتخاب، أو الذي يفقد حق المشاركة في

---

(1) مثال ذلك نص المادة (60) من الدستور المصري، راجع: السيد محمد السيد عمران، ص212، عباس الصراف، ص124، خالد القيام، ص197.

الانتخابات بسبب الجنون أو الحكم عليه بجرائم معينة. وقد تحرم بعض الـدول طائفة مـن مواطنيها مـن أداء واجباتهم الدستورية، كما هو الحال في حرمان المرأة من الانتخاب. كما يحرم الوطني الذي اكتسب جنسية الدولة بالتجنس أحياناً من التمتع ببعض الحقوق لفترة معينة من الـزمن تسمى بفترة الريبة الثانية للتأكد مـن مدى إخلاصه وانتمائه للدولة المانحة.[1]

المبحث الثاني
الحقوق الخاصة

هذا النوع من الحقوق ينشأ عن علاقات تتعلق بالقوانين الخاصة كالقانون المدني وقانون الأحوال الشخصية، وقانون الأحوال المدنية. ومن هنا جاءت تسميتها بالحقوق الخاصة في مقابل الحقوق العامة التي تحدثنا عنها سابقاً.

واختلف الفقهاء والشراح في تقسيم هذه الحقوق، فقسمها البعض إلى حقوق مالية وحقوق غير مالية، وقسمها آخرون إلى حقوق أسرية أو عائلية وحقوق مالية. واتجه بعض الفقهاء المحدثين نحو تقسيم آخر يقيمونه على أساس المحل، نظراً لما للمحل من أثر كبير في تحديد مضمون الحق وتنويع سلطانه، فيقسمون الحقوق علـى هذا الأساس إلى "حقوق الشخصية" و "الحقوق العينية" و "الحقوق الشخصية أو حقوق الدائنية" و "الحقوق الذهنية".[2]

---

(1) ومن ذلك ما ورد في المادة (14) من قانون الجنسية الأردني رقم (6) لسنة 1954، بعـدم جـواز تـولي المتجـنس المناصب السياسية والدبلوماسية والوظائف العامة التي يحددها مجلس الوزراء أو أن يكون عضواً في مجلس الأمة إلا بعد مضي ـ عشر ـ سنوات على الأقل على اكتسابه الجنسية الأردنية، كما لا يحق له الترشيح للمجالس البلدية والقروية والنقابات المهنية إلا بعد انقضاء خمس سنوات على الأقل على اكتسابها، لاحظ: غالب الداودي، المدخل إلى علم القانون، ص227، محمود نعمان، ص169-170.

(2) لاحظ هذه التقسيمات لدى حسن كيرة، ص447.

ومن أجـل تسـهيل الأمـر عـلى القـارئ وعـدم الـدخول في تفاصـيل لا تجديـه نفعـاً، ومـن بـاب الأخـذ بالتقسيمات الشائعة لدى الشراح أكثر من غيرها سأقسم هذا المبحث إلى مطلبـين، أتنـاول في الأول مـنهما حقـوق الأسرة وحقوق الشخصية، وأتناول في الثاني منهما الحقوق المالية التي تضم أنواع الحقوق التقليدية: الحق العينـي، الحق الشخصي، الحق المعنوي.

المطلب الأول
حقوق الأسرة وحقوق الشخصية

يتميز بنوا البشر عن غيرهم بوجود الأسرة باعتبارها اللبنة الأساسية لبناء المجتمع. وأصل الأسرة الـزواج، والزواج لغة: الاقتران والارتباط، تقول العرب: زوج الشيء وزوجه إليه ربطه به. ويطلق على كل واحد من الـزوجين اسم الزوج إذا ارتبطا بعقد النكاح. قال تعالى مخاطباً آدم: "اسـكن أنـت وزوجـك الجنـة"[1]. والنكـاح لغـة: الضـم والجمع، تقول العرب: تناكحت الأشجار، إذا تمايلت، وانضم بعضها إلى بعض. وسـمي العقـد المعـروف بـين الرجـل والمرأة باسم النكاح، لأن كل واحد من الزوجين يرتبط بالآخر، ويقترن به، يقول القونوي: "سمي النكاح نكاحـاً" لمـا فيه من ضم أحد الزوجين إلى الآخر شرعاً". وعرف قانون الأحوال الشخصية الأردني رقم (61) لسنة 1971 في مادتـه الثانية الزواج بأنه "عقد بين رجل وامرأة تحل له شرعاً، لتكوين أسرة، وإيجاد نسـل بيـنهما". وعرفـت المـادة الأولى من قانون الأحوال الشخصية الكويت رقم 51 لسنة 1984 الزواج بأنه "عقد بين رجل وامرأة، تحل له شرعـاً، غايتـه السكن، والإحصان وقوة الأمة"[2].

(1) سورة البقرة، آية 35.

(2) عمر سليمان عبد الله الأشقر، الواضح في شرح قـانون الأحـوال الشخصـية الأردني، ط1، دار النفـائس للنشرـ والتوزيـع، عـمان 1997، ص21.

وبهذا يهدف الزواج وما ورد بشأنه من تعاريف إلى تحقيق ما جاء القرآن الكريم في قوله تعالى: **"ومن آياته أن خلق لكم من أنفسكم أزواجاً لتسكنوا إليها، وجعل بينكم مودة ورحمة"**[1]، وما ورد في السنة النبوية من أن الزواج سبيل الإعفاف والإحصان، وما حرص عليه الإسلام من ابتغاء النسل النقي القوي، ترجى له مظان الخير من قبل مولده، وترعاه الأبوة الحانية، في كثرة ليست غثاء كغثاء السيل، وإنما ركازها القوة بالقدر المستطاع، أملاً للأسرة، وذياداً عن الأمة. وبذلك استبعدت التعاريف التي أعطيت للزواج ما شاع بين الفقهاء المتأخرين من أن الزوجة محل للاستمتاع، والخوض في الحديث عن هذه المتعة، وأظهر ما للزواج من مقاصد سامية في بناء المجتمع الصالح، وتأسيس حياة قوامها السكينة والمودة والرحمة. [2]

ووفقاً لهذه الرابطة المقدسة، لكل من الزوجين حقوق متبادلة نحو الآخر، وللأب والأم على الأولاد وللأولاد على الأب والأم حقوق متبادلة أيضاً. فمن واجبات الزوج مثلاً، تهيئة السكن المناسب، فإنه جزء من النفقة التي أوجبها الله على الزوج تجاه زوجته. وقد استدل أهل العلم على وجوب تهيئة الزوج السكن للزوجة بقوله تعالى في حق المطلقة الرجعية (اسكنوهن من حيث سكنتم من وجدكم)[3]. وإذا هيأ الزوج السكن المناسب وجب على الزوجة الانتقال إلى منزل الزوجية، وليس لها الامتناع عن ذلك، سواء أكان المسكن داخل البلد أو خارجها، فإن امتنعت عن الانتقال سقط حقها في النفقة. ومن واجبات الزوج أيضاً العدل بين زوجاته بالنسبة لمن تزوج بأكثر من واحدة، وأن تعذر عليه ذلك فعليه الاكتفاء بزوجة واحدة مصداقاً لقوله تعالى: **"فإن خفتم ألا تعدلوا فواحدة"**[4]. ومن أهم واجبات الزوجين معاً الإخلاص لبعضهما، وبناء علاقتهما على الاحترام والتقدير ومراعاة

---

(1) سورة الروم، آية21.
(2) قانون الأحوال الشخصية الكويتي رقم (51) لسنة 1984 ومذكرته الإيضاحية، ط5، دار الفتوى والتشريع- الكويت 1999، ص123- 124.
(3) سورة الطلاق، آية رقم 6.
(4) سورة النساء، آية رقم 3.

كل منهما لحقوق ومشاعر الطرف الآخر. ومن معالم العشرة الحسنة بين الزوجين إحسان الـزوج معاملتـه زوجتـه، ورعايتها رعاية حسنة، وطاعة المرأة لزوجها بالمعروف.

ومن أهم حقوق الزوجة على زوجها النفقة، ونفقة الزوجة، واجبـة في الكتـاب والسنة والإجماع، أمـا الكتاب فقول الله تعالى: "لينفق ذو سعة من سعته ومن قدر عليه رزقه فلينفق مما آتاه الله لا يكلف الله نفسـاً إلا ما آتاها"، وقوله تعالى: **"قد علمنا ما فرضنا عليهم في أزواجهم وما ملكت أيمـانهم"**[1]. وأما السنة فدليل الإنفاق فيها حـديث الرسـول (ص): "اتقـوا الله في النسـاء، فـأنهن عـوان عنـدكم، أخـذتموهن بأمانـة الله واستحللتم فروجهن بكلمة الله، ولهن عليكم رزقهن وكسوتهن بالمعروف". وأما الإجماع، فـاتفق أهـل العلـم عـلى وجوب نفقة الزوجات على أزواجهن. ويدخل في ذلك بلا خلاف بين أهل العلم الطعام والشراب والكسوة والسكن والزينة والأدوات التي تحتاجها لهذه الأمور.

ومن الحقوق التي تترتب على الزواج النسب. وصلة النسب هذه توجد عواطف الأبوة والبنوة. وتوجـد تلك السلاسل من الأنساب التي يحرص الأبناء على معرفتها والانتساب إليها، وهي آية من آيات الله تعالى في عبـاده "وهو الذي خلق من الماء بشراً فجعله نسباً وصهراً وكان ربك قديراً". والنسب إلى الآبـاء هـو الـذي أمـر الله بـه في قوله: **"ادعوهم لآبائهم هو أقسط عند الله"**[2].

ومن أهم واجبات الأبوين تجاه الأولاد الرعاية والحضانة والتربية والإنفاق. والحضانة مـأخوذة مـن الحضن، وهي في الإصطلاح: "القيام بحفظ من لا يميز، ولا يستقل بأمره، وتربيته بما يصلحه، ووقايته عما يؤذيه".

ومن الجهة المقابلة أوجب القانون على الأولاد الموسرين الذكور منهم والإناث الصغار والكبار الإنفـاق على آبائهم. وإذا كان الولد فقيراً، وكسبه لا يزيد عن حاجته وحاجة أولاده فعليـه أن يضـم إليـه والديـه الفقـيرين وإشراكهما فيما يحصل عليه من مال، وهو ما جسدته المـادة 172 مـن قـانون الأحـوال الشخصـية الأردني رقـم 61 لسنة 1976

---

(1) سورة الطلاق، آية 7 – الأحزاب آية 50.

(2) سورة الأحزاب، آية رقم 5.

بقولها: "أ- يجب على الولد الموسر ذكر كان أو أنثى كبيراً كان أو صغيراً نفقة والديه الفقيرين، ولو كانا قادرين على الكسب، ب- إذا كان الولد فقيراً، ولكنه قادر على الكسب يلزم بنفقة والديه الفقيرين، وإذا كان كسبه لا يزيد عن حاجته وحاجة زوجته وأولاده فيلزم بضم والديه إليه وإطعامهما مع عائلته"(1).

أما حقوق الشخصية فهي حقوق معنوية ترجع من حيث طبيعتها إلى شخصية الإنسان، وقد أخذت التشريعات المعاصرة بالاهتمام بهذه الحقوق وتنص على حمايتها ورد الاعتداء عليها، حيث أصبح لكل شخص وقع عليه اعتداء غير مشروع في حق من الحقوق الملازمة للشخصية أن يطلب وقف هذا الاعتداء مع التعويض عما يكون قد لحقه من ضرر(2).

ومن حقوق الشخصية حق الإنسان في اتخاذ اسم يميزه عن غيره من الأشخاص، ويتكون الاسم من عنصرين، الاسم الأول واللقب(3).

والاسم هو عبارة عن اللفظ الذي يستخدم عادة لتحديد الشخص وتفريده، فكل شخص سواء أكان طبيعياً أم معنوياً يجب عليه أن يحمل إسماً "من شأنه أن يسمح بتمييزه عن غيره من الأشخاص. ولفظ الاسم له معنى ضيق ويقصد به اسم الشخص وحده، ومعنى واسع يشمل اللقب والاسم الشخصي معاً. ويقصد باللقب اللفظ الذي يطلق على الأسرة التي ينتمي إليها الشخص ويشترك كل أفراد هذه الأسرة في حمله. أما الاسم

---

(1) لمزيد من التفاصيل راجع: عمر سليمان عبد الله الأشقر، المصدر السابق، الصفحات: (145-148)، (149-151)، (177-194)، (277-283)، 285، 291، 311.

(2) جاء في المادة (48) مدني أردني: "لكل من وقع عليه اعتداء غير مشروع في حق من الحقوق الملازمة لشخصيته أن يطلب وقف هذا الإعتداء مع التعويض عما يكون قد لحقه من ضرر"، وهي مادة مطابقة لما ورد في المادة (50) مدني مصري. لاحظ: عباس الصراف، ص125.

(3) أكدت هذا الحق المادة 1/40 مدني عراقي بقولها: "يكون لكل شخص اسم ولقب ولقب الشخص يلحق بحكم القانون أولاده". وهناك حالات تختار فيها الجهات المختصة أسماء منتحلة مناسبة للمولود ووالديه عند العثور على طفل حديث الولادة، أو إذا كان المولود غير شرعي، راجع المواد 19، 20 من قانون الأحوال المدنية الأردني رقم (9) لسنة 2001 المعدل بالقانون رقم رقم (17) لسنة 2002.

الشخصي فهو اللفظ الذي يطلق على الشخص لتمييزه بين أفراد الأسرة التي ينتمي إليها. فالاسم واللقب يؤديان إلى تحديد وتمييز الشخص وأسرته في نفس الوقت.

وإذا كان اللقب يكتسبه الشخص بالنسب والاسم الشخصي يطلق عليه عند مولده فإن القانون يسمح بتغيير الاسم إذا دعت إلى ذلك اعتبارات مبررة. وقد أوجبت القوانين إتباع إجراءات معينة لتغيير الأسماء.

ومن الجدير بالذكر بأن الاسم يجب أن يكون وسيلة كريمة لتمييز الشخص عن غيره دون مساس بكرامته أو النظام العام أو الآداب المرعية في المجتمع. ويجب أن يحقق الاسم هدفه في تمييز الأشخاص، فلا يجوز اشتراك أخوين أو أختين من الأب باسم واحد، إذ قد يلجأ البعض إلى تسمية أخوين بنفس الاسم حتى يتم تهرب أحدهما من الالتزامات التي يفرضها القانون وفي مقدمتها أداء الخدمة العسكرية[1].

وإلى جانب الاسم واللقب يوجد ما يطلق عليه اسم الشهرة. واسم الشهرة هو اسم مختلف عن الاسم الأصلي للشخص ويطلقه الجمهور على الشخص فيشتهر به بين الناس. ولا يجوز أن يكتب في شهادات الميلاد الجديدة أو البطاقات اسم الشهرة إلا إذا كان قد صدر به حكم أو قرار من جهة مختصة. أما الاسم المستعار فهو الاسم الذي يختاره الشخص لنفسه غير اسمه الحقيقي ويذيعه بين الناس بالطريقة التي يراها. وغالباً ما يطرح هذا الاسم في النشاطات الأدبية والفنية، كما اعتمدت الأسماء المستعارة من قبل رجال المقاومة الوطنية للاحتلال لإخفاء أسمائهم الحقيقية.

---

(1) ومن الأمثلة التي تضرب على أسماء ماسة بكرامة الشخص الأسماء المهينة كإطلاق اسم حيوان عليه أو أسماء يتضمن سباً أو اهانة، أو إطلاق اسم أنثى على ذكر أو العكس. ومما يخالف النظام العام من أسماء تلك التي تنطوي على إنكار الأديان أو الإساءة إليها أو الحط منها أو من الأنبياء.

للمزيد من التفاصيل راجع: حسام الدين كامل الأهواني، المدخل للعلوم القانونية، ج2، مقدمة القانون المدني، ط3، القاهرة 1997، ص121-125.

وعلى وجه العموم فإن الاسم المستعار يجب أن يقاس من حيث الحماية ودفع الاعتداء بالاسم الحقيقي[1].

وإذا كان حق الشخص على جسمه يحميه من اعتداء الغير عليه أو يجنبه تدخل الغير الماس بأعضائه دون رضاه، فليس معنى ذلك أن للشخص بمقتضى هذا الحق سلطة مطلقة على جسده يتصرف فيه كيف شاء. ولذلك تنحو التقنينات الحديثة ويؤيدها الفقه في ذلك نحو الحد من مثل هذه السلطة المطلقة، كفالة لاحترام الإنسان فيما له من كيان مادي، بتحريم تصرف الشخص في جسده أو في جزء منه إلا إذا كان مثل هذا التصرف لا يشكل خطراً على حياته أو على استمرار واكتمال كيانه المادي، كما هو الحال في التبرع بالدم عند توافر شروط ذلك[2].

وهناك مجموعة أخرى من الحقوق الواردة على المقومات المعنوية للشخصية، ومنها الحق في الشرف وعدم المساس به، وإلا كان للمعتدي على شرفه الحق في المطالبة برفع الاعتداء والتعويض عما لحقه من أضرار. وللفرد كذلك الحق في السرية، لتظل أسرار حياته الخاصة محجوبة عن العلانية مصونة عن التدخل والإطلاع، فيمتنع على الغير إنشاء أسرار شخص دون إذنه أو موافقته، إلا في الأحوال التي يوجب أو يرخص القانون فيها ذلك. ومن المظاهر الحديثة التي برزت في عالم اليوم من الحقوق الشخصية حق الشخص في صورته، وهو ذلك الحق الذي يتيح له أن يمنع غيره من رسمه أو

---

(1) الأهواني، ص133، الصراف، ص124.

(2) يكاد يجمع الفقه المدني على منع بيع الأعضاء الآدمية وعدم تحبيذه متأثراً في جانب كبير منه بالفقه الإسلامي، وما ورد في مصادر الشريعة الإسلامية من أدلة تشير إلى أن حق الإنسان على جسده هو حق انتفاع فقط، ولا يجوز للإنسان أن يتصرف في جزء مما لا يملك. ويضيف أصحاب هذا الرأي: أن حق الإنسان على جسده من الحقوق اللصيقة بالشخصية، ومن خواص هذه الحقوق عدم القابلية للتصرف فهي تخرج من دائرة المعاملات المالية، لأن القيم الإنسانية لا تقدر بمال ولكن الأكثر علواً لهذه القيم هو الحب، فالإنسان بالحب يمكن أن يعطي دون مقابل. كتابنا: التشريعات الصحية، المصدر السابق، ص128-129.

تصويره إذا لم يكن راغباً في ذلك، كما يحق له منع نشر صورته في الصحافة المكتوبة أو المرئية إذا كان لديه سبب مانع من هذا النشر.

وقد كفلت الكثير من دساتير العالم[1] حماية حقوق الإنسان على إنتاجه الفكري في إطار مـا كفلته مـن حماية لحقوق الإنسان الشخصية والتي من أبرزها حقه في الابتكار والتفكير، وما يتضمنه ذلك مـن حقـوق خاصـة بحرية الرأي والتعبير والبحث، مع مراعاة تلبية احتياجات المجتمع إلى المعرفة من خـلال مـنح أفـراده الحـق في الانتفاع بثمار ونتاج العقل البشري في مجالات الآداب والعلوم والفنون. كما أكـدت المواثيـق الدوليـة عـلى أهميـة مراعاة الجهود الشخصية للمؤلفين، وتقدير الدور الذي يضطلعون به في إثراء المعرفة الإنسانية من خلال إبداعاتهم الفكرية، ذلك أن دورهم الروحي هذا يعود بالخير على الإنسانية جمعاء ويعيش عـلى مـر الأزمـان، ويـؤثر بشـكل جوهري في تطور الحضارة. ومن هنا يتوجب على الدول أن تكفل لهم أكبر قدر من الحماية لإنتاجهم الفكري.[2]

المطلب الثاني
الحقوق المالية

هي مجموعة الحقوق التي يُقوم محل الحق فيها بالنقود أو المال، والهدف الأساسي منها الحصول عـلى فائدة مالية. ويصلح هذا النوع من الحقوق للتعامل فيه بالتصرف أو التنازل، بعكس الحقوق اللصيقة بشخص الإنسان التي لا يجوز التنازل عنها أو التعامل فيها. ومثل هذه الحقوق تخضع لمبدأ مرور الزمان المـانع مـن سـماع الدعوى، كما أنها تنتقل عن طريق الميراث إلى الورثة عند وفاة صاحبها. ومن التسميات التي

---

(1) ومنها الدستور الأمريكي الصادر عام 1778 (م8/1) والدستور الجزائري الصادر عام 1976 في المادة (54) منه.

(2) حسن كيره- ص451، الصراف ص127، نواف كنعان، حق المؤلف، النماذج المعاصرة لحق المؤلف ووسائل حمايتـه، ط3، دار الثقافـة للنشر والتوزيع، عمان 2000 ص8.

تطلق على هذه الحقوق "حقوق الذمة المالية"، لأنها تكون الجانب الإيجابي في ذمة الشخص المالية، والذي يقابـل الجانب السلبي في هذه الذمة الممثل بجانب المديونية.

ويمكن تقسيم هذه الحقوق إلى ثلاثة أنواع:

أولاً- الحق العيني

ثانياً- الحق الشخصي.

ثالثاً- الحق المعنوي[1].

وسنعتمد في تقسيمنا لهذه الحقوق التقسيم الثلاثي أعـلاه، باعتبـاره التقسيم المناسـب الـذي اعتمـده غالبية الشراح عند تصديهم لهذا الموضوع.

أولاً- الحق العيني:

التعريف السائد في الفقه منذ القدم للحق العيني هو أنه "حق يخول صاحبـة سلطات قانونيـة مبـاشرة على شيء من الأشياء، بحيث توجد صلة مباشرة بين الشيء وصاحب الحق، فلا يحتاج في سبيل أعمال حقه والتمتع بسلطاته على الشيء إلى تدخل من جانب شخص آخر". ومثل هذا التعريف يصدق على الحق العيني عمومـاً أصلياً كان أن تبعياً[2].

---

(1) اختلفت القوانين في تقسيمها للحقوق المالية، فالقانون المدني العراقي قسمها في المادة (66) إلى حقوق عينية أو شخصية ثـم أردف في المادة 70 القول: "1- الأموال المعنوية هي التي ترد على شيء غير مادي كحقوق المؤلف والمخترع والفنان. 2- ويتبـع في حقـوق المؤلفين والمخترعين والفنانين وعلامات التجارة ونحو ذلك من الأموال المعنوية أحكام القوانين الخاصة". أمـا القانـون المـدني الأردني فقد قسم الحقوق المالية في المادة (67) منه إلى حق شخصي وعيني ومعنوي، واتبع القانون الإماراتي نفس النـهج الأردني في المـادة (107) منه.

واختط القانون المدني الكويتي طريقاً آخر في تحديده للحقوق المالية حيث تصلح الأشياء المتقومة أن تكون محلا للحقوق الماليـة وفقا لنص المادة (22) من هذا القانون.

(2) حسن كيره، الموجز في أحكام القانون المدني، الحقوق العينية الأصلية، أحكامها ومصادرها، ط4، منشأة المعـارف بالإسكندرية 1995، ص12.

وتنقسم الحقوق العينية إلى حقوق عينية أصلية وحقوق عينية تبعية. وتشمل الحقوق العينية الأصلية حق الملكية باعتباره الأساس في الحقوق العينية الأصلية، والحقوق المتفرعة عن حق الملكية وهـي: حـق التصرف وحق الانتفاع وحق الاستعمال وحق السكنى وحق السطحية (القرار) والوقف وحقوق الارتفاق والحكر والإجارتين وخلو الانتفاع. أما الحقوق العينية التبعية فهي: الرهن بنوعية الحيازي والتأميني وحقوق الامتياز.

وجاءت تسمية الحقوق العينية الأصلية بهذا الاسم لأنها تقوم بذاتها دون حاجة إلى غيرها. أما الحقوق العينية التبعية فهي حقوق مقررة على أشياء معينة لضمان الوفاء بإلتزام ما. وعلى هذا فإن وصف الحقـوق الأولى بأنها أصلية ووصف الثانية بأنها تبعية، لا يراد منه أن الثانية تابعة للأولى، وإنما اعتبرت الثانيـة تبعيـة، لأنهـا تتبـع حقاً من الحقوق الشخصية، من أجل ضمان الوفاء به، أما الأولى فقد وصفت بأنها أصلية، لأنها تقـوم بـذاتها ولا ترتبط في وجودها بأي حق شخصي آخر. (1)

ولبيان ما تقدم سنتناول الحقوق العينية الأصلية وبعدها نأتي لدراسة الحقوق العينية التبعية:

الحقوق العينية الأصلية :

(أ) حق الملكية:

أن حق الملكية هو أساس الحقوق العينية الأصلية جميعاً بما يخول صاحبه مـن سـلطات جامعـة عـلى الأشياء المادية تتلخص في الاستعمال والاستغلال والتصرف. وهذه السلطات التي يخولها حـق الملكيـة عـلى الشيـء المملوك،إنما يتمتع بها المالك وحده على سبيل الاستئثار والإنفراد دون غيره من الأفراد. فالملكية إذن حـق يخضـع شيئاً مادياً معيناً لتسلط شخص معين تسلطاً حاجزاً ومانعاً لكل تسلط مماثل من قبل الآخرين. وبذلك تتوزع

---

(1) محمد وحيد الدين سوار، حق الملكية في ذاته في القانون المدني، الكتاب الأول، ط2، دار الثقافة للنشر والتوزيع، عمان 1997، ص14.

الأشياء المادية بين الأشخاص في الحياة الاجتماعية بحيث يختص كل منهم بملكية بعضها ملكية خاصة خالصة لـه لا يشاركه فيها أحد.[1]

وكما تقدم فإن حق الملكيـة، يخـول صـاحبه جميـع السـلطات الممكنـة عـلى الشيـء وهـي الاسـتعمال والاستغلال والتصرف. والاستعمال هو استخدام الشيء للحصول على منافعه فيما عدا الثمار، فاستعمال المنزل يكون بسكناه واستعمال السيارة يكون بركوبها، واستعمال الملابس يكون بلبسها، فالاستعمال هو الانتفاع المباشر بالشيـء. والاستغلال هو القيام بالأعمال اللازمة للحصول على غلة الشيء وثماره، فاستغلال الدار يكـون بتأجيرهـا، واسـتغلال البستان يكون بالحصول على ثماره، واستغلال الماشية يكون بالحصول على نتاجها. أما التصرف فينطوي على نـوعين من الأعمال، العمل المادي الذي يرد على مادة الشيء ويسمى (التصرف المادي)، والعمل القانوني الذي يرد على حق المالك ويسمى (التصرف القانوني).[2]

ولحق الملكية خصائص ثلاث، فهو حق جامع ينطوي على أوسع السلطات التي يمكن أن تكون للشخص على شيء (الاستعمال، الاستغلال، التصرف)، وليس لصاحب أي حق عيني آخر على الشيء كل هذه السلطات، بل لا يكون له إلا بعضها. كذلك فإن هذا الحق هو حق استئثاري مانع، فللمالك أن يستأثر بجميـع مزايـا ملكـه، فيمنـع الآخرين من مشاركته في التمتع بهذه المزايا، ولو لم يلحقه، من وراء هـذه المشـاركة أي ضرر. ومـن خصـائص حـق الملكية أنه حق دائم، إذ ليس من الممكن توقيت هذا الحق بحدة معينة، ينقضي بعدها بصورة نهائيـة، أمـا بـاقي الحقوق العينية الأصلية فهي قابلة للتوقيت[3].

---

(1) حسن كيره، الحقوق العينية الأصلية، المصدر السابق، ص59.

(2) للمزيد راجع: علي هادي العبيدي، الوجيز في شرح القانون المدني الأردني، الحقوق العينية، دراسـة مقارنـة، ط1، دار الثقافـة للنشرـ والتوزيع، عمان 2000، ص20-23.

(3) سوار، المصدر السابق، ص36.

ب) الحقوق المتفرعة عن حق الملكية:

تخول هذه الحقوق صاحبها سلطة محدودة على شيء مملوك للغير. فحق الملكية يخول المالك سلطة كاملة على الشيء، أما غيره من الحقوق العينية الأصلية فلا يخول صاحبه إلا بعض هذه السلطة، ولذلك فإن الحقوق العينية الأصلية، فيما عدا حق الملكية، تعتبر حقوقاً متفرعة عن حق الملكية.

سنتناول هنا إيضاح بعض هذه الحقوق المهمة بما يحقق أهداف القارئ في هذه المرحلة:

1- حق التصرف

يختص هذا الحق بالأراضي الأميرية[1]. وهذه الأراضي تقع عادة خارج تنظيم المدن والقرى، وهي أقرب الحقوق لحق الملكية. وبموجب هذا الحق يجوز للدولة أن تبيح حق التصرف في الأراضي المملوكة لها، لمن يرغب بالشروط التي يفرضها القانون. ويجب أن يكون سند التصرف في هذه الأرض مسجلاً في دائرة تسجيل الأراضي.

ويحق للمتصرف في الأراضي الأميرية أن يزرعها وأن ينتفع بها ويستفيد من حاصلاتها الناتجة عن عمله ومما نبت فيها بدون عمله، وأن يغرس فيها الأشجار والدوالي وأن يتخذها حديقة أو حرجاً أو مرعى وأن يقطع ويقلع الأشجار والدوالي المغروسة فيها،

(1) ويقصد بها الأراضي المملوكة للدولة رقبة وانتفاعاً (ملكية تامة) أو رقبة فقط وحق التصرف فيها يعود للأفراد. وقد عرفت القوانين العراقية ثلاثة أنواع من هذه الأراضي: أ- الأراضي الأميرية الصرفة، وهي الأراضي المملوكة للدولة ملكية تامة أي تعود رقبتها وجميع حقوق الملكية من انتفاع واستغلال وتصرف إلى الدولة. ب- الأراضي الأميرية المفوضة بالطابو، وهي الأراضي المملوكة للدولة والتي فوض حق التصرف فيها للأفراد مقابل بدل معجل. ج- الأراضي الأميرية الممنوحة باللزمة، وهي الأراضي المملوكة للدولة والتي منح حق اللزمة فيها للأفراد بموجب قانون تسوية حقوق الأراضي رقم 29 لسنة 1938 وقانون اللزمة رقم 11 لسنة 1932 الملغيين. خالد لفته شاكر، عبد الله غزاي سلمان، شرح قانون التسجيل العقاري رقم 43 لسنة 1971، بغداد 1990، ص29.

وله أن ينشىء فيها دوراً ودكاكين ومصانع وأي بناء يحتاج إليه في زراعته على أن لا يتوسع في ذلك إلى درجة إحداث قرية أو محله، وله أن يهدم ما فيها من أبنية[1].

ووفقاً لنص المادة (1203) مدني أردني فإن حق التصرف في الأراضي الأميرية لا يوصى به ولا يوقف[2]، إلا إذا تملك صاحب الحق الأرض من الدولة بسند مسجل ملكية تامة طبقاً لأحكام القوانين الخاصة بها. وينتقل حق التصرف لأصحاب حق الانتقال وفقاً لقانون انتقال الأراضي الأميرية باعتبارها أرضاً أميرية إلا إذا قضى القانون الخاص بغير ذلك.

2- حق الانتفاع

عرف القانون المدني الأردني في المادة 1205 منه حق الانتفاع بأنه "حق عيني للمنتفع باستعمال عين تخص الغير واستغلالها ما دامت قائمة على حالها وأن لم تكن رقبتها مملوكة للمنتفع"[3]. ويكسب هذا الحق بالعقد أو بالوصية أو بمرور الزمان[4].

والأصل أن هذا الحق يمكن ثبوته للشخص الطبيعي والشخص المعنوي، حيث لم تشر الكثير من القوانين إلى اقتصاره على الشخص الطبيعي فقط. ومع ذلك فإن بعض القوانين نصت على حظر إنشاء هذا الحق لصالح أشخاص معنويين، ومن ذلك قانون الملكية العقارية اللبناني والقانون المدني السوري.

أما بالنسبة لخصائص هذا الحق فهي عديدة، فهو حق عيني، لأنه يخول المنتفع سلطة قانونية، مباشرة، على الشيء المملوك للغير، وهو حق يرد على شيء مادي غير قابل للاستهلاك مملوك للغير، ولا يرد على شيء معنوي أو حق من الحقوق، ويستوي أن

---

(1) م1/1198، م1/1199 من القانون المدني الأردني.

(2) يقابلها نص المادة 1172 مدني عراقي.

(3) ولم يورد القانون المدني المصري والعراقي تعريفاً لهذا الحق، مما دفع جانباً من الفقه إلى وضع التعريف التالي: "حق الانتفاع حق عيني يخول المنتفع استعمال واستغلال شيء مملوك لغيره، وينتهي هذا الحق حتماً بموت المنتفع". حسن كيره، الحقوق العينية الأصيلة، المصدر السابق، ص266.

(4) المادة 1206 مدني أردني المطابقة للمادة 1250 مدني عراقي.

يكون الشيء المادي محل حق الانتفاع عقاراً أو منقولاً. ويعتبر هـذا الحـق مـن الحقـوق المؤقتـة، فطالما أن حـق الانتفاع حق متفرع عن حق الملكية ويمثل اقتطاعاً واجتزاء من سلطات المالك، فلا يتصور أن يكون لحـق الملكيـة حقاً دائماً[1].

وينتهي حق الانتفاع بانقضاء الأجل المحدد له أو بهلاك العين المنتفع بها أو بتنـازل المنتفـع عـن حقـه وبإنهاء هذا الحق بقرار قضائي بسبب سوء الاستعمال أو باتحاد صفتي المالك والمنتفع ما لم تكن للمالك مصلحة في بقائه كما لو كانت الرقبة مرهونة، أو بموت المنتفع إذا لم ينص القانون على غير ذلك.[2]

3- حق الاستعمال والسكنى :

حق الاستعمال وحق السكنى هما صورتان للانتفاع بالشيء على نطاق محدود، وحق الاستعمال يخول صاحبه استعمال شيء مملوك لغيره. ويقتصر مضمونه على الاستعمال دون الاستغلال، فهو على هـذا النحـو أضـيق نطاقاً من الانتفاع.

وحق السكنى يخول صاحبه السكن فقط في مسكن مملوك لغيره. وبذلك يكون هذا الحق أضيق نطاقاً من حق الاستعمال، لأنه يخول صاحبه استعمال الشيء على وجه معين، هو الاستعمال بطريق السكنى. فإذا كان هناك محل يصلح أن يكون مكتباً ومسكناً فإن من له حق استعماله يمكن أن يستعمله لهذا الغرض أو ذاك، أما من له حق السكنى فليس له إلا أن يسكنه. وسواء بالنسبة لحق الاستعمال أو حق السكنى فإن نطاقهما يتحدد بمقدار ما يحتاج إليه صاحب الحق وأسرته لأنفسهم فحسب مع مراعاة أحكام السند المنشئ للحق[3]. وأفراد الأسرة هنا هم من يتولى صاحب الحق الإنفاق عليهم بموجب

---

(1) حسن كيره، نفس المصدر، ص266-270.

(2) المادة 1215 مدني أردني. جاء في المادة 1257 مدني عراقي "ينتهي حق المنفعة بانقضاء الأجل المعين له فإن لم يعين له أجل عد مقرراً مدى حياة المنتفع. وهو ينتهي على كل محال بموت المنتفع حتى قبل انقضاء الأجل المعين". كما ورد في نص المـادة 1260 مـدني عراقي ما يلي: "ينتهي حق المنفعة بعدم الاستعمال مدة خمس عشرة سنة".

(3) المادة 1221 مدني أردني.

القانون، فلا يجوز أن يسكن معه في الدار من لا تجب نفقته عليه، ولو كان من أفراد أسرته الآخرين، كالابن البالغ الذي يتمتع بمصدر دخل مستقل، أو الأخت المتزوجة، كما لا يحق له استضافة أي شخص لمدة تزيد على مدة الضيافة المعروفة عند الناس، وليس له أن يستغلها في أي نشاط حرفي أو استثماري، فلا يجوز له أن يفتتح مكتباً أو متجراً أو مشغلاً[1].

ويلتزم صاحب حق السكنى بإجراء عمارة الدار محل الانتفاع إذا احتاجت لها (سماها القانون المدني العراقي في المادة 1264 إصلاحاً)، ويكون ما يبنيه ملكاً له ولورثته من بعده، فإذا امتنع عن القيام بهذه العمارة جاز للمحكمة أن تؤجر الدار إلى آخر يقوم بتعميرها وتحسم نفقات العمارة من الأجرة على أن ترد الدار إلى صاحب حق السكنى بعد انتهاء مدة الإيجار. ولا يجوز التنازل للغير عن حق الاستعمال أو عن حق السكن الأبناء على شرط صريح في سند إنشاء الحق أو ضرورة قصوى[2].

إن حق الاستعمال قد يرد على عقار أو على منقول، أما حق السكن فلا يمكن أن يرد إلا على عقار وبالذات على دار للسكن. وحسب القانون المدني الأردني يصح أن يقع الانتفاع على حق الاستعمال أو حق السكنى أو عليهما معاً.[3]

(1) الصده، ص338، القيام، ص207.

(2) المواد 1222، 1223 من القانون المدني الأردني.

(3) المادة 1220 مدني أردني، الداودي، ص 332-333، ولكن هذا لا يصح في القانون المدني العراقي الذي يقصر تمليك المنفعة بموجب المادة 1261 منه أما على الاستعمال أو على السكنى. ولا نجد حقيقة ما يبرر حصر حق الإنتفاع بأحد هذين الحقين دون الآخر، خصوصاً في العقارات التي قد تستخدمها الأسرة لسكنها من جهة وتتخذها كذلك كمكتب لإدارة أعمالها من جهة أخرى، هو ما نلاحظه بالنسبة للمكاتب السياحية أو بيع العقارات في الكثير من البلدان العربية. ولم نجد مانعاً قانونياً من الجمع بين الحقين في ضوء المادة 996 من القانون المدني المصري والمادة 955 مدني كويتي المطابقة لها.

4- حق المساطحة (حق القرار) [1]:

هو حق عيني عقاري متفرع عن حق الملكية يخول صاحبه الحق في إقامة بناء أو غراس على أرض الغير بمقتضى اتفاق بينه وبين صاحب الأرض. ويحدد هذا الاتفاق حقوق المساطح والتزاماته.[2]

ويجب أن يسجل هذا الحق في دائرة تسجيل الأراضي شأنه في ذلك شأن الحقوق العينية الأخرى الواردة على عقار. ولا يجوز أن تزيد مدة حق المساطحة عن خمسين سنة، فإذا لم تحدد مدة جاز لكل من صاحب الحق ومالك الرقبة أن ينهي العقد بعد سنتين من وقت التنبيه على الآخر بذلك[3].

ويملك المساطح ملكاً خالصاً ما أحدثه على الأرض من بيان أو غراس أو منشآت أخرى، وله أن يتصرف فيه، مقترناً الحق المساطحة، بالبيع والرهن وغيرهما من عقود التمليك في دائرة تسجيل الأراضي. وذلك دون إخلال بحق صاحب الأرض وبالغرض الذي أعد له البناء أو المنشآت، ما لم يوجد اتفاق يخالف ذلك.[4]

---

(1) لا وجود لهذا الحق حاليا في بعض القوانين كالقانون المصري. وسمى القانون المدني العراقي هذا الحق (حق المساطحة) وسماه القانون المدني الأردني حق المساطحة أو القرار.

(2) لا تجيز المادة 1266/ 1 مدني عراقي اكتساب هذا الحق بمرور الزمان، ولا تجيز هذه المادة هذا الحق إلا في الأبنية والمنشآت الأخرى من غير الغراس، بينما تجيز المادة 1225 مدني أردني هذا الحق بالنسبة للغراس، كما تجيز المادة 1/1226 أردني اكتساب هذا الحق بمرور الزمان، وهي فروقات مهمة بين القانونين.

(3) المادة 1228 مدني أردني. جعل المشرع العراقي مدة السنتين ثلاث سنوات في المادة 1/1267 مدني عراقي.

(4) لاحظ وقارن المادتين 1229 مدني أردني، 1269 مدني عراقي. ويبدو لنا بأن النص العراقي جاء أكثر وضوحاً ودقة من النص الأردني.

وينتقل حق المساطحة بالميراث أو الوصية[1]. ووفقاً لنص المادة 1230 مدني أردني، ينتهي حق المساطحة بانتهاء المدة، وباتحاد صفتي المالك وصاحب الحق، وعند تخلف صاحب الحق عن أداء الأجرة المتفق عليها مدة سنتين ما لم يتفق على غير ذلك[2].

ولا ينتهي حق المساطحة بزوال البناء أو الغراس قبل انتهاء المدة. وعند انتهاء هذا الحق يطالب المالك المساطح بهدم البناء أو قلع الغراس أو أن يتملك (المالك) ما استحدث بقيمته مستحق القلع إن كان هدمه أو إزالته مضراً بالعقار، فإن كان الهدم أو الإزالة لا يضر بالعقار فليس للمالك أن يبقيه بغير رضا المساطح[3].

5- حق الوقف:

يعرف الوقف بأنه حبس عين المال للملوك عن التصرف وتخصيص منافعه للبر ولو مالاً. ويكون الوقف خيرياً إذا خصصت منافعه لجهة بر ابتداءً[4].

---

(1) م1226 مدني أردني، واستخدمت المادة 1269/ 1 مدني عراقي عبارة "الميراث والوصية" بدل "أو الوصية" التي استخدمها المشرع الأردني، واعتقد بأن النص الأردني هو الأكثر دقة، حيث يكفي أي منهما أي "الميراث لوحده" أو "الوصية لوحدها" لانتقال هذا الحق.

(2) جعل المشرع العراقي في المادة 1268 مدني عراقي المدة ثلاث سنوات متواليات.

(3) راجع المواد 1231، 1232، 701 من القانون المدني الأردني.

(4) يقصد بالوقف الخيري، كل وقف أنشىء أو جرى التعامل على صرف ريعه أو تعود منفعته على عموم الناس، أو على قسم منهم مما يدخل تحت الأمور التالية: 1- نشر الدين وإقامة الشعائر والعبادات الدينية 2- إسعاف الفقراء 3- نشر العلم والمعارف 4- أي وجوه أخرى تعود بالنفع أو الخير على المجتمع الإنساني مما لا يدخل ضمن الأمور السابقة. ويشمل ذلك المساجد والمعابد والمدارس والمستشفيات والملاجىء والمقابر وأي عقار وقف عليها، ولا يشمل أي وقف أنشىء لمصلحة الواقف أو ذريته، مما يطلق عليه اسم (الوقف الذري أو الوقف الأهلي) إلا إذا آل هذا الوقف لجهة خيرية. ولا يجري مرور الزمن في دعاوى الوقف الخيري، المواد 1، 2، 3 من قانون الأوقاف الخيرية- مرور الزمن الأردني رقم 57 لسنة 1959م.

ويكون الوقف ذرياً إذا خصصت منافعه إلى شخص أو أشخاص معينين وذرياتهم من بعدهم ثم إلى جهة من جهات البر عند انقراض الموقوف عليهم. ويكون الوقف مشتركاً إذا خصصت الغلة إلى الذرية وجهة البر معاً. ويجب في جميع الأحوال انتهاء الوقف إلى جهة بر لا تنقطع.

ووفقاً للقانون الأردني (م1242) يجوز وقف العقار والمنقول المتعارف على وقفه أي الذي يقر العرف السائد جعله محلاً للوقف. وإذا كان الموقوف عقاراً يجب تسجيله في دائرة تسجيل الأراضي. وبعد إتمام عملية الوقف لا يجوز أن يكون المال الموقوف محلاً للهبة، ولا يورث ولا يوصى به ولا يرهن ويخرج عن ملك الواقف، ولا يملك للغير.[1]

ومع مراعاة شروط الواقف تتولى وزارة الأوقاف والشؤون والمقدسات الإسلامية الإشراف على الوقف الخيري وتتولى إدارته واستغلاله وإنفاق غلته على الجهات التي حددها الوقف[2].

6- الحقوق المجردة (حقوق الارتفاق):

عرف القانون المدني الأردني الحق المجرد في المادة 1271 بأنه "ارتفاق على عقار لمنفعة عقار مملوك لآخر"[3]. ويكسب هذا الحق بالإذن أو بالتصرف القانوني أو

(1) المواد 1233، 1234، 1/1237 ، 1/1242، 1/1243 من القانون المدني الأردني.

(2) المادة 1247 مدني أردني، وراجع لمزيد من التفاصيل حول هذا الموضوع: نظام الأوقاف والشؤون والمقدسات الإسلامية والتعديلات التي طرأت عليه لغاية 1988/1/1م (المواد 1-50).

(3) وعرفت المادة 1015 مدني مصري الإرتفاق بأنه "حق يحد من منفعة عقار لفائدة عقار غيره يملكه شخص آخر، ويجوز أن يترتب الإرتفاق على مال عام إن كان لا يتعارض مع الإستعمال الذي خصص له هذا المال". وجاء في المادة 1271 مدني عراقي بأن الارتفاق "حق يحد من منفعة عقار لفائدة غيره يملكه مالك آخر". ونلاحظ هنا ضعف صياغة النص العراقي الذي نتمنى أن يكون بالشكل التالي: "الإرتفاق حق يحد من منفعة عقار لمنفعة عقار آخر".

الميراث[1]. أي أن هذا الحق يعني بأنه تكليف مفروض على عقار معين لمنفعة عقار آخر مملوك لغير مالك العقار الأول، ويفترض وجود عقارين أي شيئين ثابتين في مكانهما لا يمكن نقلهما دون تلف كالأرض والمباني فيحمل أحد هذين العقارين بالحق ويسمى العقار المرتفق به أو الخادم، وذلك لمنفعة العقار الآخر الذي يسمى بالعقار أو المخدوم. وحق الارتفاق يخول مالك العقار المخدوم سلطة استعمال العقار الخادم على نحو معين أو سلطة منع مالك العقار الخادم من بعض أوجه الاستعمال التي كان يحق له ممارستها لولا وجود الارتفاق.

ومثال هذه الحقوق، حق المرور وهو حق مقرر لعقار معين على عقار مجاور له، فيكون لمالك العقار المخدوم سلطة المرور في العقار المجاور الخادم ليصل إلى الطريق العام وهو ما يسمى بحق الارتفاق الإيجابي ويسمى أيضاً بالارتفاق غير المستمر أو الارتفاق الظاهر. ومثاله أيضاً ارتفاق عدم التعلي، وهذا الحق يحرم مالك العقار الخادم من الارتفاع بالبناء الذي يقيمه فوق ملكه عن حد معين تحقيقاً لمنفعة العقار المخدوم المجاور وهو ما يسمى بحق الارتفاق السلبي ويسمى أيضاً بالارتفاق المستمر أو غير الظاهر. وحق الارتفاق لا يرد إلا على العقارات ولا يرد على المنقولات، وهو حق يقبل التأقيت فإذا حدد له أجل معين فإنه ينتهي بحلول هذا الأجل. ويقرر هذا الحق عادة لمنفعة العقار المخدوم وليس لشخص مالكه بمعنى أن الحق يبقى ولو تغير المالك.[2]

ومن التطبيقات التي أوردها المشرع الأردني لهذه الحقوق، الحائط المشترك، وهو الحائط الذي يكون مشتركاً بين اثنين أو أكثر، بحيث لا يجوز لأي من الشركاء التصرف بزيادة البناء عليه بغير إذن الآخر. والحق الآخر هو حق الطريق الذي يعني الاشتراك بالانتفاع بالطريق العام، بحيث يكون لكل مالك على الطريق العام استخدام الطريق وفتح باب عليه، ولا يجوز سد الطريق العام أو منع أو إعاقة مرور العامة فيه.

---

(1) المادة 1272 مدني أردني، وجاء في المادة 1272 مدني عراقي: "يكسب حق الارتفاق بالعقد وبالميراث وبالوصية".
(2) محمود نعمان، المصدر السابق، ص185 ، 186.

وهناك حق المرور الذي تحدثنا عنه، وحق المجرى، وهو حق الاتصال بمصدر لري الأرض البعيدة عن مصدر المياه، وحق الشرب الذي يعني اشتراك مجموعة من الأراضي بمصدر ماء واحد، بحيث يحق لكل واحد منهم الانتفاع بحصته من هذه المياه. ومن حقوق الارتفاق الأخرى، حق المسيل، وهو حق إسالة المياه الزائدة عن الحاجة، سواء أكان مصدرها الأمطار أو الري، بمرورها في أرض الغير. [1]

وتنتهي حقوق الارتفاق بانقضاء الأجل المعين وبهلاك العقار المرتفق به أو العقار المرتفق هلاكاً تاماً وباجتماع العقارين في يد مالك واحد، إلا أنه إذا زالت حالة الاجتماع هذه زوالا يرجع أثره إلى الماضي فإن حق الارتفاق يعود، وتنتهي حقوق الارتفاق بعدم استعمالها مدة خمس عشرة سنة، فإن كان الارتفاق مقرراً لمصلحة عين موقوفة كانت المدة وفقاً للقانون المدني المصري ثلاثاً وثلاثين سنة، وفي القانون المدني العراقي ستاً وثلاثين سنة. [2]

الحقوق العينية التبعية :

الحقوق العينية التبعية وتسميها بعض القوانين العربية (المصري، السوري، العراقي) بالتأمينات العينية لا تقوم كما ذكرنا بذاتها، وإنما تكون تابعة لحق شخصي لضمان الوفاء به، ولذلك سميت بالتأمينات العينية. ويراد من هذه التأمينات تجنب مخاطر ومساوئ الضمان العام الذي يضمن الوفاء بديون المدين عادة بغض النظر عن نوع الدائن.

ومن أهم مخاطر الضمان العام قدرة المدين على التصرف في أمواله دون أن يكون للدائن حق تتبع هذا المال والتنفيذ عليه بحقه. ويقتصر ضمان الدائن على ما يوجد في ذمة المدين من أموال وقت التنفيذ. ومن المحتمل جداً أن تكون هذه الذمة وقت التنفيذ خاوية ولا يوجد فيها ما يمكن سداد الدين منه.

---

(1) القيام، 209-212.
(2) المواد 1026 ، 1027 مدني مصري والمواد 1281 ، 1282 مدني عراقي.

كذلك فإن حق الضمان العام مقرر لمصلحة جميع الدائنين على قدم المساواة بغض النظر عن تأريخ نشوء حقوقهم إن كانت حديثة أم قديمة. ومقتضى هذا أن إعسار المدين حينما تكون أمواله غير كافية للوفاء بحقوق دائنيه، يعني قسمة الأموال بينهم قسمة غرماء، حيث يأخذ كل واحد منهم حصة تتناسب مع نسبة دينه.

وإزاء هذه المخاطر هيأت القوانين وسائل أخرى لضمان حقوق الدائنين، أهمها الحقوق العينية التبعية التي تضمن للدائن تتبع المال الذي ورد الحق عليه عند تصرف المدين فيه في أي يد يكون للتنفيذ عليه. كما تخول هذه الحقوق الدائن حق التقدم على غيره في استيفاء حقه على غيره من الدائنين العاديين والدائنين أصحاب الحقوق العينية التبعية التاليين له في المرتبة.

وتتمثل الحقوق العينية التبعية في حق الرهن التأميني الذي يسميه المشرع المصري (الرهن الرسمي) ويسميه القانون اللبناني (التأمين الرضائي)، وهو عقد يكسب به الدائن على عقار مخصص لوفاء دينه حقاً عينياً يكون له بمقتضاه التقدم على الدائنين العاديين والدائنين التاليين له في المرتبة استيفاء حقه من ثمن ذلك العقار في أي يد يكون. ولا ينعقد هذا الرهن إلا بتسجيله، ويلتزم الراهن بنفقات العقد ما لم يتفق على غير ذلك. ولهذا سمي بالعقد الرسمي لأنه عقد يقوم بتحريره موظف عام هو الموثق بمكتب التوثيق، وهو لا يرد إلا على عقار على عكس الحال مع الرهن الحيازي الذي يمكن أن يرد على عقار أو منقول.

أما الرهن الحيازي فهو حق عيني تبعي يتقرر للدائن بواسطة عقد بينه وبين الراهن على شيء يسلم إليه أو إلى أجنبي، يكون له بمقتضاه أن يحبس الشيء لحين استيفاء الدين، وإن يتقدم على الدائنين العاديين والدائنين التالين له في المرتبة في اقتضاء دينه من المقابل النقدي لذلك الشيء في أي يد يكون.

ويذكر لنا القانون المدني المصري نوعاً آخر من الحقوق العينية التبعية وهو حق الاختصاص في المواد (1085-1095) منه. وبموجب هذا الحق يجوز لكل دائن بيده حكم واجب النفاذ صادر في موضوع الدعوى يلزم المدين بشيء معين أن يحصل، متى

كان حسن اللبنة، على حق اختصاص بعقارات مدينه ضماناً لأصل الدين والفائـدة والمصروفات. ويتمتـع صـاحب حق الاختصاص بالمزايا التي يتمتع بها الدائن المرتهن رهناً تأمينياً.

والنوع الآخر من الحقوق العينية التبعية هي حقوق الامتياز، أو كـما يسميها القانون المدني الأردني (التوثيق العيني بنص القانون). وهي حقوق تتقرر فعلاً بنص القانون ضماناً للوفـاء بـدين معـين مراعـاة لصفتـه. وتنقسم حقوق الامتياز من حيث الأموال التي ترد عليها إلى حقوق امتياز عامة، وهـي الحقوق التي تـرد عـلى جميع أموال المدين من منقول وعقار، وحقوق امتياز خاصة، وهي الحقوق التي تـرد عـلى مـال معـين مـن أمـوال المدين، سواء أكان هذا المال منقولاً أم عقاراً[1].

ثانياً: الحقوق الشخصية

عرف البعض الحق الشخصي بأنه "اختصاص شخص يسمى الـدائن بمـال في ذمـة شخص آخر يسـمى المدين اختصاصاً يقره القانون"[2]. والحق الشخصي على هذا الأساس يقوم على وجود رابطة بـين شخصـين أحـدهما دائن والآخر مدين. ويكون للدائن بمقتضى هذه الرابطة الحق في مطالبة المـدين بإعطـاء شيء أو القيـام بعمـل أو الامتناع عن عمل. فالحق الشخصي يتكون من عناصر ثلاثـة: الـدائن والمـدين وموضـوع الحـق. ويلاحـظ أن هـذه العلاقة بين الدائن والمدين يطلق عليها لفظ الحق الشخصي إذا نظرنا إليها من جانب الدائن، ويطلق عليها لفظ الالتزام حينما ينظر إليها من جانب المدين[3].

---

(1) حسام الدين الأهواني، المدخل للعلوم القانونية، ج2، المصدر السـابق، ص426، عبد المـنعم فـرج الصـده، المصـدر السـابق، ص343، محمود نعمان، المصدر السابق، ص190.

(2) عباس الصراف، ص130.

(3) ويطلق على الحق الشخصي أيضاً حق الدائنيه وذلك بالنظر إلى مركز الدائن. أنظر: عبد المجيد الحكيم، عبد البـاقي البكـري، محمـد طه البشير، الوجيز في نظرية الالتزام في القانون المدني العراقي، ج1، مصادر الالتـزام، العـراق 1980، ص3، حسام الـدين الأهوانـي، ص428.

واصطلاح الحق الشخصي أو الالتزام اصطلاح مأخوذ عن الفقه الغربي المشتق من القانون الروماني، أمـا الفقه الإسلامي فلم يرد فيه هذا الاصطلاح بالمعنى الذي حـددناه، فلفـظ (الحـق) في الفقـه الإسلامي ينصرف إلى جميع الحقوق المالية وغير المالية، فيقال حق الله وحق العبد، وينصرف إلى ما ينشأ عن العقـد مـن التزامـات غير الالتزام الذي يعتبر حكم العقد، فعقد البيع مثلاً حكمه نقل ملكية المبيع أما حقوقه فتسليم المبيع ودفع الثمن.[1]

ولا تقع الحقوق الشخصية تحت حصر، فهي تتنوع بحسب نوع الأداء الذي يلتزم به المدين. والقاعـدة في هذا الشأن أن للأفراد الحرية في أن يتفقوا على ما يروق لهم من حقوق لتنظيم مصـالحهم طبقاً لمبـدأ سـلطان الإرادة. وحريتهم في هذا لا يحدها إلا أن يكون اتفاقهم غير مخالف للنظام العام أو الآداب.[2]

ويمكن تلخيص الفروق الأساسية بين الحق العيني والحق الشخصي، بأن الحق العيني يمثل سلطة مباشرة لشخص معين على شيء معين، أما الحق الشخصي فهو رابطة قانونية بين شخصين أحدهما الدائن وثـانيهما المـدين، ويطالب الدائن المدين بمقتضى هذه الرابطة بإعطاء شيء أو القيام بعمل أو الامتناع عن عمل.

ولا يخول الحق الشخصي صاحبه حق التتبع أو التقدم كما هو الحال بالنسبة للحـق العينـي، فجميـع الدائنين بالحقوق الشخصية متساوون في استيفاء حقوقهم من أموال المدين. كذلك فإن الحقوق الشخصية لم تـرد على سبيل الحصر ولا حدود لعددها، أما الحقوق العينية فقد وردت على سبيل الحصر، ولا يجوز للأفراد إنشاء أي حق عيني لم يرد في القانون.

---

(1) أنور سلطان، المصدر السابق، ص3.
(2) الصده، ص332.

ثالثاً: الحقوق المعنوية

يطلق هذا النوع من الحقوق على الأشياء غير المادية، وقد سميت بالحقوق المعنوية والأموال المعنوية والحقوق الذهنية وحقوق الإنتاج الفكري والحقوق الفكرية والملكية الفكرية والحقوق الأدبية والفنية والصناعية والتجارية.

وأطلق المشرع الأردني على هذا النوع من الحقوق، الحقوق المعنوية لدى تقسيمه الحقوق، إذ قضى في المادة (67) من القانون المدني الأردني بأن الحق قد يكون "شخصياً أو عينياً أو معنوياً".

وعرفها في المادة (71) مدني أردني بأنها "الحقوق التي ترد على شيء غير مادي".[1] لذلك يمكن القول بأن نطاق هذا النوع من الحقوق يضم كل ما يخرج عن دائرة الحقوق الشخصية والعينية[2]. وهذا ما دفعنا فعلاً إلى تسميتها بالحقوق المعنوية مسايرة منا لتسمية القانون المدني الأردني لها، مع أن التسمية الأكثر دقة كما يرى غالبية الفقهاء هي الحقوق الذهنية أو الإنتاج الذهني.

إن هذا النوع من الحقوق هو أسمى ما تتميز به الإنسانية وما يخرجه المفكر ليرقى سلم الحضارة، هذا المفكر الذي يقدم لنا عصارة ذهنه، ليصور لنا ملاحظاته وما يحيط به، مسخراً عقله لخدمة الإنسانية في مناحي الحياة كافة. وهذا ما حدا بالمشرع للعمل على حماية هذا الإنتاج الذهني على الصعيد الوطني والدولي من السطو عليه، وارتكاب الغش والتدليس وانتزاع أفكار الغير وإبداعاتهم. وهذه القوانين بما فيها قواعد القانون الدولي الخاص تحمي حقوق التأليف والإنتاج الأدبي والفني والاختراع والعلامات

---

(1) واجتهد البعض لتعريف حق الملكية الفكرية بالقول أنها "سلطة مباشرة يعطيها القانون للشخص على منتجات عقله وتفكيره كافة، وتمنحه مكنة الاستئثار والإنتفاع بما تدر عليه هذه الأفكار من مردود مالي للمدة المحددة قانوناً ودون منازعة أو اعتراض من أحد"، عامر محمود الكسواني، الملكية الفكرية، دار الجيب للنشر والتوزيع، عمان 1998، ص68.

(2) زين الدين صلاح، الملكية الصناعية والتجارية، ط1، دار الثقافة للنشر والتوزيع، عمان 2000، ص15.

التجارية والصناعية والرسوم والنماذج، وشتى تشريعات مكافحة المنافسة غير المشروعة والغش التجاري [1].

ولغرض الإلمام بهذا النوع من الحقوق سنتناولها في عدة نقاط وبالشكل التالي:

1- حق المؤلف:

المؤلف هو كل من ينتج إنتاجاً ذهنياً أياً كان نوعه وأياً كانت طريقة التعبير عنه وأياً كانت أهميته طالما كان مبتكراً، فهو الشخص الذي يُنشر المصنف منسوباً إليه بذكر اسمه على المصنف أو بأية طريقة أخرى. والمصنف هو كل إنتاج ذهني أياً كان مظهر التعبير عنه سواء بالكتابة أو الرسم أو التصوير أم الصوت أم الحركة أم بغير ذلك من وسائل التعبير [2].

ويعتبر مؤلفاً الشخص الذي ينشر المصنف منسوباً إليه سواء كان ذلك بذكر اسمه على المصنف أو بأي طريقة أخرى، إلا إذا قام الدليل على غير ذلك. ويسري هذا الحكم على الاسم المستعار بشرط ألا يكون هناك أي شك في شخصية المؤلف الحقيقية.

وللمؤلف وحده الحق في أن ينسب إليه مصنفه وأن يذكر اسمه على جميع النسخ المنتجة كلما طرح المصنف على الجمهور، وله الحق في تقرير نشر مصنفه وتعيين طريقة النشر وموعده، وله الحق في إجراء أي تعديل على مصنفه ودفع أي اعتداء عليه. وله الحق أيضاً في سحب مصنفه من التداول إذا وجدت أسباب جدية ومشروعة لذلك. يضاف إلى ما تقدم حق المؤلف في استغلال مصنفه استغلالاً مالياً بأية طريقة يختارها مـن خـلال طبع المصنف أو استنساخه أو ترجمته أو نقله إلى الجمهور عن طريق التلاوة

---

(1) أحمد سويلم العمري، حقوق الإنتاج الذهني، دار الكاتب العربي للطباعة والنشر، القاهرة 1967، ص5 – 6.
(2) محمود نعمان، ص194.

أو الإلقاء أو العرض أو التمثيل أو النشر الإذاعي أو التلفزيوني أو السينمائي أو أية وسيلة أخرى. [1]

هذا وقد كفلت الكثير من دساتير العالم حماية حقوق الإنسان على انتاجه الفكري في إطار ما كفلته من حماية لحقوق الإنسان الشخصية التي من أبرزها حقه في الابتكار والتفكير، وما يتضمنه ذلك مـن حقـوق خاصـة بحرية الرأي والتعبير والبحث، مع مراعاة تلبية احتياجات المجتمع إلى المعرفة مـن خـلال مـنح أفـراده الحـق في الانتفاع بثمار ونتاج العقل البشري في مجالات الآداب والعلوم والفنون. كما أكـدت المواثيـق الدوليـة عـلى أهميـة مراعاة الجهود الشخصية للمؤلفين، وتقدير الدور الذي يضطلعون به في إثراء المعرفة الإنسانية من خلال إبداعاتهم الفكرية، ذلك أن دورهم الروحي هذا يعود بالخير على الإنسانية جمعاء ويعيش عـلى مـر الأزمـان، ويـؤثر بشـكل جوهري في تطور الحضارة. ومن هنا يتوجب على الدول أن تكفل لهم أكبر قدر من الحماية لإنتاجهم الفكري. [2]

2- الحقوق المعنوية الصناعية:

فرض المشرع حماية حق المخترع مثلما فرض حماية حق المؤلف، فالحقان ثمرة من ثمار الفكر والابتكار، بل إن حماية حق المخترع من الناحية التأريخية سبقت في بعض البلدان حماية حق المؤلف. ويتمثل حـق المختـرع في براءة اختراع تمنح له، متى استوفى حقه الشروط الواجبة، وتسجل هذه الـبراءة فيضـفي التسـجيل عليهـا حمايـة تفرض واجبات وحقوق لصاحب البراءة. [3]

---

(1) المواد من (4-10) من قانون حماية حق المؤلف الأردني رقم 22 سنة 1992 المعدل في الأعوام 1998، 1999، 2001.

(2) نواف كنعان، المصدر السابق، ص8.

(3) أحمد عبد الرزاق السنهوري، الوسيط في شرح القانون المدني، ج8، حق الملكيـة، دار إحيـاء الـتراث العـربي، بـيروت- بـلا سنة طبع، ص450-451.

ويتمتع الشخص الحاصل على براءة الاختراع بالحق في استغلال أو استثمار أو تصنيع أو إنتاج اختراعه أو الإذن لجهة أخرى بالاستفادة مـن الاختـراع المـذكور. وإذا قام المختـرع بـإجراء تسجيل اختراعـه فـي سجل الملكيـة الصناعية، فعندئذ يزور شهادة براءة اختراع. وقد تكون براءة الاختراع باسم المتجر أو المحـل التجاري الـذي يقوم بتصنيع مواد معينة وتسويقها، وفي هذه الحالة إذا انتقلت ملكية المتجر إلى تاجر جديد، فيمكن النـص في العقد على انتقال حق استغلال الاختراع المذكور مع عناصر المتجر الأخرى إلى المالك الجديد. أمـا إذا كان نشـاط المتجـر ينحصر كلياً في استغلال براءة الاختراع المذكور، كأن يكون مصنفاً مخصصاً لتصنيع آلة معينة طبقاً للفكرة التـي وردت في براءة الاختراع، ففي حالة بيع المصنع المذكور، فإن حق استغلال براءة الاختراع المشار إليـه، ينتقـل إليـه دون الحاجة إلى النص على ذلك في عقد بيع المصنع. [1]

هذا وقد عرف بعض الأساتذة الاختراع بأنه "كل اكتشاف أو ابتكار جديد قابل للاستغلال الصناعي، سواء كان ذلك الاكتشاف أو الابتكار متعلقاً بمنتجات صناعية جديدة، أم بطرق ووسائل مستحدثة أو بهما معاً"[2].

وعرفه قانون امتيازات الاختراعات والرسوم الأردني رقم (22) لسنة 1953 في المـادة الثانيـة منـه[3]، بأنه "نتاج جديد أو سلعة تجارية جديدة أو استعمال أية وسيلة اكتشفت أو عرفت أو استعملت بطريقة جديدة لأيـة غاية صناعية". كما عرف قانون براءات الاختراع الأردني رقم (32) لسنة 1999[4]، الاخـتراع بأنـه "أي فكـرة إبداعيـة يتوصل إليها

---

(1) فوزي محمد سامي، شرح القانون التجاري، ج1، الطبعة الأولى/ الإصدار التاسع، دار الثقافة للنشر والتوزيع، عمان 2004، ص184.
(2) صلاح الدين الناهي، الوجيز في الملكية الصناعية والتجارية، دار الفرقان، عمان 1982، ص87.
(3) نشر هذا القانون في الجريدة الرسمية الأردنية، العدد 1131 في 1953/4/17، ص491.
(4) المنشور في الجريدة الرسمية، العدد 4389 بتاريخ 1999/11/1، ص4256.

المخترع في أي من مجالات التقنية وتتعلق بمنتج أو بطريقة صنع أو بكليهما تؤدي عملياً إلى حل مشكلة معينة في أي من هذه المجالات"[1].

3- الحقوق المعنوية التجارية (العلامات والأسماء التجارية):

تعني العلامات التجارية، الأسماء والكلمات والإحصاءات والحروف والأرقام والرسوم والرموز والدمغات والأختام والتصاوير والنقوش البارزة، وأية علامة أخرى أو مجموعة منها يستخدم أو يراد به أن يستخدم، إما لتمييز منتجات عمل صناعي أو استغلال زراعي أو أية بضاعة، أو للدلالة على مصدر المنتجات أو البضائع أو نوعها أو مرتبتها أو صنفها أو طريقة تحضيرها[2].

وعرفها بعض الأساتذة[3]، بأنها: "إشارة توسم بها البضائع والسلع والمنتجات أو تُعلم تمييزاً لها عما يماثلها من سلع تاجراً آخر أو منتجات أرباب الصناعات". وعرفها قانون العلامات التجاري الأردني رقم (33) لسنة 1952 المعدل بالقانون رقم (34) لسنة 1999 بأنها "أي إشارة ظاهرة يستعملها أو يريد استعمالها أي شخص لتمييز بضائعه أو منتجاته أو خدماته عن بضائع أو منتجات أو خدمات غيره".

أما الاسم التجاري فهو الاسم الذي يتخذه التاجر لتمييز محله التجاري عن المحلات الأخرى. وفي الغالب يكون الاسم التجاري إسماً مستعاراً أو مبتكراً، مثال ذلك فندق هيلتون أو نقليات جرش أو مصنع الهلال أو أسواق البتراء ...الخ. ولا شك أن للاسم التجاري أهمية في جذب الزبائن وحركة النشاط التجاري للمتجر.

---

(1) وعرفت المادة الأولى من قانون براءات الاختراع المصري رقم 132 لسنة 1949 براءة الاختراع بقولها: "تمنح براءة الاختراع وفقاً لأحكام هذا القانون، عن كل ابتكار جديد قابل للإستغلال الصناعي، سواء أكان متعلقاً بمنتجات صناعية جديدة أم بطرق أو وسائل صناعية مستحدثة أم بتطبيق جديد لطرق أو وسائل صناعية معروفة".

(2) السنهوري، الوسيط، ج8، المصدر السابق، ص466.

(3) صلاح الدين الناهي، المصدر السابق، ص233.

أما العنوان التجاري فيقصد به الإسم الذي يتخذه التاجر سواء أكان شخصاً طبيعياً أم معنوياً، ليزاول به معاملاته التجارية، ويوقع به أوراقه المتعلقة بهذه المعاملات، ويكتبه عـلى مـدخل متجـره ليميـزه عـن غـيره مـن المتاجر المشابهة، فيلتف حوله العملاء ويقصدونه، فهو دالة الغير على شخص التاجر، وسبيلهم في تحديـد انتمائـه ووضع ثقتهم به. أما الشعار أو كما يطلق عليه البعض التسمية التجارية أو اللافتة، فهي التسمية التي قد يتضمنها العنوان التجاري لتمييز المتجر عن غيره من المتاجر المشابهة. وتكون عـادة تسـمية مبتكـرة تنطـوي عـلى شيء مـن الجدة والظرافة التي يكون لها وقع في نفوس العملاء، فتجذبهم إلى التعامل مع المتجر. [1]

_____

(1) فوزي محمد سامي، المصدر السابق، ص180، عزيز العكيلي، المصدر السابق، ص234.

الباب الثاني
أركان الحق

الركن كما هو معروف هو ما لا يمكن وجود الشيء دون وجوده. ويبدو أن الفقه اتفق على أن يكون أشخاص الحق هم الركن الأول فيه، ومحل الحق، أي الشيء الذي يرد عليه الحق، سواء أكان شيئاً معيناً بالذات أو عملاً أو امتناع عن عمل يلتزم به المدين هو الركن الثاني فيه. ولكن جانباً من المعنيين بهذا الأمر يذهب إلى وجود ركن ثالث للحق وهو إقرار القانون بوجود الحق أو ما يسمى بالحماية القانونية للحق.[1] وسنشير في تناولنا لهذه الأركان على أساس وجودها الثلاثي.

الفصل الأول
أشخاص الحق

الشخص في غير المجال القانوني هو الإنسان، أما الشخص في نظر القانون فهو كل كائن صالح لأن تكون له حقوق وعليه التزامات، فهو يشمل الإنسان، ويقال له الشخص الطبيعي، ولهذا الشخص بداية وأدوار يمر بها ثم نهاية، كما يشمل مجموعة من الأشخاص أو الأموال يسبغ القانون عليها الشخصية القانونية فتصبح شخصاً اعتبارياً أو معنوياً أو كما يسميها البعض بالأشخاص الحكمية. ولا يشترط لثبوت وصف الشخص لكائن معين أن تتوافر له الصلاحية لكسب جميع الحقوق، والتحمل بكل الالتزامات، بل يكفي لذلك توافر الصلاحية لكسب حق واحد فأكثر. فشخص الحق إذن، هو الشخص

(1) سمى البعض (رمضان أبو السعود ص285 هذه الأركان بالعناصر مع أنه استخدم مصطلح الأركان). ونعتقد بأن استخدام الأركان هو أولى وأدق من استخدام العناصر.

القانوني أي الشخص الذي يحيا حياة قانونية. وقد يكون هذا الشخص طبيعياً (أي إنساناً) وقد يكون غير آدمي فيكون معنوياً أو اعتبارياً [1].

في ضوء ما تقدم سنقسم هذا الفصل إلى مبحثين يتناول الأول منهما الشخص الطبيعي، ويتناول الثاني منهما الشخص المعنوي أو الاعتباري.

المبحث الأول
الشخص الطبيعي

الشخص الطبيعي الذي له إرادة محسوسة. ولذلك لا ينطبق هذا الوصف على الجماد أو الحيوان حيث لا إرادة لهما. ويعد كل إنسان اليوم شخصاً في نظر القانون ويصلح للتمتع بالحقوق والتحمل بالالتزامات، أي أن الشخصية القانونية تثبت للإنسان باعتباره كائناً اجتماعياً متميزاً عن غيره من الكائنات، وقد وضعت القوانين والأنظمة والتعليمات أصلاً لتنظيم شؤونه. ولذلك فإن الإنسان يعتبر ولاشك سبباً لوجود كل هذه القوانين، وأن نشاطه وسلوكه يعتبر أيضاً سبباً لتطوير وتغيير النصوص القانونية القائمة بأفضل منها، بحيث تنسجم مع حاجاته ومع الزمن الذي يعيش فيه. ويأتي هذا الوضع خلافاً لما كان عليه الوضع في بعض المراحل التي مرت بها البشرية، وهي مراحل وجود الرقيق الذين حرموا من أبسط الحقوق الإنسانية، ولم يعترف لهم بالشخصية القانونية، بل كانوا يخضعون لقوانين الأشياء وليس لقوانين الأشخاص.

---

(1) ويلاحظ أنه لا يشترط لوجود الشخصية القانونية أن يكون للإنسان المقدرة على اكتساب الحق والتحمل بالإلتزام بنفسه، فتلك المقدرة تثبت للإنسان إذا وصل إلى مرحلة التمييز. ولكن إذا تخلف التمييز فليس معنى ذلك أن الإنسان لا يعد شخصاً في نظر القانون، حيث لازال برغم انعدام تمييزه صالحاً لإكتساب الحقوق والتحمل بالإلتزامات، عن طريق من يمثله قانوناً. راجع: الصده، ص385، رمضان أبو السعود، ص286.

والحيوان ليست له شخصية، والقوانين التي تفرض على الإنسان حماية الحيوان والرفق به لا تخلق مـن هذا الالتزام حقاً لهذا الحيوان، إنما يؤسس ذلك على فكرة أخلاقية ورحمة إنسانية بهذا الكائن بالإضافة إلى إحراز هدف آخر وهو الوصول إلى تحقيق مصلحة الإنسان ذاته، خصوصاً فيما يتعلـق بحاجـة الإنسـان لهـذا الحيـوان لحمايته أو حماية حيواناته أو مساعدته على كشف الجريمة أو دوره في حماية التـوازن البيئـي أو إشـباع حاجاتـه الاقتصادية.

وعلى الرغم من أن كل إنسان يعد اليوم شخصاً من أشخاص القانون، إلا أن ذلك لا يعني أن كل إنسـان يملك الأهلية الكاملة. ولهذا يجب التفرقة بين الشخصية القانونية للإنسان في وجوده والتي تتمثل بأهلية الكاملـة، ولهذا يجب التفرقة بين الشخصية القانونية للإنسان في وجوده والتي تتمثل بأهلية الوجوب، وشخصية الإنسان في نشاطه القانوني المتنوع الذي يتمثل بتمتعه بأهلية الأداء. وهذا النوع من الأهلية يشترط فيه توافر عنصر- الإرادة. أما مجرد وجود الشخص فلا يشترط فيه توافر الإرادة الواعية، فالمجنون شخص والطفل شخص، ولكـن تنقصـهما أهلية الأداء لانعدام التمييز لديهما، ولهذا فإنهما قد يحرمان من بعض الحقوق مثل الحقوق السياسية كالانتخـاب أو الترشيح لعضوية المجالس التشريعية أو المحلية، وكذلك إبرام التصرفات التعاقديـة التـي تقتضي- تمتـع الإنسـان بالأهلية الكاملة[1].

والشخص بمجرد ولادته حياً لابد له من اسم يميزه عن غيره وهو مـا أشرنا إليـه سـابقاً. ولابـد هنـا مـن دراسة بداية حياة الإنسان والأدوار التي يمر بها ثم نهاية هـذه الحياة التـي تعنـي انتهاء الشخصـية القانونيـة للإنسان، ويجدر بنا في هذه المناسبة أيضاً دراسة حالة الإنسان التي تشمل الحالة السياسية بتحديد جنسيته أي انتمائه إلى دولة معينة والحالة العائلية التي تحدد مركز الشخص من أسرته باعتباره عضواً فيها. ومـن السـمات المهمة للشخصية القانونية الموطن الذي يتيح معرفة مقر الشخص ومكانه. والأمور الأساسية

---

(1) الداودي ص238، الصده ص387.

السـهـل
في شرح القانون المدني

واجبة الدراسة بهذا الشأن الأهلية التي تشمل أهلية الوجوب وأهلية الأداء، وكذلك الذمة المالية التي تعبر عن مجموع ما يكون للشخص من حقوق وما عليه من التزامات.

إن ما تقدم يحتاج إلى المزيد من التفصيل والإيضاح، وهو ما سنتولاه على النحو التالي:

المطلب الأول
بداية شخصية الإنسان والأدوار التي يمر بها

أولاً: بداية شخصيته الإنسان

نصت المادة (30) من القانون المدني الأردني على "1- أن تبدأ شخصية الإنسان بتمام ولادته حياً، وتنتهي بموته 2- ويعين القانون حقوق الحمل المستكن"[1].

يتبين من هذا النص بأن المشرع يشترط لثبوت الشخصية القانونية للإنسان أن يولد أولاً وأن يكون حياً بعد ولادته ثانياً.

ويقصد بالميلاد الذي يسميه البعض بالميلاد الفعلي تمام الولادة بخروج كل جسم المولود وانفصاله تماماً عن جسم أمه أو كما تسميه بعض القوانين كالقانون المدني الفلبيني انفصال المولود عن رحم أمه. ويتحقق ذلك بقطع الحبل السري الذي يربط الجنين بأمه، فلا يكفي خروج بعض أعضاء الجسم دون البعض الآخر، وهذا هو المقصود بتمام الولادة. وبناءً على ذلك إذا خرج بعض أعضاء المولود أو معظمها إلى الحياة، ولكنه مات قبل خروج الباقي من الأعضاء، فلا تثبت له الشخصية القانونية. والشرط الآخر لبدء الشخصية القانونية أن يكون الوليد حياً ولو للحظة واحدة. ويمكن التعرف على حياة المولود من خلال بعض المظاهر كالصراخ والحركة والتنفس. ويمكن إثبات ذلك بشهادة الشهود وطرق الإثبات الأخرى، فإذا تعذر ذلك أمكن اللجوء إلى أهل الخبرة من الأطباء.

(1) وتأتي هذه المادة مطابقة لنص المادة (29) من القانون المدني المصري، وهي مطابقة في فقرتها الأولى للفقرة الأولى من المادة 34 من القانون المدني العراقي، أما الفقرة الثانية للمادة العراقية فقد جاء فيها: "ومع ذلك فحقوق الحمل يحددها قانون الأحوال الشخصية".

ولا يلزم لاكتساب الشخصية القانونية أن يكون للجنين هيئة البشر، فتشوه الجنين أو شذوذ خلقته أو هيئته لا يحول دون ثبوت الشخصية القانونية له ما دام قد انفصل عن أمه حياً.[1]

وتُفصل بعض القوانين المقصود بولادة الجنين حياً، إذ يشترط القانون الفرنسي شرطان لاكتساب المولود الشخصية القانونية وهما: إن يولد حياً من جهة (Vivant)، وأن يكون قابلاً للحياة (Viable) من جهة ثانية. فإذا ولد حياً وكانت وفاته محتومة لنقص في أعضائه وتكوينه، فلا يكتسب بحسب القانون الفرنسي- أو من يأخذ باتجاهه الشخصية القانونية[2].

ويضع أهل الخبرة في سويسرا معيار الحياة بأن يكون الطفل بعد تمام خروجه من بطن أمه قد تنفس أو لوحظ ضربات قلبه وأن يزيد طوله على ثلاثين سم. ويجب أن يكون الانفصال عن بطن الأم بناء على الميلاد وليس إجهاضاً. ولما كانت أقل مدة للحمل ستة أشهر فإن الانفصال الذي قبل ذلك يكون إجهاضاً وليس ميلاداً، ومن ثم لا يكتسب الشخصية القانونية حتى ولو كانت فيه بعض مظاهر الحياة عند الانفصال. ولا يشترط وفقاً لهذا القانون أن يكون المولود قابلاً للحياة في المستقبل، وإنما يكفي أن يكون حياً وقت الميلاد.[3]

ووفقاً للمادة (41) من القانون المدني الفلبيني يتمتع الجنين بالشخصية القانونية عند تمام ولادته حياً وانفصاله عن رحم أمه.

---

(1) ويحدد القانون المدني الألماني بدء أهلية الإنسان بتمام ولادته دون الإشارة إلى ضرورة أن يكون حياً وهو ما جاء في:
Book1, General Part, Divisionl, Persons, Title1, Section 1, Beginning of legal capacity: "The legal Capacity of a human begins on the completion of birth".

(2) هشام القاسم، ص306.

(3) حسام الدين الأهواني، ص89.

وفي كل الأحوال إذا ولد الجنين بعمر يقل عن سبعة أشهر وتوفي خلال (24) ساعة بعد تمام انفصاله عن رحم أمه فلا يعتد بولادته.[1]

هذا وقد اختلف الفقهاء المسلمون بالنسبة لوقت تحقق شرط ولادة المولود حياً، فذهب بعضهم إلى أن هذا الشرط يتحقق في المولود إذا ظهر أكثره حياً ولو مات قبل تمام ولادته. بينما يرى البعض الآخر أنه لابد من ولادته كله حياً. ويبدو أن القوانين العربية ومنها المصري والعراقي والأردني والإماراتي (م71)، والكويتي (م9) تأخذ بالرأي الأخير[2].

ويعين القانون حقوق الحمل المستكن أي الجنين. والحقوق التي يعترف بها للجنين بحسب الشريعة الإسلامية وقوانين الأحوال الشخصية المستمدة منها هي، النسب والإرث والوصية والوقف. فللجنين الحق في أن ينسب إلى أبيه، وله الحق في الإرث الذي يؤول إليه والوصية التي يوصى له بها والوقف الذي يوقف عليه. وفي الإرث الشرعي حيث للذكر مثل حظ الأنثيين يحتفظ له بنصيب الذكر، فإذا ظهر ذكراً بعد الولادة أعطي النصيب الذي حفظ له، وإذا ظهر أنثى أعيد توزيع التركة على هذا الأساس ووزع الفرق على مستحقيه.[3]

---

(1) Chapter "2" Natural persons Art 41: " For civil purposes, the fetus is considered born if it is alive at the time it is completely delivered from the mother's womb. However, if the fetus had an intra-uterine life of less than seven months, it is not deemed born if it dies within twenty- four hours after its complete delivery from the maternal womb".

(2) للمزيد من التفاصيل راجع: السيد سابق، فقه السنة، المجلد الثالث، الطبعة الحادية والعشرون، القاهرة 1999، ص309. هشام القاسم، ص306.

(3) المواد 2/30 مدني أردني، 2/34 مدني عراقي، 2/29 مدني مصري. وقد جاءت المادة العاشرة من القانون المدني الكويتي متميزة عن غيرها في معالجتها لهذا الموضوع بقولها: 1- الحمل المستكن أهل لثبوت الحقوق التي لا يحتاج سببها إلى قبول، وذلك بشرط تمام ولادته حياً. 2- ومع ذلك تجوز له الهبة الخالصة، وتجب عليه الإلتزامات التي تقتضيها إدارة ماله ولاحظ أيضاً: محمود عبد الله بخيت، محمد عقله العلي، المصدر السابق، ص25.

وقد بين قانون الأحوال المدنية الأردني رقم (9) لسنة 2001 المعدل بالقانون المؤقت رقم (17) لسنة 2002 الإجراءات واجبة الإتباع عند حصول الولادة، فنصت المادة (13) منه على ضرورة أن يتم التبليغ عن الولادة لدى أي مكتب خلال ثلاثين يوماً من تأريخ حدوثها على الأنموذج الذي تعده الدائرة لهذه الغاية، وإذا لم يكن في الجهة التي حدثت فيها الولادة مكتب، يكون التبليغ إلى المختار الذي عليه أن يبلغ المكتب التابع له خلال ثلاثين يوماً من تأريخ تبليغه بالواقعة. وحددت المادة (14) من هذا القانون الأشخاص المكلفين بالتبليغ عن الولادة وهم: الوالد أو الوالدة، أي من الأقارب البالغين حتى الدرجة الرابعة، الأطباء ومديروا المؤسسات كالمستشفيات ودور الولادة والسجون والمحاجر الصحية وغيرها عن الولادات التي تقع فيها والقابلة المأذونة، ثم المختار. ولا يقبل التبليغ وفقاً لنص المادة (14) السالفة إلا من قبل المكلفين به قانوناً، وتكون مسؤولية التبليغ متدرجة حسب التسلسل الوارد في القانون[1].

ثانياً: الأدوار التي يمر بها الإنسان:

يمر الإنسان منذ ولادته بثلاثة أدوار، الدور الأول يكون الإنسان فيه غير مميز وعديم الأهلية، والدور الثاني يكون فيه الإنسان ناقص التمييز وناقص الأهلية، وهو أكثر الأدوار اختلافاً في القوانين الوضعية، ويكتمل في الدور الثالث تمييز الإنسان ببلوغه سن الرشد واكتمال أهليته، علماً بأن سن الرشد ليس واحداً ويختلف من دولة إلى أخرى.

الدور الأول: الصبي غير المميز

يبدأ هذا الدور من أدوار حياة الإنسان بميلاده وينتهي ببلوغه سن التمييز. وفي هذا الدور يكون الصغير فاقد التمييز لضعف بنيته وقصور عقله، ويتمتع بأهلية وجوب كاملة وليست له أهلية أداء على الإطلاق، وقد عرفت المادة 943 من مجلة الأحكام العدلية الصغير غير المميز في هذا الدور بأنه "هو الذي لا يفهم البيع والشراء، يعني من

---

(1) ويشبه قانون الأحوال المدنية المصري رقم 143 لسنة 1994 قانون الأحوال المدنية الأردني إلى حد كبير، ولكن القانون المصري أوجب التبليغ عن وقائع الميلاد خلال خمسة عشر يوماً من تأريخ حدوث الواقعة. حسام الدين الأهواني، ص101.

لا يعرف أن البيع سالب للملكية والشراء جالب لها، ولا يفرق بين الغبن الفاحش الظاهر كالتغرير في العشرة خمسة وبين الغبن اليسير ويقال للذي يميز ذلك: صبي مميز". ولا يستطيع الصبي في هذا الدور أن يقوم بأي عمل من الأعمال القانونية بنفسه، وأي تصرف يجريه يعد باطلاً. ويستوي في هذا أن يكون التصرف الذي يجريه الصبي غير المميز نافعاً نفعاً محضاً أو ضاراً ضرراً محضاً أو دائراً بين النفع والضرر. وفي هذه المرحلة يحق للصغير ولكل ذي مصلحة المطالبة ببطلان التصرف، وللقاضي أن يقضي ببطلان التصرف من تلقاء نفسه، ولا يلحق هذا التصرف الإجازة، سواء من الصغير بعد بلوغه سن الرشد أو من وليه. كذلك لا يصح الوفاء الحاصل للصبي غير المميز من مدينه. ويرتب الفقه على ذلك اعتبار تسليم البيع إلى الطفل وفاء باطلاً، فإذا هلك في يده، كان الهلاك على البائع شأنه شأن الهلاك الذي يقع قبل التسليم. كذلك إذا غصب مال الطفل غير المميز ثم رد إليه فهلك في يده، عد الغاصب ضامناً قيمة المال لأن تسليم الغاصب مال الطفل إليه يعد تسليماً باطلاً[1].

وقد حددت الكثير من التشريعات العربية سن التمييز بسبع سنوات[2]. ولم يتعرض قانون الموجبات والعقود اللبناني لتحديد سن بداية التمييز، لذلك يرى البعض أن تترك للقاضي حرية تحديد سن التمييز بالاعتماد على حكمته وبصيرته وميزات وقدرات الصغير، بينما يذهب آخرون إلى تحديد هذه السن بالسابعة من العمر آخذاً بالراجح من الفقه واسترشاداً بأحكام القوانين الأخرى ومنها القانون المصري والألماني.[3] كما نصت المادة (216) من قانون الموجبات والعقود اللبناني على أن: "تصرفات الشخص المجرد كل التجرد من قوة التمييز (كالصغير والمجنون) تعد كأنها لم تكن".

(1) علي نجيده، ص151.

(2) ومن ذلك المادة 2/45 مدني مصري، المادة 2/97 مدني عراقي، المادة 3/118 مدني أردني، المادة 2/86 مدني كويتي، المادة 3/159 إماراتي، المادة 4/22 من قانون المعاملات المدنية السوداني.

(3) رمضان أبو السعود، ص310.

الدور الثاني: الصبي المميز

حددت المادة (967) من مجلة الأحكام العدلية طبيعة هذا الدور وصلاحيات الصغير المميز فيه بشكل واضح مقرون بالأمثلة التي لا تلجأ إليها عادة النصوص القانونية الحديثة، إذ جاء فيها: "يعتبر تصرف الصغير المميز إذا كان في حقه نفعاً محضاً وإن لم يأذن به الولي ولم يجزه كقبول الهدية والهبة، ولا يعتبر تصرفه الذي هو في حقه ضرر محض وإن أذنه بذلك وليه وأجازه كان يهب لآخر شيئاً. أما العقود الدائرة بين النفع والضرر في الأصل فتنعقد موقوفة على إجازة وليه، ووليه مخيراً في إعطاء الإجازة وعدمها فإن رآها مفيدة في حق الصغير أجازها وإلا فلا. مثلاً إذا باع الصغير المميز مالاً بلا إذن وإن كان قد باعه بأزيد من ثمنه يكون نفاذ ذلك البيع موقوفاً على إجازة وليه لأن عقد البيع من العقود المترددة بين النفع والضرر في الأصل".

وأقرب النصوص العربية لنص المجلة هو نص المادة 1/97 من القانون المدني العراقي، يليه نص المادة 118 من القانون المدني الأردني الذي استخدم بعض الكلمات التي لم يستخدمها نص المجلة ومن ذلك كلمة "صحيحة" و "باطلة"، وهو ما اعتمدته المادة 1/111 من القانون المدني المصري. ولكن الفقرة الثانية من القانون المصري أخذت بما يسمى العقد القابل للإبطال بدل العقد الموقوف بقولها: "أما التصرفات المالية الدائرة بين النفع والضرر، فتكون قابلة للإبطال لمصلحة القاصر، ويزول حق التمسك بالإبطال إذا أجاز القاصر التصرف بعد بلوغه سن الرشد، أو إذا صدرت الإجازة من وليه أو من المحكمة، بحسب الأحوال وفقاً للقانون"[1].

(1) ونفس الشيء يقال بالنسبة للقانون اللبناني الذي أخد بالعقد القابل للإبطال في المادة 216 منه. والعقد الموقوف والعقد القابل للإبطال كلاهما صحيح، إلا أن العقد الموقوف لا يرتب آثاره إلا إذا لحقته الإجازة ممن يملكها، أما العقد القابل للإبطال فإنه يرتب آثاره حتى يقض ببطلانه، فإذا قضي ببطلانه الحق بالعقد الباطل بطلاناً مطلقاً، وتعين إعادة المتعاقدين إلى الحالة التي كانا عليها قبل التعاقد. وتفضل فكرة العقد الموقوف على فكرة العقد القابل للإبطال في أن العقد الذي يشوبه نقص في الأهلية أو عيب في الرضا أو انعدام الولاية على المحل، يحسن أن يقف حتى تلحقه الإجازة، فهذا أفضل من أن ينفذ ويرتب آثاره حتى يطلب ابطاله، وذلك تلافياً للتعقيدات التي تنشأ عند إبطال العقد بعد نفاذه. أنور سلطان، مصادر الإلتزام، المصدر السابق، ص146.

ويكون الصبي مميزاً من سن التمييز إلى سن الرشد. ولا يقصد بوصفه مميزاً أنه أصاب تمييزاً كاملاً، فهذا معناه بلوغ الرشد، وإنما يقصد بهذا الوصف أن الصغير قد توافرت له بعض أسباب التمييز، فهو لا يزال ناقص العقل، ولذلك يكون ناقص الأهلية.

وقد حاولت التشريعات المختلفة إعطاء الصغير المميز في هذه المرحلة بعض الصلاحيات للتصرف في مقادير معينة من الأموال تحت يده أما بسبب الضرورات العملية أو من أجل تشجيع الصبي ومساعدته على أن يباشر عملاً صالحاً، حينما تتبين قدراته على الكسب من عمله، أو تجربة له لكي يكون قادراً عند بلوغه سن الرشد على إجراء التصرفات بالشكل الصحيح الذي يحقق مصالحه دون أن يفاجأ بتعقيدات العمل في السوق وأسراره.

وعلى هذا الأساس يجوز للولي بناء على ترخيص من المحكمة أن يسلم الصغير الذي أكمل الخامسة عشرة من عمره (وفق المادتين 98 مدني عراقي، 119 مدني أردني) مقداراً من ماله ويأذن له في هذا المال بإجراء التصرفات القانونية المدنية والتجارية، وله أن يبيع ويشتري ويؤجر ويستأجر في حدود هذا المبلغ.

وطبقاً لنص المادة (61) من قانون الولاية على المال المصري يكون للقاصر أهلية التصرف فيما يوضع تحت يده من أموال لأغراض نفقته ويصح التزامه المتعلق بهذه الأغراض في حدود هذا المال. وقد اعتبر المشرع القاصر هنا كامل الأهلية فيما يتعلق بالتصرفات القانونية التي ترد على هذه الأموال، سواء أكانت أعمال إدارة أم تصرفات، إذ تقع هذه التصرفات صحيحة مرتبة لآثارها بغض النظر عن طبيعتها. وقد راعى المشرع في هذه الحالة اعتبارات الحياة العملية والتيسير على القاصر ومن يتعامل معه. ولم يشترط المشرع لاعتبار القاصر أهلاً لإجراء هذه التصرفات، أن يكون قد بلغ سناً معينة، بل يكفي أن يكون مميزاً. كما اعتبر المشرع المصري (المادة 62 من قانون الولاية على المال) عقد العمل الذي يبرمه القاصر قبل سن الرشد صحيحاً مرتباً لآثاره،

خلافاً للقاعدة العامة التي تعتبره قابلاً للـبطلان. إلا أن المشرـع لم يغفل مصـلحة القـاصر في هـذه الحالـة فأجـاز للمحكمة بناء على طلب الوصي أو أي ذي مصلحة إنهاء العقد رعاية لمصلحة القـاصر أو مسـتقبله أو أي مصـلحة أخرى ظاهرة، كأن تكون أمام القاصر فرص أفضل لتحسين مستواه بمواصلة الدراسة أو ممارسة فن معين، أو مراعاة لصحته المعتلة التي قد تتأثر بمثل هذا العمل.

واستناداً لنص المادة 63 من قانون الولاية على المال المصري يكون القاصر الذي يبلغ سن السادسة عشر من العمر أهلاً للتصرف فيما يكسبه من عمله من أجر أو غيره، ولا يجوز أن يتعدى أثر التزام القاصر حدود المـال الذي يكسبه من مهنته أو صناعته، ومع ذلك فللمحكمة إذا اقتضت المصلحة، أن تقيد حق القاصر في التصرف في المال المذكور وعندئذ تجري أحكام الولاية والوصاية.

وإذا أذنت المحكمة في زواج القاصر الذي له مال، سـواء كان ذكراً أم كانت أنثى، كـان ذلك أذنـاً في التصرف في المهر والنفقة، ما لم تأمر المحكمة بغير ذلك عند الإذن أو في قرار لاحق (المادة 60 من قانون الولاية على المال). كما تجيز المادة الخامسة من قانون الوصية المصري وصية القاصر الذي يبلغ من العمر ثماني عشرة سنة، على أن يكون ذلك بإذن المحكمة. ويبرر هذا الحكم، رغم كون الوصية من التصرفات الضارة ضرراً محضاً، أن الوصية لا تلحق ضرراً بمال الموصي لأنها لا تنفذ إلا بعد وفاته، وأن المحكمة فيما لها من سـلطة الإذن أو الـرفض تقـدر مـدى سلامة التصرف.

وطبقاً لنص المادة 112 مدني مصري، إذا بلغ الصبي المميز الثامنة عشرة مـن العمر وأذن لـه في تسـلم أمواله لإدارتها، أو تسلمها بحكم القانون وكانـت أعمـال الإدارة الصـادرة منـه صحيحة في الحـدود التي رسـمها القانون. وقد جاءت الأحكام التفصيلية للإذن بالإدارة في المواد (54-59) من قانون الولاية على المال.

وفي ضوء المادة (57) من قانون الولاية على المال المصري يجوز للقاصر سـواء أكـان مشـمولاً بالولايـة أو الوصاية أن يمارس أعمال التجارة إذا بلغ الثامنة عشرة من عمره وأذنته المحكمة في ذلك أذناً مقيداً أو مطلقاً.

ويبدو واضحاً تشدد المشرع المصري في مـنح الإذن بالتجـارة وجعلـه مـن سـلطة المحكمـة حصراً، لأن التجارة ليست كأعمال الإدارة، فهي تهدد رأس المال، وقد يتعرض من يمارسها لخطر الخسارة.[1]

الدور الثالث- كمال الأهلية (بلوغ سن الرشد)

يبدأ هذا الدور لدى الإنسان عند بلوغه سناً معينة تختلف من بلد إلى آخر[2]. وفي هـذا الـدور تكتمـل ملكات الإنسان العقلية، وينمو إدراكه للأمور إلى حد يجعله قادراً على إجـراء التصرفات والأعـمال القانونيـة عـلى اختلاف أنواعها، لما فيه مصلحته وخيره. ولهذا

(1) اعتمد المشرع الكويتي في المواد 88-95 من القانون المدني نفس نهج المشرع المصري في منح ناقص الأهلية العديـد مـن الصلاحيات والاستثناءات مقرونة بأعمار وضوابط معينة تكفل المحافظة على مصلحته. راجـع: عبـد المـنعم فـرج الصـده- 451-456، حسـام الدين الأهواني- ص206-218، علي حسين نجيده، ص152-158.

(2) جاء في المادة 986 من مجلة الأحكام العدلية: "مبدأ سن البلوغ في الرجل اثنتا عشر سنة وفي المرأة تسع سنوات ومنتهـاه في كلـيهما خمس عشرة سنة. وإذا أكمل الرجل اثنتي عشرة سنة ولم يبلغ يقال لـه "المراهـق" وإذا أكملـت المـرأة تسـعاً ولم تبلـغ يقـال لهـا "المراهقة" إلى أن يبلغا". وجاء في المادة 982 من المجلة: "إذا بلغ الصبي غير رشيد لم تدفع إليه أمواله مـا لم يتحقـق رشـده ويمنـع من التصرف كما في السابق". وجاء في المادة 981 من المجلة: "لا ينبغي أن يستعجل في إعطاء الصبي ماله عنـد بلوغـه بـل يجـرب بالتأني فإذا تحقق كونه رشيداً تدفع إليه أمواله حينئذ". ويتبـين مـن هـذا أن المجلـة لم تحـدد الرشـد بسـن معينـة. وتبـدأ أهليـة الإنسان في القانون المدني الألماني ببلوغه سن الثامنة عشرة من العمر.

(najority begins at the age of eighteen" Section 2, Beginning of majority

وسن الرشد في البلدان العربية هي ثماني عشرة سنة كاملة، ومن هذه البلدان العراق (م106)، الأردن (م43)، لبنان (م215). ومن الدول العربية ما جعل سن الرشد (21) عاماً ومن هذه القوانين: المصري (م44)، الكويت (م96)، الإماراتي (م85)).

يمنح الإنسان عند إتمامه السن المقررة في بلده أهلية أداء كاملة لإدارة شؤونه سواء أكانت نافعة نفعاً محضاً أو ضارة ضرراً محضاً أو دائرة بين النفع والضرر.

وكل شخص يبلغ سن الرشد متمتعاً بقواه العقلية ولم يحجر عليه يكون كامل الأهلية لمباشرة حقوقه المدنية. وكل من بلغ سن الرشد وكان سفيهاً أو ذا غفلة يكون ناقص الأهلية وفقاً لما يقرره القانون[1].

وهذا يعني أن الشخص إذا بلغ سن الرشد ولم يكن متمتعاً بقواه العقلية، فإنه إذا كان مصاباً بجنون أوعته فإن أهليته لا تكتمل حتى ولو لم يصدر حكم بذلك. فمثل هذه العوارض تـذهب بـإدراك الشـخص وتمييزه وتجعله غير متمتع بقواه العقلية. أما إذا كان مصاباً بسفه أو غفلة فإن أهليته تكتمل ما لم تحكم المحكمة قبـل بلوغه السن بغير ذلك. ومعنى ذلك أن الولي إذا شعر بأن الصغير غير متمتع بقواه العقلية عند بلوغه سن الرشـد، فهو يعرض الأمر على المحكمة طالباً استمرار الولاية عليه إلى ما بعد بلوغه السن، ومتى تأكدت المحكمة من ذلك فإنها تقضي باستمرار الولاية أو الوصاية عليه قبل بلوغ الصغير سن الرشد. وفي هذه الحالة تظل الولاية قائمة إلى أن يزول سبب استمرارها بقرار من المحكمة.

ووفقاً للقانون اللبناني ترتفع الولاية عن الصغير ببلوغ سـن الرشـد، فيصبح ذو أهلية كاملـة، ولكـن لا تدفع إليه أمواله إلا بعد ثبوت رشده.[2]

المطلب الثاني
أهلية الشخص الطبيعي

يقصد بأهلية الشخص الطبيعي، صلاحية الإنسان للتمتع بالحقوق والتحمل بالالتزامات. وترتبط أهليـة الإنسان بشخصيته القانونية إذ أن كل شخص أهل من الناحية

---

(1) م43، 45 مدني أردني.
(2) رمضان ابو السعود، المصدر السابق، ص318.

القانونية للتمتع بالحقوق والتحمل بالالتزامات. وتقسم الأهلية إلى قسمين: أهلية الوجوب وأهلية الأداء.

أولاً- أهلية الوجوب:

يعني هذا النوع من الأهلية صلاحية الإنسان أن تكون له حقوق وعليه التزامات. وتثبت هذه الأهليـة، لكل إنسان من وقت ولادته حتى وفاته وتصفية تركته وسداد ديونه، بل تثبت له حتى قبل ذلك، عندما يكون جنيناً مستكناً في رحم أمه. فأهلية الوجوب تثبت للجنين ولكنها تكون ناقصة ومقصورة على إمكان ثبوت الحقوق له فقط دون التزامه بشيء، لأن الالتزام يقتضي صدور عمل إرادي أو عمل مادي يرتب هذا الالتزام وكلاهما غير متصور صدورهما من الجنين. فصلاحية الجنين لاكتساب الحقوق تقتصر على الحقوق الناشئة عن القانون والإرادة المنفردة، كأيلولة تركه له من مورثه، أو تلقي وصية موصى بها له. وعلى هذا يصح أن يكتسب الجنين حقاً عن طريق الميراث أو عن طريق الوصية، ولا يصح أن يكتسب حقاً عن طريق الإرادة، كالحقوق التي يتوقف اكتسابها على القبول، فلا يثبت للجنين منها شيء ولو كانت فيها مصلحته الثابتة كالهبة مثلاً[1]. وحجة من قال بهذا الرأي هو عدم الوجود القانوني للجنين من ناحية وعدم وجود ولي له من ناحية أخرى. ويذهب البعض إلى عدم الاقتناع بهاتين الحجتين، إذ لا شيء يمنع في منطق القانون أن يكون للجنين شخصية قانونية وأهلية وجوب اعتباراً وحكماً. كما أن عدم وجود ولي للجنين لا يمنع من تعيين من يقبل عنه الحقوق التي تتمحض لمصلحته كالهبة الخالصة له.[2]

(1) غالب الداودي،المدخل، ص242.

(2) يقصد بالهبة الخالصة الهبة التي تخلو من الشروط، فقد يشترط الواهب على الموهوب له أداء عوض عن الهبة وتبقى مع ذلك هبة في عرف القانون (م557 مدني أردني). ومن القوانين التي أجازت الهبة الخالصة للجنين القانون المدني الكويتي، حيث جاء في المادة (10) منه "1- الحمل المستكن أهل لثبوت الحقوق التي لا يحتاج سببها إلى قبول، وذلك بشرط تمام ولادته حياً. 2- ومع ذلك تجوز له الهبة الخالصة، وتجب عليه الإلتزامات التي تقتضيها إدارة أمواله" عباس الصراف، ص153.

ومن الجدير بالذكر بأن أهلية الوجوب تبدأ كاملة بمجرد ميلاد الشخص حياً، وتبقى كاملة للشخص طوال حياته ولا تتأثر بسن أو مرض أو آفة عقلية، عكس أهلية الأداء التي تتأثر بالسن حيث لا تكتمل إلا ببلـوغ سن معينة علاوة على تأثرها بما قد يعترض الإنسان من عوارض الأهلية أو موانعها.

ثانياً: أهلية الأداء

تعرف أهلية الأداء بأنها "صلاحية الشخص لممارسة الأعمال والتصرفات القانونية بنفسه على وجه يعتد به قانوناً". ولا تثبت هذه الأهلية لجميع الأشخاص، لأن صلاحية الإنسان لإجراء الأعمال والتصرفات القانونيـة يشترط فيه أن يكون هذا الإنسان على قدر كاف من العقل والإدراك يجعله عارفاً بنتائج ما يقوم بـه مـن أعمـال وتصرفات، خصوصاً وأن بعض هذه التصرفات قد يكون ضاراً محضاً بالإنسان الذي يقوم بها.

لهذا فإن هذا النوع من الأهلية لا يثبت للإنسان بمجرد ولادته أو حينما يكون جنيناً في رحم أمـه، لأنهـا تتأثر بالمراحل المختلفة التي يمر بها الشخص من حيث نموه وتطوره العقلي، وتتأثر هذه الأهليـة أيضـاً بمـا يصيب الإنسان من عوارض الأهلية أو موانع الأهلية[1].

وفي التمييز بين أهلية الأداء والولاية، فإن أهلية الأداء هي صلاحية الشخص أن يقوم بالأعمال القانونيـة بنفسه ولصالحه، أما الولاية فهي صلاحية الشخص في القيام بالأعمال القانونيـة بنفسـه ولكـن لمصـلحة الغـير. فمـا يترتب على التصرف من حقوق والتزامات إنما يتحملها المتصرف أو الشخص ذاته وذلك في حالة أهلية الأداء، أمـا في حالة الولاية فإن آثار التصرف القانوني الذي يقوم به الشخص إنما تنصرف إلى ذمة الغير، فالولي على القاصر عنـدما يباشر تصرفاً قانونياً عن هذا الأخير، تنصرف آثاره إلى ذمة القاصر لا إلى ذمته هو.

---

[1] هشام القاسم، ص343.

ويجب أن نلاحظ بأن القواعد القانونية المنظمة للأهلية تعتبر من النظام العام، سواء من حيث تحديد من يعتبر ناقص الأهلية أو كاملها أو فاقدها وسلطة الأولياء على مال هؤلاء الأشخاص. ولذلك لا يجوز الاتفاق على ما يخالف ما وضعه المشرع من أحكام للأهلية[1].

ثانياً- عوارض الأهلية:

إذا بلغ الصبي المميز سن الرشد الذي يحدده قانون البلد، وكان يتمتع بقواه العقلية ومداركه فإنه يكتسب أهلية أداء كاملة. أما إذا أصيب الشخص بعد ذلك بعارض من عوارض الأهلية التي تعتري الشخص فيؤثر ذلك على إدراكه وتمييزه، وقد يصل الأمر إلى حد ينعدم معه الإدراك والتمييز. والأصل هو أهلية الإنسان وصلاحيته لمباشرة كل التصرفات القانونية، والاستثناء إصابته بعارض من عوارض الأهلية. وتنقسم عوارض الأهلية إلى قسمين، عوارض تصيب الإنسان في عقله، فتعدم لديه الإدراك والتمييز، وهذه العوارض هي الجنون والعته، وعوارض لا تمثل خللاً في عقل الإنسان وإنما تمثل فساداً في تدبيره وهي السفه والغفلة.

أ- الجنون والعته:

لم يرد في القانون أي تعريف للجنون، ولكن البعض حدد المقصود بالجنون بأنه "عاهة تلحق عقل الإنسان فتعدم الإدراك والتمييز لديه، والمرجع في ذلك هو خبرة المختصين في الآفات العقلية وشواهد الحال"[2]. ويعرفه آخرون بأنه "ذلك المرض الذي

(1) علي حسين نجيده- ص150 ولاحظ في نفس الصفحة الفروق بين أهلية الوجوب وأهلية الأداء.

(2) حسام الدين الأهواني، ص219. جاء في كتاب كشف الأسرار للبزدوي ما يلي: "العوارض نوعان: سماوي ومكتسب أما السماوي فهو: الصغر، الجنون، العته، النسيان، النون، الإغماء، المرض، الرق، الحيض، النفاس، الموت. وأما المكتسب فإنه نوعان: منه ومن غيره، أما الذي منه: فالجهل، الهزل، السفه، الخطأ والسفر. وأما الذي من غيره فالإكراه بما فيه إلجاء وبما ليس فيه إلجاء. أما الجنون فإنه في القياس مسقط للعبادات كلها لأنه ينافي القدرة فينعدم به الأداء فينعدم الوجوب لإنعدامه"، المجلد الرابع، ط1، دار الكتب العلمية- بيروت 1997، ص370، 371).

يصيب العقل فيفقده ويعدم التمييز أو هو ذهاب العقل وفقده أو هو اضطراب يصيب العقل ويؤدي إلى اختلال توازنه وعدم انتظام قواه، فيعدم لدى صاحبه الإدراك والتمييز"[1].

ونصت المادة (65) من قانون الولاية على المال المصري رقم 119 لسنة 1952 بأن "يحكم بالحجر على البالغ للجنون أو العته أو السفه أو الغفلة، ولا يرفع الحجر إلا بحكم، وتقيم المحكمة على من يحجر عليه قيماً لإدارة أمواله وفقاً للأحكام المقررة في هذا القانون". ولكن المحكمة غير ملزمة بندب طبيب الأمراض العقلية للكشف طبياً على المطلوب توقيع الحجر عليه متى رأت في الأوراق ما يكفي لتكوين عقيدتها، فيجوز للمحكمة الاعتماد على شهادة الشهود وعلى القرائن المستفادة من مصادر صحيحة. وإذا انتدبت المحكمة طبيباً للكشف على الشخص فإن المحكمة هي التي تستقل بفهم الواقع في الدعوى وفي تقدير الدليل ولا شأن للطبيب في إعطاء الوصف القانوني للحالة المرضية التي يشاهدها وإنما الأمر في ذلك للمحكمة التي تقدره في الظروف المحيطة.[2].

وتأتي أحكام المشرع المصري السالفة في ضوء موقفه من حجر المجنون الذي يجب أن يكون وفق حكم قضائي، ونفس الشيء يقال بالنسبة لرفع الحجر عن المجنون الذي يجب أن يكون أيضاً وفق حكم قضائي. ويأتي هذا الموقف مغايراً لما ورد من أحكام في قوانين عربية أخرى تعتبر المجنون والمعتوه محجورون لذاتهم دون حاجة لصدور حكم من القضاء بشأنهم[3].

والجنون إما أن يكون مطبقاً ولا تتخلله أوقات أفاقه وعندها يصبح حكم المجنون حكم الصغير غير المميز، وأما أن يكون جنوناً مع الإفاقة. والمجنون الذي يفيق ويتصرف وهو بالغ سن الرشد تعتبر تصرفاته صحيحة ونافذة، أما إذا كان قاصراً فحكم

(1) رمضان أبو السعود، ص321.

(2) حسام الأهواني، ص219-220.

(3) ومن ذلك ما ورد في المادة (94) مدني عراقي "الصغير والمجنون والمعتوه محجورون لذاتهم"، ويطابقه نص المادة 127 مدني أردني، والمادة 85 مدني كويتي، والمادة 1/168 مدني إماراتي.

تصرفاته هو نفس حكم تصرفات القاصر الصحيحة، أما إذا كان دون سن التمييز فتصرفاته باطلة حسب القواعد التي تحكم تصرفات الصغير غير المميز عادة[1].

أما العته فهو خلل يصيب القوى العقلية للإنسان فيضعفها، لكنه لا يعدم الأهلية كلياً وإنما ينقصها ويجعل الشخص قليل الفهم سيء التدبير يتخبط في الكلام مع أنه قد يكون هادئ الطبع ولا يضرب ولا يشتم، ويشبه العقلاء من ناحية والمجانين ومن ناحية أخرى، وهو محجور عليه لذاته أيضاً شأنه في ذلك شأن الصغير والمجنون دون حاجة لصدور حكم فيه من المحكمة، ويعد في حكم الصغير المميز[2].

هذا وقد عرفت مجلة الأحكام العدلية المعتوه في المادة (945) منها بالقول: "المعتوه هو الذي اختل شعوره بأن كان فهمه قليلاً وكلامه مختلطاً وتدبيره فاسداً". واعتمد القانون اللبناني على ما ورد من أحكام في المجلة فاعتبر المعتوه من المحجورين لذاتهم استناداً إلى نص المادة 957 من المجلة، حيث لا تكون هناك حاجة إلى صدور قرار بالحجر عليهم من القاضي، كما أعطى القانون اللبناني للمعتوه حكم الصغير المميز بالاستناد إلى نص المادة (978) من المجلة.

ثالثاً: السفه والغفلة :

عرفت المادة (946) من مجلة الأحكام العدلية السفيه بأنه الشخص "الذي يصرف ماله في غير موضعه ويبذر في مصروفاته ويضيع أمواله ويتلفها بالإسراف والذين لا يزالون يغفلون في أخذهم وإعطائهم ولم يعرفوا طريق تجارتهم وتمتعهم بحب بلاهتهم وخلو قلوبهم يعدون أيضاً من السفهاء".وعرفت المادة (200) من قانون الأحوال

(1) لاحظ المواد: 108 مدني عراقي، 128 مدني أردني.

(2) ويصح هذا القول طبعاً بالنسبة للقانون المدني الأردني (م127 ،128) والقانون المدني العراقي (م94) والقانون المدني الكويتي (م85) والقانون الإماراتي (م1/168). أما في القانون المصري فلابد من صدور حكم من المحكمة يقضي بالحجر على المعتوه استناداً لنص المادة (65) من قانون الولاية على المال المصري.

الشخصية السوري السفيه بأنه الشخص "الذي يبذر أمواله ويضعها في غير موضعها بإنفاقه ما يعد من مثله تبذيراً"[1].

ولعدم وجود تعريف للسفه والغفلة في القوانين المصرية، فقد قامت محكمة النقض المصرية بتلك المهمة من خلال عدة قرارات أصدرتها بهذا الخصوص. فالسفه والغفلة (لدى محكمة النقض المصرية) يشتركان في معنى عام واحد، وهو ضعف الملكات الضابطة في النفس. إلا أن الصفة المميزة للسفه هي أنها تعتري الإنسان فتحمله على تبذير المال وإنفاقه على غير مقتضى العقل والشرع، سواء أكان ذلك في وجوه الشر أو وجوه الخير، أي ما لا يعده العقلاء من أهل الديانة غرضاً صحيحاً، وهو فكرة معيارية تبنى بوجه عام على إساءة استعمال الحق. فالسفيه كامل الإدراك بعواقب قراره وتصرفه، ولكنه يتعمد ويقدم عليه غير آبه بنتيجته نظراً لتسلط شهوة الإتلاف على إرادته. أما الغفلة فهي لا تخل بالعقل من الناحية الطبيعية وإنما تقوم على فساد التدبير وترد على حسن الإدارة والتقدير. فصاحب الغفلة ضعيف الإدراك لا يقدر على التمييز الكافي بين النافع والضار فيغبن في معاملاته ويسير في فساده عن سلامة طوية وحسن نية.

وتذهب محكمة النقض المصرية في أحد قراراتها الصادرة عام 1955 إلى القول بأن السفه يستدل عليه من كيفية إنفاق المال دون الوقوف عند سلامة التصرف. ولا يعتبر سفهاً التصرفات التي يكون قوامها التراحم والتضامن الاجتماعي مما يحض عليه الشرع الإسلامي، فهبة المال إلى قريب يعد من باب التضامن الاجتماعي. والتصرف في المال كله أو بعضه للأولاد والزوجة بقصد تأمين مستقبلهم حتى لو كان يؤدي إلى حرمان بعض الورثة مما عسى أن يؤول إليهم من إرث، لا يعتبر سفهاً (قرارات لمحكمة النقض المصرية صادرة في الأعوام 1957، 1966)[2].

---

(1) أشار إلى ذلك هشام القاسم، المصدر السابق، ص354.
(2) أشار إلى هذه القرارات المهمة كافة: حسام الدين الأهواني، المصدر السابق، ص225، 226.

أما بالنسبة للمعتوه فقد عرضت المادة (945) من مجلة الأحكام العدلية بأنه الشخص "الـذي اختـل شعوره بأن كان فهمه قليلاً وكلامه مختلطاً وتدبيره فاسداً". كما عرفته المادة (200) من قـانون الأحـوال الشخصـية السوري بأنه الشخص الذي "تغلب عليه الغفلة في أخذه وعطائه ولا يعرف أن يحتاط في معاملته لبلاهته"[1].

أما محكمة النقض المصرية فذهبت إلى أن الغفلة يستدل عليها من كيفية التصرف حيث يقبل الشخص على التصرفات دون أن يهتدي إلى الرابح فيها أو بقبوله الغبن الفاحش في تصرفاته عـادة وبايسـرـ وسـائل الانخـداع على وجه يهدد المال بخطر الضياع[2].

ولا تبتعد التعريفات التي أعطاها الشراح عن هذا كثيراً، فعرف العديد مـن الأسـاتذة السـفه عـلى أنـه "تبذير المال على غير مقتضى العقل، فهو لا يصيب العقل، بل يصيب التدبير، إذ أنه في حقيقته خفة تعتري الإنسان فتحمله على العمل بخلاف ما يوجبه العقل مع قيام العقل حقيقة". أما الغفلة فهي "عدم الاهتداء إلى الرابح مـن الأعمال والتصرفات، والإقدام على التصرفات رغم ما يشوبها من غبن فاحش، والانخداع في التعامل على نحـو يهـدد بضياع الأموال"[3].

ولا تتوافر الغفلة إذا كان التصرف قد صدر عـن مصلحة يراها الشخص جـديرة بالرعايـة ثـم عاطفـة الأمومة تجاه ابن بار. وليس كل تبرع يفيد أن المتبرع كان تحت سيطرة وتسلط المتصرف إليه، ومـن ثـم لا يتـوافر الغبن.

وتستقل محكمة الموضوع بتقدير قيام السفه والغفلة. ولا محل للمجادلة في تعليل وتبرير جزئيات كـل تصرف، ذلك أن دعوى الحجر ليست محاسبة تتسع لمثل تلك

---

(1) أشار إليه: هشام القاسم، ص354.
(2) قرار محكمة النقض المصرية أشار إليه حسام الدين الأهواني، ص227.
(3) عبد المنعم فرج الصده- ص460، علي حسين نجيده- ص161.

المجادلة، فيكفي لانتفاء السفه والغفلة أن يكون التصرف قد صدر وفقاً لمألوف العرف ولا مخالفة فيه لمقتضى العقل والشرع[1].

وتحجر المحكمة على السفيه وذو الغفلة وترفع الحجر عنهما وفقاً للقواعد والإجراءات المقررة في القانون. ويبلغ قرار الحجر للمحجور ويعلن للناس سببه وتكون تصرفاته قبل ذلك نافذة. ويسري على تصرفات المحجور للسفه والغفلة ما يسري على تصرفات الصبي المميز من أحكام، ولكن ولي السفيه المحكمة أو من تعينه للوصاية عليه، وليس لأبيه أو جده أو وصيهما حق الولاية عليه. أما تصرفات أي منهما قبل الحجر فتعتبر صحيحة إلا إذا كانت نتيجة استغلال أو تواطؤ. ويكون تصرف المحجور عليه لسفه أو غفلة بالوقف أو بالوصية صحيحاً متى أذنته المحكمة في ذلك. كما تكون أعمال الإدارة الصادرة عن المحجور عليه لسفه المأذون له بتسلم أمواله صحيحة في الحدود التي رسمتها الجهة التي أصدرت الإذن.

ومن الجدير بالذكر هنا أن القوانين والأنظمة المرعية هي التي تبين الإجراءات واجبة الإتباع في الحجر على المحجورين وإدارة أموالهم واستثمارها والتصرف فيها وغير ذلك من المسائل المتعلقة بالولاية والوصاية والقوامة.[2]

---

(1) قرارات محكمة النقض المصرية الصادرة عام 1959، 1956 أشار إليها حسام الأهواني، ص227.

(2) لاحظ المواد 127-131 من القانون المدني الأردني، المواد 109-111 مدني عراقي، المواد 115، 116 مدني مصري. قارن نصوص القانون المدني الكويتي المواد (101-106) وهو القانون الذي فصل أكثر من غيره عند تناوله لهذا الموضوع، ومن ذلك أن للمحكمة أن تأذن للسفيه في إدارة أمواله كلها أو بعضها إذناً مطلقاً أو محدداً بما تراه من قيود، ولها على وجه الخصوص، أن تلزم السفيه بتقديم حساب عن إدارته، في المواعيد التي تعينها، وللمحكمة أن تسحب الإذن بالإدارة أو تقيده، إن رأت لذلك مقتضياً (المادة 103 مدني كويتي). ووفقاً للمادة (104 كويتي) للسفيه المأذون في الإدارة، أهليه إجراء التصرفات التي تقتضيها إدارة ما يسلم إليه من أمواله في حدود إذن المحكمة. وللسفيه وفقاً لنص المادة (105 كويتي) أهلية التصرف فيما يخصص له من مال لأغراض نفقته، في نفس الحدود التي تثبت فيها أهلية التصرف في مال النفقة للصغير المميز. كما تثبت للسفيه أهلية إبرام عقد العمل وأهلية التصرف فيما يعود عليه. هذا وقد قضت الفقرة الثانية من المادة 117 مدني سوري.

رابعاً: موانع الأهلية:

قد يبلغ الشخص سن الرشد وتكتمل أهليته بكمال إدراكه وتمييزه ونضجه دون أن يصاب بأي عارض من عوارض الأهلية التي درسناها سابقاً، ومع هذا فإن ظروفاً أخرى قد تطرأ لتمنع هذا الشخص من مباشرة التصرفات القانونية بنفسه، مما يدفع المشرع إلى التدخل لمساعدة هذه الطائفة من الناس فيقيم لهم نائباً يتولى عنهم مباشرة التصرفات، أو يعينهم بما يراه من وسائل للقيام بها. وموانع الأهلية قد ترجع إلى أسباب مادية كغيبة الإنسان، وقد يكون مردها إصابة الإنسان بعجز جسماني شديد أو أن يكون مصاباً بعاهتين من ثلاث (الصمم، البكم، العمى). وقد يكون السبب الحكم على الإنسان بعقوبة جنائية، وفيما يلي توضيح لهذه الحالات:

أ- الحكم بعقوبة جنائية:

نصت المادة (97) من قانون العقوبات العراقي رقم 111 لسنة 1969 المعدل على أن (الحكم بالسجن المؤبد أو المؤقت يستتبعه بحكم القانون من يوم صدوره إلى تأريخ انتهاء تنفيذ العقوبة أو انقضائها لأي سبب آخر حرمان المحكوم عليه من إدارة أمواله أو التصرف فيها بغير الإيصاء والوقف إلا بإذن من محكمة الأحوال الشخصية أو محكمة المواد الشخصية، حسب الأحوال، التي يقع ضمن منطقتها محل إقامته. وتعين المحكمة المذكورة، بناء على طلبه أو بناء على طلب الإدعاء العام أو كل ذي مصلحة في ذلك، قيماً لإدارة أمواله. ويجوز لها أن تلزم القيم الذي عينته بتقديم كفالة، ولها أن تقدر له أجراً، ويكون القيم تابعاً لها وتحت رقابتها في كل ما يتعلق بقوامته. وكل عمل أو إدارة أو تصرف متعلق بأموال المحكوم عليه يصدر دون مراعاة ما تقدم يكون موقوفاً على

باعتبار "أعمال الإدارة الصادرة من المحجور عليه لسفه، المأذون له بتسلم أمواله، صحيحة في الحدود التي رسمها القانون"، فساوت بذلك بين حالة السفيه والصغير الذي أتم الخامسة عشرة من العمر، ثم جاءت المادة (201) من قانون الأحوال الشخصية السوري فاعترفت بهذا الحق للسفيه والمغفل معاً، هشام القاسم- ص355

إجازة المحكمة المشار إليها في الفقرة السابقة، وترد للمحكوم عليه أمواله عند انتهاء مدة تنفيذ العقوبة أو انقضائها لأي سبب آخر. ويقدم له القيم حساباً عن إدارته)[1].

واعتبرت المادة (98) من قانون العقوبات العراقي أن كل حكم صادر بعقوبة الإعدام يستتبعه بحكم القانون من يوم صدوره إلى وقت تنفيذه حرمان المحكوم عليه من الحقوق والمزايا المنصوص عليها في المادة (96)[2]، والمادة (97) التي سبقت الإشارة إليها التي أكدت بطلان كل عمل من أعمال التصرف أو الإدارة، يصدر من المحكوم عليه خلال فترة محكوميته عدا الوصية والوقف، وتعين محكمة الأحوال الشخصية أو محكمة المواد الشخصية- حسب الأحوال- بناء على طلب الإدعاء العام أو كل ذي مصلحة، قيماً على المحكوم عليه.

وجاء في نفس السياق نص المادة (50) من قانون العقوبات السوري التي تذهب إلى ان كل محكوم عليه بالاشغال الشاقة أو بالاعتقال (والحد الادنى لهذه العقوبة هو ثلاث سنوات) يكون في حالة الحجر خلال تنفيذ عقوبته، وكل عمل وإدارة وتصرف يقوم به المحكوم عليه، ما عدا الأعمال المتعلقة بممارسته لحقوقه الملازمة لشخصه، يعتبر باطلاً.

فالمحكوم عليه بعقوبة جنائية لا يستطيع إذن خلال تنفيذ عقوبته إجراء أي نوع من أنواع التصرفات والأعمال القانونية، وإذا أجرى أياً منها تعتبر تصرفاته وأعماله باطلة شأنه شأن الشخص عديم الأهلية. ويستثنى من ذلك التصرفات المتعلقة بالحقوق

---

(1) السجن هو إيداع المحكوم عليه في إحدى المنشآت العقابية المخصصة قانوناً لهذا الغرض لمدة عشرين سنة إن كان مؤبداً والمدد المبينة في الحكم إن كان مؤقتاً. ومدة السجن المؤقت أكثر من خمس سنوات إلى خمس عشرة سنة ما لم ينص القانون على خلاف ذلك. وإذا أطلق القانون لفظ السجن عد ذلك سجناً مؤقتاً. المادة (87) من قانون العقوبات العراقي.

(2) أي حرمانه من الوظائف والخدمات التي كان يتولاها المحكوم عليه وحرمانه من حقه في أن يكون ناخباً أو منتخباً في المجالس التمثيلية أو أن يكون عضواً في المجالس الإدارية أو البلدية أو إحدى الشركات أو أن يكون مديراً لها. وحرمانه أيضاً من أن يكون وصياً أو قيماً أو وكيلاً أو أن يكون مالكاً أو ناشراً ورئيساً لتحرير إحدى الصحف.

الملازمة لشخص المحكوم عليه، كالطلاق مثلاً والإقرار بالبنوة، حيث تعتبر صحيحة متى صدرت عنه وتكون أهليته كاملة بالنسبة لها.

وسبب انعدام الأهلية لدى المحكوم عليه بعقوبة جنائية لا يعـود إلى اضطـراب قـواه العقليـة أو عـدم قدرته على إدارة أمواله، وإنما هو بمثابة إجراء تأديبي متفرع عـن عقوبتـه الجنائيـة، ويصـب بالنتيجـة في تحقيـق هدف الردع الذي تتوخاه العقوبة في جانب مهم منها. [1]

ووفقاً للفقرة الرابعة من المادة (25) من قانون العقوبات المصري فإن (كل حكم بعقوبة جناية يستلزم حتماً حرمان المحكوم عليه من إدارة أشغاله الخاصة بأمواله وأملاكه مدة اعتقاله، ويعـين قيمـاً لهـذه الإدارة تقـره المحكمة، فإذا لم يعينه عينته المحكمة المدنية التابع لها محل إقامته في غرفة مشورتها بناء على طلب النيابة العمومية أو ذي مصلحة في ذلك. ويجوز للمحكمة أن تلزم القيم الذي تنصبه تابعاً لها في جميع ما يتعلق بقوامته، ولا يجوز للمحكوم عليه أن يتصرف في أمواله إلا بناء على إذن من المحكمة المدنية المذكورة، وكل التزام يتعهد بـه مع عدم مراعاة ما تقدم يكون ملغى في ذاته، وترد أموال المحكوم عليه إليه بعد انقضـاء مـدة عقوبتـه أو الإفـراج عنه. ويقدم له حساباً عن إدارته).

ويفرق هذا النص بين إدارة أموال المحكوم عليه والتصرف فيها. فالمحكوم عليه يحرم مـن إدارة أشـغاله الخاصة بأمواله وأملاكه مدة اعتقاله. ويتولى الإدارة قيماً يعينه المحكوم عليه وتقره المحكمـة، فـإن لم يعـين أحـداً عينته المحكمة المدنية التابع لها محل إقامته في غرفة مشورة بناء على طلب النيابة أو ذي مصلحة في ذلك. أمـا بالنسبة للتصرف فلا يجوز للمحكوم عليه التصرف في أمواله إلا بناء على إذن من المحكمة. وكل التزام يتعهد به مع عدم مراعاة ما تقدم يكون ملغى في ذاته. ومفاد ذلك أن كل تصرف مخالف يكون باطلاً بطلاناً مطلقاً [2].

---

(1) هشام القاسم، المصدر السابق، ص356.
(2) حسام الدين الأهواني، المصدر السابق، ص230-231.

وفي لبنان تقضي المادة (50) من قانون العقوبات اللبناني بـأن (كـل محكـوم عليـه بالأشـغال الشـاقة أو بالاعتقال يكون خلال تنفيذ عقوبته في حالة الحجر وتنقل ممارسة حقوقه على أملاكـه، مـا خـلا الحقـوق الملازمـة للشخص إلى وصي وفقاً لأحكام قانون الأحوال الشخصية المتعلقة بتعيين الأوصياء على المحجور عليهم. وكـل عمـل وإدارة أو تصرف يقوم به المحكوم عليه يعتبر بـاطلاً بطلانـاً مطلقـاً مـع الإحتفـاظ بحقـوق الغـير مـن ذوي النيـة الحسنة. ولا يمكن أن يسلم إلى المحكوم عليه أي مبلغ من دخله ما خلا المبـالغ التـي تجيزهـا الشريعة أو أنظمـة السجون وتعاد إلى المحكوم عليه أملاكه عند الإفراج عنه، ويؤدي له الوصي حساباً عن ولايته).

وعلى هذا فإن الشخص المحكوم عليه بالأشغال الشاقة أو الاعتقال، لا يجوز لـه إبـرام أي عمـل قـانوني يتعلق بأمواله لا من حيث الإدارة ولا من حيث التصرف. فإذا خالف المنع فإن تصرفه يكون باطلاً بطلاناً مطلقاً إلا إذا كان من تعامل معه حسن النية يجهل وجود الحكم. وفي هذه الحالة لا يتقرر البطلان بسبب حسن نيته. وعلى الوصي الذي تعينه المحكمة وفقاً للقواعد التي ينص عليها قانون الأحوال الشخصية المتعلقة بتعيين الأوصـياء عـلى المحجور عليهم، أن يرد الأموال إلى المحكوم عليه عند الإفراج عنه وأن يؤدي حساباً عن عمله[1].

ولم تورد بعض القوانين نصوصاً خاصة بهذا المانع من موانـع الأهليـة، كـما هـو الحـال بالنسـبة لقـانون العقوبات الأردني.

ب- العاهة المزدوجة، أو العجز الجسماني الشديد:

قد يبلغ الإنسان سن الرشد المقرر في قانونه غير مصاب بعارض من عوارض الأهلية التي أسلفنا ذكرهـا، ومع ذلك لا يستطيع مباشرة التصرفات القانونية لا بسبب انعدام أو نقص أهليته وإنما بسبب إصابته منذ الـولادة أو فيما بعد بعاهة أو عجز في جسمه يصعب معه عليه إجراء التصرفات القانونية إلا بمعاونة مساعد أو كما سمته بعض

(1) محمود نعمان، المصدر السابق، ص231-232.

القوانين وصياً يقف إلى جانبه ويبصره بحقيقة الأمور ونتائجها لإتخاذ قرار يصب في مصلحته ولا يلحق الضرر به.

وقد تناول المشرعان العراقي والأردني حالة واحدة فقط من حالات المنع، وهي حالة العاهة المزدوجة التي يكون فيها الشخص أصم أبكم أو أعمى أصم أو أعمى أبكم. وقد تجسد ذلك في المادة (104) من القانون المدني العراقي التي جاء فيها: "إذا كان الشخص أصم أبكم أو أعمى أصم أو أعمى أبكم وتعذر عليه بسبب ذلك التعبير عن إرادته جاز للمحكمة أن تنصب عليه وصياً وتحدد تصرفات هذا الوصي". وكما يبدو من هذا النص أشارته إلى اجتماع عاهتين من عاهات ثلاث هي الصمم والعمى والبكم في شخص واحد، وعدم إشارته إلى أي سبب آخر قد يجعل هذا الشخص غير قادر على إدارة أموره كالشلل النصفي مثلاً. كذلك أعطى هذا النص السلطة التقديرية للقاضي في تنصيب أو عدم تنصيب الوصي استناداً إلى درجة ومدى تأثير العاهتين على منع الشخص من ممارسة التصرفات القانونية أو احتمال وقوعه في حبائل المستغلين لوضعه وقدراته. ويلاحظ على النص أيضاً أنه أعطى القاضي صلاحية تحديد تصرفات الوصي التي تستدعي تدخله وقيامه بالمساعدة، فهناك الكثير من التصرفات التي لا تستدعي مثل هذه المساعدة.

ويقترب كثيراً من النص العراقي النص الأردني الذي جاء في المادة (132) مدني منه: "إذا كان الشخص أصم أبكم أو أعمى أصم أو أعمى أبكم وتعذر عليه بسبب ذلك التعبير عن إرادته جاز للمحكمة أن تعين له وصياً يعاونه في التصرفات القانونية التي تقتضي مصلحته فيها ذلك".

والملاحظ على المشرع الأردني أنه جعل تعيين الوصي جوازياً، مع أن بعض شراح القانون المدني الأردني دعوا إلى ضرورة أن يكون هذا التعيين وجوبياً، كما سمى المشرع الأردني الشخص المساعد وصياً، وهذا ما يخلق حسب رأي البعض نوعاً من اللبس في صلاحيات المساعد القضائي، فسلطات المساعد القضائي هي الوساطة أو المساعدة في نقل وجهات النظر والتأكد من فهمها من قبل الطرفين، أي صاحب العاهة

المزدوجة والغير، وبالتالي فليس له أن يبرم التصرفات القانونية نيابة عن صاحب العاهة المزدوجة، وإذا أبرم أي تصرف فيخضع الأحكام تصرفات الفضولي. كذلك لم يبين هذا النص ومثله النص العراقي حكم تصرفات صاحب العاهة المزدوجة قبل وبعد تعيين المساعد القضائي كما هو الحال بالنسبة للقانون المدني المصري الذي عالج ذلك.[1]

وتنص المادة (117) من القانون المدني المصري بهذا الصدد على أنه (1- إذا كان الشخص أصم أبكم أو أعمى أصم أو أعمى أبكم، وتعذر عليه بسبب ذلك التعبير عن إرادته، جاز للمحكمة أن تعين له مساعداً قضائياً يعاونه في التصرفات التي تقتضي مصلحته فيها ذلك 2- ويكون قابلاً للإبطال كل تصرف من التصرفات التي تقررت المساعدة القضائية فيها، متى صدر من الشخص التي تقررت مساعدته قضائياً بغير معاونه المساعد، إذا صدر التصرف بعد تسجيل قرار المساعدة).

كما جاء في المادة (70) من قانون الولاية على المال المصري لعام 1953: (إذا كان الشخص أصم أبكم أو أعمى أصم أو أعمى أبكم، وتعذر عليه بسبب ذلك التعبير عن إرادته، جاز للمحكمة أن تعين له مساعداً قضائياً يعاونه في التصرفات المنصوص عليها في المادة (39). ويجوز لها ذلك أيضاً إذا كان يخشى من انفراد الشخص بمباشرة التصرف في ماله بسبب عجز جسماني شديد)[2].

ومن الملاحظ على نص المادة (70) المتقدمة إشارتها إلى العجز الجسماني الشديد الذي لا يرقى إلى مرتبة العاهة، ومع ذلك يمنع الشخص المصاب من التصرف

(1) خالد القيام، المصدر السابق، ص266.

(2) وقد أشارت المادة (39) من قانون الولاية على المال إلى خمسة عشر تصرفاً أهمها: التصرفات التي من شأنها إنشاء حق من الحقوق العينية العقارية الأصلية، أو التبعية، التصرفات في المنقولات أو الحقوق الشخصية أو الأوراق المالية، الصلح والتحكيم، حوالة الحق والدين وقبول الحوالة، استثمار الأموال، اقتراض المال واقراضه، إيجار العقار لمدة أكثر من (3) سنوات في الأراضي الزراعية ولأكثر من سنة في المباني، قبول التبرعات المقترنة بشرط، الوفاء الإختياري بالإلتزامات، رفع الدعاوى، التنازل عن الحقوق، التنازل عن التأمينات.

الصحيح كالشخص السليم، مثال ذلك الشلل النصفي والضعف الشديد وضعف السـمع والبصرـ ضـعفاً شـديداً لا يبلغ مبلغ الصمم أو العمى. ولذلك قرر هذا النص حاجة أمثال هذا الشخص إلى طلب المساعدة القضائية لمعاونته على إدراك الأمور على حقيقتها[1].

وحسناً فعل المشرع الكويتي حينما جمع العجز الجسماني الشديد والعاهة المزدوجة في نص واحد وهو نص المادة (107) مدني كويتي التي جاء فيها:

(إذا كان بالشخص عجز جسماني شديد، من شأنه أن يصعب عليه الإلمام بظروف التعاقـد، أو يعسرـ عليـه التعبـير عن إرادته، وعلى الأخص إذا كان أصم أبكم أو أعمى أصـم أو أعمـى أبكـم، جـاز للمحكمـة أن تعـين لـه مسـاعداً قضائياً، يعاونه في التصرفات التي ترى أن مصلحته تقتضي المساعدة فيها).

جـ- الغيبة:

نصت المادة (32) من القانون المدني الأردني على أن "من غاب بحيث لا يعلم أحي هو أم ميـت يحكـم بكونه مفقوداً بناء على طلب كل ذي شأن. وأحكام المفقود والغائب تخضع للأحكـام المقـررة في القـوانين الخاصـة فإن لم توجد فأحكام الشريعة الإسلامية".

وحدد قانون الأحوال الشخصية الأردني رقم 61 لسنة 1976 في المادة (177) منه المفقود بأنه "الشـخص الذي فقد في جهة معلومة ويغلب على الظن موته حيث يحكم بموته بعد مرور أربع سنين من تأريخ فقـده مـا لم يكن فقده أثر كارثة كزلزال أو غارة جوية أو في حالة اضطراب الأمن وحدوث الفوضى وما شابه ذلك فيحكم بموته بعد سنه من فقده، أما إذا فقد في جهة غير معلومة ولا يغلب على الظن هلاكـه فيفـوض أمـر المـدة التـي يحكـم بموته فيها إلى القاضي على أن تكون تلك المدة كافية في أن يغلب على الظن موته. وفي كل الأحوال لابد من التحري عليه بالوسائل التي يراها القاضي كافية للتوصل إلى معرفة ما إذا كان حياً أو ميتاً".

(1) رمضان أبو السعود، المصدر السابق، ص334.

وبين بعض الأساتذة المقصود بشخصية المفقود أو الغائب بأنه "الشخص الذي غـاب عـن محـل إقامتـه دون أن يعلم عنه أحي هو أم ميت. فماذا يكون حكم شخصيته، أتعتبر باقية إلى أن يتحقق موته، وقـد لا يتحقـق أبداً، أم تعتبر منتهية من وقت انقطاع أخباره، مع أنه يحتمل أن يكون حياً وأن يعود إلى مقره يوماً من الأيام؟"[1].

وكلمة المفقود لغة مأخوذة من فقدت الشيء إذا أضللته، أو طلبته فلم تجده. والمفقود اصـطلاحاً: هـو الغائب الذي لم يُدر أحي هو أم ميت. واختلف الفقهاء المسلمون في المدة التي يحكم فيها بموت المفقود، فـذهب بعض الحنفية إلى اعتباره ميتاً إذا مضى عليه تسعون سنه، لأن الغالب أنه لا يعيش أكثر من ذلك، وذهـب الـبعض الآخر بأنه يعتبر ميتاً إذا مضى عليه مائة سنة أو مائة وعشرون سنة، أو بموت أقرانه في بلده أو تفويض أمر مماتـه إلى رأي الإمام. والراجح عند المالكية أنه لا يعتبر ميتاً حتى يحكم بموتـه، وقيـل لا يتوقـف عـلى الحكـم، بـل متـى مضت مدة التعمير وهي سبعون أو ثمانون سنة على خلاف في ذلك. ولدى الشـافعية إذا مضـت مـدة يغلـب عـلى الظن أنه لا يعيش فوقها، اجتهد القاضي حينئذ، وحكم بمـوت المفقـود. ولـدى الحنابلـة في هـذا الموضـوع قـولان: أحدهما أن يكون ظاهر غيبته السلامة، كسفر التجارة أو طلب العلم أو السياحة، فهذا لا تزول الزوجيـة عنـه، ولا يقسم ماله، حتى يثبت موته، وذلك مردود إلى اجتهاد الحاكم. وفي رواية عن الإمام أحمد، إذا مضى عليـه تسـعون سنه، قسم ماله، لأن الظاهر أنه لا يعيش أكثر من هذا العمر، فإذا اقـترن بـه انقطـاع خـبره حكـم القـاضي بموتـه، وثانيهما أن يكون ظاهر غيبته الهلاك، كمن فقد في الحرب، أو انكسر به مركب، أو فقد في مهلكه، فهذا ينتظـر بـه أربع سنين، فإذا لم يظهر خبره، حكم بموته وقسم ماله واعتدت زوجته عدة الوفاة.[2]

(1) سليمان مرقص، المدخل للعلوم القانونية، القسم الثاني في الحقوق، الناشر أحمد حسن غزي، القاهرة 1947، ص48.
(2) محمود عبد الله بخيت، المصدر السابق، ص147، 148 مع ملاحظة المصادر اللغوية والفقهية الإسلامية الواردة في الصفحتين.

وبما أن هذه المدد تعد طويلة، وبعد اندلاع الحرب العالمية الأولى وغياب الآلاف من العمال أثر تطوعهم في خدمة السلطة العسكرية البريطانية، فلم يعودوا إلى أهلهم وذويهم، ولم تتحقق وفاتهم، وكانوا كلهم في ريعان الشباب، وأكثرهم لهم زوجات، فقد كان متعيناً الانتظار للحكم بثبوت الوفاة إلى أن ينقرض أقران المفقودين أو تمضي على تأريخ ميلادهم سنين طويلة قد تصل إلى مائة عام. وكان انتظار هذه المدة أمراً غير مقبول نظراً لرجحان احتمال وفاتهم في الحرب.

لذلك أصدر المشرع مرسوماً بقانون رقم 25 لسنة 1929 عدل به الأحكام السابقة ونص فيه على أنه إذا غاب المفقود في ظروف يغلب فيها هلاكه كظروف الحرب مثلاً، فإن القاضي يحكم بثبوت وفاته بعد مضي ـ أربع سنين من تأريخ فقده، وإن كان غيابه في غير ذلك من الظروف فيكون للقاضي تقدير المدة التي يحكم بعدها بثبوت وفاة المفقود.

وتبقى شخصية المفقود مشكوكاً فيها طوال مدة فقده وإلى أن يحكم بثبوت وفاته، فلا هو معروف بأنه حي، فتبقى شخصيته قائمة، ولم تتحقق وفاته فتنقضي شخصيته، فيفرض فيه أصلح الأمرين له، أي اعتباره حياً. وبناء على هذا الفرض، تحفظ له حقوقه التي كانت له في تأريخ فقده لاحتمال ظهوره يوماً ما، ويعين له وكيل يحمي أمواله ويديرها ويضم إيرادها إلى أصلها، وتبقى زوجته على ذمته، فإن ظهر المفقود حياً قبل الحكم بثبوت وفاته، تبدد الشك، وحل اليقين محله، ووجب أن يزول كل ما ترتب على الشك من آثار، فتنقضي ـ ولاية الوكيل بظهور المفقود، ويتسلم هذا أمواله، ويضم زوجته، ويأخذ الموقوف على ذمته من إرث أو وصية، أما إذا لم يظهر المفقود وحكم بثبوت وفاته، فترتب على هذا الحكم اعتبار المفقود ميتاً.[1]

ووفقاً لنص المادة (74) من قانون الولاية على المال المصري "تقيم المحكمة وكيلاً عن الغائب كامل الأهلية متى انقضت مدة سنة أو أكثر على غيابه وترتب على ذلك تعطيل مصالحه، إذا كان مفقوداً لا تعرف حياته أو مماته، أو إذا لم يكن له محل إقامة ولا

---

(1) سليمان مرقص، المدخل، القسم الثاني في الحقوق، المصدر السابق، ص49-59.

مواطن معلوم أو كان له محل إقامة أو موطن معلوم خارج مصر، واستحال عليـه أن يتـولى شـؤونه بنفسـه أو أن يشرف على من ينيبه في إدارتها".

ومن هذا يتضح أن الغائب في القانون المصري إما شخص لا تعـرف حياتـه أو مماتـه وهـو المفقـود، أو شخص تكون حياته محققه ولكن لا يعرف موطنه أو يكون موطنه خـارج مصرـ بحيـث يسـتحيل عليـه أن يتـولى شؤون نفسه. فهو شخص كامل الأهلية، ولكن ظروفه تقضي بإقامة نائب يتولى شؤونه، فإذا انقضت مـدة سـنة أو أكثر على غيابه وترتب على ذلك أن تعطلت مصالحه أقامت المحكمة وكيلاً عنه يتولى شـؤونه، وإذا كـان قـد تـرك وكيلاً عاماً تحكم المحكمة بتثبيته متى توافرت فيه الشروط الواجب توافرهـا في الـوصي، وإلا عينـت غـيره طبقـاً لأحكام المادة (75) من قانون الولاية على المال المصري.

وفي لبنان لا توجد نصوص قانونية تعالج هذا المانع من موانع الأهلية، سوى نص المواد (127-133) من قانون الأحوال الشخصية للطائفة الدرزية التي تختص بالغائب المفقود فقط. فإذا ترك المفقود وكيلاً لحفظ أموالـه وإدارتها فلا ينعزل وكيله بفقده إلا إذا ظهرت خيانته أو تقصيره، وإذا لم يترك وكيلاً فعلى القاضي أن ينصـب وكيلاً يحصي أمواله ويحفظها ويقوم عليها وفقاً لنص المادة 127 من قانون الأحوال الشخصية المذكور.[1]

وفي العراق اعتبرت المادة (36) من القانون المدني العراقي، أن من غاب بحيـث لا يعلم أحي هو أم ميت يحكم بكونه مفقوداً بناء على طلب كل ذي شأن، وأخضعت هذه المادة المفقود لقانون الأحوال الشخصية العراقي رقم 188 لسنة 1959.[2]

---

(1) راجع: عبد المنعم فرج الصده، المصدر السابق، ص465، رمضان أبو السعود، المصدر السابق، ص335.
(2) لاحظ المادة 43/رابعاً من قانون الأحوال الشخصية العراقي رقم 188 لسنة 1959.

المطلب الثالث
نهاية حياة الشخص الطبيعي

هناك عدة أسباب لانتهاء حياة الإنسان، في طليعتها الموت أو ما تطلق عليه بعض القوانين العربية "الوفاة". ومن أهم الأسباب الأخرى التي ترسم نهاية حياة الشخص الطبيعي الحكم بموت المفقود الذي غاب عن محل إقامته لفترة زمنية ليست قصيرة وفي ظروف معينة قد تدلل على موته وضرورة اتخاذ قرار بذلك للانتهاء من حالة التعليق لمصالحه وعلاقته الزوجية.

وعلى هذا سيتضمن هذا المطلب دراسة هاتين الحالتين على التوالي:

أولاً: وفاة الشخص الطبيعي

مثلما تبدأ شخصية الإنسان بالولادة أو كما تنص بعض القوانين العربية بتمام ولادته حياً[1]، تنتهي هذه الشخصية بالوفاة التي يجب أن تثبت في السجلات الرسمية المعدة لذلك، فإذا انعدم هذا الدليل أو تبين عدم صحة ما أدرج في السجلات فيجوز الإثبات بأية طريقة أخرى.[2]

وتنظم قوانين الأحوال المدنية هذا الموضوع وما يتعلق به، حيث يتم التبليغ عن الوفيات إلى أي مكتب أو إلى المختار في الجهة التي لا يوجد فيها مكتب وذلك خلال مدة أسبوع من تأريخ حدوثها أو ثبوتها مرفقاً بها دفتر عائلة المتوفى وبطاقته. وعلى المختار إبلاغ المكتب بالوفاة خلال خمسة عشر يوماً من تأريخ تبليغه بها. كما تشير القوانين إلى الأشخاص المكلفين بالتبليغ عن الوفاة من الأصول أو الفروع أو زوج المتوفى أو من حضر الوفاة من أقارب المتوفى البالغين أو الطبيب المكلف بإثبات الوفاة أو صاحب المحل أو مديره أو الشخص القائم بإدارته إذا حدثت الوفاة في مستشفى أو محل معد للتمريض أو ملجأ أو فندق أو مدرسة أو سجن أو أي جهة أخرى. ويجب الحصول على

(1) م1/31 مدني سوري، م1/29 مدني مصري، م9 مدني كويتي، م1/30 مدني أردني.
(2) م35 مدني عراقي.

تصريح بالدفن من البلدية أو المركز الأمني (مركز الشرطة) أو المختار ويزود مكتب الأحوال المدنية بنسخة منه. ويشمل أنموذج التبليغ على بيانات مهمة وهي يوم الوفاة وتاريخها وساعتها ودقيقتها ومكانها مع ذكر اسم المتوفى وجنسه وجنسيته وديانته مع الإشارة إلى سبب الوفاة ومكان ولادة المتوفى وتاريخها ومحل إقامته بالإضافة إلى اسم والد المتوفى ووالدته من ثلاث مقاطع مع ذكر مكان القيد المدني ورقمه والرقم الوطني للمتوفى. وإذا كان المتوفى مجهول الشخصية يتم التبليغ عن الوفاة من قبل الشرطة ويرفق بمحضر يشتمل على تقدير عمر المتوفى وبسبب الوفاة وأي بيانات ضرورية. ويقوم أمين مكتب الأحوال المدنية بقيد الواقعة في سجل خاص يقرره المدير.

من ناحية أخرى تقوم القيادة العامة للقوات المسلحة ومديرية الأمن العام (مديرية الشرطة العامة) ومديرية الدفاع المدني ودائرة المخابرات العامة بتبليغ دائرة الأحوال المدنية عن وفيات منتسبيها. وعلى النائب العام أو مساعده في حالة تنفيذ الحكم بإعدام شخص تنظيم أنموذج تبليغ بالوفاة يزود به أمين مكتب الأحوال المدنية خلال أسبوع لتسجيل هذه الواقعة[1].

هذا وقد عرفت بعض الأنظمة القانونية القديمة انقضاء الشخصية القانونية قبل الوفاة وهو ما يعبر عنه بالموت المدني، ويكون هذا الموت شبيهاً بالموت الطبيعي على الرغم من البقاء على قيد الحياة. وقد قسم الفقهاء الرومان حالات الموت المدني إلى ثلاث درجات، أولهما الموت المدني من الدرجة القصوى، وهي الحالة التي يفقد فيها الإنسان صفة الحرية بأن أصبح رقيقاً. وفقدان الحرية يستتبع حتماً فقدان الجنسية والصفة العائلية. والنوع الثاني من الموت المدني، هو الموت المدني من الدرجة الوسطى، وهي الحالة التي يفقد فيها جنسيته الرومانية مع احتفاظه بحريته، كمن يتجنس بجنسية دولة أجنبية وهي تستتبع فقدان الصفة العائلية. وثالث أنواع هذا الموت هو الموت المدني من الدرجة الدنيا، وهي الحالة التي يحدث فيها تغيير في الصفة العائلية مع احتفاظ الشخص بحريته وجنسيته

(1) راجع المواد: 26-31 من قانون الأحوال المدنية الأردني رقم (9) لسنة 2001م المعدل بالقانون رقم 17 لسنة 2002م.

الرومانية. ويترتب على انقضاء الشخصية القانونية بالموت المدني آثار منها، انقطاع رابطة القرابة المدنية وما يترتب عليها من آثار، كسقوط الحق في الإرث وانقضاء السلطة الأبوية، وانتقال ذمة الميت مدنياً (الإيجابية والسلبية) إلى من كان سبباً في موته مدنياً[1].

وتحديد تاريخ الوفاة أمر سهل في الأحوال الطبيعية، إلا أن هناك بعض الحالات الاستثنائية التي يصيب الموت فيها عدداً من الأشخاص في آن واحد دون إمكانية تحديد زمن وفاة كل منهم بالنسبة للآخرين. ومن هـذه الحالات الكوارث كالزلازل والغرق والحريق أو قتل مجموعة من العسكريين في معركة استمرت مع العـدو لعـدة أيام أو محاصرة مجموعة من الناس لفترة زمنية معينة مـن قبـل عصـابة وموتهم تباعاً بسـبب الرعـب والخـوف والجوع ونحو ذلك. وقد اعتبرت الشريعة الإسلامية، وكذلك قوانين الأحوال الشخصية، أنه إذا تعذر في هذه الأحوال تحديد من مات أولاً ومعرفة ترتيب الوفاة بينهم، فيجعلون كأنهم ماتوا جميعاً في وقت واحد ولا يرث أحد مـنهم الآخر.[2]

وإذا كانت الشخصية القانونية للإنسان تنتهي بـالموت علـى هـذا النحو، فإن بعض فقهاء الشريعة الإسلامية وبخاصة فقهاء المالكية والحنفية، كانوا يذهبون إلى إبقائها ممتدة امتداداً اعتبارياً بعـد المـوت إلى حين الفراغ من تصفية التركة وسداد ديون المتوفى. وبهذا المعنى كانوا يؤولون القاعدة الشرعية المعروفة (لا تركة إلا بعد سداد الديون). وما يزال هذا الرأي يجد له إلى اليوم أنصاراً عند بعض الفقهاء المعاصرين، وهم يسندونه كما فعل الحنفية إلى قوله تعالى "من بعد وصية يوصي بها أو دين". ويسندونه أيضاً ببعض النصوص القانونية الوضعية التي تقضي بأولوية الوفاء بالتزامات التركة ثم توزيع الباقي بعد ذلك على الورثة كما هـو الحـال في نـص المـادة (899) مدني مصري التي جاء فيها:

---

(1) عبد السلام الترمانيني، المصدر السابق، ص350.
(2) هشام القاسم، المصدر السابق، ص308-309.

(بعد تنفيذ التزامات التركة يؤول ما بقي من أموالها إلى الورثة كل بحسب نصيبه الشرعي)[1].

ثانياً: المفقود بعد الحكم بثبوت وفاته:

إذا حكم بموت المفقود فإنه يعتبر في حكم الميت موتاً حقيقياً، وبالتالي تنتهي شخصيته. والموت هنا موت حكمي. والأصل أن الحكم القاضي باعتبار المفقود ميتاً حكم منشئ لهذا الموت الاعتباري وليس كاشفاً له. ولذلك فإن أثره في إنهاء شخصية المفقود ومعاملته معاملة الميت الحقيقي، لا يتحقق إلا من تأريخ هـذا الحكم وليس قبله[2].

ويذهب جانب من الفقه إلى وضع نتائج مهمة لاعتبار المفقود ميتاً من تأريخ فقده لا من تأريخ الحكم بثبوت وفاته وهو ما يعد استثناءاً أخذت به بعض القوانين كالقانون المصري الذي قرر رد نصيب المفقود إلى مـن يستحقونه وقت فقده وهو ما يعني تحقق النتائج التالية:

1) إن ما أوقف على ذمته من ارث أو وصية بعد الفقد وقبل الحكم يرتد إلى أولي الحق فيه الذين كانوا يستحقونه من دونه.   2) تقسيم أمواله على ورثته الموجودين وقت فقده حتى من توفي منهم بعد الفقد وقبل الحكم.

أما اعتبار المفقود ميتاً من وقت الحكم بثبوت وفاته (وهو ما يعتبر أصلاً) فتترتب عليه النتائج التالية:

1- تقسيم أمواله على ورثته الموجودين وقت الحكم فقط، فلا يرثه مـن يكـون قـد تـوفي في الفـترة مـا بـين الفقـد والحكم. 2- ويستحق ما أوقف على ذمته من إرث أو وصية، فيدخل نصيبه منهما ضمن تركته ويقسم بين ورثتـه الموجودين وقت الحكم.

---

(1) لاحظ النقد الذي وجهه الأستاذ الدكتور حسن كيره إلى هذا الرأي لمخالفته للنصوص القانونية من جهـة، وقيامـه عـلى افتراض غـير مقبول، وهو افتراض حياة شخص رغم موته من جهة أخرى، المصدر السابق، ص528-529.
(2) عبد المنعم فرج الصدة، المصدر السابق، ص395، حسن كيره، المصدر السابق، 533.

وفي حالة ظهور المفقود بعد الحكم بثبوت وفاته، وبعد أن ترتبت على هذا الحكم نتائجه، فإن أمور هذا المفقود ستسوى على الوجه الآتي:

1) ستكون زوجته له ما لم يتزوج بها آخر ويستمتع بها غير عالم بحياة زوجها الأول، وإلا فأنها تكون لزوجها الثاني وتبقى له.

2) أما ماله الذي كان له قبل فقده وما نشأ عنه من ريع، فإنه يأخذ الموجود منه في يد ورثته وقت ظهوره ولا يرجع عليهم بما استهلكوه منه.

3) أما ما كان موقوفاً لأجله من ارث أو وصية ثم رد بعد الحكم بثبوت وفاته إلى ورثة المورث أو الموصي، فإن المفقود يستحقه بعد ظهوره، ولكنه لا يأخذ إلا الموجود منه في أيديهم، أما المستهلك فلا ضمان له.
(1)

ووفقاً للقانون اللبناني تنقضي الرابطة الزوجية بعد صدور الحكم بالوفاة الحكمية، حيث يحل للزوجة الزواج بغيره، ما لم تمنع قواعد الأحوال الشخصية ذلك. أما بالنسبة لتركة المفقود، فتفتح وتوزع أمواله على ورثته الموجودين وقت صدور الحكم. والأصل أن ورثة المفقود يملكون التصرف في الأموال التي ورثوها عنه، ومع ذلك، يمنع المشرع اللبناني، احتياطاً لاحتمال عودة المفقود بعد ذلك، بالنسبة لطائفة الدروز، وللطوائف غير الإسلامية عموماً، الورثة من التصرف في هذه الأموال طوال مدة معينة، تحدد بسنتين من اكتساب الحكم بالوفاة الدرجة القطعية بالنسبة لطائفة الدروز وبخمس سنوات من نشر هذا الحكم بالنسبة للطوائف غير الإسلامية عموماً.

أما بالنسبة لأموال الغير، فإن النصيب من تركة الغير الذي أوقف للمفقود، يجب أن يرد إلى ورثة المورث أو الموصى لهم ليوزع فيما بينهم وفقاً لقانون الإرث لغير المحمديين. غير أن هذه المادة تقرر ألا يرد هذا النصيب إلا بعد انقضاء خمس سنوات على صدور الحكم بموت المفقود. وبالنسبة للطوائف الإسلامية فيحتفظ بحصته إلى أن يظهر أمره، فإن ظهر حياً حكم له بتلك الحصة، وأن ثبت أنه مات بعد مورثه، حكم

_____

(1) سليمان مرقص، المدخل، القسم الثاني، المصدر السابق، ص50-51، حسن كيره، المدخل إلى القانون، المصدر السابق، ص533-534.

لورثته بتلك الحصة. أما إذا ثبت بأنه مات قبل مورثه فيعاد نصيبه إلى سائر ورثة مورثه الموجودين قبل موت هذا المورث، لا وقت الحكم بموت المفقود[1].

المبحث الثاني
الشخص المعنوي أو الاعتباري

إذا كان القانون يعترف للشخص الطبيعي عادة بالشخصية القانونية، فإن ضرورات الحياة وتطورها أملى على المشرع ضرورة الاعتراف بهذه الشخصية على مجموعات من الأشخاص والأموال تأخذ شكل الجمعيات أو المؤسسات أو المنشآت أو الطوائف وغيرها. وهذا النوع من الأشخاص أطلقت عليه تسميات عدة كالأشخاص الاعتبارية أو الحكمية أو المعنوية.

وعلى الرغم من الاختلافات الكثيرة التي حصلت بشأن هذه الأشخاص ومحاولة البعض إنكار وجودها، لأن الشخصية القانونية لا يمكن ثبوتها لغير الإنسان، إلا أن الواقع أثبت أهمية وجود هذا النوع من الأشخاص القانونية، لتحقيق أغراض لا يستطيع الشخص الطبيعي بما يمتلكه من قدرات وما يتميز به من خصائص النهوض بها.

ولتناول هذا الموضوع بما يكفي من الإيضاح رسمنا له الخطة التالية:

المطلب الأول: طبيعة الشخص الاعتباري وأهميته وتأريخ ظهوره.

المطلب الثاني: ابتداء حياة الشخص الاعتباري وانتهائها.

المطلب الثالث: خصائص الشخص الاعتباري.

المطلب الرابع: أنواع الأشخاص الاعتبارية.

---

(1) كما عالج القانون اللبناني النتائج التي تترتب على ظهور المفقود حياً بعد صدور الحكم أو القرار بموته، سواء أكان ذلك بالنسبة لمصير زوجته أو مصير أمواله. للمزيد من التفاصيل والإختلاف بين الطوائف الدينية في لبنان بالنسبة لهذا الموضوع، راجع: رمضان أبو السعود، المصدر السابق، ص297-299.

المطلب الأول
طبيعة الشخص الاعتباري وأهميته وتأريخ ظهوره

اختلفت آراء العلماء في بيـان طبيعـة الشخـص الاعتبـاري مـن الناحيـة القانونيـة، فذهـب بعضهـم إلى الاعتقاد بأن الشخصية الطبيعية التي يتمتع بها الإنسان هـي وحـدها التـي تعتـبر حقيقـة واقعـة، أمـا الشخصية الاعتبارية فليس لها وجود حقيقي وإنما هي مجرد افتراض قـانوني مفيـد، منحـه المشـرع لمجموعـات الأشـخاص أو الأموال تلبية لضرورات الحياة العملية دون أن يكون لها أي وجود واقعي. فالمشرع هـو الـذي يوجـد الشخصية الاعتبارية ويفترضها، وإذا لم يقرر منح هذه الشخصية لمجموعة من الأشخاص أو الأموال، فلا يمكـن اعتبـار أي مـن هذه المجموعات أشخاصاً اعتبارية.

ثم ظهرت نظرية ثانية للبت في الطبيعة القانونية للشخص الاعتباري، وهي نظرية الشخصية الحقيقـة، التي حاول أصحابها تأكيد حقيقة الشخص الاعتباري ووجوده الواقعي. فالشخص الاعتباري بحسب فقهـاء هذه النظرية، وخاصة الألمان منهم، ليس مجرد وهم وافتراض لا يقوم إلا بإرادة المشرع، وإنما هو حقيقة واقعـة تفـرض نفسها على المشرع، وتعتبر موجودة من تلقاء نفسها دون أن تنتظر منه الاعتراف بوجودهـا. وهنـاك نظريـة ثالثـة هي نظرية الملكية المشتركة، التي تنفي وجود هـذا الشخـص مـن أسـاسه، وتعتـبر أنـه مفهـوم غـير ضروري يمكن الاستغناء عنه، والاستعاضة بتفسير واقعي يقوم على اعتبار الأموال ملكاً مشتركاً للأفراد الذين خصصت لمنفعتهم، فيكون هؤلاء الأفراد، لا الشخص الاعتباري المفترض، هم مالكوها الحقيقيون المباشرون. [1]

أما من حيث أهمية وجود الأشخاص الإعتبارية، فقد قدر الشارع أن تكوين جماعات مـن الأشخـاص أو رصد مجموعات من الأموال، يؤدي إلى قيام نشاط قانوني يتصل بمصالح عدد كبير مـن الأفراد يتغيرون مـن وقـت لآخر. كما أن طبيعة هذا النشاط

---

(1) لمزيد من التفاصيل عن هذه النظريات والانتقادات التي وجهت لها، راجع: هشام القاسم، المصدر السابق، ص404-413.

والغرض المقصود من ورائه تقتضيان بقاءه على الدوام. ومن ثم كان لابد من اتخاذ أداة تكفل أن ينسب هذا النشاط إلى ناحية موحدة تضمن له البقاء والاستمرار، وهذه الأداة هي الشخصية الاعتبارية التي يخلعها القانون على تلك الجماعات من الأشخاص والمجموعات من الأموال. لقد أصبحت هذه الجماعات من الأشخاص والمجموعات من الأموال، إحدى الدعامات الأساسية التي يقوم عليها تقدم المجتمع ورفاهيته، فثمة أعمال ضخمة تحتاج إلى جهد كبير ومال وفير وزمن طويل، والفرد وحده بجهوده وماله وعمره لا يستطيع مواجهة ما تقتضيه هذه الأعمال، أما هذه التكوينات ففيها تتضافر الجهود ويتوافر المال ويمتد الأجل[1].

ومن حيث تأريخ ظهور الشخص الاعتباري، فقد عرف القانون الروماني الجماعات، كما عرف المؤسسات في مراحله الأخيرة، فخلع عليها الشخصية الاعتبارية. ولم يرد في مجلة الأحكام العدلية تنظيم ما لأحكام الشخص الاعتباري، بالرغم من أن الفقه الإسلامي أقر مبدئياً فكرة الشخص الاعتباري، ورتب عليها أحكاماً.

وتظهر آثار ذلك في بيت المال، إذ يفرق الفقه بين المال العام وأموال السلطان الخاصة. كما تظهر آثار هذه الفكرة في نظام الوقف، حيث يقرر الفقه زوال ملكية الأموال الموقوفة عن الواقف، دون أن تذهب إلى المستحقين. وهذا هو الأساس الذي يبني عليه الفقه الحديث منح الشخصية الاعتبارية لجهة الوقف التي تعد مالكة لهذه الأموال.[2]

ولم ترد في التقنين المصري القديم نصوص عامة في الشخصية الاعتبارية، ولكن الشركات اعتبرت أشخاصاً اعتبارية وفقاً لقواعد استخلصت من بعض نصوص التقنين التجاري وتقنين المرافعات القديم، كما جرى القضاء المصري على الاعتراف بالشخصية الاعتبارية لكل جمعية منظمة لا ترمي إلى الحصول على ربح مادي. أما التقنين المصري الحالي فقد عُني بتنظيم موضوع الأشخاص الاعتبارية، كما يحدد أنواع هذه الأشخاص، ومثله فعلت القوانين الأخرى كالقانون المدني العراقي (المواد 47-49)

(1) عبد المنعم فرج الصده، المصدر السابق، ص470-471.

(2) محمد وحيد الدين سوار، المصدر السابق، ص55.

والقانون المدني الأردني (المواد 50-52) والقانون المدني الكويتي (المواد 18-21) وغيرها.

المطلب الثاني
ابتداء حياة الشخص الاعتباري وانتهاؤها

لا تبدأ الشخصية الاعتبارية بجماعة أو هيئة معينة إلا بموافقة القانون واعتراف السلطة المختصة في الدولة بها من حيث ضرورة وجودها ومشروعية أهدافها وأغراضها. فالجماعة أو الهيئة التي لا يوافق القانون على تمتعها بالشخصية المعنوية لا يمكن أن تتوافر لها هذه الشخصية مطلقاً، فمن الناحية القانونية لابد من تدخل السلطة المختصة لإقرار الشخصية والاعتراف بها حتى تبدأ الشخصية المعنوية. وتنشأ الشخصية الاعتبارية للدولة بناء على حكم الضرورة والواقع العملي ودافع الشعور الشعبي العام، كما يأتي من اعتراف مجموعة الدول الأخرى لهذه الدولة بالشخصية القانونية. أما الأشخاص الاعتبارية الأخرى ممثلة بالأشخاص أو الهيئات أو الشركات أو الطوائف فيأتي الاعتراف بها من الدولة نفسها والاعتراف هذا قد يكون عاماً، وقد يكون خاصاً بكل شخص.[1]

وتتحقق صورة الاعتراف العام بوضع المشرع ابتداء شروطاً عامة إذا توافرت في أي جماعة من الأشخاص أو مجموعة من الأموال، اكتسبت هذه الجماعة أو تلك المجموعة الشخصية المعنوية بقوة القانون، دون حاجة إلى ترخيص أو إذن خاص من جانب المشرع بصدد تكوين كل جماعة أو مجموعة منها على حدة. وهذا الاعتراف اعتراف غير مباشر ينشأ من تنظيم تشريعي سابق لنماذج معينة من جماعات الأشخاص أو مجموعات الأموال، لذلك تعرف صورته كذلك باسم (طريقة التنظيم القانوني)[2].

---

[1] محمود نعمان، المصدر السابق، ص236.

[2] ومثال هذه الصورة من الأشخاص الحكمية ما ورد في المادة (50) من القانون المدني الأردني التي حددت الأشخاص الحكمية بالدولة والبلديات والمؤسسات العامة والمنشآت التي يمنحها

أما صورة الاعتراف الخاص بالشخص الاعتباري، فتستلزم صدور ترخيص أو إذن خاص من المشرع بقيـام الشخصية المعنوية لكل جماعة من الأشخاص أو مجموعة مـن الأمـوال عنـد تكـوين كـل منهـا عـلى حـده. وهـذا الاعتراف بخلاف الاعتراف العام اعتراف مباشر وفردي، ولذلك تعرف صورته باسم (نظام الإذن أو الترخيص)، مثال ذلك، نص قانون الضمان الاجتماعي اللبناني على إنشاء صندوق وطني للضمان الاجتماعي، ويعتبر هـذا الصـندوق مؤسسة مستقلة ذات طابع اجتماعي وتتمتع بالشخصية المعنوية.[1]

وتنتهي حياة الشخص الاعتباري بانتهاء الأجل المحدد له في سند إنشائه، كـما ينتهـي بتحقيـق الغـرض الذي أنشئ من أجله، أو إذا أصبح من المستحيل تحقيق هـذا الغـرض. كـما ينتهـي الشـخص الاعتبـاري بالحـل أو سحب الاعتراف به، والحل قد يكون

القانون الشخصية الحكمية والهيئات والطوائف الدينية التي تعترف لها الدولة بالشخصية الحكمية والوقف والشركات التجارية والمدنية والجمعيات والمؤسسات المنشأة وفقاً لأحكام القانون. ومثلها ما ورد في المادة (52) مـن القـانون المـدني المصري التـي حـددت الاعتراف العام للأشخاص الاعتبارية بالدولة والمديريات والمدن والقرى بالشروط التي يحددها القانون والإدارات والمصالح وغيرهـا من المنشآت العامة التي يمنحها القانون شخصية اعتبارية، والهيئات والطوائف الدينية التي تعترف لها الدولة بالشخصية الاعتبارية، والأوقاف والشركات التجارية والمدنية والجمعيات والمؤسسات المنشأة وفقاً لأحكام القانون. ويعتبر مـن هـذا القبيـل أيضاً ما يرد في القوانين الخاصة من إشارة واضحة لمنح الشخصية الاعتبارية مثال ذلك ما ورد في المادة الرابعة من قانون الشركات الأردني رقم (22) لسنة 1997 المعدل التي تقول: "يتم تأسيس الشركة في المملكة وتسجيلها فيها بمقتضى هذا القـانون، وتعتـبر كـل شركة بعد تأسيسها وتسجيلها على ذلك الوجه شخصاً اعتبارياً أردني الجنسية ويكون مركزها الرئيسي في المملكة"، وما ورد أيضاً في الفقرة الثالثة من المادة الثالثة من قانون البلديات الأردني رقم (29) لسنة 1955 المعدل من اعتبار (مجلس البلدية شخصاً معنويـاً له أن يقاضي وأن يقاضى بهذه الصفة وأن ينيب عنه أو يوكل من يشاء في الإجراءات القضائية وتنقل إليه الحقوق والالتزامـات التي كانت للمجلس السابق).

[1] راجع: حسن كيره، المدخل إلى القانون، المصدر السابق، ص636-637، محمود نعمان، المصدر السابق، ص237.

اختيارياً باتفاق الأفراد المكونين له، وقد يكون إجبارياً عن طريق القضاء، إذا ما خالف الشخص الاعتباري القانون أو النظام العام أو الآداب، أو إذا وجد مسوغ خطير يبرر ذلك. وقد يكون الحل عن طريق المشرـع، كـما في حالـة تأميم مشروع من المشروعات مثلاً، كما هو الحال في إلغاء الأوقاف الأهلية. أما سحب الاعتراف أو الترخيـص مـن الشخص الاعتباري فإنه طريق آخر ينتهي به الشخص متى كـان الاعـتراف سبباً لوجوده. وقد يحـدث أن تمتد الشخصية الاعتبارية خلال مدة معينة إلى ما بعد الحل حتى يمكن تصفية ذمتها. وتبقـى الشخصية بالقدر اللازم للتصفية، وبانتهاء الشخص الاعتباري تصفى ذمته المالية فتسدد ديونه مـن أمـواله، ويـوزع البـاقي منهـا وفقـاً لمـا يقرره سند إنشائه، أو وفقاً لما يقضي به قرار الحل، مع مراعاة ما يقرره القانون بهذا الصدد[1].

وينقضي الشخص الاعتباري أيضاً أما بزوال عنصره الموضوعي أو بزوال عنصره الشكلي، فهو يزول بـزوال أعضائه كلية أو بقاء عضو واحد، إلا إذا أجاز نظام الشخص المعنوي بقاءه رغم ذلك. وينقضي- الشخص الاعتباري كذلك بالاندماج، سواء بالذوبان في جماعة أخرى أو بالتجزئة إلى جماعات أصغر.[2]

المطلب الثالث
خصائص الشخص الاعتباري

يتميز الشخص الاعتباري بخصائص تميزه عن غيره، فهو يتمتع بجميع الحقوق التي يتمتع بهـا الشخص الطبيعي (الإنسان) إلا ما كان ملازماً منها لصفة الإنسان الطبيعية، فتكون له ذمة مالية مسـتقلة وأهليـة يـحددها سند إنشائه أو يقرها القانون واسم خاص يميزه ويمنع اختلاطه بغيره من الأشخاص الاعتبارية وموطن مستقل عـن موطن الأشخاص المكونين له وجنسية تشير إلى وجود رابطة بين الشخص الاعتباري وبين دولة

---

(1) محمد عمران، نبيل سعد، محمد مطر، المصدر السابق، ص272.
(2) علي حسين نجيده، المصدر السابق، ص213.

معينة يخضع لقانونها وموطن مستقل عن موطن الأشخاص المكونين له بالإضافة إلى حقه في التقاضي كمدعٍ أو مدعى عليه.

1- ذمة الشخص الاعتباري المالية:

لكي تكون للشخص الاعتباري شخصية قانونية تميزه عن شخصية أعضائه أو مؤسسية، يجب أن تكون له ذمة مالية مستقلة عن الذمم الخاصة لهؤلاء الأعضاء والمؤسسين. وهذا ما نصت عليه القوانين العربية فعلاً كالمادة 2/51/أ مدني أردني والمادة 3/48 مدني عراقي والمادة 2/53/أ مدني مصري. ولذلك لا يجوز لدائني الشخص الاعتباري الرجوع على أموال الأشخاص المكونين له، كما لا يجوز لدائني هؤلاء الرجوع على أموال الشخص الحكمي لاستيفاء ديونهم. ويستثنى من ذلك الحالات التي يكون فيها الأعضاء المكونين للشخص الاعتباري ضامنين لديونه كما هو الحال في شركات التضامن وشركات التوصية بالنسبة إلى الشركاء المتضامنين فيها، حيث يسأل الشركاء في هذه الحالات عن ديون الشركة في أموالهم الخاصة[1].

ولكن هذا لا يعني اختلاط ذمم الشركاء بذمة الشركة أو إحلال شخصياتهم محل شخصيتها، إنما المقصود منه تعزيز مركز الشركة المدينة، فيقدم الشركاء أموالهم الخاصة إلى جوار أموال الشركة ضماناً إضافياً لدائنيها، بحيث يقوى ضمان هؤلاء الدائنين بتعدد المسؤولين وتعدد الذمم الضامنة لحقوقهم. فالأمر إذن لا يعدو اعتبار الشركاء ضامنين

(1) نصت المادة (27) من قانون الشركات الأردني على ما يلي: "يجوز لدائن شركة التضامن مخاصمة الشركة أو الشركاء فيها، إلا أنه لا يجوز له التنفيذ على الأموال الخاصة للشركاء فيها لتحصيل دينه إلا بعد قيامه بالتنفيذ على أموال الشركة، فإذا لم تكف الأموال لتسديد دينه فله بعد ذلك الرجوع بما تبقى منه على الأموال الخاصة للشركاء. ولكل شريك الرجوع على الشركاء بنسبة ما دفعه عن كل منهم من دين الشركة". كما ذهبت المادة 41/أ من قانون الشركات الأردني إلى القول "يتولى الشركاء المتضامنون إدارة الشركة وممارسة أعمالها، ويكونون مسؤولين بالتضامن والتكافل عن ديون الشركة والالتزامات المترتبة عليها في أموالهم الخاصة".

ديون الشركة، وليس في ضمان شخص ديون شخص آخر أو ضم مسؤوليته إلى مسؤوليته عن وفائها ما ينتقص من شخصية المضمون وذمته المستقبلية[1].

وتبدأ الذمة المالية للشخص المعنوي اعتباراً من موافقة السلطة المختصة على تأسيسه وتنتهي بانقضاء هذا التأسيس، أي بفقدانه الشخصية القانونية. وحينذاك تصفى أمواله وتقسم على الشركاء أن كان شركة، وإن كان جمعية أو مؤسسة تصفى أمواله لا بتوزيعها على الأشخاص المكونين لها أو الذين يديرونها، وإنما طبقاً لما هو منصوص عليه في سند إنشائها. وإذا كان سند إنشائها لا ينص على كيفية التصرف في هذه الأموال، فيتم تقرير مصيرها وفقاً للقانون، كأن تؤول إلى جمعية مماثلة أو مشابهة لها في الأهداف.[2]

2- اسم الشخص الاعتباري:

لكل شخص اعتباري (حكمي) اسم خاص يميزه ويمنع اختلاطه بغيره من الأشخاص الحكمية. ويستمد الاسم عادة من أغراض هذه الأشخاص وأسماء مؤسسيها وألقابهم وغير ذلك من الاعتبارات، كما هو الحال في تسمية الجمعيات والمؤسسات والشركات.

وبالنسبة لشركات الأموال وهي: الشركة المساهمة، الشركة ذات المسؤولية المحدودة وشركة التوصية بالأسهم فقد تجنب قانون الشركات الأردني لعام 1997 المعدل ذكر عبارة "العنوان التجاري" ونص على اتخاذ اسم للشركة وبين العناصر التي يتكون منها وسبب ذكر الاسم التجاري بدلاً من العنوان. إن العنوان له صلة وثيقة بشخصية الفرد الشريك وهذه الشخصية تظهر أهميتها في شركات الأشخاص (التضامن والتوصية البسيطة)، أما في شركات الأموال فإن الأهمية تعطى للاعتبار المالي، وبالتالي فإن ما يميزها عن غيرها من الشركات هو قدرتها المالية والغرض أو الغاية التي أنشئت من

---

(1) حسن كيره، المدخل إلى القانون، المصدر السابق، ص654-655، علي حسين نجيده، المصدر السابق، ص224-225.
(2) غالب الداودي، المصدر السابق، ص258.

أجلها، ولا شأن لأسماء أو لالقاب الشركاء في أهمية الشركة وثقة المتعاملين معها، ذلك لأن الشركاء تتحدد مسؤوليتهم بقدر مساهمتهم في رأس مال الشركة، بالإضافة إلى أن الذمة المالية المستقلة لهذه الشركات يمكن الدائنين من أن ينفذوا عليها لاستيفاء ديونهم ولا علاقة للمساهمين في ضمان التزامات الشركة مهما كانت قدرتهم المالية.[1]

ويشترط في الاسم أن لا يكون مخالفاً للنظام العام أو الآداب، وأن لا يثير خلطاً بينه وبين أي اسم آخر. ولذلك يتمتع اسم الشخص الحكمي بنفس الحماية التي يتمتع بها اسم الشخص الطبيعي، ومن حق ممثليه طلب وقف الاعتداء عليه، والمطالبة بالتعويض عما يكون قد لحقه من ضرر من جراء استخدامه بطريقة غير مشروعة، أو الإساءة إليه بأية صورة.

والحق في الاسم هو حق معنوي فقط، إذا كان الشخص الحكمي الذي يحمله لا يهدف في نشاطه إلى تحقيق الربح، فيكون الاسم خارج دائرة التعامل لعدم وجود قيمة مالية له. وإذا كان هدف الشخص الحكمي تحقيق الربح، فيكون لاسمه قيمة مالية، لأن الاسم يعتبر من العناصر المعنوية للمشروع التجاري، وعليه فإن الاسم يمكن التصرف فيه، أي تجري عليه التصرفات التي تجري على المشروع التجاري، كالبيع والرهن والترخيص بالاستغلال وغيره.[2]

وعلى حين لا يستطيع الشخص الطبيعي أن يغير اسمه إلا بإجراءات طويلة ومعقدة[3]، فإن الشخص المعنوي يستطيع ذلك فهو يختار ويعدل اسمه كما يشاء بشرط إتباع إجراءات الشهر.[4]

---

(1) فوزي محمد سامي، شرح القانون التجاري الأردني، جـ3 في الشركة التجارية، دار الثقافة للنشر والتوزيع، عمان 1995، ص58، وراجع في ذلك المواد: 55، 57/ب، 79، 65/ج، 90/ج من قانون الشركات الأردني رقم (22) لسنة 1997 المعدل.

(2) خالد القيام، المصدر السابق، ص280.

(3) لاحظ المواد 32-35 من قانون الأحوال المدنية الأردني رقم (9) لسنة 2001 المعدل.

(4) علي حسين نجيده، المصدر السابق، ص221.

3- حق التقاضي

نظراً لما للشخص الحكمي من ذمة مالية مستقلة عن الأشخاص المكونين له، ويتمتـع بأهليـة أداء، ولـه حقوق وعليه التزامات، فإن من الطبيعي أن تنشأ بينه وبين الأشخاص الآخرين المتعاملين معه منازعات تحتاج إلى حل من قبل القضاء. لهذا لابد من وجود وسائل يستطيع الشخص الحكمي بواسطتها حماية حقوقه والـدفاع عـن مصالحه. وفي نفس الوقت لابد من وضعه في مركز قانوني يستطيع معه الوفاء بالتزاماته تجاه الدائنين. وبناء على ذلك أعطي الشخص الحكمي الحق في التقاضي بصفته مدعياً أو مدعى عليه. وإذا كان الشـخص الحكمـي لا يستطيع ممارسة حق التقاضي بنفسه لتعذر ذلك من الناحية العملية، فإن الشخص الطبيعي الذي يمثله، هو الذي يتولى حق التقاضي نيابة عنه. وتنصرف الحقوق والالتزامات المترتبة على حق التقاضي إلى الشخص الحكمي، وليس إلى الشخص الطبيعي الذي يمثله. [1]

أن تمتع الشخص الحكمي أو الاعتباري بهذا الحق يأتي من باب ضرورته لكيانه واستمرار نشاطه القانوني الذي يؤدي إلى تحقيق الغرض الذي أنشئ من أجله، كحق التعامل وحق العمل وممارسة النشاط الاقتصادي وحق تملك الأموال المنقولة وغير المنقولة بالقدر اللازم لتحقيق غرضه وحق المحافظة على مقره وأمواله ضد أي اعتداء أو تجاوز غير قانوني.

وعلى هذا الأساس يجوز للشخص الحكمي أن يقاضي الغير الذي ينازعه في حق يقرره له القانون أمـام القضاء، أي أن يرفع هو الدعوى على الغير أمام القضاء، أو أن ترفع عليه الدعوى من قبل الغير الذي يدعي حقاً في مواجهة الشخص الحكمي. وكل ذلك يتم عن طريق الأشخاص الطبيعيين الـذين يمثلونه (بالإضـافة إلى وظيفـتهم)، كالمدير ورئيس مجلس الإدارة ورئيس المؤسسة. وبإمكان مدير الشركة أو رئيس مجلس الإدارة

---

[1] سهيل حسين الفتلاوي، المصدر السابق، ص317.

أو رئيس المؤسسة أن لا يحضر بنفسه في هذه الدعاوى بل يوكل ممثلاً قانونياً عنه كالمحامي. [1]

4- موطن الشخص الاعتباري

إذا كان للشخص الطبيعي موطن يعد مقراً قانونياً يعتد به في كل ما يوجه إليه من تبليغات أو ما يخصه من علاقات ونشاط قانوني، فإن للشخص الاعتباري كذلك موطناً خاصاً به ومستقلاً عن موطن منشئيه أو أعضائه. ويتحدد موطن الشخص الاعتباري في القانون المدني الأردني بالمكان الذي يوجد فيه مركز إدارته. والشركات التي يكون مركزها الرئيسي في الخارج ولها نشاط في المملكة الأردنية الهاشمية يعتبر مركز إدارتها بالنسبة للقانون الداخلي، المكان الذي توجد فيه الإدارة المحلية [2]. ويقصد بمركز الإدارة الرئيسي للشخص الاعتباري، المركز الرئيسي- لنشاطه القانوني والمالي والإداري، فهو ليس بالضرورة نفس مركز الاستغلال، فكثيراً ما يوجد الاستغلال في المكان المناسب له بعيداً عن مركز الإدارة الرئيسي. ويجب أن يكون هذا المركز حقيقياً لا وهمياً. وإذا كان من الممكن تغييره، فلا يعتد بهذا التغيير إلا إذا كان تغييراً حقيقياً. وإذا كان الشخص الاعتباري لا يباشر نشاطه في مكان واحد، بأن كانت له فروع متعددة ومنتشرة في أماكن متفرقة متباعدة، فيعتبر المكان الذي يوجد به كل فرع من هذه الفروع موطناً خاصاً بالأعمال المتعلقة به، وهذا هو المقرر في القانون المصري. وعلى ذلك، يجوز رفع الدعاوى المتعلقة بأعمال كل فرع إلى المحكمة التي يقع في دائرتها هذا الفرع. [3]

5- أهلية الشخص الاعتباري:

عند إنشاء الشخص الاعتباري تثبت له الشخصية القانونية ويتمتع بأهلية الوجوب بالشكل الذي يتفق مع طبيعته والأغراض التي أنشئ من أجل تحقيقها وفقاً لسند إنشائه أو وفقاً لما يقرره القانون. أما ما يخص أهلية الأداء التي تعني صلاحية الشخص للقيام

---

(1) غالب علي الداودي، المصدر السابق، ص258.
(2) المادة (51/2/د) من القانون المدني الأردني، وهي تطابق تماماً المادة 53/2/د مدني مصري.
(3) حسن كيره، المدخل إلى القانون، المصدر السابق، ص653.

بالتصرفات القانونية على وجه يعتد به قانوناً فمناطها التمييز والإرادة، وحيث أن الشخص الاعتباري لا إرادة لـه، لأن الإرادة تفترض التمييز أو الإدراك، وهذه لا يمكن تصورها إلا بالنسبة للشخص الطبيعي، وبالتالي فلابـد مـن أن يباشر الشخص المعنوي نشاطه القانوني عن طريق أشخاص طبيعيين يمثلونه ويعبرون عـن إرادتـه، فيكـون لهـؤلاء القيام بالتصرفات القانونية لحساب الشخص المعنوي مع انصراف آثار هذه التصرفات مباشرة إلى الشخص الاعتباري، تطبيقاً لنص المادة (1/48) من القانون المدني العراقي والمادة (3/51) من القانون المـدني الأردني والمـادة (3/53) من القانون المدني المصري.[1]

وما دامت أهلية الشخص الحكمي مقيدة بهدفه، فإن ما يتمتع به النائب عنه من سلطة التصرف هـو فقط في حدود الأعمال التي يجوز للشخص الحكمي القيام بها. فإذا تجاوز الشخص الطبيعي الـذي يمثل الشخص الحكمي هذه الحدود، فإن الشخص الحكمي لا يكزن مسؤولاً عن ذلك، بل تنصرف إلى الشخص أو الأشخاص الذين قاموا بها[2].

هذا وقد ظهرت عدة نظريات لبيان مركز الأشخاص الطبيعيين مـن الشخص الاعتبـاري الـذي يبـاشرون عنه نشاطه. وتقوم النظرية الأولى على فكرة الوكالة، بحيث يكون الشخص الاعتباري في مقـام الموكـل والأشخاص الطبيعيون في مركز وكلائه. واتجه تصوير آخر إلى فكرة النيابة القانونية، بحيث يوجد الأشخاص الطبيعيون الـذين يتولون شؤون الشخص الاعتباري في مركز مماثل لمركز الأولياء أو الأوصياء أو القوام على عديمي الأهلية أو ناقصيها من الأفراد. وأخيراً اتجه جمهور كبير من الفقه إلى تأييد ما يسمى بنظرية الجهاز أو الأداة، ومقتضاها أن الشخص الاعتباري لا يتصور وجوده دون أجهزة معينة تحقق نشاطه في الحياة القانونية، بحيث تعتبر هذه الأجهزة جزءاً لا يتجزأ منه فلا كيان له بذاتها منفصلة عنه. فهي في الواقع بمثابة جسمه القانوني يستخدمها

(1) لاحظ: عبد الباقي البكري وآخرون، المصدر السابق، ص328، قارن: سهيل الفتلاوي، المصدر السابق، ص316. ووفقاً لنص المادة 4/48
من القانون المدني العراقي يتمتع الشخص الاعتباري بأهلية أداء في الحدود التي بينها عقد انشائه والتي يفرضها القانون.
(2) القيام، المصدر السابق، ص283.

لتحقيق نشاطه وأغراضه كما يستخدم الشخص الطبيعي عضواً من أعضاء جسمه. ولذلك يعتبر كل عمل أو نشاط تقوم به هو عمل أو نشاط الشخص الاعتباري نفسه، بحيث ينتج أثره في حقه مباشرة على هذا الأساس أي بطريق الاصالة لا بطريق النيابة.[1]

6- حالة الشخص الاعتباري

ليس للشخص الاعتباري عادة حالة مدنية لاستحالة أن تكون له أسرة أو دين كما هو الحال بالنسبة للشخص الطبيعي. وكل ما يخص الشخص الاعتباري يتعلق بحالته السياسية التي تتجلى بتبعية الشخص المعنوي في نظامه القانوني عند تأسيسه وترخيصه لقانون دولة معينة، وهذه الحالة تسمى مجازاً جنسية الشخص المعنوي، التي تعني ارتباطه من حيث نظامه القانوني بقانون الدولة التي أنشأ فيها. ومثل هـذه الجنسية مستقلة عـن جنسية الأشخاص المكونين.

ويختلف معيار تحديد جنسية الشخص الاعتباري باختلاف التشريعات التي تحكم الأشخاص الاعتبارية المختلفة، ففي القانون المصري أخذ المشرع بمعيار مزدوج هو التأسيس في مصر- بالإضافة إلى اتخاذ مركز الإدارة الرئيسي- فيها حتى يعترف بالجنسية المصرية للشركات المساهمة وشركات التوصية بالأسهم والشركات ذات المسؤولية المحدودة. وقد اشترط بالإضافة إلى ذلك مساهمة المصريين في رأس المال بنسبة لا تقـل عـن 49% عند التأسيس أو عند زيادة رأس المال. أما بالنسبة للجمعيات والمؤسسات الخاصة وغير ذلك فإنها تعتبر مصرية إذا نشأت طبقاً للقانون واتخذت مركزها في مصر[2].

وإذا كان القانون المدني الأردني (ومثله القانون المدني العراقي) لم يشر في المادة الحادية والخمسين منـه إلى جنسية الشخص الاعتباري فإنه يفترض أن تكون للشخص المعنوي جنسية خاصة به. وقد يحمل هذا الشخص جنسية دولة المكان الذي فيه

---

(1) لمزيد من التفاصيل عن هذه النظريات والإنتقادات التي وجهت إليها راجع: حسن كيره، المـدخل إلى القانون، المصدر السابق، ص656-660.

(2) السيد محمد السيد عمران وآخرون، المصدر السابق، ص273.

مركز إدارته الرئيسي أو دولة المكان الذي يمارس فيه نشاطه الفعلي، وربما منح الشـخص الحكمي جنسـية الدولة التي جرى تكوينه فيها. وقد يفيد الشخص الحكمي من تعدد هذه المعايير فيحصل على جنسيات متعددة كما هو الحال في الشركات المتعددة الجنسيات التي يثور بشأنها الجدل الكبير في دول العالم الرأسمالي[1].

ولم يشر القانون المدني السوري في المادة (55) منه إلى جنسية الشخص الاعتباري، غير أن قانون التجارة السوري قد اعترف بهذه الجنسية بالنسبة للشركات التجارية في المادة (99) منه التي تعتبر أن "جميع الشركات التي تؤسس في سوريا تكون جنسيتها سورية رغم كل نص مخالف". كما تعتبر جميع الشركات التي تؤسس خـارج سوريا أياً كان نوعها أجنبية[2].

ومن الجدير بالذكر بأن الدولة التي ينتمي إليها الشخص الاعتباري يجب أن تتولى حمايته داخل الدولة وخارجها، ومتابعة نشاطاته. كما يخضع الشخص الاعتباري عادة للقوانين المرعية في تلك الدولة.

ويبدو أن المعيار الذي تستند إليه أغلب الدول في فرض جنسيتها على الأشخاص الاعتبارية، هـو مكان التأسيس، حيث يكتسب الشخص الاعتباري جنسية الدولة التي تأسس فيها وطبقاً لقانونها.

وفضلاً عن كل ما تقدم ينكر البعض تمتع الشخص الاعتباري بالجنسـية عـلى اعتبـار أنها رابطـة تربط الأفراد بالدولة التي ينتمون إليها، لأنها رابطة قاصرة على الأشخاص الطبيعيين، علاوة عـلى أن الجنسـية وفقـاً لهـذا الرأي تبنى على ما يربط الأفراد بوطنهم من روابط عاطفية ونفسية لا تتصور بالنسبة للشخص الاعتباري[3].

---

(1) الصراف، حزبون، المصدر السابق، ص182.

(2) هشام القاسم، المصدر السابق، ص424.

(3) علي حسين نجيده، المصدر السابق، ص219.

ومثل هذا الرأي أصبح مهجوراً ولا شك، لأن ضرورات الحيـاة المعـاصرة ومـا حصـل فيهـا مـن تطورات اقتصادية كبيرة أدى إلى ضرورة منح الجنسية لغير الأشخاص الطبيعية، ومن ذلك الشركات والطائرات والبواخر، من أجل تسهيل مهماتها وتنظيم علاقاتها مع الدول.

المطلب الرابع

أنواع الأشخاص الاعتبارية (المعنوية)

من خلال دراستنا المقارنة للنصوص الخاصة بالأشخاص المعنوية، تبين لنا بأن هذه الأشخاص تنقسـم إلى قسمين: احدهما الأشخاص المعنوية العامة، وثانيهما الأشخاص المعنوية الخاصة. ويأتي ذلك تبعاً لتقسيم القانون إلى عام وخاص.

والأشخاص المعنوية العامة هـي الدولـة وفروعهـا كـالوزارات والإدارات المحليـة المختلفـة كالمحافظـات والنواحي والأقضية [1]، والمجالس البلدية والقروية والمؤسسات والمنشآت والشركات العامة وكل المصالح العامة التي تنشأها الدولة وتمنحها شخصية معنوية مستقلة لتقوم بإدارة أحد المرافق العامة.

أما الأشخاص المعنوية الخاصة، فهي إما أن تكون مجموعة أشخاص أو مجموعة أموال. ومثال مجموعة الأشخاص الشركات والجمعيات ومثال مجموعات الأموال، الأوقاف والمؤسسات الخاصة.

أن معرفة نوع الشخص المعنوي، يعد من الأهمية بمكان. وللتمييز بين الشخص المعنوي العام والشخص المعنوي الخاص وضعت عدة معايير، أهمها: إرادة المشرع، الغرض الذي قام الشخص المعنوي من أجله، أصل نشأة الشخص المعنوي، فإذا كانت الدولة هي التي أنشأت الشخص المعنوي كان عامـاً وإلا فهـو شـخص معنـوي خـاص. ومن المعايير الأخرى للتمييز بين الاثنين أيضاً: طبيعة النشاط الذي يقوم به الشخص المعنوي،

---

(1) جاء في المادة (22) من قانون المحافظات العراقي لعام 2008 ما يـلي: (لكـل وحـدة إداريـة، المحافظـة، القضـاء، الناحيـة- شخصية معنوية، واستقلال مالي وإداري).

امتياز السلطة العامة التي يتمتع بها الشخص المعنوي وأخيراً من له الكلمة الأخيرة في المشروع، هل هـي الإدارة أم الأفراد، فإذا كانت الإدارة كنا أمام شخص من أشخاص القـانون العـام، أمـا إذا كـان الأفـراد كنـا أمـام شـخص مـن أشخاص القانون الخاص[1].

وتختلف الشخصية العامة عن الشخصية الحكمية الخاصة بعـدة مواضـع، منهـا أن الشـخص الحكمـي العام يستأثر بجزء من سيادة الدولة، أما الأشخاص الحكمية الخاصة، فهي مجموعة من الأفراد والأموال، تهدف إلى تحقيق أغراض معينة لا تستأثر بأي سلطة من الدولة. كـذلك فـإن إنشـاء الأشـخاص الحكميـة العامـة أمـر تقـرره الدولة، بينما يكون إنشاء الأشخاص المعنوية الخاصة بمبادرة من الأفـراد ويكـون الانضـمام إلى الأشـخاص الحكميـة العامة في الغالب بحكم القانون، بينما يكون الانضمام إلى الأشخاص الحكمية الخاصة باختيار الأفراد. وأخيراً تهدف الأشخاص الحكمية العامة إلى تحقيق المنفعة العامة، بينما تهدف الأشخاص الحكمية الخاصـة إلى تحقيـق المنفعـة الخاصة[2].

هذا وتنتهي الشخصية الاعتبارية بغـض النظـر عـن نوعهـا في عـدة حـالات، ولأن الأشـخاص الاعتباريـة العامة، عدا الدولة، لا تنشأ إلا بنص تشريعي فهي لا يمكن أن تزول إلا بنص تشريعي مماثل يعبر فيه المشرع عـن إرادته في إزالتها وسلبها الشخصية القانونية. أما الدولة نفسها فلها، من حيث المبدأ، صفة الديمومـة والاسـتمرار ولا يمكن أن تزول شخصيتها إلا في حالات استثنائية، كأن تتحد هذه الدولة مع غيرها فتزول الشخصية القانونيـة لكـل من الدولتين وتحل محلها شخصية قانونية واحدة وجديدة هي شخصية الدولة الموحدة.

أما الأشخاص الاعتبارية الخاصة فتزول بصورة طبيعية عند فقد أحد عناصر الشخص الاعتباري أو فقدان أحد مقوماته الأساسية، كانقراض الأشخاص المكونين للشخص الاعتباري إذا كان عبارة عن مجموعة من الأشخاص أو نفاذ الأموال المرصدة

(1) عبد الباقي وآخرون، المصدر السابق، ص329.

(2) سهيل حسين الفتلاوي، المصدر السابق، ص318، حسن كيرة، المدخل إلى القانون، المصدر السابق، ص670.

لأجله إذا كان يتكون من مجموعة أموال. ويزول هذا النوع من الأشخاص بصورة اختيارية باتفاق أعضائه أو الغالبية منهم وفق القانون على حله، كما يزول بصورة إجبارية بموجب تشريع أو قرار إداري أو حكم قضائي.[1]

وتنتهي الشخصية الحكمية للشركات أياً كان نوعها أو شكلها بانقضاء الميعاد المعين لها، أو بانتهاء العمل الذي قامت من أجله، أو بهلاك جميع مالها أو جزء كبير منه، بحيث لا تبقى فائدة في استمرارها أو بإجماع الشركاء على حلها أو باتفاق أغلبيتهم على هذا الحل في الحدود المقررة في عقد الشركة أو نظامها، أو بحكم قضائي بناء على سبب خطير يسوغ الحل.[2]

وإذا كان المقصود من انتهاء الشخص الاعتباري حلول شخص آخر محله فإن هذا الأخير يخلف الشخص الذي انتهى في حقوقه والتزاماته، حيث تكون هذه الخلافة قد تمت عن طريق حوالة الحق، كما في حالة إدماج شركة في أخرى، أو إدماج جمعية أو مؤسسة في أخرى. أما إذا كان هذا الانتهاء كاملاً فإن الأمر يقتضي ـ تصفية حقوق الشخص الاعتباري والتزاماته، وفي هذه الحالة تظل الشخصية قائمة بالقدر اللازم للتصفية وإلى أن تتم هذه التصفية.[3]

---

(1) هشام القاسم، المصدر السابق، ص417.

(2) كيرة، المدخل، ص678.

(3) عبد المنعم فرج الصده، المصدر السابق، ص488.

الفصل الثاني
محل الحق

بعد أن تعرضنا لأشخاص الحق من طبيعيين ومعنويين، نأتي الآن لدراسة محل الحق الذي قد يكون شيئاً أو مالاً أو عملاً. وكثيراً ما يحصل الخلط بين الشيء والمال. والشيء أعم من المال، فهو كل كائن يشغل حيزاً من الطبيعة، وكل مال يعتبر شيئاً، ولا يعتبر كل شيء من قبيل المال.

والمال من الناحية القانونية هو الحق ذو القيمة المالية أياً كان نوعه ومحله، سواء أكان حقاً عينياً أم شخصياً أم معنوياً، أما الشيء فيراد به الدلالة على ما يعتبر محلاً لذلك الحق، سواء أكان هذا الشيء مادياً أم معنوياً.

والشيء الذي يصلح أن يكون محلاً للحق بالمعنى القانوني يجب أن يتمتع بخواص معينة، وهي أن يكون له وجود مستقل عن وجود الإنسان، ويجب أن يكون معيناً في العالم الخارجي دون اشتراط وجود مادي له كما هو الحال في الإنتاج الفكري، ويجب أن تكون حيازته ممكنة مادياً أو معنوياً والانتفاع به مشروعاً وقابلاً للتملك والتعامل به قانوناً.

أما بالنسبة للعمل الذي يصلح أن يكون محلاً للحق الشخصي فيشترط فيه أن يكون موجوداً وممكناً وأن يكون معيناً أو قابلاً للتعيين، ويجب أن يكون أيضاً مشروعاً أي قابلاً للتعامل فيه.[1]

سنتناول هذا الفصل في مبحثين يخصص الأول منهما لدراسة الأشياء والأموال، ويخصص الثاني منهما للأعمال كمحل للحق:

(1) غالب الداودي، المدخل ، المصدر السابق، ص264، رمضان أبو السعود، المصدر السابق، ص373.

المبحث الأول
الأشياء والأموال

سنقسم هذا المبحث إلى مطلبين، في الأول منهما سنلقي الضـوء عـلى أقسـام الأشياء المختلفـة، بينمـا سنلقي الضوء في الثاني منهما على أقسام الأموال:

المطلب الأول
أقسام الأشياء

عند النظر إلى الأشياء في ذاتها، أي مستقلة عما ترتب عليها من حقوق، يمكن تقسيمها من حيث جـواز تملكها، إلى أشياء قابلة للتملك وأشياء غير قابلة للتملك، ومن حيث صلاحيتها لتكرار استعمالها، إلى أشياء تسـتهلك بمجرد الاستعمال وأشياء يتكرر استعمالها، ومن حيث تعيينها، إلى أشياء مثلية وأشياء قيمية.[1]

وبناء على ما تقدم سنقسم الأشياء وفقاً للنقاط التالية:

أولاً: الأشياء القابلة للتملك والأشياء غير القابلة للتملك:

الأصل في الأشياء جواز التعامل فيها وقابليتها للتملك، والاستثناء هو عدم جواز التعامل فيها أو تملكها[2].

والأشياء التي تخرج عن التعامل نوعان: أشياء تخرج عـن التعامـل بطبيعتهـا، وأشياء تخرج عـن التعامـل بحكم القانون. والأشياء من النوع الأول لا

---

(1) هذا التقسيم اعتمده الأستاذ د. سليمان مرقص في كتابه المدخل للعلوم القانونية، المصدر السابق، ص102 وسنسير عـلى نفس هـذا التقسيم، كما سنسير على نفس التقسيم الذي اعتمده بالنسبة للأموال لاحقاً.

(2) جاء في المادة (61) مدني عراقي: "1- كل شيء لا يخرج عن التعامل بطبيعته أو بحكم القانون يصح أن يكون محلاً للحقوق المالية.
2- والأشياء التي تخرج عن التعامل بطبيعتها هي التي لا يستطيع أحد أن يستأثر بحيازتها، والأشياء التي تخرج عـن التعامـل بحكم القانون هي التي لا يجيز القانون أن تكون محلاً للحقوق المالية. لاحظ أيضاً المواد: 54، 55 من القانون المدني الأردني.

يمكن للإنسان أن يستأثر بحيازتها كأشعة الشمس والهواء والماء، لأنها أشياء مشتركة لا يحول انتفاع بعض الناس بها دون انتفاع غيرهم، ومع هذا يجوز الاستئثار بمقدار محدد من هذه الأشياء كالهواء المضغوط وماء الشرب، وعزل كمية من ماء البحر لإقامة ملاحات لتملك الملح المتراكم، أو حصر أشعة الشمس لاستعمالها في أغراض الطاقة، أو التمكن من تعبئة الأوكسجين أو غيره من الغازات في اسطوانات.[1]

والصورة الغالبة للاستيلاء على الأشياء التي لا مالك لها هي الصيد، ويقصد به صيد البر أو البحر أو الجو. فالسمك والأحياء المائية في الماء والطير في السماء والحيوان في البرية تعتبر من الأشياء المباحة التي لا مالك لها. ويقصد بالصيد ما يصاد من الأشياء[2].

أما الأشياء الخارجة عن التعامل بحكم القانون، فهي الأشياء التي يعتبر التعامل فيها غير مشروع إما بسبب ورود نص خاص يمنع التعامل فيها أو بسبب مخالفة التعامل للنظام العام أو الآداب[3].

ومن أمثلة الأشياء التي تخرج عن التعامل بنص القانون الأموال العامة ما دامت مخصصة للمنفعة العامة، والتركات المستقبلة والآثار القديمة والأسلحة النارية والمفرقعات التي لا يجوز المتاجرة فيها أو حيازتها إلا بإجازة من الجهات المختصة والمخدرات

---

(1) غني حسون طه، الوجيز في العقود المسماة، ج1، عقد البيع، مطبعة المعارف، بغداد (1969-1970)، ص178.

(2) حسام الدين كامل الأهواني، أسباب كسب الملكية في القانون المدني الكويتي، ط1، ذات السلاسل للطباعة والنشر والتوزيع- الكويت 1987، ص605. ويميز بعض الأساتذة بين الأشياء التي تخرج عن التعامل بطبيعتها ولا تقبل التملك والأشياء المباحة كالطير في الهواء والسمك في البحر والأشياء القديمة التي تخلى عنها أصحابها التي يجوز تملكها. ولكن جانباً آخر من الشراح لا يرى وجهاً للتفرقة بين الأشياء التي تخرج عن التعامل بطبيعتها والأشياء المباحة، فكلاهما يقبل التملك بطريق الحيازة، غني حسون طه، المصدر السابق، ص179.

(3) نصت المادة 1/130 من القانون المدني العراقي على أنه "يلزم أن يكون محل الإلتزام غير ممنوع قانوناً ولا مخالفاً للنظام العام أو للآداب وإلا كان العقد باطلاً"، تطابقها المادة 163 من القانون المدني الأردني.

كالأفيون والكوكائين والأيكوتين إلا بموجب إجازة خاصة للصيادلة والأطباء والدوائر الحكومية.

ومن أمثلة الأشياء التي تخرج عن التعامل ولا تصلح أن تكون محلاً له بسبب مخالفة ذلك للنظام العام أو الآداب الحقوق غير المالية. فلا يجوز بالحقوق السياسية كحق الانتخاب وحق الترشيح في الانتخاب وحق حمل الرتب والأوسمة، وحق تولي الوظائف العامة، ولا الحقوق العامة كحق الحرية الشخصية وحرية الرأي وحرية العمل، ولا الحقوق المتعلقة بالشخص أو بحالته المدنية كحق الإنسان في اسمه أو نسبه أو أهليته أو ولايته أو سلطته الزوجية. كما يقع باطلاً كل تعامل ببيوت الدعارة أو النوادي المعدة للقمار وشراء الأثاث لها[1].

ثانياً- الأشياء القابلة للاستهلاك والأشياء غير القابلة للاستهلاك:

عرفت المادة 1/84 من القانون المدني المصري الأشياء الاستهلاكية بأنها الأشياء "التي ينحصر استعمالها بحسب ما أعدت له في إنفاقها أو استهلاكها". وجاءت المادة 1/57 مدني أردني بنص قد يكون أكثر وضوحاً في تعريف الأشياء الاستهلاكية بأنها "الأشياء التي لا يتحقق الانتفاع بخصائصها إلا باستهلاكها".

ومن هنا يظهر جلياً بأن الأشياء القابلة للاستهلاك لا يمكن تصور استعمالها إلا عن طريق استهلاكها، بمعنى أنها تستهلك بمجرد استعمال واحد دون أن تحتمل ورود استعمال متكرر عليها. ويستوي في هذا الشأن أن يكون استهلاك هذه الأشياء مادياً بالقضاء على مادتها كأكل الطعام، أو بتغيير صورتها كتحويل المنسوجات إلى ملابس، أو أن يكون هذا الاستهلاك قانونياً كالتصرف بالنقود. أما الأشياء غير القابلة للاستهلاك، فهي تلك التي تقبل الاستعمال المتكرر دون أن تستهلك بمجرد استعمال واحد لها، ولو

(1) سعدون العامري، الوجيز في شرح العقود المسماة، الجزء الأول، البيع والإيجار، ط3، مطبعة العاني، بغداد 1974، ص80-81. ولاحظ أيضاص: المادة 1/130 مدني عراقي، المادة 2/163 مدني أردني، المادة 135، 136 مدني مصري.

ترتب على تكرار استعمالها أو طوله هلاكها أو ضياعها أو بخس قيمتها أو نقص متانتها كالأرض والمنازل والسيارات والمفروشات والآلات[1].

وتظهر أهمية التفرقة بين الأشياء التي تستهلك بمجرد الاستعمال وغيرها من الأشياء في ترتيب حق الانتفاع وفي عقد العارية. فأما حق الانتفاع فهو حق عيني يخول صاحبه أن يستعمل عيناً معينة مملوكة لغيره، وأن يستغلها مدة محدودة، على أن يردها بعينها إلى مالكها بعد انتهاء تلك الفترة. فإذا كان الشيء مما يستهلك بمجرد الاستعمال فإنه لا يمكن رده بعينه بعد استعماله، ولذا فهو لا يصلح محلاً لحق الانتفاع، وكذلك لا يصلح محلاً لحق الاستعمال. وأما العارية فيأخذ المستعير فيها شيئاً مملوكاً لغيره، على أن يستعمله، ثم يرده بعينه بعد الاستعمال إلى المعير. فلا يمكن أن يكون محل العارية مما يستهلك بمجرد الاستعمال[2].

ثالثاً: الأشياء المثلية والأشياء القيمية:

عرفت المادة (56) من القانون المدني الأردني الأشياء المثلية بأنها (ما تماثلت آحادها أو أجزاؤها أو تقاربت بحيث يمكن أن يقوم بعضها مقام بعض عرفاً بلا فرق يعتد به، وتقدر في التعامل بالعدد أو القياس أو الكيل أو الوزن). أما القيميات فهي: (ما تتفاوت أفرادها في الصفات أو القيمة تفاوتاً يعتد به أو يندر وجود أفراده في التداول) [3].

وعلى هذا فإن الأشياء المثلية، لا تتفاوت آحادها تفاوتاً يعتد به أي التي إذا قورنت الواحدة منها بالأخرى لا تجد بينها اختلافاً ذا قيمة، مثال ذلك الحبوب، الفاكهة، الأقمشة، القطن، النقود. وهذه الأشياء يقوم بعضها مقام بعض عند الوفاء، وهي تقدر عادة في التعامل بين الناس بالعدد أو القياس أو الكيل أو الوزن. أما الأشياء القيمية فهي التي تختلف فيما بينها اختلافاً له قيمته، وتتفاوت آحادها تفاوتاً يعتد به، ولا تقوم تبعاً لذلك مقام

(1) حسن كيرة، المدخل، المصدر السابق، ص718-719.

(2) سليمان مرقص، المدخل (2)، المصدر السابق، ص104-105.

(3) تقابلها المادة 85 مدني مصري والمادة 64 مدني عراقي.

البعض في الإيفاء، كقطع الأراضي والمباني والحيوانات. فهذه أشياء تعين بذاتها وبأوصافها المميزة لها عن غيرها، ولا تقدر بالعدد والمقياس أو الكيل أو الوزن.(1)

ويلاحظ أن التماثل وعدم التماثل يختلف باختلاف الزمان والظروف فقديماً كانت الأقمشة تعتبر قيمية لاختلافها في النسيج والخيوط اختلافاً تتفاوت به قيمها نتيجة غزلها ونسجها بالأيدي، أما الآن وقد أصبح كل ذلك بالآلات الميكانيكية التي لا تنتج إلا متماثلاً في جميع الصفات، فالواجب الآن عدها من المثليات، كما يعد الآن من المثليات كل ما توجده الصناعة الحاضرة من المصنوعات المتماثلة في المادة، والصنعة والقدر والصفة كالنقود الذهبية والفضية والنحاسية والبرونزية وأواني الطعام والشراب والورق والكتب المطبوعة والكراسات وغير ذلك من المتماثلات الموجودة في الأسواق لأن التناظر هو التماثل المؤدي إلى عدم الاختلاف في القيمة بين الأجزاء المتساوية في الوزن أو في الكيل أو بين الآحاد المتماثلة في الحجم مع الموجود في الأسواق، وذلك كله متحقق في هذه الأشياء وفي كثير خلافها على أكمل وجه، حتى أنه يفوق في ذلك البر والشعير والتمر مما عده الفقهاء مثلياً.(2)

وتظهر أهمية تقسيم الأشياء إلى مثلية وقيمية في نواحٍ متعددة وبالذات في نطاق نظرية الالتزامات وبالأخص فيما يتعلق بتنفيذ الالتزام. فبالنسبة لنوع الحق المترتب على الشيء، فإن الحق العيني لا يرد إلا على شيء قيمي، أي معين بالذات، أما الأشياء المثلية فلا يكون الحق عليها إلا حقاً شخصياً. وبالنسبة إلى انتقال الملكية بالعقد، فإذا كان محل الالتزام شيئاً قيمياً يملكه الملتزم انتقلت ملكيته من المدين إلى الدائن بمجرد العقد، أما إذا كان مثلياً، فإن ملكيته لا تنتقل إلا بإفرازه عن غيره. وفيما يتعلق بانقضاء الالتزام بسبب هلاك الشيء، فالملاحظ أنه إذا كان المدين قد التزم بشيء مثلي غير معين بالذات فإن ذمته تبدأ بوفائه أي شيء من نفس الجنس، وليس له ذلك إذا كان الشيء قيمياً، بل لابد من الوفاء به بذاته. ويترتب على ذلك أن هلاك الشيء القيمي يجعل تنفيذ الالتزام مستحيلاً

(1) محمود نعمان، المصدر السابق، ص252.

(2) المذكرات الإيضاحية للقانون المدني الأردني، الجزء الأول، ص73-74.

فينقضي. أما هلاك الأشياء المثلية التي كان المدين يعتمد عليها في التنفيذ، فلا يعتبر مستحيلاً طالما كانت موجودة ومن نفس النوع في السوق، وهذا ما يعرف بقاعدة "المثليات لا تهلك". ويبرز أخيراً الفرق بين الأشياء المثلية والأشياء القيمية، إذا كان الالتزام بإعطاء وكان محله شيئاً مثلياً، فإن المدين يعد منفذاً لالتزامه، متى أعطى الدائن ما التزم به من نفس النوع ومن صنف متوسط (حينما لا يتفق على درجة جودة الشيء)، أما إذا كان محل الالتزام شيئاً قيمياً، فلا يعد الالتزام منفذاً إلا إذا أعطى المدين دائنة نفس الشيء دون غيره.[1]

المطلب الثاني

أقسام الأموال

عرفت المادة (53) من القانون المدني الأردني المال بأنه "كل عين أو حق له قيمة مادية في التعامل"[2]. ويمكن تقسيم الأموال على الوجه الآتي:

أولاً: الأموال المادية والأموال المعنوية

يرجع أصل هذا التقسيم إلى عهد القانون الروماني، حيث بدأ المال يعرف بأنه الشيء المادي، ثم عرفت بعد ذلك أنواع من المال هي حقوق مالية، فرأى الرومان أن يميزوا بين النوعين وسموا النوع الأول أموالاً مادية وسموا النوع الثاني أموالاً معنوية، وخصوا النوع الأول بطرق معينة تكسب بها ملكيته، ولا تسري هذه الطرق على اكتساب الأموال المعنوية.

ولم ينص القانون الفرنسي على هذا التقسيم صراحة، وإنما راعاه في الكثير من المواد، فبدأ بذكر الأموال الثابتة المادية ثم نص على الأموال الثابتة المعنوية، وكذلك فعل بالنسبة إلى الأموال المنقولة، فنص على المادية منها والمعنوية.[3]

(1) رمضان أبو السعود، المصدر السابق، ص378.

(2) تقابلها المادة (65) مدني عراقي التي عرفت المال بأنه "كل حق له قيمة مادية".

(3) سليمان مرقص، المدخل (2)، المصدر السابق، ص106-107.

ولما كان الشيء قد يكون مادياً وقد يكون معنوياً، وقد كثرت الأشياء المعنوية وتعارف الناس عليها تعارفاً لم يعد مجال للشك فيه أو انكاره، فقد حرص المشرع نزولاً على ما جرى عليه العرف، من اعتبار كثيـر مـن الأشياء المعنوية، كالألحان والأسماء التجارية والعلامات التجارية أموالاً بالنص على أن الحيازة قد تكون مادية وقد تكون معنوية، فحيازة الأشياء المادية تكون بحيازتها مادياً، وحيازة الأشياء المعنوية تكون بحيازتها معنوياً، وحيازتها معنوياً تكون بصدورها عن صاحبها ونسبتها إليه. فالعمل الأدبي والفني والاسم التجاري والعلامـة التجاريـة أشياء معنوية لا تكون حيازتها إلا معنوية وذلك بصدورها عن صاحبها ونسبتها إليه. وكما يحوز الشخص اسـمه بإطلاقه عليه كذلك يحوز لحنه ورسمه وفكرته بصدورها عنه ونسبتها إليه فتلك هي الوسيلة لحيازة الأشياء المعنوية.[1]

ثانياً: الأموال الثابتة والأموال المنقولة

تنقسم الأموال أيضاً إلى أموال عقارية وأموال منقولة، وتقوم هذه التفرقة أصلاً على أساس طبيعـي هـو ثبات الشيء أو عدم ثباته. فالأشياء الثابتة عقارات، والأشياء القابلة للحركة منقولات. والأصل أن يعتبر الشيء عقاراً بطبيعته، أي على أساس كونه شيئاً ثابتاً لا يمكن نقله دون تلف. غير أنه استثناء من ذلك قد يعتبر الشيء عقاراً، لا بحسب طبيعته، بل بحسب تخصيصه، فهو منقول يخصص لخدمة العقار أو استغلاله. هناك إذن عقار بالطبيعـة، وعقار بالتخصيص. والعقار بطبيعته هو "كل شيء مستقر بحيزه ثابت فيه لا يمكن نقله منه دون تلف".[2]

ويشمل الأراضي أياً كان نوعها، وكذلك ما في جوفها من مناجم ومحاجر. أما الأتربة التي تنتزع منها، والمعادن التي تستخرج من المناجم والأحجار التي تقتطع من

---

(1) المذكرات الإيضاحية للقانون المدني الأردني، الجزء الأول، ص71-72.

(2) المادة 82 مدني مصري، وعرفت المادة 1/62 مدني عراقي العقار بأنه "كل شيء له مستقر ثابت بحيث لا يمكن نقله أو تحويلـه دون تلف فيشمل الأرض والبناء والغراس والجسور والسدود والمناجم وغير ذلك من الأشياء العقارية".

المحاجر، فتعتبر من قبيل المنقولات بمجرد فصلها عنها. ويشمل النباتات ما دامت تمتد جذورها في الأرض، فإذا قطعت النباتات أصبحت منقولات. ويشمل العقار الأبنية المتصلة بالأرض اتصال قرار، من مساكن ومعامل ومخازن وقناطر وخزانات وسدود وإنفاق وغير ذلك. ولا يكفي في العقار أن يكون ذا مستقر ثابت، بل يجب كذلك أن يكون من غير الممكن نقله من مكان إلى آخر دون تلف. فالنباتات التي تمتد جذورها في الأرض ذاتها تكون عقارات بالطبيعة لأنه لا يمكن نقلها من مكان إلى آخر دون تلف.

أما العقار بالتخصيص فقد أوضحته لنا المادة 2/82 من القانون المدني المصري بقولها: "ومع ذلك يعتبر عقاراً بالتخصيص، المنقول الذي يضعه صاحبه في عقار يملكه، رصداً على خدمة هذا العقار أو استغلاله"[1]. فالعقار بالتخصيص إذن هو شيء منقول بطبيعته، ولكن مالكه ألحقه بعقار له وخصصه لخدمة هذا العقار أو استغلاله، فأصبح تابعاً لهذا العقار، فاعتبره الشارع عقاراً، فهو بذلك عقار حكماً وليس حقيقة.

وبالنسبة للمنقول فقد عرفته المادة 2/62 مدني عراقي بقولها: "المنقول كل شيء يمكن نقله وتحويله دون تلف فيشمل النقود والعروض والحيوانات والمكيلات والموزونات وغير ذلك من الأشياء المنقولة".

والمنقول بطبيعته يمكن نقله من موقعه دون تلف أو ضرر سواء أمكن أن يتم هذا النقل بقدرة الشيء الطبيعية كالحيوانات والطيور أم كان النقل يحتاج إلى تدخل قوة خارجية كالسيارات والسفن والطائرات والمعدات العسكرية.

وعلى ذلك يعتبر من المنقولات إضافة إلى ما تقدم، المأكولات من فاكهة وخضروات وحبوب، المشروبات، الكتب، الدفاتر، الأقلام، أثاث المنزل، الملابس، أجهزة الراديو والتلفزيون، الغسالات، المراوح الكهربائية، آلات الفيديو والتصوير الفوتوغرافي،

---

(1) يطابقها نص المادة (63) مدني عراقي والمادة (59) مدني أردني التي اشترطت أن يكون المنقول ثابتاً في الأرض أي مخصصاً لها فقط.

أجهزة الهاتف التقليدي والهاتف النقال، أجهزة الكمبيوتر، آلات ومعدات الحفر والصعود وغير ذلك من المنقولات التي يتعذر حصر أنواعها.

وإذا كان الأصل اعتبار الشيء منقولاً بطبيعته، أي على أساس كونه شيئاً قابلاً للحركة. غير أنه استثناء من ذلك، قد يعتبر الشيء منقولاً، لا بحسب طبيعته، بل بحسب ما سيؤول إليه أمره، فهو في حالته الراهنة عقار بالطبيعة، ولكنه سيصبح منقولاً بعد زمن قليل أو كما يسمى منقولاً حسب المآل، مثال ذلك المباني المعدة للهدم والأشجار المعدة للقطع، والثمار والمحصولات الزراعية قبل نضجها. فهذه الأشياء وأمثالها تكون في حالتها الراهنة عقارات بالطبيعة، ولكن القانون يعاملها معاملة المنقول على أساس أنها ستصبح كذلك بعد زمن قصير حينما تفصل عن الأرض.

إن من أهم الآثار التي تترتب على تقسيم الأموال إلى ثابتة ومنقولة أو كما يسميها البعض (الأموال العقارية والأموال المنقولة)، هي أن الملكية لا تنتقل في العقار إلا بالتسجيل إما في المنقولات فإنها تنتقل بمجرد العقد، وإذا كان المنقول من المثليات فلا تنتقل الملكية إلا بالإفراز. وهناك من الحقوق ما لا يرد إلا على العقار وحده مثال ذلك حق السكنى وحق الارتفاق، ومثل ذلك الشفعة التي لا تكون إلا في العقارات. وبالنسبة للاختصاص القضائي، فالأصل في المنقول رفع الدعوى أمام المحكمة التي يوجد في دائرتها موطن المدعى عليه، أما الدعاوى المتعلقة بحق عقاري فترفع الدعوى أمام المحكمة التي يقع العقار ضمن منطقتها. ومن الفروق التي تذكر في هذا الشأن أن إجراءات التنفيذ على المنقول أبسط من إجراءات التنفيذ على العقار [1].

ثالثاً: الأموال الخاصة والأموال العامة

الأموال الخاصة هي حقوق مقررة للأشخاص العاديين، سواء أكانوا أفراداً من الناس أم أشخاصاً معنوية تابعة للقانون الخاص، أو للأشخاص المعنوية العامة باعتبارها كالأشخاص العاديين لا باعتبارها صاحبة سلطة عامة.

---

(1) للمزيد راجع: عبد المنعم فرج الصده، المصدر السابق، ص513-533، محمود نعمان، المصدر السابق، ص254-261.

ومن قبيل الأموال الخاصة أموال الدولة المباحة، وهي الأموال التي تملكها الدولة كالأراضي الموات dead land التي تحتاج لاستصلاحها من قبل الأفراد إلى جهد استثنائي ومبالغ كبيرة، وتصبح هذه الأرض عند أعمارها بموافقة الدولة ملكاً لمن عمرها. وللسلطة المختصة أيضاً أن تأذن بإحياء الأرض على أن يُنتفع بها فقط دون تملكها.

أما الأموال العامة فقد تطرقت لها المادة (71) مدني عراقي بقولها: "1- تعتبر أموالاً عامة العقارات والمنقولات التي للدولة أو للأشخاص المعنوية العامة والتي تكون مخصصة لمنفعة عامة بالفعل أو بمقتضى القانون. 2- وهذه الأموال لا يجوز التصرف فيها أو الحجر عليها أو تملكها بالتقادم". وتفقد الأموال العامة صفتها بانتهاء تخصيصها للمنفعة العامة. وينتهي التخصيص بمقتضى القانون أو بالفعل أو بانتهاء الغرض الذي من أجله خصصت تلك الأموال للمنفعة العامة[1]. ومن هنا تعتبر أموالاً عامة الشوارع والميادين العامة والمباني المخصصة لدواوين الحكومة والمنشآت ذات المنفعة العامة، وكذلك حقوق الارتفاق المقررة لمصلحة مال من الأموال العامة على الأموال المجاورة له كحق المرور وحق المطل وحق أخذ أتربة لتقوية الجسور من الأراضي المجاورة لها وقيود البناء المفروضة على أصحاب العقارات الكائنة على حافة خط التنظيم والقيود التي يقتضيها جوار المنشآت العسكرية. ويكون تخصيص المال للمنفعة العامة بقانون أو مرسوم أو بالفعل، فكل أموال الدولة وأموال الأشخاص المعنوية العامة المخصصة لمنفعة عامة تعتبر أموالاً عامة، وتكون ما يسمى "الدومين العام". أما أموال هؤلاء الأشخاص غير المخصصة للمنفعة العامة، فلا يختلف حكمها عن حكم أموال الأفراد، وتعتبر من الأموال الخاصة وتأخذ حكمها، وتكون ما يسمى "الدومين الخاص"[2].

وحينما تخرج الأموال العامة عن غايتها الأساسية أي الخدمة العامة، تعود إلى طبيعتها وتصبح أموالاً مملوكة ملكية خاصة للدولة والأشخاص الحكمية العامة، وتعود بذلك إلى دائرة التعامل، مثال ذلك وجود مبنى في جامعة حكومية مخصص لانتفاع الطلبة

(1) المادة 72 مدني عراقي.

(2) سليمان مرقص، المدخل (2)، ص115-116، سهيل الفتلاوي، ص331.

فهو من الأموال العامة، فإذا استغنت الجامعة الرسمية عنه ولم يعد مخصصاً لانتفاع الطلبـة، أي خـرج عـن غايتـه الأساسية (الخدمة العامة)، فيصبح مملوكاً ملكية خاصة، ويمكن عندئـذ للجامعـة القيـام باسـتثماره والانتفـاع مـن عائد هذا الاستثمار بإعادة إنفاقه بما يخدم أغراض الجامعة.[1]

وللتمييز بين المال العام والمال الخاص أهمية بالغة، من حيث أن مالـك الأمـوال الخاصـة سـواء أكانـت مملوكة للأفراد أم للأشخاص الحكمية الخاصة، يستطيع التصرف فيهـا بكـل أنـواع التصرفات القانونيـة، مـن بيـع وإيجار ورهن وهبه، ويسري عليها التقادم، وتترتب عليها حقوق الإرتفاق، ويجوز الحجز عليها، خلافاً للـمال العـام الذي لا يجوز في جميع الأحوال التصرف فيه أو الحجز عليه من أجل استيفاء دين، ولا يجوز تملكهـا بمـرور الزمـان المانع من سماع الدعوى[2].

المبحث الثاني
الأعمـال

سبق وأن لاحظنا بأن محل العقد قد يكون شيئاً أو مالاً أو عملاً. والعمل قد يكون محله التزاماً بالقيـام بعمل، ويعد هذا الالتزام عملاً إيجابياً يلتزم المدين بأدائـه، كـالتزام العامـل بالقيـام بعمـل معـين، والتـزام الوكيـل بتنفيذ ما وكل به من أعمال، والتزام المؤجر بتمكين المستأجر من الانتفاع بالمأجور، والتـزام البـائع بتسـليم الشيء المبيع للمشتري، والتزام الرسام برسم صورة زيتيـة، والتـزام المقـاول ببنـاء دار، والتـزام المحـامي بـالترافع في قضـية معينة، والتزام الناقل بنقل الركاب أو البضائع إلى مكان متفق عليه. وقـد تكـون شخصـية المـدين في هـذا الالتـزام محل اعتبار، وقد تم الاتفاق معه على تنفيذ الالتزام بنفسه

(1) خالد القيام، ص302.

(2) ويجوز للدولة أحياناً إجارة الأملاك العامة، كإيجار مساحة عامة أو رصيف أو شاطىء على بحر أو بحيرة مقابل رسوم معينة مـا دام ذلك لا يخرجها عن تخصيصها للمنفعة العامة. غالب الداودي، المدخل، ص277.

دون أن يعهد به إلى شخص آخر بغض النظر عن إمكاناته. ففي هـذه الحالـة يستطيع الـدائن رفض قيام الغـير بتنفيذ الالتزام، ومن ذلك التزام طبيب معين بـإجراء عمليـة جراحيـة والاتفـاق معـه عـلى القيـام بهـا شخصيـاً، أو الاتفاق مع مطرب معروف على إحياء حفلة غنائية بنفسه حصراً.

وقد يكون محل الحق الشخصي التزاماً بالامتناع عن عمل وهو ما يعتبر التزاماً سلبياً، ومثال ذلك التـزام البائع بعدم التعرض للمشتري في انتفاعه بالشيء المبيع، والتزام تاجر بعدم منافسة تـاجر آخر في منطقة معينـة، والتزام المستأجر بعدم إجراء أي تغيير في العين المؤجرة، والتزام الممثل بعدم التمثيل في فرقة أخرى غـير فرقتـه المتعاقد معها، والتزام الجار بعدم المرور في مزرعة جاره، والتزام صاحب عمارة بعدم تأجير محل آخر من محلاتهـا لتصليح الأجهزة الكهربائية بعد اتفاقه على ذلك مع أحد المستأجرين الذي سيمارس هذه الحرفة.

وحينما يخالف المدين ما التزم به بقيامه بالعمل الذي التزم بعدم القيام به، فعليه إزالة ما قام بـه مـن عمل إذا كان ذلك ممكناً أو اللجوء إلى التعويض، بالإضافة إلى امتناعه عن الاستمرار بالقيام بالعمل الـذي تعهـد بالامتناع عنه مستقبلاً، فلو قام الممثل الملتزم بالامتناع عن التمثيل في فرقة أخـرى، بالتمثيل خلافـاً لهـذا الاتفـاق، فعليه التوقف حالاً عن التمثيل بتنفيذ التزاماته مع الفرقة الأولى، وتعويض الفرقة الأولى عما أصابها من ضرر جراء الإخلال بالتزامه.

وهذه الأعمال أياً كان نوعها (الالتزام بعمل أو الامتناع عن عمل) يجب أن تتوافر فيها الشروط التالية:

1- يجب أن يكون المحل موجوداً أو ممكناً.

يجب أن يكون العمل في ذاته ممكناً وغير مستحيل، فإذا كان العمل مستحيلاً فلا ينشأ الالتزام. ويقصد بالاستحالة هنا الاستحالة المطلقة التي لا تقوم بالنسبة إلى المدين فقط، بل تقوم بالنسبة للناس كافة، كما لـو بـاع شخص شيئاً تبين أنه هلك قبل العقد، أو تعهد محام برفع استئناف عن حكم اتضح أن ميعـاد اسـتئنافه كـان قـد انقضى. أما الاستحالة

النسبية، فهي التي تقوم بالنسبة إلى المدين، وقد لا تقوم بالنسبة إلى غيره، فلا تمنع مـن نشـوء الالتزام، كـما لـو تعهد المدين القيام بعمل ليس باستطاعته القيام به، وقد يستطيع غيره ذلك، بأن تعهد مثلاً برسم لوحة فنية وهو يجهل الرسم [1].

ويصح أن يكون العمل الذي يلتزم به المدين إعطاء شيء سيوجد في المستقبل، إذ أن عـدم وجود هـذا الشيء وقت نشوء الالتزام ليس من شأنه أن ينفي إمكان ذلك العمل ما دام أن الشيء سيوجد في المستقبل، كما في بيع محصول قبل أن ينضج، أو بيع مصنوعات لم يتم صنعها بعد [2].

2- يجب أن يكون المحل معيناً أو قابلاً للتعيين:

يجب أن يكون العمل معيناً أو قابلاً للتعيين، حتى يتحدد أو يكون قابلاً للتحديد مضمون اقتضائه أو الحق الوارد عليه. فالتعهد بإقامة بناء، يجب فيه تعيين مواصفاته، أو على الأقل استخلاص ذلك من ظروف التعاقد وملابساته كالغرض من البناء وسعته وما إلى ذلك. وإذا كان مضمون العمل إعطاء شيء، فيجب (إذا كـان الشيـء قيمياً) تحديد ذاتيته على النحو الذي يميزه عن غيره من خلال تعيين موقع الأرض المبيعة ومساحتها وحدودها، أما إذا كان الشيء مثلياً كالقمح والشعير والأقلام والذهب والفضة فإن تعيين الشيء يتم عادة بذكر الجنس والوصـف والنوع والمقدار إذا بيع بسعر الوحدة.

فالأشياء المثلية إذا كانت من المكيلات وجب ذكر الكيل، وإذا كانت مـن الموزونـات ذكـر الـوزن، وإن كانت من المزروعات اقتضى ذكر عدد الأذرع المباعة، وإن كانت من العدديات فلابد من ذكر عددها.

وإذا كان الشيء محل الالتزام من الأشياء المثلية التي تتفاوت آحادها من حيث الجودة، فيجب أن تعين درجة جودة المبيع، وحينما يسكت المتعاقدان عند ذكر درجة الجودة فيصار إلى جودة من صنف متوسط [3].

---

(1) رمضان أبو السعود، ص373.
(2) عبد المنعم فرج الصده، ص508.
(3) غني حسون طه، المصدر السابق، ص172.

وإذا كان محل الالتزام واجب التعيين بشكل يدفع الجهالة الفاحشة والغرر، فإن هذا المحل قد يكون قابلاً للتعيين، ويعد الالتزام صحيحاً ولا غبار عليه، مثال ذلك بيع نسخ من كتاب معين إلى طلبة جامعة معينة، فعدد النسخ المبيعة، وأن لم يكن معيناً في العقد، إلا أنه قابل للتعيين عند ضبط عدد الطلبة. ومثال ذلك أيضاً تعهد شخص بتوريد أغذية معينة إلى مستشفى معين، فالمقدار اللازم من هذه الأغذية وإن لم يحدد في العقد إلا أنه قابل للتحديد وفقاً لحاجة المستشفى.(1)

3- يجب أن يكون المحل مشروعاً أي قابلاً للتعامل فيه.

يجب في العمل الذي يلتزم به المدين أن يكون مشروعاً أي غير مخالف للنظام العام أو الآداب. ومن أمثلة العمل غير المشروع المبطل للتعهد به، الالتزام بارتكاب جريمة معينة، أو بيع كمية من المخدرات، أو الالتزام بتوريد مواد ممنوعة قانوناً، أو الالتزام بدفع مبلغ من المال إلى فتاة مقابل إنشاء أو استمرار علاقة جنسية غير مشروعة معها.

وقد جاءت المادة 1/130 من القانون المدني العراقي مؤكدة على هذا الشرط بقولها: "يلزم أن يكون محل الالتزام غير ممنوع قانوناً ولا مخالفاً للنظام العام أو للآداب وإلا كان العقد باطلاً"(2).

---

(1) العامري، ص75.

(2) تطابق هذه المادة نص المادة 135 مدني مصري والمادة 2/163 مدني أردني.

الباب الثالث
مصادر الحق واستعماله وانقضاؤه

يقصد بمصدر الحق الواقعة المنشئة له، ويقصد بالواقعة، الأمر الذي يحدث فيرتب عليه القانون أثراً. وحينما ينشأ الحق فإن صاحبه يريد استعماله والتمتع بمزاياه. وقد تطورت فكرة استعمال الحق في الفقه الإسلامي والفقه والقانون الوضعيين، فهناك من يذهب إلى أن الحقوق مطلقة ولا يجوز تقييدها، وهناك من يذهب إلى أن مثل هذا الإطلاق سيؤدي حتماً إلى ظلم الضعفاء وإلحاق الضرر بالصالح العام، أن الحق وفقاً لوجهة نظرهم ليس إلا مجرد وظيفة اجتماعية. ومن الواضح أن صاحب الحق يستطيع التمتع بمركزه القانوني ما دام هذا المركز معترفاً به من الكافة ولا ينازعه فيه أحد. أما إذا كان حقه محل نزاع، فليس له أن يقضي به لنفسه، بل عليه أن يلجأ في شأنه إلى القضاء يتلمس منه فض النزاع من خلال إبراز ما لديه من أدلة الإثبات الضرورية للتدليل على وجود حقه.

وللحق هذا رحلة لابد لها من نهاية، سواء أكان ذلك بالوفاء بالالتزام أو تحقق حالة من حالات ما يعادل إلى الوفاء به، أو تعذر الوفاء به بسبب استحالة ذلك، أو انتقال الحق إلى الغير.

في ضوء هذا التقديم الموجز سنقسم هذا الباب إلى الفصول التالية:

الفصل الأول
مصادر الحق

اختلف الفقهاء كما نعلم في تعريف الحق كل حسب الزاوية التي ينظر منها إليه، فهناك من عرفه بأنه سلطة إرادية للفرد من خلال اعتمادهم على شخص صاحب الحق. وهناك من عرف الحق من زاوية موضوعية، بالقول بأنه "مصلحة يحميها القانون" وهو

ما يعتمد على ثمرة الحق ونتيجته، وهناك من عرفه بأنه "انتماء شيء إلى شخص انتماءً يحميه القانون"، بينما فضل بعض الأساتذة تعريف الحق بأنه "اختصاص يقره القانون"[1].

وإذا كان القانون هو المصدر غير المباشر للحقوق جميعاً، فإن المصادر المباشرة للحق لا تخرج في الأصل عن مصدرين أساسيين: احدهما الوقائع القانونية وثانيهما التصرفات أو الأعمال القانونية وهو ما سنتناوله في المبحثين التاليين:

المبحث الأول
الوقائع القانونية

قد تحدث الوقائع القانونية بفعل الطبيعة وقد تتدخل إرادة الإنسان في إحداثها. وهذا يعني أن هـذه الوقائع يمكن تقسيمها إلى طائفتين، أحدهما الوقائع الطبيعية، وثانيهما الوقائع الاختيارية:

أولاً: الوقائع الطبيعية

تحدث هذه الوقائع بفعل الطبيعة دون تـدخل إرادة الإنسـان فيهـا، بـل إن أدق الأجهـزة والإمكانـات الحديثة قد تعجز أحياناً عن تحديد زمان ومكان وقوعها على وجه الدقة وحجم الآثار التـي قـد تتسـبب فيهـا، فهبوب العواصف وانفجار البراكين ودوران الأرض والصواعق والفيضانات والأعاصير المـدمرة التـي تحطـم الأشـجار والدور والسيول الجارفة التي لا تستوعب سرعتها مصارف المياه والجزر الكبيرة والصغيرة، التي تتكون بمرور الزمان في البحر أو البحيرات أو الأنهار، ووفاة الأشخاص وولادتهم وما يترتب على ذلك من انتقال الأموال إلى الورثة وثبوت نسب الطفل المولود لأبيه، كل ذلك يعتبر من قبيل الوقائع الطبيعية التـي لا دخـل لإرادة الإنسـان فيهـا، بـل إنهـا تكون مفروضة على الإنسان وتنتج آثارها رغم إرادته.

---

[1] ومن ذلك رأي الأستاذ الدكتور عباس الصراف، المصدر السابق، ص123.

ثانياً: الوقائع الاختيارية

وهذا النوع من الوقائع يحدث بفعل الإنسان، أي تتدخل إرادته في حدوثها. ومثل هذه الوقائع يرتب القانون عليها آثاراً حتى ولو لم يقصد الشخص ترتيبها على عمله المادي الإرادي. وأبرز هذه الوقائع الإرادية هي الفعل الضار، كمن يصدم الغير بسيارته أو التسبب بإتلاف بضاعته. فهذه الواقعة المادية أو هذا العمل المادي غير المقصود، يرتب عليه القانون أثراً، وهو التزام الفاعل بتعويض الضرر الناجم عن فعله، بصرف النظر عما إذا كان الشخص قد أراد إصابة المتضرر بما وقع له أم لا، وبصرف النظر عما إذا كان الفاعل يريد أن تترتب هذه الآثار التي وقعت أم لا. ويعتبر أيضاً من الوقائع المادية الفعل النافع وتطبيقاته كالإثراء بلا سبب أو قضاء دين الغير أو دفع غير المستحق أو الفضالة.

ومثال الأعمال المادية التي يقصد الإنسان أن تترتب عليها الآثار القانونية، قيام شخص بوضع يده على شيء غير مملوك لأحد، فهو يقصد بهذا العمل المادي أن يترتب عليه الأثر القانوني وهو تملكه لهذا المال.

ولما كان جوهر العمل المادي هو الواقعة المادية في حد ذاتها ولا عبرة لإرادة الشخص فيما إذا كانت قد اتجهت لإحداث الأثر القانوني أم لا، فإنه لا يشترط توافر أهلية الأداء لكي تنتج هذه الوقائع آثارها.

المبحث الثاني
التصرف القانوني

يعرف التصرف القانوني بأنه اتجاه الإرادة إلى إحداث أثر قانوني معين. فالتصرف في حقيقته إرادة، وهذه الإرادة هي التي تحدد آثاره. وبهذا يتميز التصرف عن الواقعة المادية التي يرتب القانون عليها أثراً سواء اتجهت الإرادة لذلك أو لم تتجه.

والتصرف القانوني إما أن ينعقد بتوافق إرادتين، وهذا هو العقد، وهو أهم صورة للتصرف القانوني في الحياة العملية، وحيز مثل عليه عقد البيع الذي يتم بتوافق إرادتين، أحدهما إرادة البائع وثانيهما إرادة المشتري. وفي هذا العقد تتجه إرادة البائع إلى نقل ملكية الشيء المبيع سواء أكان منقولاً أو غير منقول، مادياً أو معنوياً، وتتجه إرادة المشتري إلى الإلتزام بدفع الثمن المتفق عليه. ومن قبيل هذا النوع من التصرفات: الهبة والشركة والقرض والصلح والإيجار والعارية والمقاولة والعمل والوكالة والوديعة والتأمين والكفالة وغير ذلك.

والنوع الثاني من التصرفات ما يتم بإرادة واحدة، ومن ذلك الوصية والوقف فكل منهما يتم بإرادة الموصي أو الواقف، وهناك الإبراء وبه ينقضي الالتزام بإرادة الدائن وحده، والتنازل عن الحق العيني الذي يتم بإرادة صاحبه المنفردة، والوعد بجائزة الموجه إلى الجمهور، حيث يلتزم الواعد بمجرد إعلان إرادته على الجمهور بأن يقدم الجائزة لمن يقوم بالعمل المطلوب خلال المدة المحددة ولو كان الموعود له جاهلاً بوجود هذه الجائزة حين قيامه بهذا العمل.

وتنقسم التصرفات من حيث أثرها إلى تصرفات منشئة وأخرى كاشفة. ومن قبيل التصرفات المنشئة التي تخلق حقاً جديداً، عقد الزواج الذي ينشيء لكل من الزوجين حقوقاً معلومة قبل الآخر، والحكم القضائي بتطليق الزوجة على زوجها ينشيء للزوجة وأحياناً للزوج حقوقاً مبتدأه كذلك.

أما التصرف الكاشف أو المقرر فأوضح مثال عليه القسمة، ويراد بالأثر الكاشف للقسمة أن المتقاسم يعد مالكاً للحصة التي آلت إليه، لا من وقت القسمة، ولكن منذ أن تملك في الشيوع.

ومن تقسيمات التصرف القانوني، التصرفات النافعة نفعاً محضاً مثل قبول الهبة، والتصرفات الضارة ضرراً محضاً مثل الهبة بالنسبة للواهب وإبراء المدين من قبل الدائن، فكلاهما ينطوي على افتقار في جانب المتصرف. أما التصرفات الدائرة بين النفع

والضرر، فهي التصرفات التي تحتمل الربح أو الخسارة، ومثالها البيع والإيجار والشركة وغيرها.

ويستمر الفقهاء في تقسيم التصرف القانوني، فهناك من يقسمه من حيث الوقت إلى تصرف بين الأحياء وتصرف مضاف إلى ما بعد الموت، والأول تترتب آثاره حال حياة صاحبه كالهبة والبيع والإيجار، والثاني لا ينتج آثاره إلا بعد موت صاحبه كالوصية.

ومن ضمن التقسيمات أيضاً التصرف الصادر من جانب واحد كالوصية التي تنعقد بإرادة الموصي وحده أو نزول المنتفع عن حقه في الانتفاع أو نزول مالك العقار المرتفق عن حق الارتفاق...الخ، والتصرف الصـادر مـن جانبين، ومن أمثلته عقود البيع والإيجار والعمل والوديعة والتأمين والكفالة. [1]

وإذا كان من الواجب التسليم بأهمية التصرف القانوني في كل نـواحي القانون وفروعـه، فينبغـي أن لا يكون ذلك على حساب الواقعة القانونية بمـا قد يـؤدي إلى حجبها أو التقليـل مـن أهميتها، فالواقعـة القانونيـة والتصرف القانوني صنوان في الأهمية من حيث ترتيب الآثار القانونية. كذلك إذا كان من الواجب الاعـتراف بقـدرة الإرادة على خلق الآثار القانونية المختلفة ودورها الكبير في ذلك، فينبغي إدراك حقيقة لا مناص منها وهـي   أن الإرادة ليست مطلقة في سقفها، بل توجد القيود التي تزداد يوماً بعد يوم للحد من سلطانها.

---

(1) لمزيد من التفاصيل راجع: رمضان أبو السعود، ص418-423، الصده، ص539-567. ومن التقسيمات الأخرى التي أعطيت للتصرفات القانونية تقسيمها إلى تصرف بعوض يأخذ فيه المتصرف مقابلاً لما يعطي كالبيع والمقايضة والإيجار، وتصرف على سبيل التـبرع أي بدون مقابل كالهبة والوصية.

وتقتضي الحاجة الآن الخروج بالتصرف القانوني من النطاق المحدود الذي حصره فيه الفقـه التقليـدي وهو نطاق نظرية الالتزام، فالواقع يشير إلى أن التصرف القانوني ليس مولداً للحقوق الشخصية أي حقوق الدائنيـة وما يقابلها من التزامات فحسب، بل هو يولد كذلك حقوقاً أخرى، فضلاً عن أنـه لا يقتصر ـ عـلى توليـد كـل هـذه الأنواع من الحقوق المختلفة فقط، بل هو كذلك يولد آثار أخرى مختلفة من أهمها تعديل هـذه الحقـوق ونقلها وانقضاؤها[1].

_____

(1) كيره، ص737.

الفصل الثاني
استعمال الحق

يقصد باستعمال الحق، ممارسة صاحبه للسلطات التي يخولها هذا الحق، وهـذه السـلطات هـي التـي تكون مضمون الحق. فمضمون حق الملكية مـثلاً هـو السـلطات التـي يخولهـا هـذا الحـق للمالـك مـن اسـتعمال واستغلال وتصرف، وهي عناصر حق الملكية التي لا يمكن أن يتمتع بها غيـر المالـك حصـراً[1]. ويقصد بالاستعمال، استخدام الشيء المملوك في جميع وجوه الاستعمال التي أعد لها والمتفقة مع طبيعته، والحصول على منافعه فيما عدا الثمار، كأن يركب المالك سيارته، أو يقرأ كتابه، أو يسكن داره. أما الاستغلال فيعني الحصول على ثمـار الشـيء، وقد يكون مباشراً كزراعة الأرض والانتفاع بثمارها، أو غير مباشر كإيجار الدار والإفادة من أجرتها. ويـراد بالتصرف نوعان من الأعمال، التصرف المادي والتصرف القانوني. ويهدف التصرف المادي إلى إجراء تغيير مادي في الشيء محل الملكية، كالبناء في الأرض أو إعدام الشيء باستهلاكه. أما التصرف القانوني، فيقصد به نقل ملكيـة الشـيء أو تقريـر حق عيني عليه[2]. ومضمون حق المقرض هو قدرته على مطالبة المقترض برد القرض في الأجل المضروب. ومضمون حق المؤلف هو السلطات التي تثبت للمؤلف على مصنفه، سواء أكانت معنوية تعبر عن أبوتـه الفكريـة أو ماليـة تنحصر في استغلال المصنف استغلالاً مالياً[3].

وبعد بيان ماهية اسـتعمال الحـق سنقسـم هـذا الفصـل إلى مبحثـين، نتنـاول في الأول مـنهما المراحـل التأريخية التي مر بها استعمال الحق، ونخصص الثاني لبحث نظرية

---

(1) جاء في المادة 1018 مدني أردني: "لمالك الشيء وحده أن ينتفع بالعين المملوكة وبغلتها وثمارها ونتاجها ويتصرف في عينها بجميع التصرفات الجائزة شرعاً.
(2) سوار، ص43-45.
(3) كيره، المدخل، ص751.

استعمال الحق باعتبارها النظرية المعول عليها الآن في أكثر القوانين لتنظيم استعمال الحق.

المبحث الأول
تطور فكرة استعمال الحق

تطورت فكرة استعمال الحق عبر الزمان كثيراً، متأثرة بالأفكار الفلسفية السائدة وموقـف القـانون مـن نشاط الأفراد. فالأصل أن السلطات التي تكون مضمون الحق يستطيع صاحبها استعمالها والتمتع بحقه بكل أوجه الانتفاع دون أن يتعرض لأية مساءلة قانونية، لأن الحق يستند أساساً إلى القانون ويستمد وجـوده الوضـعي منـه، بحيث يعتبر كل استعمال للحق من قبل صاحبه فعلاً مشروعاً ما دام يلتزم مضمون الحـق وحـدوده كـما رسـمها القانون.[1]

ولذلك فإن لصاحب الحق استعماله بالطريقة التي يراها والكيفية التي يشاؤها ضمن حدود القـانون. فمالك الأرض له أن يستغلها ويستعملها ويتصرف بها بكل أنواع التصرفات القانونية، كزرعها وحفرها والاحتطاب منها وجمع ثمراتها وإنشاء البنايات عليها وإعارتها ورهنها وبيعها والوصية بها. ومالك السيارة له أن يستعملها لنقل الأشخاص أو يستخدمها استخداماً شخصياً أو يقوم ببيعها أو رهنها. ومالك الشقة له الحق في استعمالها لسكناه أو تأجيرها للغير أو استقبال الأصدقاء فيها[2].

وفي ظل المذهب الفردي الذي كان سائداً في القرنين الثامن عشر ـ والتاسع عشر ـ كان صاحب الحق يستعمل حقه بشكل مطلق لا يرد عليه أي قيد، لأن هذا المذهب يقوم على أساس أن الفرد هو الهدف من تنظيم المجتمع، وأن له حقوق طبيعية سابقة على القانون وعـلى المجتمـع، وتقتصرـ وظيفـة القـانون عـلى التوفيـق بـين الحقوق الفردية كفالة

---

(1) نفس المصدر، ص751.
(2) الداودي، المدخل، ص295.

لوجودها واحترامها. ومقتضى هذا المذهب عدم تقييد حرية الفرد في استعماله لحقه، حيث يعصمه من المسؤولية أن يكون العمل الذي يأتيه داخلاً في حدود مضمون حقه، حتى لو ترتب على ذلك ضرر للغير.

إن هذه المغالاة من قبل المذهب الفردي في إطلاق العنان للفرد في استعمال حقه أدت إلى ظلم الضعفاء وإلحاق الضرر بالصالح العام للمجتمع، مما تسبب في ظهور ما يسمى بالمذهب الاجتماعي أو الاشتراكي الذي يقوم على النظر إلى الفرد باعتباره كائناً اجتماعياً، ومن ثم تكون وظيفة القانون هي المحافظة على كيان المجتمع وتسخير الفرد لخدمته، فإذا ما تحققت مصلحة المجتمع تحققت من وراء ذلك مصلحة الفرد[1].

وإذا كانت التشريعات المعاصرة تضع القيود التنظيمية من أجل استعمال صاحب الحق حقه بمقتضاها، فما ذلك إلا لتحقيق مصلحة اجتماعية ظاهرة. فهي تتدخل مثلاً في تحديد عدد الطوابق والشقق التي يكون من حق صاحب العمارة أن يشيدها وذلك من أجل إظهار المدينة بمظهر هندسي لائق. وقد تتدخل الدولة في تحديد ما يجب زراعته في المناطق المختلفة من البلاد، إذ قد تمنع الدولة زراعة الرز على سبيل المثال عند شح المياه المتوافرة، لأن هذا المنتوج الزراعي يحتاج إلى كمية كبيرة من الماء. ولاشك بأن عدم التزام أصحاب الأراضي بالقوانين والأنظمة والتعليمات والأوامر الإدارية التي تنظم هذه الأمور، سيعرض المخالفين للمساءلة القانونية[2].

وفي ظل التجاذب والمغالاة من قبل المذهبين الفردي والاشتراكي، بين من يميل إلى الفرد كل الميل ويقدس مصالحه وأهدافه، وبين من يميل إلى الجماعة بشكل يؤدي إلى إنكار فكرة الحق واعتباره مجرد وظيفة اجتماعية، ظهرت نظرية جديدة هي نظرية إساءة استعمال الحق أو كما تسمى نظرية التعسف في استعمال الحـق، وهـي نظرية تتمتع هي

---

(1) الصده، 568-569.
(2) عباس الصراف، ص268.

الأخرى بجذور تأريخية، وقد أخذ بها الفقه الإسلامي، كما أخذت بها التشريعات الحديثة ومنها القوانين العربية، وهو ما سيكون موضعاً للدراسة في المبحث التالي.

المبحث الثاني
نظرية التعسف في استعمال الحق

هذه النظرية ليست بالنظرية الحديثة، وإنما هي نظرية قديمة عرفها القانون الروماني وانتقلت منه إلى القانون الفرنسي القديم[1].

وقد عرف فقهاء الإسلام حالة إساءة استعمال الحق منذ القديم وشرعوا لها الأحكام ثم لحق بهـم الغربيون نتيجة تطور في المشاعر والأفكار التي أوحى بها التقدم الاجتماعي في الغرب، ذلك أن فكرتهم الفردية القديمة التي برزت في نهاية القرن الثامن عشر قد تضاءلت أمام فكرتهم الحديثة التي تهدف إلى اعتبار الحق إنما منح لخدمة الأفراد تحقيقاً لغرض اجتماعي، فهو بذلك يمثل وظيفة اجتماعية حقه، وبناء على هـذه الفكرة قالوا أنه إذا انحرف استعمال الحق عن مقصده كان ذلك موجباً للجزاء.

ومبدأ إساءة استعمال الحق ليس مقصوداً على الحقوق الناشئة عـن الالتزامـات، بـل يمتـد إلى الحقـوق العينية وروابط الأحوال الشخصية والقانون التجاري وقانون المرافعات، ويشمل حتى قواعد القانون العام أيضاً، إذ يمكن القول بأن هناك إساءة استعمال حق

---

(1) ظهرت لدى الفرنسيين عدة نظريات للحد من إطلاق حرية صاحب الحق في استعماله. وقـد بـرزت هـذه النظريـات عنـد التعـرض لمشاكل الجوار وضرورة عدم إساءة الجار لجاره. ومن أبرز هذه النظريات، نظرية العدالة التي يعتمد القاضي فيها لحـل مشـاكل الجوار على ما اكتنف الدعوى من ظروف خاصة ووقائع مختلفة. وهناك نظرية أخرى تسمى نظرية مخـاطر الملكيـة والمسـؤولية الشيئية، وهي القائلة بالمسؤولية لمجرد الملكية بصرف النظر عن حدوث تقصير أو عدم حدوثه. وهي تقرر مسؤولية الإنسان عـن الأشياء الموجودة في حيازته، وضرورة القضاء بالتعويض في جميع الأحوال سواء ثبت التقصير أم لم يثبت، وسواء كان الحادث واقعـاً بسبب التقصير أو بسبب قهري أو جبري. وزعيم هذه النظرية هو الأستاذ جوسران. راجع بحثنا الموسوم "التزامـات الجـوار في العقارات المبنية، (دراسة مقارنة)- مجلة البصائر- المجلد (10)- العدد (1)- مايو 2006، ص57-58.

الحريات أو حق الاجتماعات وهكذا، لذلك كان حرياً بالمشرع أن يحل النص الخاص بإساءة استعمال الحق مكاناً بارزاً بين النصوص التمهيدية، حتى ينبسط على جميع نواحي القانون بفروعه المختلفة، ولا يكون مجرد تطبيق لفكرة العمل غير المشروع المحصورة في نظرية الحق الشخصي[1].

هذا وقد اختلف الفقهاء المسلمون في موقفهم من نظرية التعسف في استعمال الحق بين منكر لها ومقر. ومن الفريق الأول الإمام الشافعي والمذهب الحنفي في ظاهر الرواية، وأحمد بن حنبل وداود الظاهري وغيرهم. ويرى هؤلاء أن الحقوق مطلقة لا يجوز تقييدها، فقال الإمام أبو حنيفة: "من تصرف في ملكه لا يمنع عنه، وإن كان يتضرر جاره به". وقال الإمام الشافعي: "لا يُحْمل على رجل في ماله ما ليس بواجب عليه، وإن الرجل له أن يفعل في ماله مالهُ أن يفعل، ولو أضر بغيره، بل ولو أضر بنفسه أيضاً"، وقال ابن حزم "لا ضرر أعظم من أن يمنع المرء من التصرف في مال نفسه مراعاة لنفع غيره، فهذا هو الضرر حقاً". أما الفريق الثاني، فيمثل الأعم الأغلب من الفقهاء، وهم يرون أن الشخص مسؤول عن استعمال حق له اذا اضر بالغير، ويستند هذا الاتجاه إلى قواعد الفقه الإسلامي العديدة التي تنم عن نسبية الحق وتقييده، وبه أخذت مجلة الأحكام العدلية.[2]

وبينما نرى استخدام الفقهاء والشراح الدائم لمصطلح "التعسف في استعمال الحق" في أغلب الكتب والمؤلفات القانونية التي تتعرض لهذا الموضوع، نرى خروج الكثير من القوانين العربية بتسميات أخرى، كما هو الحال بالنسبة للقانون المدني المصري والكويتي اللذين أطلقا تسمية "استعمال الحق غير المشروع"، في المادتين: 5 مدني مصري، 30 مدني كويتي. واستعمل القانون المدني العراقي المعروف بتأثره بالفقه الإسلامي مصطلح

---

(1) المذكرات الإيضاحية للقانون المدني الأردني، جـ1، المصدر السابق، ص81، 82.

(2) سوار، ص66-67 مع ملاحظة مصادر الفقه الإسلامي التي أشار إليها.

"استعمال الحق غير الجائز" في المادة 2/7 منه، كما استعمل القانون المدني الأردني في المادة (66) "إساءة استعمال الحق"[(1)].

ووفقاً لنص المادة (66) من القانون المدني الأردني يعتبر استعمال الحق غير مشروع عند توافر أي من المعايير الواردة في هذه المادة وهي:

(1) توافر قصد التعدي، أي قصد المالك إلحاق الضرر بالغير:

ويعد هذا المعيار من أقدم معايير التعسف وأكثرها شيوعاً في الشرائع الحديثة، فالشخص الذي يرفع بناء السور أو السياج في أرضه بقصد حرمان جاره من النور الذي يدخل بيته يكون متعدياً وتحق عليه المسؤولية. وما دام أن الغرض الأساسي من استعمال الحق هو الأضرار بالغير فلا يغير من وجه المسألة أن تتحقق بعد ذلك منفعة عرضية لم تكن مقصودة. فمن يزرع أشجاراً لحجب النور عن جاره فإنه يعتبر متعسفاً، حتى لو تبين بعد ذلك أن هذه الأشجار قد عادت على الأرض بالنفع. ومن صور هذا النوع من التعسف في استعمال الحق الالتجاء إلى القضاء واستعماله استعمالاً كيدياً ابتغاء الأضرار بالغير سواء اقترن هذا القصد بنية جلب المنفعة أو لم تقترن به تلك النية طالما كان يستهدف بدعواه إلحاق الضرر بخصمه.

ويقع إثبات قصد الأضرار وحصول التصدي على عاتق المتضرر، ويستطيع إثبات هذا القصد بوسائل الإثبات كافة.

---

(1) جاء في المذكرة الإيضاحية للقانون المدني الكويتي: "وقد عني المشروع بوضع المبدأ العام متحامياً، كما فعل القانون المصري، اصطلاح التعسف لسعته وإبهامه، ودفع استعمال الحق بعدم المشروعية، إذا انحرف به صاحب الحق عن الغرض منه أو عن وظيفته الاجتماعية، وتحديد معيار عدم المشروعية بالإنحراف عن غاية الحق أو الغرض منه يحظى بتأييد كبير في التشريع والفقه الحديث، أما الوظيفة الاجتماعية للحقوق فهي مكرسة في الدستور، من إصدار جمعية المحامين الكويتية، ط1، 2003، ص26.

(2) إذا كانت المصلحة المرجوة من الفعل غير مشروعة، أي عدم مشروعية المصلحة التي يرمي صاحب الحق إلى تحقيقها:

ومقتضى هذا المعيار أن المصالح التي ينشدها صاحب الحق من وراء استخدام حقـه يجـب أن تكون مشروعة، فلا يجوز تسخير الحقوق لتحقيق مصالح غير مشروعة، كما لو أحاط المالك أرضه بأعمـدة عاليـة مدببـة بأسلاك، بغية مضايقة شركة الطيران التي تملك المطار المجاور له، وحملها على شراء أرضه بثمن مرتفع، كي تبعد عن طائراتها خطر الهبوط. ورب العمل الذي يشغل عمالاً لديه يحق له إنهاء عملهم طبقاً للقوانين، ولكن بشرط ألا يستعمل سلاح الإنهاء لأغراض أو لمصالح غير مشروعة تجاه العمال كإجبارهم مثلاً علـى توقيـع ورقـة يقـرون فيها استيفاء أجور عن أعمال إضافية وهم لم يتسلموا هذه الأجور حقيقة أو أنهم تسلموا ما يستحقونه مـن مكافئـات وهم لم يتسلموها مطلقاً.

(3) إذا كانت المنفعة منه لا تتناسب مع ما يصيب الغير من الضرر، أي رجحان الضرر على المصلحة رجحاناً كبيراً:

لا يكفي أن تكون للمالك منفعة في استعمال حقه، وإنما يتعين أن تكون منفعة ذات شأن تسوغ ما قـد يحيق بالغير من ضرر جراء هذا الاستعمال، أما إذا كانت المنفعة المرجوة تافهة مقارنة بالضرر الذي سيصيب الغير، بحيث لا يوجد بينهما أي تناسب، فعندئذ يعد منحرفاً في استعمال حقه وبالتالي متعسفاً في هذا الاستعمال. وهـذا المعيار موضوعي بحت، فهو يختلف عن غيره في أنه لا يستند إلى ناحية شخصية لدى صاحب الحـق، وإنما يقـوم على الموازنة بين المصلحة المقصودة والضرر الذي يصيب الغير. فإذا كانت المصلحة دون الضـرر بدرجـة كبيرة كـان استعمال الحق انحرافاً عن السلوك المألوف للشخص العادي، فتتحقق عندها المسؤولية.

ويمكن تطبيق هذا المعيار على الحالة التي يقيم فيها الجار بحسن نية بناء عـلى أرض جـاره في الحالـة التي يخطئ فيها مهندس المساحة في تحديد مكان كل من قطعتي الأرض العائدة لكل من الجارين، وعـرض الجـار على جاره أن يعوضه عن الأرض التي

أقام البناء عليها، فرفض الجار وطلب إزالة البناء رغم أن الجزء الذي جرى البناء عليه لا يشكل مساحة كبيرة مـن قطعة الجار الواسعة وأن فقدانه لا يحرج صاحب القطعة المتجاوز عليها بالنسبة لحجم الضرر الذي يصيب الجار الباني من جراء هدم ما أقامه من بناء تجاوز أعلى جاره. وبذلك يكون إصرار الجار المتجاوز عليه بطلب إزالة المباني عن أرضه والذي حصل بحسن نية وجراء خطأ هندسي صوره من صور التعسف في استعمال الحق.

(4) إذا تجاوز صاحب الحق ما جرى عليه العرف والعادة:

لا وجود لهذا المعيار في قوانين العديد من الدول العربية، حيث لم ينص عليه القانون المصري والعراقي والكويتي، بينما وضعه المشرع الأردني ضمن معايير التعسف في الفقرة (د) من المادة (66) منه.

ويعتمد هذا المعيار على الأعراف والعادات السائدة، والتي تختلف كما هو معلوم من بلد آخر، بل هي تختلف من منطقة إلى أخرى ضمن البلد الواحد. فكل القوانين في العالم تؤكد عـلى ضرورة عـدم إزعـاج الآخـرين وخصوصاً المساكن المجاورة بالأصوات العالية التي قـد يكون مصدرها الأجهـزة الحديثـة كالراديو والتلفزيـون والفيديو، وقد يكون مصدرها الإنسان ذاته الذي يتمتع بحريته داخل بيته ولكن بشكل يتجاوز فيه عـلى راحة واطمئنان الآخرين. ومما يبرز في هذا الصدد قيام الناس بإقامة حفلات الأفراح على اختلافها أو بيوت العزاء وهو ما يسبب بالتأكيد شيئاً من الضجة أو الأصوات العالية التي تزعج بشكل أو بآخر الناس الآخرين. ووفقاً لهذا المعيار لا يمكن مساءلة المتسبب في المضايقة أو الإزعاج إذا كان ما قام به ضمن إطار العرف والعادة السائدين، أمـا إذا تجاوز أصحاب هذه المناسبات ما ألفه الناس واعتادوه استطاع المشتكي أن يطلب مـن الجهـات المختصة إيقاف مصادر الإزعاج بالإضافة إلى حقه في المطالبة بالتعويض.

ولابد من الإشارة هنا إلى أن روح التسامح والتضحية بين الأفراد هي الملاحظة بالنسبة لمناسبات الفـرح والترح أكثر من روح المشاكسة والشكاوى المتبادلة خصوصاً في مجتمعاتنا الشرقية التي يضحي فيهـا الجـار ويصبـر على الأذى إكراماً واحتراماً لمشاعر جاره.

الفصل الثالث
أثبات الحق وانقضاؤه

طالما كان الحق خالص صاحبه ولا ينازعه فيه أحد فلا توجد مشكلة، ولكن المشكلة تبرز عندما ينازع صاحب الحق شخص أو أشخاص آخرون، سواء أكان هذا النزاع بالنسبة لوجود الحق أو استغلاله أو الانتفاع به أو أي شيء آخر يتعلق به. وعندئذ يتوجب على صاحب الحق الدفاع عنه وإثباته من خلال إقامة الدليل أمام القضاء على وجوده، وليس من خلال استخدام القوة التي كانت الوسيلة التي يلجأ إليها الإنسان سابقاً لأنها هي التي تخلق الحق وتحميه.

كذلك فإن الحق الذي ينشأ لمصلحة شخص ما يستطيع التمتع به وبمزاياه وفقاً للقانون لابد له من نهاية تتفق مع طبيعة الحق والغرض منه.

المبحث الأول
إثبات الحق

الإثبات هو الوسيلة التي يتوسل بها صاحب الحق المتنازع عليه لإقامة الدليل على قيام هذا الحق وتقديمه إلى القضاء ليمكنه منه، ولو طبق الناس قواعد الإثبات في جميع تصرفاتهم القانونية لكان ذلك أصون للحق وأدعى للاطمئنان في نفوس المتعاملين، فيتوفر بذلك الاستقرار في التعامل، حيث قيل لاحق بلا دليل يؤيده [1]، وهو ما أكده قوله تعالى في محكم كتابه: "يا أيها الذين آمنوا إذا تداينتم بدين إلى أجل مسمى فاكتبوه وليكتب بينكم كاتب بالعدل ولا يأب كاتب أن يكتب كما علمه الله فليكتب وليملل الذي عليه الحق وليتق الله ربه ولا يبخس منه شيئاً فإن كان الذي عليه الحق سفيهاً أو ضعيفاً أولا يستطيع أن يُملّ هو فليملل وليه بالعدل واستشهدوا شهيدين من رجالكم فإن لم يكونا رجلين فرجل وامرأتان ممن ترضون من الشهداء إن تضلّ إحداهما فتذكر أحداهما الأخرى ولا يأب

(1) محمد ابراهيم الكويفي، قانون البينات، ط1، مكتبة دار الملاح، دمشق بلا سنة طبع، ص2.

الشهداءُ إذا ما دعوا ولا تسئموا أن تكتبوه صغيراً أو كبيراً إلى أجله ذلكم أقسط عند الله وأقوم للشهادة وأدنى ألا ترتابوا إلا أن تكون تجارة حاضرة تديرونها بينكم فليس عليكم جناح ألا تكتبوها وأشهدوا إذا تبايعتم ولا يضار كاتب ولا شهيد وإن تفعلوا فإنه فسوق بكم واتقوا الله ويعلمكم الله و الله بكم شيء عليم"[1].

ولما كان من واجب الشخص الذي يرغب حماية حقوقه والذود عنها أن يستعين بالسلطة التي تقوم بتحقيق حماية الحقوق لأصحابها وهي سلطة القضاء، فإنه يجد نفسه عند تعرض حقه للإنكار من قبل الغير مضطراً إلى إقامة الدليل الكافي على وجود هذا الحق. وبغير ذلك سيتعرض إلى فقدان حقه وما كان يوفره له من ميزات ومنافع. وقد قيل بهذا الصدد فعلاً بأن الحق المجرد من دليله يصبح عند المنازعة فيه من الناحية العملية هو والعدم سواء لتعذر فرض احترامه قضاء على من ينكره أو ينازع فيه.[2]

ولتناول هذا الموضوع بشكل مختصر وواضح يعطي القارئ فكرة مبسطة عنه آثرنا تقسيمه إلى النقاط التالية:

أولاً: محل الإثبات

محل الإثبات هو مصدر الحق وليس الحق ذاته. ولما كانت الوقائع القانونية هي مصادر الحقوق، وهي أسباب انقضائها، كان لابد لمن يدعي وجود حق له أو انقضاء التزام ثابت في ذمته إقامة الدليل على ما يدعي، وذلك عن طريق إثبات الواقعة القانونية التي ترتب عليها نشوء حقه أو انقضاء التزامه. ومتى أثبت هذه الواقعة، رتب القاضي عليها أثرها القانوني، وحكم له بثبوت حقه أو بانقضاء التزامه حسب الأحوال. فالدائن الذي يدعي بالتزام له في ذمة آخر، عليه أن يثبت مصدر هذا الالتزام، وهل هو عقد أم إرادة منفردة أو عمل غير مشروع أو فعل نافع أو واقعة طبيعية يرتب عليها القانون إنشاء هذا الالتزام. ومن يدعي أن شخصاً آخر قد أضر به، فعليه أثبات هذه الواقعة.

(1) سورة البقرة، آية رقم 282.

(2) مفلح القضاة، البينات في المواد المدنية والتجارية، دراسة مقارنة، ط2، جمعية عمال المطابع التعاونية، عمان 1994، ص10.

والواقعة القانونية قد تكون واقعة مادية أو تصرفاً قانونياً، فإذا كانت واقعة مادية جاز إثباتها بجميع طرق الإثبات، لأن طبيعة الوقائع المادية تتعارض مع استلزام إثباتها بنوع معين من أدلة الإثبات وإلا يستحيل إثباتها في أغلب الحالات. أما التصرفات القانونية فيجب إثباتها بالطرق المقررة قانوناً للإثبات، والأصل هو إثباتها بالكتابة ولكن يجوز إثباتها بالشهادة استثناء إذا كانت قيمة التصرف لا تتجاوز مبلغاً معيناً أو كانت أعمالاً تجارية[1].

وإذا كان الخصم هو الذي يثبت الواقعة القانونية التي تعتبر مصدراً لحقه، فإن القاضي هو الذي يحكم بما يدعيه الخصم دون أن يكفله بإثبات القاعدة القانونية التي تقرر الحق كأثر للواقعة القانونية التي ثبتت، فالقاعدة القانونية ليست محلاً للإثبات، لأن القاضي يعلم بها وواجبه أن يطبقها دون أن يطلب من الخصوم إثباتها. ولا يعتبر استثناء من هذا الأصل قيام الخصوم ووكلائهم من المحامين بتفسير قاعدة قانونية تفسيراً يتفق ومصلحتهم في الدعوى، لأن الأمر في هذه الحالة يتعلق بتفسير القاعدة لا إثباتها[2].

ثانياً: عبء الإثبات

كان القاضي في الشرائع القديمة إذا ما رفع إليه نزاع يتولى بنفسه تحقيقه، ويتحرى الحقيقة بالوسائل كافة، فيلجأ إلى استدراج الخصوم وإلى سؤال غيرهم ممن يعهد فيهم الصدق والأمانة، ولا يحجم عن مباغتة الخصوم واستعمال الحيل معهم لانتزاع الحقيقة من بين أقوالهم أو من واقع مسلكهم، ثم يقضي- طبقاً لعقيدته التي كونها من كل

(1) سليمان مرقص، المدخل (2)، ص147، الداودي، المدخل، ص301، مفلح القضاة، البينات، المصدر السابق، ص30.

(2) ومع ذلك فقد يطلب من الخصم إثبات القاعدة القانونية الأجنبية، وهو ما ورد في المادة (79) من قانون أصول المحاكمات المدنية الأردني رقم 24 لسنة 1988 المعدل بالقانون رقم (14) لسنة 2001 التي جاء فيها: "في أحوال تطبيق قانون أجنبي يجوز للمحكمة أن تكلف الخصوم بتقديم النصوص التي يستندون إليها مشفوعة بترجمة رسمية. لاحظ: مفلح القضاة، البينات، المصدر السابق، ص31، 32.

ذلك، أو طبقاً لما يعلمه عن الموضوع علماً شخصياً، أو لما يعهده في كل من الخصوم من الصدق والأمانة أو عدمها. ويطلق على هذا المذهب مذهب الإثبات المطلق الذي يجعل للقاضي دوراً إيجابياً ويمنحه سلطة مطلقة في تسيير الدعاوى. غير أن الشرائع الحديثة أخذت بمذهب آخر هو مذهب الإثبات المقيد الذي يقع فيه عبء الإثبات على الخصوم أنفسهم، فهم يقدمون للقاضي من الأدلة القانونية ما يشاؤون، ويتولى القاضي تقدير هذه الأدلة طبقاً لأحكام القانون، وهو ما أخذت به القوانين العربية،[1] حيث يقضي القانون المصري الخاص بالإثبات في المواد المدنية والتجارية في مادته الأولى بأن "على الدائن أثبات الالتزام وعلى المدين إثبات التخلص منه". وليست هذه القاعدة سوى تطبيق للمبدأ القائل بأن "البينة على من ادعى".

فإذا رفع شخص دعوى على خصمه، وجب عليه وهو المدعي، أن يقيم البينة أي الدليل على صحة دعواه، فإذا أخفق في ذلك رفضت دعواه، أما إذا أفلح، أصبح من حيث الظاهر هو صاحب الحق المدعى به، فإن لم يسلم خصمه بذلك أو ادعى انقضاء هذا الحق لسبب من الأسباب، أصبح هو المدعي خلاف الظاهر ووجب عليه إقامة الدليل على مخالفة الظاهر للواقع.[2]

وتضمن القانون المدني الأردني قواعد قانونية تتعلق بعبء الإثبات ورد النص عليها في المواد (73-78) التي جاء فيها:

م73: "الأصل براءة الذمة وعلى الدائن أن يثبت حقه وللمدين نفيه".

م74: "اليقين لا يزول بالشك".

م75: "1- الأصل بقاء ما كان على ما كان كما أن الأصل في الأمور العارضة العدم".

2- ما ثبت بزمان يحكم ببقائه ما لم يوجد دليل خلافه".

م76: "الظاهر يصلح حجة للدفع لا للاستحقاق".

م77: "البينة على من ادعى واليمين على من أنكر".

---

(1) سليمان مرقص، المدخل (2)، ص148-149.

(2) رمضان أبو السعود، ص430-431.

م78: "البينة لإثبات خلاف الظاهر واليمين لإبقاء الأصل".

وعلى هذا فإن مدعي الحق عليه أن يثبت إدعاءه حتى ولو عجز المدعي عليه عن نفي الإدعاء، وهو ما تؤكده القاعدة التي تقول أن "على الدائن إثبات الالتزام وعلى المدين إثبات التخلص منه"، وبذلك لا يكلف المدين بعبء إثبات التخلص من الالتزام إلا إذا أثبت الدائن أن هذا الالتزام على عاتق المدين، وبذلك فإن من يطالب بتنفيذ تعهد وجب عليه إثباته، ومن ادعى التخلص منه وجب عليه إثبات دفعه الذي انقضى به ذلك التعهد.[1]

ثالثاً: وسائل الإثبات

يقسم الفقه وسائل الإثبات إلى عدة أقسام تختلف باختلاف المعيار المعتمد لهذا التقسيم. فهي تقسم من حيث حجيتها إلى طرق ملزمة للقاضي وطرق مقنعة له. والأولى هي التي حدد القانون حجيتها ولم يتركها لتقدير القاضي وهي الكتابة إذا كان معترفاً بها من من الخصوم والإقرار واليمين. أما الطرق المقنعة أو غير الملزمة للقاضي فهي البينة والقرائن القضائية والمعاينة والخبرة. وتنقسم هذه الوسائل إلى طرق مباشرة وأخرى غير مباشرة، والأولى هي الكتابة والشهادة والمعاينة والخبرة. أما الطرق غير المباشرة فهي القرائن والإقرار واليمين[2].

وتسهيلاً لمهمة القارئ في فهم هذه الوسائل آثرت تقسيمها إلى وسائل مباشرة (الأدلة الكتابية، شهادة الشهود، المعاينة والخبرة) ووسائل غير مباشرة (القرائن، الإقرار، اليمين) وذلك على الشكل التالي:

(1) محمود الكيلاني، قواعد الإثبات، المصدر السابق، ص27.

(2) وهناك تقسيمات أخرى لهذه الأدلة، منها تقسيمها إلى طريق مهيأة وأخرى غير مهيأة، وتقسيمها إلى طرق ذات قوة مطلقة وطرق ذات قوة محدودة أو كما سماها البعض أدلة مقصورة، للمزيد من التفاصيل راجع: مفلح القضاة، البينات، المصدر السابق، ص55-57، سليمان مرقص، المدخل (2)، ص153.

أ- الوسائل المباشرة في الإثبات:

أهم هذه الوسائل الدليل الكتابي، وهو الدليل المحرر كتابة بقصد إثبات التصرف القانوني أو الواقعة القانونية. ويجري تحديد الدليل الكتابي بأنواع ثلاث من الأوراق والمحررات، هي المحررات الرسمية (الإسناد الرسمية) والمحررات العرفية (الإسناد العادية) والأوراق غير الموقعة أو غير المعدة أصلاً للإثبات.

وقد عرفت المادة (6) من قانون التنفيذ الأردني الإسناد الرسمية بأنها: "أ- الإسناد التي ينظمها الموظفون الذين من اختصاصهم تنظيمها طبقاً للأوضاع القانونية ويحكم بها دون أن يكلف مبرزها إثبات ما نص عليه فيها ويعمل بها ما لم يثبت تزويرها. ب- الإسناد التي ينظمها أصحابها ويصدقها الموظفون الذين من اختصاصهم تصديقها طبقاً للقانون، وينحصر العمل بها في التأريخ والتوقيع فقط".

وإذا لم تستوف هذه الإسناد الشروط الواردة في الفقرة أعلاه، فلا يكون لها إلا قيمة الإسناد العادية بشرط أن يكون ذوو الشأن قد وقعوا عليها بتواقيعهم أو بأختامهم أو ببصمات أصابعهم[1].

أما السند العادي فهو السند (الذي يشتمل على توقيع من صدر عنه أو على خاتمه أو بصمة إصبعه وليست له صفة السند الرسمي) [2].

---

(1) م2/6 بينات أردني، وعرفت المادة (5) من قانون البينات السوري الصادر بالقانون رقم 359 بتأريخ 1947/6/10 الإسناد الرسمية بأنها "الكتابة التي يثبت فيها موظف عام أو شخص مكلف بخدمة عامة طبقاً للأوضاع القانونية وفي حدود سلطته واختصاصه ما تم على يديه أو ما تلقاه من ذوي الشأن. كما عرفه الأستاذ د. سليمان مرقص بأنه "كل ورقة صادرة من موظف عمومي مختص بتحريرها من حيث نوعها ومن حيث مكان تحريرها مع مراعاة الأوضاع التي قررها القانون لكل نوع من المحررات الرسمية، المصدر السابق، ص157.

(2) المادة (10) بينات أردني.

ويظهر من هذا أن الشرط الوحيد في المحررات العرفية هو شرط التوقيع على المحرر، حيث أن هذا المحرر هو ورقة مكتوبة أعدت مقدماً لتكون دليل إثبات، ولذلك فإن من المفروض حتى تكون صالحة كدليل في الإثبات أن تشتمل على تواقيع المعنيين.

أما بالنسبة للأوراق غير الموقع عليها (الرسائل والبرقيات والأوراق الخاصة والدفاتر التجارية)، فتبرز أهمية الرسائل والبرقيات في الإثبات في الأمور التجارية، وهي وإن كانت أوراقاً غير معدة للإثبات، لكنها تتضمن شرط التوقيع على الكتابة حسب ما تطلبه القانون بالنسبة للسندات العادية. وجاء نص المادة (13) من قانون البينات الأردني مؤكداً أن للرسائل قوة الإسناد العادية طالما وردت موقعة من مرسلها، أما إذا أثبت من يحتج بالرسالة عليه أنه لم يرسلها ولم يكلف أحداً بإرسالها فلا تكون حجة عليه. وبذلك يكون المشرع قد اشترط في الرسائل ما اشترطه في السند العادي من حيث الكتابة والتوقيع على نحو أعطى للرسائل قوة في الإثبات كقوة السند العادي. أما بخصوص البرقيات فلا تختلف عن الرسائل لجهة أن لها قوة في الإثبات كالسند العادي طالما كان أصلها المودع في دائرة البريد موقعاً عليها من قبل مرسلها[1].

كما تحدث المشرع في قانون البينات الأردني عن دفاتر التجار واعتبرها حجة لصاحبها في مواجهة تاجر آخر، ولا تكون حجة على غير التاجر، سواء كانت منظمة أم لا، وورد حكم الدفاتر التجارية في المواد 15، 16، 17 من قانون البينات[2].

---

(1) م2/13 بينات أردني، الكيلاني، البينات، ص80.

(2) وهناك أنواع من الدفاتر التجارية منها الدفاتر الإجبارية: (دفتر اليومية، وهو الدفتر الذي يقيد فيه التاجر كل يوم جميع الأعمال التي تعود بوجه من الوجوه إلى عمله التجاري وتقيد فيه بالجملة في كل شهر النفقات التي أنفقها على نفسه وأسرته)، (ودفتر صور الرسائل، الذي تحفظ فيه نسخ الرسائل والبرقيات التي يرسلها التاجر للغير أو يتلقاها من الغير)، (ودفتر الجرد والميزانية الذي يتضمن بيانات مدونة عن تفاصيل عمليات التاجر في آخر السنة المالية بحيث يبين اجمالي هذه العمليات). وهناك نوع آخر من الدفاتر وهي الدفاتر الاختيارية التي تضم: (دفتر الأستاذ الذي يبين ما يترتب على التاجر وما يستحقه أي يبين جانب الدائنية والمديونية للتاجر)، (وسجل الأوراق التجارية الذي يدون التاجر فيه مجمل علاقاته في الإلتزام المصرفي الناتج عن الأوراق التجارية)، (ودفتر الصندوق

وتعتبر الشهادة إحدى وسائل الإثبات المباشرة، وقد عرفها الفقه بأنها "أخبار الإنسان في مجلس القاضي بحق لشخص على آخر". ومن حيث أن الشهادة خبر والخبر من حيث طبيعته مما يحتمل الصدق والكذب، لذلك فإن الشاهد يحلف على أن قوله صحيح.[1]

والوسيلة الأخيرة من وسائل الإثبات المباشرة "المعاينة والخبرة". ويقصد بالمعاينة مشاهدة المحكمة نفسها محل النزاع للتحقق من صحة الأوصاف التي يدعيها صاحب الشأن. والغالب أن تكون الأوصاف التي ترد عليها المعاينة أوصافاً مادية لأن هذه الأوصاف لا يتيسر عادة إثباتها إلا عن طريق المعاينة.

أما الخبرة فهي تكليف شخص من قبلّ المحكمة برؤية موضوع النزاع والإدلاء برأيه الفني فيه إلى المحكمة، فقد يكون موضوع النزاع المطروح على القضاء مسألة فنية من مسائل الطب أو الهندسة أو الزراعة أو المحاسبة أو أي فن آخر، لا يستطيع القضاء أن يفصل فيها دون أن يلجأ إلى خبير في الفن أو المهنة التي يتعلق النزاع بها.[2]

ب- وسائل الإثبات غير المباشرة:

تنحصر هذه الوسائل بالقرائن والإقرار واليمين. وتعرف القرينة بأنها افتراض تحقق أمر معين إذا تحقق أمر آخر على أساس أنه يغلب أن يتحقق الأمر الأول إذا تحقق الأمر الثاني. وقد عرفتها المادة 1349 من القانون المدني الفرنسي بأنها "النتيجة التي يستخلصها القانون أو القاضي من واقعة معلومة لمعرفة واقعة مجهولة"[3].

والمخزن الذي يدون فيه التاجر ما لديه من سيولة نقدية أو أوراق تجارية) لمزيد من التفاصيل راجع: الكيلاني، البينات، ص85-90.

(1) نظمت المواد 27-39 بينات أردني موضوع الشهادة بالتفصيل.

(2) للمزيد راجع: مفلح القضاة، البينات، ص237-244.

(3) منصور مصطفى منصور، نظرية الحق، القاهرة 1962، ص283، عباس الصراف 237.

والقرائن على نوعين، أولهما القرائن القانونية، وثانيهما القرائن القضائية. وعرفت القرينة القانونية بأنها "حقيقة يعتبرها المشرع ثابتة عن طريق الاستنباط من ثبوت وقائع أخرى"[1]، وعرفها آخرون بأنها "القرائن التي أخذ بها المشرع وبنى عليها أحكاماً قانونية فأصبحت تغني من تقررت لمصلحته عن طرق الإثبات الأخرى، فحسبه أن يقيم الدليل على وجودها حتى يتقرر مدلولها الذي عينه القانون". ففي الأحوال التي نص فيها القانون على تملك العقار بوضع اليد بالشروط والمدة التي عينها لاحظ أن في وضع اليد على هذه الصورة قرينة على أن واضع اليد يملك العقار[2].

وتنقسم القرائن القانونية من حيث قوتها إلى قرائن قاطعة وقرائن غير قاطعة. والقرائن القاطعة هي تلك القرائن التي لا يمكن إقامة الدليل على عكسها. ففي هذا النوع من القرائن لا يجوز لمن قامت القرينة ضده أن يقوم بإثبات عكسها. ومن أهم القرائن القانونية القاطعة ما نص عليه القانون المدني الأردني في المادة (256) التي افترضت خطأ فاعل الضرر افتراضاً لا يقبل إثبات العكس، ولا يستطيع التخلص من مسؤوليته إلا بإثبات السبب الأجنبي كالقوة القاهرة أو الحادث المفاجئ أو فعل الغير أو فعل المتضرر نفسه.

أما القرينة غير القاطعة فهي القرينة التي يمكن إثبات عكسها، ومثال ذلك قرينة براءة ذمة المدين لمجرد وجود سند الدين في يده، ولكن القانون أجاز للدائن الذي يحتج عليه بهذه القرينة أن يثبت أن وجود الدين تحت يد المدين كان لسبب آخر غير تخلصه من الدين.

(1) مرقص، ص151.

(2) محمد ابراهيم الكويفي، المصدر السابق، ص47.

وهناك كما ذكرنا القرينة القضائية، وهي تلك القرينة التي يستنبطها القاضي ويستخلصها من ظروف الدعوى ويتم الاقتناع في أن لها دلالة معينة. ولا يؤخذ بهذا النوع من القرائن إلا في الأحوال التي يجوز فيها الإثبات بالشهادة[1].

ولا يمكن حصر القرائن القضائية، فقد حكمت إحدى المحاكم بأن سكوت الشخص الذي أرسلت له رسالة معينة جاء فيها أن سكوته عن الرد يعتبر قبولاً للإيجاب المعروض عليه يعتبر قرينة على قبوله ولا شك أنه يمكن دحض القرينة القضائية بأدلة الإثبات كافة، وحيث يجري القول بأن القرائن القضائية هي أضعف أدلة الإثبات[2].

ومن ضمن الوسائل غير المباشرة للإثبات "الإقرار"، الذي يعرف بأنه اعتراف الخصم أمام القضاء بواقعة قانونية مدعى بها عليه وذلك أثناء السير في الدعوى المتعلقة بهذه الواقعة. ويعد الإقرار حجة قاطعة على المقر، فإذا حدث وأقر الخصم بالواقعة فتعد الواقعة ثابتة في مواجهة المقر، فلا يجوز له أن يثبت عكسها أو أن يعدل عن هذا الإقرار. ويلاحظ أن الإقرار لا يتجزأ على صاحبه إلا إذا انصب على وقائع متعددة، وكان وجود واقعة منها لا يستلزم حتماً وجود الوقائع الأخرى.[3]

ويأتي الإقرار بصور متعددة، إذ قد يكون صريحاً أو ضمنياً، وقد يكون مكتوباً أو شفهياً. وفي كل صورة يوجد نوعان من الإقرار هما الإقرار القضائي والإقرار غير القضائي. والإقرار القضائي هو اعتراف الخصم أمام القضاء بواقعة قانونية مدعى بها عليه أثناء السير في الدعوى المتعلقة بهذه الواقعة. أما الإقرار غير القضائي فهو اعتراف

---

(1) نصت المادة (43) من قانون البينات الأردني على ما يلي: "1- القرائن القضائية هي القرائن التي لم ينص عليها القانون ويستخلصها القاضي من ظروف الدعوى ويقتنع بأن لها دلالة معينة ويترك لتقدير القاضي استنباط هذه القرائن. 2- لا يجوز الإثبات بالقرائن القضائية إلا في الأحوال التي يجوز فيها الإثبات بالشهادة".

(2) الصراف، حزبون، ص241.

(3) رمضان أبو السعود، ص433.

الشخص بحق لغيره عليه في غير مجلس القضاء، أو في مجلس القضاء دون أن يستوفي أقراره شروط الإقرار القضائي. [1]

وآخر حلقة من حلقات الوسائل غير المباشرة للإثبات "اليمين". واليمين بوجه عام قول يتخذ فيه الحالف ما يعتقد في ضميره شاهداً على صدق ما يقول. واليمين أنواع مختلفة، فمنها اليمين الحاسمة ومنها اليمين المتممة ومنها يمين الاستظهار وكذلك يمين الاستيثاق. واليمين المتممة يوجهها القاضي إلى أحد الخصمين يستكمل بها أدلته، واليمين الحاسمة يوجهها الخصم إلى خصمه عندما لا يجد دليلاً على إثبات الحق، حتى يحسم بها النزاع. على أنه يجوز للقاضي أن يمنع الخصم من توجيه اليمين الحاسمة إذا كان متعسفاً في توجيهها، ولمن وجهت إليه اليمين الحاسمة أن يختار بين حلفها أو ردها على خصمه الذي وجهها. فإذا حلف الخصم إنحسم النزاع نهائياً وخسر الخصم الذي وجه اليمين، أما إذا ردها على خصمه، فإما أن يحلف هذا الخصم أو ألا يحلف حيث لا يجوز له ردها. فإذا حلف كسب دعواه، أما إذا امتنع عن الحلف خسر هذه الدعوى.

ويمين الاستظهار يوجهها القاضي لإظهار حقيقة خافية كامنة في النفس. وهذه اليمين عبارة عن يمين توجه من المحكمة إلى المستحق قبل الحكم له بأحقيته في الحال الذي ادعى بملكيته له، على أنه المالك فعلاً، وإلى المشتري قبل أن تحكم له المحكمة برد المبيع لعيب خفي قديم فيه إلى البائع على أن العيب كان قديماً وخفياً.

وتنتهي سلسلة اليمين بنوع يطلق عليه يمين الاستيثاق، وهي يمين توجه إلى ورثة المدين بعد موته الذين يتمسكون بانقضاء مدة التقادم أو مبدأ مرور الزمان المانع من سماع الدعوى- على النحو المقرر في القانون المدني- على براءة ذمة مورثهم. فهذه اليمين يوجهها القاضي إذن لتعزيز قرينة براءة ذمة المدين المتوفى[2].

(1) لاحظ المواد 45، 46 بينات أردني، الكيلاني، قواعد الإثبات، المصدر السابق، ص152، 155.
(2) الصراف، حزبون، ص246-253، رمضان أبو السعود، ص434، الكويفي، ص53.

المبحث الثاني
انقضاء الحق

جميع الحقوق الشخصية مؤقتة ولابد لها من نهاية تتفق مع طبيعتها أن كانت من الحقوق غير المالية أو الحقوق المالية. ومعلوم أن ما يميز الحقوق غير المالية هو أنها لا تقدر مادياً، أي لا يجوز استغلالها استغلالاً مادياً كالحقوق المالية.

ومن أجل بيان حالات انقضاء الحق، سنقسم هـذه الحقـوق إلى حقـوق غـير ماليـة ونوضح باختصار حالات انقضائها، وحقوق مالية نبين الأسباب التي تؤدي إلى انقضائها.

أولاً: انقضاء الحقوق غير المالية

هناك مجموعة من الحقوق غير المالية اللصيقة بشخص الإنسان كحقه فيما يسمى بمعصومية جسده وعدم جواز الاعتداء عليه أو استخدامه لإجراء التجارب العلمية أو أخذ أعضاء منـه بمـا في ذلك الدم دون رضاه. وينتهي هذا الحق وفقاً لطبيعة الأشياء عند وفاة الإنسان، إلا في حالة وجود وصية منـه بكـل أعضائه البشريـة أو بقسم منها من أجل خير الإنسانية، ويجب أن تكون هذه الوصية ثابتة وفقاً للأصول.

ومن الحقوق غير المالية للإنسان الحق في الحياة، وهذا الحق يبقى ما بقي الإنسان حياً ولا ينقضي حتى بالتنازل عنه، ولكنه ينقضي طبعاً بوفاة الإنسان، سواء أكانت هذه الوفاة طبيعية أو غـير طبيعية أي حصلـت أثـر عمل إجرامي أدى إلى مفارقة الحياة.

ولا تنقضي الحقوق السياسية التي يتمتع بها المـواطن عـادة إلا في الحـالات التـي يتعـذر عليـه معهـا ممارسة هذه الحقوق، ومنها وفاته، أو إصابته بعارض مـن عـوارض الأهليـة كـالجنون، أو وصوله إلى سـن معينـة تخالف الشروط المطلوبة للتعيين في الوظائف الحكومية.

ويبقى الإنسان متمتعاً بحقه في ممارسة الحريات العامة التي كفلها الدستور كحرية التنقل وحرية الفكر والحقوق الأسرية ولكن هذه الحقوق تنقضي حتماً بوفاته.[1]

ثانياً: الحقوق المالية

أ- الحقوق العينية الأصلية والتبعية:

تنقضي الحقوق العينية الأصلية بعدة أسباب، منها هلاك الشيء محل الحق العيني، فإذا كان لشخص حق ملكية على سيارة واحترقت فإن حق الملكية ينقضي. وينتهي حق الانتفاع بانقضاء الأجل المعين، فإن لم يعين له أجل عد مقرراً لمدى حياة المنتفع. وهو ينتهي على أي حال بموت المنتفع حتى قبل انقضاء الأجل المعين[2].

كما ينتهي حق المنفعة والاستعمال والسكنى والحكر والارتفاق بعدم الاستعمال مدة خمس عشرة سنة[3].

وينقضي الحق العيني بنزول صاحبه عنه، فإذا كان منقولاً وتنازل عنه مالكه أصبح باستطاعة أي شخص أن يتملكه بالاستيلاء عليه، وإذا كان حق ارتفاق وتنازل عنه صاحبه فإن العقار المرتفق به يتحرر من عبء الارتفاق.

أما الحقوق المجردة (الحائط المشترك، حق الطريق، حق المرور، حق الشرب، حق المجرى، حق المسيل) والتي تعرف بأنها ارتفاق على عقار لمنفعة عقار مملوك لآخر[4]، فإنها تنقضي لعدة أسباب، منها انقضاء الأجل المحدد للحق أو زوال محله،

(1) راجع: سهيل حسين الفتلاوي، المصدر السابق، ص373-374.

(2) المادة 1/993 مدني مصري، المادة 1257 مدني عراقي، وينتهي حق الإنتفاع وفقاً لنص المادة 1215 مدني أردني لعدة أسباب هي:
1- انقضاء الأجل المحدد له. 2- هلاك العين المنتفع بها. 3- تنازل المنتفع. 4- إنهاء الحق بقضاء المحكمة لسوء الاستعمال. 5- باتحاد صفتي المالك والمنتفع ما لم تكن للمالك مصلحة في بقائه كأنه كانت الرقبة مرهونة. 6- موت المنتفع إذا لم ينص القانون على غير ذلك.

(3) المواد 995، 1011، 1027 مدني مصري، المواد 1260، 1265 مدني عراقي، المواد 1219 ، 1224 مدني أردني.

(4) المادة 1271 مدني أردني.

واجتماع العقارين الخادم والمنتفع في يد مالك واحد، وتعذر استعمال الحق بسبب تغير وضع العقارين الخادم والمنتفع، وزوال الغرض من العقار الخادم للعقار المخدوم، أو بقاء فائدة محدودة لا تتفق مع الأعباء الواقعة على العقار الخادم[1].

وتنقضي الحقوق العينية التبعية بانقضاء الحق الشخصي الضامنة له، فالرهن الذي ينشأ ضمانة لدين معين لا يسقط إلا بسقوط هذا الدين. كذلك الحالة بالنسبة لحق الاختصاص وحق الامتياز[2]. ويلاحظ أن مباشرة التنفيذ على الشيء المحمل بالحق العيني التبعي ببيعه جبراً بالمزاد والحصول على ثمنه يؤدي إلى سقوط الحق العيني التبعي ولو لم يؤد هذا التنفيذ إلى الوفاء بكل الحق.[3]

ب- انقضاء الحقوق الشخصية أو الالتزامات:

الالتزام أو الحق الشخصي مؤقت، فمصيره حتماً إلى زوال، أما بالوفاء وهو الطريق الطبيعي لانقضاء الحق، لأنه تنفيذ لما التزم به المدين تنفيذاً عينياً، أو أنه ينقضي بما يعادل الوفاء الذي يحدث عندما يحصل الدائن ليس على عين حقه ولكن على أداء آخر يعادله. وقد نظم المشرع انقضاء الحقوق الشخصية أو الالتزامات بما يعادل الوفاء في أربع صور هي:

1- الوفاء بمقابل (الوفاء الاعتياضي): وفيه يقبل الدائن أن ينقل له مدينه ملكية شيء آخر عوضاً عن التزامه الأصلي فينقضي بذلك هذا الالتزام.

والوفاء بمقابل سبب مستقل لانقضاء الحق غير الوفاء. ولكي يوجد الوفاء بمقابل لابد من توافر شرطين، أحدهما وجود اتفاق على نقل ملكية شيء أو إنشاء حق عيني عوضاً عن تنفيذ الالتزام، وثانيهما تنفيذ هذا الاتفاق فوراً.

---

(1) سهيل حسين الفتلاوي، المصدر السابق، ص376.

(2) وفقاً لحق الاختصاص يجوز لكن دائن بيده حكم واجب التنفيذ صادر في موضوع الدعوى يلزم المدين بشيء معين أن يحصل، متى كان حسن النية على حق اختصاص بعقارات مدينة ضماناً لأصل الدين والفوائد والمصروفات، المادة 1/1085 مدني مصري.

(3) محمد السيد عمران، نبيل ابراهيم سعد، محمد يحيى مطر، المصدر السابق، ص306.

2- التجديد: وفيه يتفق الدائن والمدين على أن يستبدلا بالالتزام الأصلي للمدين التزاماً آخر يحل محله فينقضي بهذا الالتزام الأصلي. ويجب أن يكون الالتزام الجديد مختلفاً عن الالتزام القديم، وقد يكون وجه الاختلاف التغير في أحد طرفي الالتزام، وذلك هو التجديد بتغيير الدائن أو المدين، وقد يتم التجديد دون تغيير في شخص الدائن أو المدين وذلك عن طريق تغيير محل الحق ذاته.

3- الإنابة في الوفاء: والإنابة عمل قانوني يفترض وجود ثلاثة أشخاص، فهي تتم إذا حصل المدين على رضا صاحب الحق بشخص أجنبي يقوم بوفاء الدين مكان المدين، فالمدين قد أناب الأجنبي في وفاء الدين للدائن. لذلك كان المدين منيباً والأجنبي مناباً، والدائن مناباً لديه.

4- المقاصة: طريق من طرق انقضاء الالتزام يفترض أن هناك شخصين كل منهما مدين ودائن للآخر، أي أن بين هذين الشخصين التزامين، المدين في أحدهما دائن في الثاني، فبدلاً من أن يوفي كل منهما بدينه للآخر، ينقضي الدينان بقدر الأقل منهما، فيكون المدين بالدين الأقل قد وفى دينه ببعض حقه، ويكون المدين بالدين الأكبر قد وفى بعض دينه بحقه ويتعين عليه الوفاء بالقدر الزائد وفاء عادياً. وللمقاصة أنواع ثلاثة: مقاصة قانونية تقع بحكم القانون إذا توافرت شروطها، ومقاصة اختيارية وتقع باتفاق الطرفين أو بإرادة أحدهما، إذا تخلف شرط من شروط المقاصة القانونية وكان مقصوداً به مصلحة الطرفين معاً أو مصلحة أحدهما فقط. والنوع الأخير للمقاصة هي المقاصة القضائية التي تقع بحكم القضاء إذا تخلف شرط من شروط المقاصة القانونية.

5- اتحاد الذمة: وهو اجتماع صفتي الدائن والمدين في شخص واحد بالنسبة لدين واحد. وقد يقع اتحاد الذمة بسبب الميراث أو الوصية، وقد يقع حال الحياة، ومن أمثلته أن تشتري شركة السندات التي أصدرتها.

هذا وقد ينقضي الالتزام دون الوفاء به أصلاً، ويقع ذلك للأسباب التالية:

1- **الإبراء**: هو إسقاط شخص ماله من حق قبل شخص آخر كإسقاط الدائن دينه. ولا يتوقف على قبول المدين، ولكن يرتد برده في مجلس الإبراء، ويكون الإبراء بكل لفظ يدل عليه، كابرأت وأسقطت، وأنت بريء من الدين.

2- **استحالة التنفيذ**: ينقضي الالتزام إذا أثبت المدين أن الوفاء به أصبح مستحيلاً لسبب أجنبي لا يد له فيه.

3- **مرور الزمان المانع من سماع الدعوى (التقادم المسقط)**: وهو عبارة عن مضي مدة معينة على استحقاق الدين دون أن يطالب به الدائن، فيترتب على ذلك سقوط حقه في المطالبة إذا تمسك بالتقادم من له مصلحة فيه. وهناك أنواع مختلفة للتقادم منها التقادم الطويل أو العادي ومدتـه (15) عامـاً، والتقادم الخمسيـ ومدتـه (5) أعـوام، والتقادم الحولي ومدته سنة واحدة.[1]

وبالنسبة لحقوق المؤلف المالية تسري مدة الحماية المنصوص عليها في قانون حماية حق المؤلف[2] طيلة حياة المؤلف ولمدة خمسين سنة بعد وفاته، أو بعد وفاة آخر من بقي حياً من الذين اشتركوا في تأليف المصنف إذا كانوا أكثر من مؤلف واحد. ولغايات حساب مدة الحماية يعتبر تأريخ الوفاة واقعاً، في أول كانون الثاني مـن السـنة الميلادية التي تلي تأريخ الوفاة الفعلي للمؤلف[3]. وتسري مدة الحماية لمصنفات الإنتاج

(1) للمزيد من التفاصيل راجع المؤلفات التالية: عبد المجيد الحكيم، عبد البـاقي البكـري، محمـد طـه البشـير، أحكـام الالتـزام، بغـداد 1996، ص249 وما بعدها، جلال محمد ابراهيم، أحكام الالتزام، مطبعة الإسراء، مصر، 2000، ص481 ومـا بعـدها، أنـور سـلطان، أحكام الالتزام، منشأة المعارف بالاسكندرية 1994، ص343 وما بعدها، سليمان مرقص، الوجيز في شرح القانون المدني، الجزء الثاني في الإلتزامات، المطبعة العالمية، القاهرة 1964، ص798 وما بعدها، نبيل ابراهيم سعد، أحكام الالتزام، دار النهضة العربية للطباعة والنشر، بيروت 1995، ص333 وما بعدها، مصطفى الجمال، أحكام الالتزام، الدار الجامعية، بلا سنة طبع، ص103 وما بعدها.
(2) رقم 22 لسنة 1992 المعدل بالقانون رقم 29 لسنة 1999 المنشور في الجريدة الرسمية، العدد 3821 بتأريخ 1992/4/16، ص684.
(3) م30 من قانون حماية حق المؤلف الأردني.

السينمائي والتلفزيوني لمدة خمسين سنة، بينما تسري مدة الحماية لمصنفات التصوير الفوتوغرافي ومصنفات الفنون التطبيقية لمدة خمس وعشرين سنة[1]. وبعد انقضاء مدة الحماية القانونية لأي مصنف أو عند انقطاع ورثة مؤلفه أو عدم وجود أي خلف له قبل انقضاء مدة الحماية، يؤول المصنف إلى الملكية العامة بحيث يحق لأي شخص أن يطبعه أو ينشره أو يترجمه إذا كان قد تم طبعه أو نشره أو ترجمته قبل ذلك[2].

كذلك فإن مدة حماية الاختراع هي عشرون سنة تبدأ من تاريخ إيداع طلب تسجيله وفقاً لأحكام قانون براءات الاختراع الأردني رقم 32 لسنة1999 المعدل[3].

تم بفضله تعالى

(1) م31، 32 من قانون حماية حق المؤلف الأردني.

(2) م34 من قانون حماية حق المؤلف الأردني.

(3) المنشور في الجريدة الرسمية، العدد 4389 بتأريخ 1999/11/1، ص4256.

أهم المراجع المستخدمة

1. إبراهيم عبد الرحمن إبراهيم، المدخل لدراسة الفقه الإسلامي، ط1، دار الثقافة للنشر والتوزيـع، عـمان 2006.

2. ابن تيمية، الفتاوى الكبرى، المجلد السادس، دار الفكر للطباعة والنشر، بيروت 1993.

3. أبو زيد رضوان، القانون الجوي، قانون الطيران التجاري، دار الفكر العربي، بلا سنة طبع.

4. أحمد أبو الوفا ، الإثبات في المواد المدنية والتجارية، الدار الجامعية للطباعة والنشر، بيروت 1983.

5. أحمد أبو الوفا، المرافعات المدنية والتجارية، ط14، منشأة المعارف بالإسكندرية 1986.

6. أحمد السيد صاوي، الوسيط في شرح قانون المرافعات المدنية والتجارية، مطبعة عبير، بـلا مكـان وسـنة نشر.

7. أحمد سويلم العمري، حقوق الإنتاج الذهني، دار الكاتب العربي للطباعة والنشر، القاهرة 1967.

8. أحمد شلبي، تأريخ التشريع الإسلامي وتأريخ النظم القضائية في الإسلام، ط2، دار الوفاء للطباعة 1981.

9. أحمد عبد الرزاق السنهوري، الوسيط في شرح القانون المدني، جـ1، طبعة 1952.

10. أحمد عبد الرزاق السنهوري، الوسيط في شرح القانون المدني، جـ8، في حـق الملكيـة، دار إحيـاء التـراث العربي، بيروت، بلا سنة طبع.

11. أحمد عبد الرزاق السنهوري، مصادر الحق في الفقه الإسلامي، جـ1، دار احياء الـتراث العـربي، مؤسسـة التأريخ العربي، بيروت 1953-1954.

12. أحمد عبد الكريم أبو شنب، شرح قانون العمل الأردني الجديد، ط1، دار الثقافة للنشر والتوزيع، عمان 1998.

13. أكرم يا ملكي، القانون التجاري، جـ1، ط1، الإصدار الأول، دار الثقافة للنشر والتوزيع، عمان 1998.

14. أكرم يا ملكي، القانون الجوي، دراسة مقارنة، ط2، دار الثقافة للنشر والتوزيع، عمان 1998.

15. أنور سلطان، أحكام الالتزام، منشأة المعارف بالإسكندرية، 1994.

16. أنور سلطان، مصادر الالتزام في القانون المدني الأردني، ط1، منشورات الجامعة الأردنية 1987.

17. البزدوي، كشف الأسرار، المجلد (4)، ط1، دار الكتب العلمية، بيروت 1997.

18. توفيق حسن فرج، المدخل للعلوم القانونية، القسـم الأول، النظريـة العامـة للقـانون، الـدار الجامعيـة، بيروت 1993.

19. ثروت بدوي، النظام الدستوري العربي، دار النهضة العربية 1964.

20. جابر جاد عبد الرحمن، القانون الدولي الخاص، جـ2، تنازع القوانين، تنازع الهيئـات، تنـازع الاختصـاص، ط1، مطبعة الهلال، بغداد 1949.

21. جعفر الفضلي، المدخل للعلوم القانونية، ط1، جامعة الموصل 1987.

22. جلال محمد إبراهيم، أحكام الالتزام، مطبعة الإسراء، مصر 2000م.

23. جلال وفاء محمدين، دروس في القانون الجوي، الدار الجامعية، بيروت، بلا سنة طبع.

24. جمال زكي، مقدمة في الدراسات القانونية، القاهرة 1969.

25. جمال محمود الكردي، القانون الدولي الخاص، ط1، جامعة طنطا 1994-1995.

26. حسام الدين كامـل الأهـواني، أسباب كسب الملكيـة في القانون المـدني الكويتي، ط1، ذات السلاسـل للطباعة والنشر والتوزيع، الكويت 1987.

27. حسام الدين كامل الأهواني، المدخل للعلوم القانونيـة، جـ2، المدخل للعلـوم القانونيـة، جـ2، مقدمـة القانون المدني، ط3، القاهرة 1997.

28. حسن الهداوي، تنازع القوانين، ط1، دار الثقافة للنشر والتوزيع، عمان 2005.

29. حسن علي الذنون، مصادر الالتزام، ط1، دار وائل للنشر والتوزيع، عمان2002.

30. حسن كيره، المدخل إلى القانون، ط5، منشأة المعارف بالإسكندرية، 1974.

31. حسن كيره، الموجز في أحكام القانون المدني، الحقوق العينية الأصلية، أحكامها ومصادرها، ط4، منشـأة المعارف بالإسكندرية 1995.

32. خالد خليل الظاهر، القانون الإداري، دراسة مقارنة، ط1، دار المسيرة للنشر والتوزيع والطباعة 1998.

33. خالد رشيد القيام، مقدمة في الأصول العامة لعلم القانون، ط1، جامعة مؤتة 1999.

34. خالد لفته شاكر، عبد الله غزاي سلمان، شرح قانون التسجيل العقاري العراقي رقم 43 لسنة 1971، بغداد 1990.

35. رزق الله انطاكي ونهاد السباعي، موسوعة الحقوق التجارية، جـ5، الحقوق التجاريـة البحريـة، دمشـق 1995.

36. رمضان، أبو السعود السعود، المدخل إلى القانون وبخاصة المصري واللبناني، الدار الجامعيـة، بـيروت 1986.

37. زكي شعراوي، القانون البحري، السفينة، دار النهضة العربية، القاهرة 1989.

38. زين الدين صلاح، الملكية الصناعية والتجارية، ط1، دار الثقافة للنشر والتوزيع، عمان 2000م.

39. سعدون العامري، الوجيز في شرح العقود المسماة، جـ1، البيـع والإيجـار، ط3، مطبعـة العـاني، بغـداد 1974.

40. سليمان مرقص، موجز أصول الإثبات في المواد المدنية، دار النشر للجامعات المصرية، القاهرة 1957.

41. سليم رستم باز، شرح مجلة الأحكام العدلية، ط3، المجلد الأول، دار الكتب العلمية، بيروت 1305هـ

42. سليمان مرقص، المدخل للعلوم القانونية، القاهرة 1961.

43. سليمان مرقص، المدخل للعلوم القانونية، القسم الثاني في الحقوق، الناشر أحمـد حسـن غـربي، القاهرة 1947.

44. سليمان مرقص، الوافي في شرح القانون المدني (1)، المدخل لدراسة العلوم القانونية، ط6، 1987.

45. سليمان مرقص، الوجيز في شرح القانون المـدني، الجـزء الثاني في الالتزامـات، المطبعـة العالميـة، القاهرة 1964.

46. سمير عبد السيد تناغو، النظرية العامة للقانون، منشأة المعارف بالاسكندرية 1986.

47. سمير عبد السيد تناغو، النظرية العامة للقانون، منشأة المعارف بالإسكندرية 1986.

48. سمير كامل، المدخل للعلوم القانونية، الكتاب الأول، نظرية القانون، ط1، القاهرة (1985-1986).

49. سميحة القليوبي، القانون الجوي، دار النهضة العربية، القاهرة، بلا سنة طبع.

50. سهيل حسين الفتلاوي، المدخل لدراسة علم القانون، ط2، مكتبة الذاكرة، بغداد 2009.

51. السيد سابق، فقه السنة، المجلد الثالث، ط21، القاهرة 1999.

52. السيد محمد السيد عمـران، نبيـل ابـراهيم سـعد،محمد يحيى مطـر، الأصـول العامـة للقـانون، الـدار الجامعية 1991.

53. شاب توما منصور، شرح قانون العمل، بغداد 1979.

54. شمس الدين الوكيل، الموجز في المدخل لدراسة القانون، منشأة المعارف 1967.

55. شمس الدين الوكيل، مبادئ القانون، ط1، القاهرة 1968.

56. الشيخ علي الخفيف، الحق والذمة، مكتبة وهبة 1995.

57. صاحب عبيد الفتلاوي، التزامات الجوار في العقارات المبنية، دراسة مقارنة، مجلة البصائر، المجلد (10)، العدد (1)، حزيران 2006.

58. صاحب عبيد الفتلاوي، التشريعات الصحية، دراسة مقارنـة، ط1، دار الثقافـة للنشرـ والتوزيـع، عـمان 1997.

59. صاحب عبيد الفتلاوي، تأريخ القانون، ط1، دار الثقافة للنشر والتوزيع، عمان 1998.

60. صبيح مسكوني، القانون الروماني، ط1، مطبعة شفيق، بغداد 1970.

61. صلاح الدين الناهي، الوجيز في الملكية الصناعية والتجارية، دار الفرقان، عمان 1982.

62. ضياء شيت خطاب، مصادر القانون المدني العراقي، مجلة القضاء العراقية، العدد (2)، 1956.

63. طارق المجذوب، تأريخ النظم القانونية والاجتماعية، الدار الجامعية، بيروت 1997.

64. طارق عبد الرؤوف صالح رزق، أحكام التقادم المسقط، ط1، الكويت 2005.

65. طه عوض غازي، فلسفة وتأريخ النظم القانونية والاجتماعية، دار النهضة العربية 2001.

66. عادل فليح العلي، المالية والقانون المالي والضريبي، ط1، إثراء للنشر والتوزيع، عمان 2009.

67. عادل علي المقدادي، القانون البحري، ط1/الإصدار الثالث، دار الثقافة للنشر والتوزيع، عمان 2002.
68. عامر سليمان، القانون في العراق القديم، وزارة الثقافة والإعلام، بغداد 1987.
69. عامر محمود الكسواني، الملكية الفكرية، دار الجيب للنشر والتوزيع، عمان 1998.
70. عباس الصراف، جورج حزبون، المدخل إلى علم القانون، ط4، دار الثقافة للنشر والتوزيع، عمان 1997.
71. عباس العبودي، تأريخ القانون، ط1، دار الثقافة للنشر والتوزيع، عمان 1998.
72. عبد الباقي البكري، المدخل لدراسة القانون والشريعة الإسلامية، بغداد 1972.
73. عبد الباقي البكري، علي بدير، زهير البشير، المدخل لدراسة القانون، العراق، 1982.
74. عبد الحي حجازي، المدخل لدراسة العلوم القانونية، جـ2، الحق، القاهرة 1970.
75. عبد الرحمن البزار، مبادىء أصول القانون، مطبعة العاني، بغداد 1954.
76. عبد الرحمن بن محمد بن خلدون، مقدمة ابن خلدون، المكتبة التوفيقية، القاهرة، بلا سنة طبع.
77. عبد الرحمن توفيق أحمد، الأحكام العامة لقانون العقوبات، عمان، 2000م.
78. عبد السلام الترمانيني، الوسيط في تاريخ القانون والنظم القانونية، جامعة حلب 1990.
79. عبد السلام الترمانيني، الوسيط في تأريخ القانون والنظم القانونية، جامعة حلب 1990.
80. عبد القادر العطير، الوسيط في شرح قانون التجارة البحرية (دراسة مقارنة، ط1/ الإصدار الأول، دار الثقافة للنشر والتوزيع، عمان 1999.

81. عبد الكاظم فارس المالكي، جبار صابر طه، المدخل لدراسة القانون، وزارة التعليم العالي، العراق، بلا سنة نشر.

82. عبد الكريم زيدان، المدخل لدراسة الشريعة الإسلامية، ط1، مؤسسة الرسالة ناشرون، بيروت 2006.

83. عبد المجيد الحكيم، عبد الباقي البكري، محمد طه البشير، أحكام الالتزام، بغداد 1996.

84. عبد المنعم البدراوي، النظرية العامة للقانون والنظرية العامة للحـق، المـدخل للعلـوم القانونيـة، دار النهضة العربية، بيروت 1966.

85. عبد المنعم البدراوي، تأريخ القانون الروماني، القاهرة 1949.

86. عبد المنعم فرج الصده، أصول القانون، منشأة المعارف بالإسكندرية 1994.

87. عبد الواحد كرم، قانون العمل، ط1، مكتبة دار الثقافة للنشر والتوزيع، عمان 1998.

88. عز الدين عبد الله، القانون الدولي الخاص، الجزء الأول في الجنسية والمـوطن وتمتـع الأجانـب بـالحقوق (مركز الأجانب)، ط4، مطبعة جامعة عين شمس 1964.

89. عزيز العكيلي، شرح القانون التجـاري، جــ1، ط1، الإصـدار الثـاني، دار الثقافـة للنشر والتوزيـع، عـمان 2001م.

90. علي جمال الدين عوض، القانون البحري، دار النهضة العربية، القاهرة 1969.

91. علي حسين نجيده، المدخل لدراسة القانون، دار الفكر العربي، مطبعة جامعة القاهرة 1985.

92. علي محمد جعفر، تأريخ القوانين والشرائع، ط1، المؤسسة الجامعية للدراسات، بيروت 1982.

93. علي هادي العبيدي، الوجيز في شرح القانون المدني الأردني، الحقوق العينيـة، دراسـة مقارنـة، ط1، دار الثقافة للنشر والتوزيع، عمان 2000م.

94. عماد الدين أبو الفداء اسماعيل بن كثير، تفسير القرآن العظيم، ط1، جـ1، دار المعرفة، بيروت 1986.

95. عمر سليمان عبد الله الأشقر، الواضح في شرح قانون الأحوال الشخصية الأردني، ط1، دار النفائس للنشر والتوزيع، عمان 1997.

96. عوض أحمد الزعبي، الوجيز في قانون أصول المحاكمات المدنية الأردني، ط1، دار وائل للنشر، عمان 2007.

97. غالب علي الداودي، القانون الدولي الخاص، الكتاب الأول في تنازع القوانين وتنازع الاختصاص القضائي الدولي وتنفيذ الأحكام الأجنبية، ط3، دار وائل للطباعة والنشر، عمان 2001.

98. غالب علي الداودي، المدخل إلى علم القانون، ط4، الروزنا للطباعة، عمان 1996.

99. غني حسون طه، الوجيز في العقود المسماة، جـ1، عقد البيع، مطبعة المعارف، بغداد (1969-1970).

100. فؤاد ديب، القانون الدولي الخاص، الجزء الأول، الجنسية، المطبعة الجديدة، دمشق 1986 - 1987.

101. فايز نعيم رضوان، القانون البحري، دار الفكر العربي، القاهرة 1986.

102. فوزي رشيد، الشرائع العراقية القديمة، بغداد 1987.

103. فوزي محمد سامي، شرح القانون التجاري الأردني، جـ3، في الشركات التجارية، دار الثقافة للنشر والتوزيع، عمان 1995.

104. فوزي محمد سامي، شرح القانون التجاري، جـ1، الطبعة الأولى/ الاصدار التاسع، دار الثقافة للنشر والتوزيع، عمان 2004م.

105. فوزية عبد الستار، شرح قانون الإجراءات الجنائية، دار النهضة العربية، مصر، القاهرة 1977.

106. لويس معلوف، المنجد في اللغة، ط18، المطبعة الكاثوليكية، بيروت 1965.

107. محسن خليل، النظم السياسية والقانون الدستوري، جـ2، دار النهضة العربية 1967.

108. محسن عقيل، 3000 حكمة للرسول الأكرم (ص)، ط2، دار المحجة البيضاء، بيروت 2005.

109. محمد ابراهيم الكويفي، قانون البينات، ط1، مكتبة دار الملاح، دمشق، بلا سنة طبع.

110. محمد حسن قاسم، المدخل إلى القانون، الدار الجامعية للطباعة والنشر، بيروت 1998.

111. محمد سعيد نمور، أصول الإجراءات الجزائية، ط1، دار الثقافة للنشر والتوزيع، عمان 2005م.

112. محمد صبحي نجم، قانون أصول المحاكمات الجزائية، ط1/ الإصدار الأول، دار الثقافة للنشر والتوزيع، عمان 2000.

113. محمد عبد الله بخيت، محمد عقله العلي، الوسيط في فقه المواريث، ط1، دار الثقافة للنشر والتوزيع، عمان 2005.

114. محمد عبد الله وريكات، أثر الردع الخاص في الوقاية من الجريمة، ط1، دار وائل، عمان 2007.

115. محمد وحيد الدين سوار، حق الملكية في ذاته في القانون المدني، الكتاب الأول، ط2، دار الثقافة للنشر والتوزيع، عمان 1997.

116. محمد وليد المصري، الوجيز في شرح القانون الدولي الخاص، ط1، الحامد للنشر، عمان 2002.

117. محمد يحيى مطر، مسائل الاثبات في القضايا المدنية والتجارية، الدار الجامعية، بيروت 1989.

118. محمد يوسف الزعبي، العقود المسماة، شرح عقد البيع في القانون الأردني، ط1، عمان 1993.

119. محمود الكيلاني، قواعد الاثبات، عمان 2006.

120. محمود نعمان، موجز المدخل للقانون، دار النهضة العربية، بيروت 1975.

121. مصطفى الجمال، أحكام الالتزام، الدار الجامعية، بلا سنة طبع.

122. مصطفى كمال طه، القانون البحري، الدار الجامعية، بيروت 1993.

123. مصطفى محمد الجمال، عبد الحميد محمد الجمال، النظرية العامة للقانون، الدار الجامعية، بيروت 1987.

124. مفلح القضاة، أصول المحاكمات المدنية والتنظيم القضائي، ط3، دار الثقافة للنشر والتوزيع، عمان 1998.

125. مفلح القضاة، البينات في المواد المدنية والتجارية، دراسة خاصة، ط2، جمعية عمال المطابع التعاونية، عمان 1994.

126. ممدوح عبد الكريم حافظ، القانون الدولي الخاص، ط1، دار الحرية للطباعة، بغداد 1973.

127. منصور ابراهيم العتوم، شرح قانون العمل الأردني، ط3، مطابع الفنار، عمان 2008.

128. منصور مصطفى منصور، نظرية الحق، القاهرة 1962.

129. منصور منصور، دروس في المدخل لدراسة العلوم القانونية، دار النهضة العربية، بيروت 1975.

130. نبيل إبراهيم سعد، أحكام الإلتزام، دار النهضة العربية للطباعة والنشر، بيروت 1995.

131. نعمان أحمد الخطيب، الوسيط في النظم السياسية والقانون الدستوري، ط1، دار الثقافة للنشر والتوزيع، عمان 2004.

132. نعمان جمعة، دروس في المدخل للعلوم القانونية، دار النهضة العربية 1979.

133. نواف كنعان، حق المؤلف، النماذج المعاصرة لحق المؤلف ووسائل حمايته، ط3، دار الثقافة للنشر ـ والتوزيع، عمان 2000م.

134. هاشم الحافظ، تأريخ القانون، دار الحرية للطباعة، بغداد 1980.

135. هشام القاسم، المدخل إلى علم القانون، المطبعة الجديدة، دمشق (1975-1976).

136. همام محمد محمود، رمضان أبو السعود، المدخل إلى القانون، النظرية العامة للقاعدة القانونية، دار المطبوعات الجامعية 1997.

أهم القوانين المستخدمة

1. مجلة الأحكام العدلية، عمان 1993.
2. القانون المدني المصري، ط6، الهيئة العامة لشؤون المطابع الأميرية 1966.
3. القانون المدني العراقي رقم (40) لسنة 1951 وتعديلاته، مطبعة الخيرات، بغداد 2004.
4. القانون المدني الأردني، نقابة المحامين، عمان 2008.
5. القانون المدني الألماني (باللغة الانكليزية).
6. القانون المدني الفلبيني (باللغة الانكليزية).
7. القانون المدني الفرنسي (باللغة الانكليزية).
8. قانون الموجبات والعقود اللبناني، بيروت 1997.
9. قانون المعاملات المدنية لدولة الإمارات العربية المتحدة، جمعية الحقوقيين 1980.
10. قانون المعاملات المدنية السوداني، وزارة العدل 1984.
11. القانون المدني الكويتي، جمعية المحامين الكويتية، الكويت 2004.
12. قانون العقوبات الأردني رقم (16) لسنة 1960 المعدل.

ملاحظة:

هناك قوانين ومذكرات إيضاحية كثيرة أخرى استخدمت في إعداد هذا الكتاب يرجى الرجوع إليها.

انتهى الجزء الأول بعون الله

ويليه الجزء الثاني في مصادر الإلتزام

إن شاء الله

Printed in the United States
By Bookmasters